ULLRICH BERGER BAND

Band 2   ca 400 Seiten
Copyrigth by Engelbert Rausch
Thriller
Arbeit, Liebe, Abenteuer im IRAK UND IRAN

1
Vorwort Buch 2

Baustellen im Irak, Kurden überfallen die Baustellen, Geiselnahme, Mord, Entführungen. Überfälle auf die Baustellen in Mosul, Kerbelah, Bashra. Kriegsgefangenschaft im Iran für Berger. Leben und Arbeit auf den Baustellen. Liebe und Abenteuer im Irak. Polizeiaufstand in Kairo, Bergers Familie ist in Lebensgefahr die Armee hat brutal eingegriffen.

Vorwort zum gesamt Band

Ulli Berger ist Maschinenbauer, Elektrotechniker, Service Ingenieur und selbständiger Kaufmann. Sehr früh kommt er durch seinen Firma in alle Länder dieser Erde. Sehr jung hat er sich selbständig gemacht aus einem Angestellten Verhältnis heraus. Mit Büros in aller Welt, aber auch Betrieben in Deutschland. Baut Fertighäuser, Container, Raumzellenbau Produktion. Baumaschinen und Industriemaschinen Herstellung und Handel. Gebrauchte Maschinen Anlagen Fertigungen, Industrieanlagen nach Afrika, Arabien, Asien, Amerika. Er startet zu einer Zeit als die Welt unruhiger war als Heute anders unruhiger.

Bis zum heutigen Tag mit 70 Jahren ist er Unterwegs in alle Winkel dieser Erde und Unterstütz die ärmsten dieser Welt. Betreibt Handel, organisiert Schulungen in Afrika und Arabien. Ganz viele Familien in Afrika und Arabien leben noch Heute von und mit seinen Aktivitäten. Die Zeiten damals waren anders unruhig als es diese Heute sind. Aber es dreht sich alles wieder in eine ähnliche Richtung nur die Kommunikationswege sind schneller geworden und verändern alles gegenüber früher. Entführungen, Gefangennahmen durchziehen sein Leben. Ein auf und ab in eigenverantwortlicher Selbständigkeit. Liebe, Kriege, Abenteuer, Arbeitsprobleme. Das viele allein sein in allen Lebenslagen, das allein lassen seiner Familie. Die Grundlage seines Lebens wird bestimmt durch sehr viel Arbeit, durch viele Alltagsprobleme in aller Welt. Verschiedene Geheimdienstliche Tätigkeiten mit den verschiedensten Geheimdiensten dieser Welt die sich durch seine Arbeit ziehen. In die er oft gegen seinen Willen Eingebunden wurde. Bedingt dadurch das er mit seiner Arbeit an den Brennpunkten dieser Erde tätig war und noch immer ist. Ihn reizen auch solche Aufgaben immer noch, er sucht sich diese auch aus. Aber in den letzten 10 Jahren ist es mit solchen Anfragen ruhiger geworden, vermutlich weil seine Auftraggeber in Rente sind oder leider bereits verstorben sind.

Lange bevor die Metro in Kairo gebaut wurde arbeitet Ulli Berger bereits in Kairo. Nur wenige Wochen nach dem furchtbaren Sinai Krieg hat Berger Ägypten unterstützt als einer der ersten die sich wieder in dieses Land gewagt haben. Erst im Auftrag einer Firma als Angestellter und nach dem Verkauf dieser Firma in eigener Selbständigkeit. Mit 26 ist Ulli Berger dann selbständig in Wolfenbüttel und Kairo. Dann erweitert seit 1975 in Kairo.

Seine Stationen waren in Israel, Ägypten, Irak, Saudi, Kuwait, Oman, Jordanien, Qatar, Südafrika, Kenia, Namibia, Sudan, Angola. Congo. Nigeria, Togo. China, USA, Brasilien, Russland, Deutschland, Polen, USA, Südamerika, Südafrika und vielen andere Staaten dieser Erde. Man kann locker sagen in fast allen Staaten dieser Erde mit wenig Ausnahmen. Wobei die oben genanten herausragend sind. Zur Zeit, Jetzt in 2013 zentralisiert sich alles auf den Sudan, Oman, Kongo, Angola, Südamerika, Tansania, Jordanien und Ägypten soll wieder folgen sobald sich die Lage dort beruhigt hat. Dieses Leben war und ist kein normales Leben. Liebe, Abenteuer, Kriege haben dieses Leben geformt und Ihn ständig begleitet. Dieses Buch ist ein querschnitt durch eines solches Lebens. Es bewusst etwas Sprunghaft nicht genau in der Reihenfolge aufgeschrieben. Wie es gerade passt in einzelne Abschnitte Eingebunden in die Abenteuer die Ulli Berger abverlangt wurden. Bedingt durch Rückblicke und Einblendungen der Vergangenheit. Heute organisiert er Projekte, große Projekte in Afrika. Die Bezahlung über deren Rohstoffe die er jetzt mit seinen Beziehungen im alter des Rohstoffmangels verkauft. Zum Wohl der armen Bevölkerung in diesen Ländern. Er bringt ganz vielen Familien Arbeit in Afrika und Arabien Lebenssicherheit. Mit Heute vielen Enkeln und Urenkeln hat er die vorbereiteten Geschichten zu einem Lebensbuch Zusammengefasst. Dieses Buch führt in einzelnen Abenteuern durch die ganze Welt, mit erlebten Abenteuern. Nicht aufgeführt der Reihe nach sondern in einzelnen getrennten, verbundenen Geschichten. Die nicht in Zeitmäßiger Aufgliederung verlaufen, sonder sprunghaft gestaltet sind. Mit Ideen für die Zukunft wie Afrika geholfen werden kann und Muss. Ein möglicher Umbau von Afrika. Mit der Hilfe von internationalen Jugendlichen für Afrika. Besiegen der Nazis International.

Einbindung der Nazis in die Entwicklung Afrikas. Damit diese Menschen lernen, was Afrika ist. Regulierung der Religionen damit auch Ruhe schaffen in der Welt. Um auch zu zeigen was diese Menschen welcher Hautfarbe auch immer in Ihren Ländern leisten müssen um überhaupt Leben, überleben zu können. Etwas zu können was für uns absolut gesichert ist. Bevor Berger in den Irak kommt ist er schon viele Jahre in Ägypten, Sudan und Israel tätig. Dieses Buch, diese Abenteuer sind erlebt in den 80ziger Jahren und macht immer wieder Rückblicke in die 70ziger Jahre und geht bis in die Zukunft in den anderen Büchern um aus den Gewonnen Erfahrungen der Gegenwart in die Zukunft zu übertragen. Berger geht erst in den Irak nach dem er bereits 12 Jahre in Arabien in Ägypten und dem Sudan Erfahrungen gesammelt hat und auch ein wenig arabisch spricht.

Kapitel 1

Generale des Teufels

Abenteuer und Leben im IRAK.
Überfälle, Kriegsgefangenschaft, Entführungen, Baustellen-Leben, Liebe und Probleme auf der damals Weltgrößten Baustelle dem Mosul Staudamm. Nach dem Berger nach seinem letzten Trip aus Arabien zu Hause alles geregelt hat, macht er sich wieder auf den Weg in den Irak. Die Baustelle dort läuft schon einige Jahre. Es ist eine gewaltige Staudamm Baustelle in Mosul. Die Trennung ist vollzogen zwischen Berger und seiner Frau, zumindest die innere. Sie haben beschlossen aber noch alles gemeinsam zu bewegen bis Berger wieder zu Hause ist, für längre Zeit zu Hause ist und dann über die Scheidung nachzudenken.

Mit der Interflug der damaligen DDR Fluggesellschaft ist Berger schon wieder auf dem Weg in den IRAK, und ist schon wieder aktiv auf der Baustelle in Mosul. Der Zwischenstopp in Baghdad war wieder etwas aufregend. Dort spürt man den Kriegszustand ein wenig, es schlagen wieder einige Raketen in der Stadt ein. Dort ist der Krieg Tag täglich zu spüren aber nur durch die einzelne Einschläge von Raketen. Die Krankenwagen und die Feuerwehren beherrschen dann das Bild der Stadt und bringen alle Bewohner dieser wunderschönen Stadt in Bewegung. Immer kommen neue Trümmerfelder oder zerstörte Brücken hinzu. Ganz selten schaffen es Flugzeuge bis nach Baghdad vorzudringen. Die ägyptische Luftwaffe mit umlackierten Flugzeugen in der Farbe der Irakischen Luftwaffe verhindert dies immer wieder. Die Altstadt bleibt wie durch ein Wunder bisher verschont. Aber von einem Krieg wie man dies kennt hat das nichts zu tun. Berger weis das die Hauptlast des Krieges der Süden tragen muss. Rund um Basrah ist der Teufel los, Dort gehen die Grabenkämpfe hin und her, mal zwei Kilometer vor, mal wieder 2 Kilometer zurück. Es gibt für Beide Seiten keine Gelände Gewinn. Das ist ein Krieg ohne Erfolge für Beide Seiten. Ein Krieg der Angst und Schrecken verbreitet, der aber kein totaler aber begrenzter Krieg ist. Nur Chemikal Charly, der Schwager von Saddam hebt sich aus dem Geschehen hervor. Er hat die wirren des Krieges dazu genutzt um im Norden, im Kurdengebiet aufzuräumen. Er hat einen Giftgas Angriffe gegen die Kurden durchgeführt, gegen Kurden die sich offen auf die Seite des Irans gestellt haben. Diese haben sich im Krieg auf die Seite der Iraner geschlagen und haben im Norden des Iraks unter den Irakern Angst und Schrecken verbreitet. Berger sollte diese Folgen auch noch auf übelste Weise im Nord Irak zu spüren bekommen.

Im Camp ist es ausgesprochen ruhig. Ein drückender Hitzeschleier, der über dem Camp steht, erdrückt alles Leben 65° hat man Heute Mittag gemessen. Nur aus weiter Ferne hört man die schweren Baumaschinen arbeiten. Alles andere hat sich zur Mittagspause begeben. Berger hat die Arbeit für sich und seine Leute so eingeteilt, dass sie morgens um 4.00 Uhr sofort bei Sonnenaufgang starteten, bis 13.00 Uhr Mittags arbeiteten und dann nochmals von 19 – 21.00 Uhr die Arbeit für den nächsten Tag vorbereiteten. Eben für die Männer die Lust dazu haben und noch Überstunden machen möchten. So liegen um diese Zeit ca. 14.00 Uhr alle seine Leute nach dem Mittagsessen in der Kantine faul aber auch müde in den Betten. Sie schlafen unter dem monotonen Geräusch und dem kühlenden Wind der Klimaanlagen. Obwohl er selbst genauso körperlich arbeitete, ist es ihm unmöglich in den von Klimatisierten gekühlten Räumen zu schlafen. Er zieht es vor, sich am und im Schwimmbecken aufzuhalten. Es ist der einzige Ort, an dem eine Erholung möglich ist. Das Wasser, das auch in der schlimmen Hitze im Schatten des Hauptrestaurants liegt, ist sehr angenehm. Auch sind um die Mittagszeit immer sehr nette Frauen und Mädchen anwesend. Es sind Frauen aus allen Gegenden in Deutschland und aus Österreich. Nur eine einzige Irakerin kommt gelegentlich zum Sonnen. Sie geht niemals ins Schwimmbecken. Zwischendurch duscht sie sich gleich inklusive ihres Trainings Anzuges den Sie immer im Bad anhat, auch bei der unnormalen Hitze zur Zeit. Dann zeichnet sich bei ihr die sehr schöne anmutige Figur noch besser ab. Im Bikini hätte sie nicht interessanter aussehen können. Manchmal glaubte Berger, er würde nur wegen ihr täglich zum Schwimmbad kommen.

Es sind auch andere sehr nette interessante Deutsche und Österreicherinnen im Schwimmbad, mit denen Berger, der meistens der einzige Mann dort ist und gute und angeregte Unterhaltungen mit den Damen führt. Berger wird es heiß, er weis nicht genau, ob vom Anblick der Damen oder von der Sonne. Mit einem Kopfsprung beförderte er sich in das kühle Nass. Dann lässt er sich, auf dem Rücken liegend, im Wasser treiben und beobachtete so, aus dieser Lage heraus, unauffällig die Damenwelt. Er wunderte sich anfangs darüber, dass Nachmittags niemals ein Mann anwesend ist. Nach den ersten Tagen im Camp hat er den Grund erkannt. Den meisten Arbeitern ergeht es wie seinen eigenen Leuten. Der Bierkonsum ist Abends, wenn es kühl und angenehm ist so groß, dass die Männer nach 12 Stunden Arbeit einfach ins Bett fallen, Sie ihren Schlaf brauchen. Sie kommen oft nicht einmal mehr in die Kantine zum Essen. Bergers Leute Frühstückten gut und essen dann meistens erst Abends. Das Essen in der Kantine ist ausgezeichnet. Aber es wird wieder mit ausreichend Bier herunter gespült. So geht es Tag täglich gleichbleibend im Camp zu. Berger selbst trinkt niemals mehr als zwei Dosen Bier aber immer nur mit Cola gemixt. Die frühen Erfahrungen aus Kairo haben ihm gelehrt bei der Hitze vorsichtig mit Alkohol umzugehen. Er ist überhaupt erstaunt, dass die Bauleitung solch einen enormen Alkoholgenuss zulässt. Aber an der Theke oder an der Bar zu sitzen ist auch die einzige Ablenkung und Abwechslung die, die Männer hier in Mosul auf der Baustelle haben. Für die ganz sportlichen gibt es zwei Tennisplätze. Diese zu benutzen ist aber nur den Bürohengste möglich die noch Abends über ausreichende Kraft verfügen. Oft türmten sich Abends riesige Dosen-Pyramiden auf den Theken der vielen Bars im Camp, alle Betriebsgruppen haben Ihre eigene Bar, neben den bestehenden 3 Gaststätten im Camp.

Auch seine Leute sind meistens nicht zu bremsen, sie sind immer mitten im Geschehen. Die wenigsten bekommen überhaupt mit, wie wenig Berger trinkt. Er ist auf Baustellen immer lustig und gut gelaunt die körperliche Arbeit tut ihm sehr gut. Nachts stehen dann auch mal seine Leute vor seiner Tür und sich in ihrem Suffkopf mit Ihm anlegen wollen. Nur ein einziges mal lief ihm die Galle über, als einer seiner vollgesoffenen Leute seine Tür eintritt und ihn zum Kampf aufforderte. Der Kerl war pitschnass, ist besoffen in voller Kleidung ins Schwimmbad gesprungen. Das ist an sich nichts besonderes denn es passiert sehr oft das zum Abschluss der Party alle zusammen im Schwimmbad stehen und singen. Wild fuchtelnd steht er vor Bergers Bett. „ Chef, steh auf, ich will ein Duell, jetzt sofort, ich will wissen, wer der Stärkere ist!". „ Durchgedreht". denkt Berger. er sieht diese Bilder oft vor der Theke. Aber dass jemand sein Zimmer aufbricht um sich mit ihm zu schlagen, das ist auch neu für ihn. Berger sieht auf die Uhr. „Arno, weißt du, wie spät es ist?". Diese dumme Frage versetzt Arno in Staunen. „Eh Chef, ich will nicht die Uhrzeit wissen, ich, ich will ein Duell mit dir." Bei diesen Worten schaukelte er gefährlich hin und her. Berger ist schon lange sauer auf Arno, der hat sich zum aktivsten Trinker seiner Jungs entwickelt. Bisher konnte er aber niemals über seine Arbeit klagen. Er ist pünktlich auf der Baustelle und machte seine Arbeit ordentlich. „ Die Uhrzeit sage ich dir nur, damit du weißt, dass du nur noch zwei Stunden Zeit bis zum Aufstehen hast. Schlagen können wir uns dann Morgen, wenn der Tag lang ist, dann lohnt es sich auch``. „Du Feigling, steh auf, jetzt will ich es dir zeigen``. Arno bringt sich in Boxerposition. Berger lässt Arno keine Change. Aus dem Aufrichten heraus haut er ihm eine Gerade unters Kinn und eine Doublette genau auf Beide Augen. Es machte Bum und weg ist Arno. Bergers rechte und linke Hand schmerzen, aber Arno ist erledigt.

An den Füßen zieht er Arno aus seinem Zimmer und zerrte ihn in dessen Zimmer. Dort lässt er ihn auf dem Boden liegen. Berger sieht dann Morgens, bevor sie zur Arbeit geht noch nach Arno. Dieser schläft ganz fest. seine Augen und seine Nase sind herrlich angeschwollen. Berger informierte noch den Sani das er sich um Arno kümmert. Es ist der erste Tag, an dem Arno nicht arbeitete. Er hat nie erfahren, was passiert ist, Berger lässt Arno in dem Glauben, dass er sich seine Blässuren beim Sprung ins Schwimmbad geholt hat. Seit diesem Tag. geht Arno besonnener mit Alkohol um. Berger hat im Büro bereits alles für die Rückreise von Arno geregelt, in fünf Tagen würde Arno nach Hause fliegen. Solche Leute braucht er nicht auf der Baustelle. Berger wird jäh aus seinen Gedanken gerissen, als er auf dem Rücken liegend mit dem Kopf gegen den Beckenrand stößt. Die Frauen im Schwimmbad haben regelrecht darauf gewartet und lachen nun fröhlich, als er sich seine Platte reibt. Die Kopfhaut ist etwas aufgeplatzt und ein wenig Blut läuft Ihm über die Wangen. Er ist genau auf der Höhe der Irakerin, die sich in ihrem Liegestuhl räkelte und auch mitbekommen hat wie Berger an den Rand gestoßen ist, vollkommen unbeabsichtigt. Nun zeigte sich wieder mal, dass die Glatze eines Mannes, bei Berger ist es eine stattliche Halbglatze, nur im ersten Augenblick ein Nachteil ist. Diese Glatze mit Vorgarten war oft der Startplatz für ein Liebesabenteuer. Sie ist oft der erste Kontakthof für weitere Ziele. Diese nackte Haut mit ihren Fingern zu berühren, fiel den Damen leicht. Schnell wurde aus der ersten zarten Berührung mehr, es schien den Damen Mut zumachen. Berger markierte mehr, als wirklich geschehen ist, als er bemerkte, wie sehr sich die Damen für seinen Zusammenstoß mit dem Beckenrand interessierten. Die Irakerin steht auf und kommt an den Rand des Schwimmbeckens. In sehr gutem englisch spricht sie Berger an und streckte ihm dabei die Hand entgegen.

Er nimmt diese an und lässt sich beim hoch krabbeln auf die umlaufende, breite, begehbare Beckenbegrenzung helfen. Dort machte sie sich gleich daran, die leichte Verletzung auf seinem Kopf zu untersuchen. „Warten Sie einen Moment, ich hole etwas Desinfektionsmittel!", sie eilte zu ihrem Liegestuhl und kramte eine Flasche hervor, mit deren Inhalt sie die offene Wunde bepinselt.„Ihre Verletzung ist nicht schlimm, aber bei der Hitze und dem Staub ist es schon besser, wenn wir vorbeugen. Ich mache Ihnen noch einen flüssigen Plastikverband darüber". „Schleppen sie immer eine solche Ausrüstung mit sich herum?". Fragt Berger interessiert. "Ja, Sir, so etwas habe ich immer bei mir, es wird zur Routine auf solch einer Baustelle. „Das 'Sir' lassen wir lieber," sagt Berger und streckt ihr seine Hand entgegen. „Ich bin Ulli, Ulli Berger". Sie nimmt seine Hand an und legte ihre schmale Hand mit den zarten langen Fingern, deren Zartheit in der Bewegung Berger bereits bei der Behandlung bewundern konnte, in Bergers Hand hinein. Berger drückte diese vorsichtig mit seiner schwielenübersäten Hand. Die schwere Arbeit hier hinter lässt Spuren. Seine Hand ist kräftig, aber seine Finger sind nicht von eleganter Schönheit wie die der Irakerin. Er hat ausgesprochene Wurstfinger. Nun, mit den total ramponierten Fingernägeln, war seine Hand schon der krasse Gegenteil zur Schönheit und Eleganz der Hand des Mädchens, welches er so auf ungefähr 26-29 Jahre schätzte. „Mein Name ist Marem Ahmed Moustaffa, sagen sie einfach Marem``. „ Gut``, sagt Berger, „dann bleiben wir bei Ulli und Marem. Ich habe dich schon oft am Schwimmbecken gesehen, ich habe mir schon an Hand deiner Schwimmkleidung gedacht, dass du Moslemin bist". „Es ist mir in den ersten Tagen sehr schwer gefallen, hier ans Becken zu gehen. Alle Damen im knappen Bikini und ich in meinem Trainingsanzug. Deshalb gehe ich auch nur unter die Dusche". Sie lacht herzhaft``.

„ Würde ich mit diesem Anzug ins Wasser gehen würde ich sicherlich ertrinken. Ich würde aber zu gern schwimmen". „ Bist Du Ärztin hier im Camp?", fragte Ulli. Sie sieht ihn erstaunt an, „wieso Ärztin?". „ Na wegen deines Behandlungskoffers, den du mit dir herumschleppst". Sie lacht und ihre wunderschönen gleichmäßigen, schneeweiß Zähne strahlten im Sonnenlicht. Diese werden umrahmt von einem schön geformten Mund mit leicht aufgeworfenen Lippen. „Ich bin Bauingenieurin," sagte sie lachend, „ ich habe mich spezialisiert auf die Prüfung von Beton. Ich leite das Betonlabor dieser Baustelle". Sie erfreute sich sichtlich an dem dummen Gesicht, das Berger macht. „Was ist besonderes an meinem Beruf, dass es dich so umhaut?". „ Mich erstaunt eigentlich nur das ein Betonlaborant so eine gepflegte Erscheinung ist. Deine Hände passen nicht zu deinem Beruf". Berger nimmt Ihre Hand und sieht sich diese an, „nein, das kann nicht sein. Wenn ich mit Beton in Berührung komme, und das ist nicht selten, dann habe ich immer Probleme. Danach gleich hinterher dreckige Schmiere von meinen Maschinen an den Händen dann brauche ich Tage, um die Finger wieder sauber zu bekommen". „Das ist alles eine Frage der Pflege, viel Creme benötigen die Hände bei solcher Arbeit. Ich zum Beispiel arbeite nur mit speziellen Handschuhen. Auch davon habe ich immer ein Paar in meinem Koffer``. Berger streichelte während des Gespräches ihre zarten langen Finger. Vorsichtig lässt er die zarten Glieder wie eine Perlenkette durch seine Finger gleiten. Sie tut, als nähme sie dies nicht wahr und redete völlig unbefangen weiter. Berger aber bemerkte schon die leichte Reaktion, die seine zarten Berührungen auslösen. Aber er tut gleichfalls so als wäre dies ein ganz normaler Vorgang am Rande des Geschehens. Dabei sind diese Berührungen zum Mittelpunkt geworden. Das Gespräch flacht dabei automatisch ab.

Viele Antworten und Fragen passen nun nicht mehr zusammen. Es wird aber weiter geredet. So, als sei nichts geschehen und geschieht auch jetzt nichts. Berger bemerkte, wie sie von all den anderen Frauen aufmerksam beobachtet werden. Sie sitzen ja immer noch am Beckenrand wie auf dem Präsentierteller. „Hast du schon gegessen?", fragte er Marem. „Ich esse immer erst am Abend, jetzt ist es mir viel zu heiß um etwas zu essen". „ Ich habe dich noch nie im Speisesaal gesehen". ..Ich esse auch nicht im Speisesaal. Abends bin ich immer bei meinen Brüdern, die auch hier im Camp arbeiten und hier wohnen. Eure Speisen sind für uns Mosleme nicht geeignet, wir sind anderes Essen gewohnt". „Es gibt aber viele Dinge dort, die speziell jeden Tag für die Moslems auf der Baustelle gemacht werden. Ich sehe dort ständig 'Fräch' Hähnchen, 'Karuf, Schaf, gegrillt und gebraten. Das dürft ihr doch essen?". „ Meine Brüder ziehen es vor selbst zu kochen, es ist auch eine Kostenfrage. Das Essen müssen wir anteilig bezahlen. Unsere Verpflegung ist aber weitaus billiger". „Was ist mit Heute Abend, ich lade dich und deine Brüder zum Essen ein und wir lassen uns nur ausgesuchte Dinge geben?". „ Ich bespreche es am Nachmittag mit meinen Brüdern. Wie spät denkst du?". „ Ich würde sagen, um 22.00 Uhr treffen wir uns vor der Kantine, dann fahren wir ins Restaurant auf den Berg. Von dort haben wir auch eine hervorragende Sicht in den Nordosten des Iraks." „Du sprichst auch etwas arabisch?". fragt Marem. „ Leider viel zu wenig, hier und dort kommt mal ein Wort hinzu. Ich habe nicht die Zeit, um intensiv zu lernen". „Es wird meinen Brüdern gefallen das du dich bemühst, arabisch zu sprechen. Es gibt nicht viele Ausländer, die daran interessiert sind, arabisch zu sprechen. Für heute Abend mache ich mir wenig Hoffnung, meine Brüder sind bezüglich der näheren Bekanntschaft mit nicht Moslemen zurück haltend".

„ Dann bestelle ihnen bitte von mir diese Zurückhaltung und Abgrenzung zwischen Moslems und nicht Moslems hat der Islam nicht notwendig. Ich halte den Islam für eine der wirklich guten Religionen. Der Islam hat aber einen Fehler, dies ist die Abgrenzung, dass tut dem Islam nicht gut. Er gehört zu den Religionen, die sich mehr offenbaren müssen, sich gegenüber Andersgläubigen besser darstellen müssen. Nicht einfach denken, die anderen Religionen sind nicht gut, Andersgläubige sind nicht gut. Andersgläubige sind genauso in ihre Religionen hinein geboren wie du und deine Brüder in den Islam. Es ist sicherlich im Sinne Mohameds und Allahs, dass der Islam mehr Menschen erreicht, dass der Islam nicht in seiner Verbreitung gestoppt wird". „Schon gut, ein schöner Vortrag, ich werde dies meinen Brüdern genauso übermitteln. Wenn wir um zehn vor der Kantine sind, ist dein Vortrag sinnvoll gewesen". Marem schaut auf ihre Uhr. „Es ist drei Uhr, ich muss noch einmal ins Labor schauen ob die Siebproben fertig geworden sind". „Die Siebproben für die Asphaltanlage?" „ Ja für die Asphaltanlage, woher weißt du?". „ Weil ich diese Siebproben für die Programm Abstimmung bestellt habe". „Aha, dann bist du der Experte für die Asphaltanlage und Betonanlagen, dann haben wir ja in Zukunft viel gemeinsame Arbeit". „Wie sich das so trifft", sagte Ulli, „dann kann ich ja gleich mitkommen und sehen, was dabei heraus gekommen ist". „ Du kannst später nachkommen, aber nicht mit mir kommen, und meine Hand kannst du, wenn es möglich ist, auch wieder loslassen, ich benötige diese für meine Arbeit". Berger bemerkte erst jetzt, dass er immer noch die Hand streichelte". „Da kannst du mal sehen, wie schnell schöne Dinge zur Gewohnheit werden". Er küsste den Handrücken und reichte ihr die Hand zur eigen Nutzung zurück. Ihre Augen treffen sich dabei und sagen so einige Dinge die sie nicht mehr ausdrücken konnten.

Sie streicht nochmals zart über seine kleine Verletzung. „Die Wunde wird dir keine Probleme mehr machen, ich denke es ist in Ordnung". „ Danke für deine Hilfe und die gekonnte Versorgung". „Ich gehe jetzt", sagte Marem, während sie ihre Utensilien zusammenräumt, „ bis um fünf bin ich im Labor". „ Ich komme gegen vier, halb fünf". Berger, dem es glühend heiß in der Sonne geworden ist springt in das kühle Wasser, er muss sich abzukühlen. Er schaut Marem hinterher, wie sie das Schwimmbad verlässt. Sie tut dies in der Haltung einer Königin, ohne noch einmal zurück zu schauen ist Sie verschwunden. Inzwischen ist die Frau eines Freundes von Berger mit ihrem Lover erschienen. Sie wird sichtlich nervös, als sie Berger entdeckt. Berger grüßte vom Wasser her freundlich, so als hätte er nicht ihren Liebhaber bemerkt. Sie ist eine ausgesprochen hübsche und nette Frau, die leider von ihrem Mann hier in diesem Camp lebendig begraben wird. Er arbeitete Tag und Nacht um möglichst viel Geld mit nach Hause zu bringen. Verliert aber mit Sicherheit seine Frau dabei. Berger hat ihn schon mehrfach darauf angesprochen. Nur mit dem Hinweis das er mit seiner Arbeitswut seine Ehe zerstören wird. Das jeder Mensch einen Anspruch auf eine gewisse Zuwendung hat. Sein Freund ist da leider anderer Meinung. Die Alarmsirenen die im Augenblick fürchterlich aufheulen, unterbrechen seine Gedanken. Die ganze Baustelle ist erfüllt von diesem durchdringen dem Geräusch. Auf diese Art und Weise wird man auf der Baustelle daran erinnert, dass sich der Irak im Krieg mit dem Iran befindet. Die Sirenen nützten eigentlich nichts. Bei einem tatsächlichen Angriff auf diese Baustelle sind alle schutzlos, es gibt keine Schutzräume für die Arbeiter und ihre Familien. In all den Wochen, die Berger auf der Baustelle ist, gab es oft Alarm, aber keinen Angriff. Deshalb verlässt Berger auch nicht das Wasser des Schwimmbades, wohin auch.

Er legte sich wieder auf den Rücken und lässt sich treiben. In dieser Lage kann er die Anhöhen beobachten die sich rings um die Baustelle anreihen. Auf Ihren Höhen sind Luftabwehr Geschütze installiert. Die Sirenen heulen immer noch in den ihnen eigenen jammern dem Ton. Sie hören sich eher klagend als warnend an. Dies konnte man auch so auslegen, wenn man wie Berger die Wirkung der Abwehrgeschütze kennt. Entweder sind die Luftabwehrbatterien so alt das man damit nicht mehr zielen kann oder die Soldaten so jung und schlecht ausgebildet, dass diese die Waffen nicht beherrschten. Berger erinnerte sich an das Übungsschießen, das vor 3 Wochen stattgefunden hat. Mit viel Getöse reiste ein Offizierskorps auf der Baustelle an. Von einem LKW wurden drei Ballons entladen und mit Gas gefüllt und dann in ca 500 Meter Höhe positioniert. Wie Drachen hingen sie an ihren langen Seilen. Sie waren leuchtend rot und hatten einen Durchmesser von ca. 2 Metern. Runde 4 Stunden feuerten elf Geschütze erfolglos auf die Ballons. Diese mussten alle unversehrt wieder eingeholt werden. Kein einziger wurde getroffen, mit hochroten Köpfen zogen die Offiziere wieder ab. Bei ihrer Abfahrt applaudierte die ganze Baustelle, die dem Schauspiel beizuwohnen hatte. Das einzig Gute an den Übung war, dass alle Arbeiter einen Tag frei bekommen haben für diese Frust Vorstellung.. Jeder wusste nun, wie schutzlos sie einem tatsächlichem Angriff ausgesetzt sind. Deshalb plantscht Berger auch jetzt ruhig im Becken weiter während die Sirenen jaulen. Das Becken bietet ihm auch einen besseren Schutz als sein Wohncontainer. Die Geschütze auf den Bergen drehen sich aufgeregt in alle Richtungen und suchen ein Ziel. Es ist nichts zu sehen und zu hören. Eine halbe Stunde nach der Entwarnung überfliegen zwei iranische Flugzeuge die Baustelle, dicht gefolgt von 3 Irakischen Flugzeugen. Dies war die einzige kriegsmäßige Handlung in der Zeit die Berger in Mosul auf der Baustelle weilte.

Zwei ganze Flugzeuge, die Iraker wissen nicht, was Krieg tatsächlich bedeutet. Dieser Krieg ist hier lediglich immer eine in örtlich begrenzte kleinere Kämpfe verwickelte Irakische Armee. Im Süden sind die Verluste auf beiden Seiten sehr hoch. Schlachten und Kämpfe die auf Grund ihrer unüberlegten Ausführung sinnlose hohe Opfer fordern und ohne jeden Geländegewinn und Nutzen sind. Es geht an dieser Front hin und her. Auch was er bisher in Baghdad gesehen hat, lässt nichts aufkommen was einen Kriegszustand erkennen lässt. Bis auf einige Raketeneinschlag in der Nähe seines Hotels in Baghdad, der einige Todesopfer forderte. Nicht das Berger mehr Action vermisste, er misst den Zustand daran, was für Waffenhilfe und Hilfsgüter aus aller Welt in den Irak fließen, meistens als Geschenk. Irgendwann einmal würde der Punkt kommen. muss der Punkt kommen an dem der Waffenstarrende Irak durchdreht. Es scheint Berger so als wäre genau dies gewollt. Aus Saudi rollen täglich unendliche Kolonnen von Waren in das Land. Er hat zuvor in Damam und Al Khobar gesehen, wie solche Autokolonnen zusammengestellt werden. Hunderte von LKW,s fahren täglich in den Irak, um Waffen und Lebensmittel zu bringen. Gleiches aus Jordanien von Aqaba. Von der anderen Seite, aus dem Osten, transportiert die Türkei in nicht abreißenden Kolonnen Waren in den Irak. Niemals zuvor hat der Irak solch einen Boom gehabt. Niemals zuvor gab es im Land so viele Baustellen wie in der Kriegszeit mit dem Iran. Die Welt fütterte den Iran an um die Iraner um I.a tolla Khomehni einzugrenzen. Dabei hat die Welt vollkommen übersehen, dass Saddam Hussein den Krieg mit dem Iran inszeniert hat. Weil er auf die Unterstützung und die Angst der Saudis und Kuwaitis gebaut hat. Deren jammern und deren Angst erzeugte eine riesige Hilfswelle aus der gesamten Welt.

Die Kuwaitis, Saudis und Amerikaner machen den Irak zur stärksten Macht im nahen Osten. Auf seinen Fahrten zu den Baustellen nach Bashra und nach Baghdad konnte Berger sehen wie sich links und rechts der Straße Berge von Militärgütern auftürmen. In Längen von mehreren Hunderten von Kilometern. Berger hat von all dem den Eindruck, dass dieser Krieg der Aufstiegskrieg für den Irak ist mit diesem Krieg und der Angst der anderen im Nacken wird der Irak zur militärisch stärksten Macht im Nahen Osten aufgerüstet. Ein gesundes Gleichgewicht der Kräfte wurde sehend, wissentlich vermutlich von amerikanischen Sache her bewusst zerstört. Eindrucksvoll werden der Welt immer wieder die vielen Toten bildlich vorgeführt, die Menschen glauben draußen an einen wilden, alles zerstörenden Krieg zwischen dem Iran und Irak. Der einzige wirkungsvolle Luftangriff, der gegen den Irak ausgeführt wurde kam aus Israel. Diese zerstörten ein fast fertiggestelltes Atomkraftwerk innerhalb einer Stunde. Der Iran scheint über keine Luftwaffe zu verfügen, deshalb versteht Berger nicht die Angst, die in der Welt vor diesem Iran dem noch zahnlosen Tiger herrscht. Der Irak und der Iran könnten gemeinsam der Welt nicht gefährlich werden. Ohne Luftwaffe ist überhaupt kein erfolgreicher Angriffskrieg unmöglich. Saddam Hussein nützte diese Angst geschickt aus, in kürzester Zeit hat er eine der größten Armeen Arabiens aufgestellt. Aber wie sich im Kleinen zeigt, eine wirkungslose Armee, deren Elitetruppen nur Erfolge gegen die Kurden verzeichnen konnten, die sich in diesem Krieg auf die Seite des Irans geschlagen haben. Es sollte für diese auch wieder einmal der falsche Schachzug gewesen sein. Berger ist sich nicht im klaren darüber, warum die westliche Welt, deren Geheimdienste hier sicherlich zahlreich vor Ort sind, diese Unmengen von Waffen und Material Anlieferungen nicht unruhiger macht als dieser seltsame Krieg mit dem Iran.

Der Irak ist ein riesiger Markt geworden, jeder versuchte, Waffen zu verkaufen möglichst gleichzeitig an Beide Kriegsparteien. Dieser Krieg wird kaufmännisch geführt, von allen Seiten und von allen Partnern. Wahrscheinlich wird die Höhe der Verkäufe in den Irak dem Iran per Beleg mitgeteilt, so dass dieser sich nochmals mit der gleichen Menge von Waffen und mehr eindeckt. oder auch umgekehrt ist das möglich. Was sich hier tut ist ein Wust von Geschäftsinteressen ohne Rücksicht auf irgend etwas. Der Irak würde diesen Krieg noch einige Jahre hinziehen, solange, bis er sich vollgesogen hat und die stärkste Macht in der Region ist. Auch diese Erkenntnis ist in Europa wie in Amerika längst bei den richtigen Stellen vorhanden. Aber das gute Geschäft sollte nicht abgewürgt werden. Als auch ein starker Irak ist auf einmal sehr gut. Die vielen Tausende jungen Menschen, die für dieses Geschäft sterben, sind nicht von Interesse. Jeder Tote garantierte den Absatz von neuen Waffen, sie sind Geschäftsfördernd. Um 16.00 Uhr kleidete Berger sich an und fährt zum Betonlabor. Dort ist Marem mit einigen Helfern bei der Arbeit. Es wird gesiebt, gerüttelt und geschüttelt. Vor Morgen Abend haben wir die Zusammensetzung der Asphaltmischung nicht fertig. Wir müssen auch noch die Bindemittel analysieren." „Ich brauche die Programme erst in zwei drei Tagen, lasst euch nur Zeit". Berger schaute sich die Laboreinrichtung an. Es ist ein gut bestücktes Labor. „ Was wird mit Heute Abend, gehen wir zusammen essen?". „ Das hängt nicht von mir ab". „ Du musst deine Brüder nur davon überzeugen wie wichtig es ist, mich zu treffen". „ Ich werde nichts unversucht lassen muss die Sache vorsichtig angehen, sie dürfen nicht spüren dass dies für mich wichtig ist".

.. Da hast du recht, mein Mädchen ich war auch Bruder von drei Mädchen. Bei uns war es auch so, oft wurde ich für angehende Freundschaften der Vermittler". „ Das ist bei uns etwas anderes, meine Brüder bestimmen wen ich zu heiraten habe. Mit jemandem ausgehen so wie Heute, dass liegt überhaupt nicht drin. Es sei denn sie sind selbst daran interessiert dich zu treffen. Da war dein Vorschlag schon sehr hilfreich und einsehbar, dass der Islam mehr auf die andersgläubigen zugehen muss. Das muss ich ihnen einimpfen wie sonst können sonst die Seelen der anderen gerettet werden?". „ Du lernst schnell, mein Kind". „ Die Liebe macht gelehrig". sagte sie nur und schaute dabei ganz woanders hin. Berger schaute sich um, ob ihnen jemand zusehen kann. Erst nachdem er sich davon vergewissert hat das sie allein sind nimmt er ihre Hand und küsste diese zärtlich. Sie drehte sich ihm wieder zu und streichelte über seinen Vorgarten. Berger fühlt, wie sich die 13 vorderen Haare elektrisch aufladen und knistern. Sie küsste ihm auf die Stirn. Sie ist einen halben Kopf größer als Berger. „Siehst du, das wollte ich schon immer, einen Mann, der etwas kleiner ist als ich, wie schön ich dir deine Stirn küssen kann, ohne das du dich wehren kannst". „Ab morgen ist das vorbei, dann trage ich hohe Absätze und eine Perücke"., Wehe dir, Ulli, dann gibt es keinen Kuss mehr". sagte sie lachend. „komm las uns gehen, damit niemand auf dumme Gedanken kommt, wir sind allein im Labor". Mit diesen Worten zieht sie Berger mit hinaus". „ Ich habe Heute zu Hause noch Schwerstarbeit zu erledigen``. „Auch Berger muss los, von 18 bis 20.00 Uhr ist nochmals Arbeitszeit. Er nimmt Marem in seinem kleinen SUZUKI Jeep mit bis zum Haupttor. Dann fährt er zurück zur Unterkunft. Seine Leute sind schon munter und warten auf ihn. Sie haben bereits wieder jeder eine Dose Bier in der Hand.

„ Unsere Lieferung mit dem österreichischen Spediteur ist angekommen sagen Sie zu Berger. 20 Kartons Bier. Die sind bereits in deinem Container." "Wieso in meinem Container?". "Arno wollte es so, es ist besser, sagte er, so sind wir sicher, dass wir es nicht in einer Nacht aussaufen." "Wo sind die anderen jetzt?". „ Die sind noch beim LKW und füllen den Obstler ab, das mußt du dir ansehen". „ Wo steht der LKW?" „ Gleich hinter der Büro Baracke". Ulli marschierte los. Dass Bier bestellt ist wusste er, vom Obstler hatte er keine Ahnung. Berger sieht das erstemal, wie so etwas gemacht wird. In dem umlaufenden Rahmen des Aufliegers ist an der Innenseite eine Verschraubung mit einem Schlauch hineingedreht Mit diesem Schlauch füllte der Fahrer nun die 15. Flasche ab. „ Hallo Ulli, prompte Lieferung," sagte der Fahrer, als er Ulli sieht. „Grüß Gott Walter, ihr Burschen habt doch alle Tricks drauf, um Geld zu machen". „ Ulli, es geht nicht ums Geld, es geht um die Versorgung von ausgehungerten Menschen, Nächstenliebe". „ Dass Alkohol dazu gehört, ist mir neu". „ Es ist ungewöhnlich, aber nicht neu, du musst nur den medizinischen und seelischen Aspekt sehen. Die armen Jungs hier, schau sie dir an, was haben sie hier außer Arbeit? Nichts!. Wenn sie mal wieder richtig einen gesoffen haben, sind sie wieder für eine Woche fit." „ Wenn es bei dem Wochen Rhythmus bliebe hätte ich nichts dagegen, aber hier bahnt sich eine tägliche Alkoholvergiftung an". Nach der 18 Flasche ist der Rahmen endlich leer. Walter drehte den Schlauch mit der Verschraubung heraus und setzte eine neue, flache Verschraubung ein. Keiner kann mehr sehen, wie raffiniert hier geschmuggelt wird. Der Fahrer hatte auf diese Weise bei jeder Fahrt nochmals 800,- DM netto in der Tasche. „ Was ist, Chef," fragte Rolf, der Kran," wollen wir Heute noch tatsächlich raus?, wo all die schönen Sachen hier sind. Die Elektriker haben uns zur Grillfete in Ihre Werkstatt eingeladen. Morgen wird auch nicht gearbeitet, es gibt einen Feiertag". „Was für einen Feiertag?" fragte Berger erstaunt".

„ Ich weiß auch nicht was, aber der Elektroingenieur hat gesagt, dass wir morgen nicht arbeiten dürfen". „ Das hört hier nicht auf mit den Feiertagen, na dann mal los heute Abend". „ Kommst du mit, Chef?", wenn es mit meiner Verabredung nichts wird, dann komme ich um 22.00 Uhr nach, ansonsten später. Das mit dem Bier und Arno ist zwar eine nette Geste, aber es ist euer Bier, lernt damit umzugehen. Packt es wieder in eure Zimmer, lasst mir nur einen Karton Bier, von dem Obstler stellt mir zwei Flaschen ins Zimmer. Berger zahlt Walter aus. „ Es ist bei dir immer noch billiger als in der Kantine, durch den Zwangsumtausch ist alles wahnsinnig teuer. Der Irak holt sich auf diese Weise mit dem hohen künstlichem Geldtausch seine Baukosten wieder zurück. Bring das nächste mal wieder genügend mit. So halte ich die Leute auch auf ihren Zimmern. Wenn die draußen sind, kommen sie meistens erst zum Wecken nach Hause. Berger geht vor dem Duschen nochmals in die Kantine, um eine Kleinigkeit zu essen damit er abends nicht zu hungrig ist. Dort trinkt er dann auch wie jeden Abend um diese Zeit seine drei Liter kühlen Mangosaft. Den ganzen Tag hält er sich mit dem Trinken zurück. Abends dann tankt er nach. Dies hat sich bei ihm gut bewährt, so brauchte er draußen in der höllischen Hitze weniger zu schwitzen. In der Mittagszeit steigt die Hitze bis auf 60-65 Grad an. An den Eisenteilen verbrennt man sich die Finger. Wenn man ein Werkstück aufhebt oder ein Werkzeug, das zulange in der Sonne gelegen hat, gibt es sofort Brandblasen. Deshalb wurde Mittags auch nur bis um 13.00 gearbeitet. Nach dem Essen geht Berger zum Umziehen und Duschen in seinen Container, den er sich gemütlich eingerichtet hat. Er streckt sich noch eine Stunde auf seinem Bett aus und lässt die letzten Tage nochmals per geistigem Video passieren. Schlimm ist für ihn, dass die wichtigsten kleinen

Bauteile, Motore und Elektronikteile noch nicht angekommen sind. Jeden Tag wird er aufs neue vertröstet. Wenn Morgen Feiertag ist, will er sich selbst auf die Suche machen. Die Anlage selbst haben sie schon im Rohbau stehen, kamen aber wegen der fehlenden Teile nicht so richtig weiter. Deshalb ist er auch nicht böse, dass Heute und Morgen nicht gearbeitet wird. Um kurz vor zehn fährt er zur Kantine, dort wartete Marem bereits mit ihren Brüdern. Er kann es kaum fassen, als er sie dort stehen sieht. Marem stellte Berger ihren Brüdern vor und gemeinsam fahren sie den Berg hinauf in das erste fertiggestellte Hauptrestaurant für die späteren Touristen der Staudamm Anlage. Dieses Restaurant ist für die späteren Besucher des Stausees gedacht. Ca. 2 Kilometer weiter ist noch ein Restaurant mit Schwimmbad. Die Baustelle hatte ca. 5000 Mitarbeiter zu versorgen, es ist eine kleine Stadt. Von hier oben kann man alles übersehen. Marem erklärt Berger und ihren Brüdern die Baustelle. Sie zeigt, wie weit sich später der Stausee erstrecken soll. Oben auf dem Berg weht ein wunderbarer angenehm kühler Wind. Berger versteht sich ausgezeichnet mit Marems Brüdern. Sie sprechen leidlich englisch und gemixt mit Bergers arabisch geht es ganz gut. Sie alle sind zuvor noch nicht hier oben gewesen. Sie sind begeistert von der Aussicht und auch vom Essen. Berger hat Spagetti mit Steak und Salat bestellt. Berger wurde von den Brüdern für den nächsten Tag dem Feiertag nach Hause, nach Mosul eingeladen. Berger sagte dankend zu, erklärte aber auch, dass er nicht vor 16.00 Uhr kommen könne, da er morgen nach den verschollenen LKW's fahnden will. Die Brüder bieten spontan ihre Hilfe an. Berger nimmt diese Hilfe dankend an. Sie verabredeten sich für den anderen Tag um zehn Uhr beim Zollamt in Mosul. Als die Brüder hinausgehen, beschwerte sich Marem prompt``. ,, Du scheinst nur noch für meine Brüder da zu sein, ich bin zur Randerscheinung geworden!".

.. Soll ich dir jetzt einen Kuss geben?". „ Um Gotteswillen", sagte sie. „ Siehst du, was soll ich tun, ich darf dich nicht zu oft anschauen, wenn, dann nur mit ganz neutralem Blick. Ich darf dich nicht berühren. Was soll ich tun. Ich ersticke fast, ich möchte dich auf der Stelle küssen, berühren, lieben, einfach alles mit dir tun. Aber ich muss meine Gefühle ersticken". Berger und Marem haben sich jetzt wenigstens so gesetzt, dass sie mit ihren Füssen Kontakt haben, ohne das es jemand bemerken konnte. Beide sind barfuss in ihren Sandalen und zeigen äußerlich mit keiner Miene, was sie tatsächlich bei jeder Berührung empfinden. Um zwölf Uhr wollen die Brüder aufbrechen, sie wollten nicht so spät zu Hause sein. Berger fährt sie zum Haupttor, von wo sie mit dem Kleinbus nach Mosul weiter fahren. Der Ausgang des Camps ist schwer bewacht, wer hinaus will braucht einen Passierschein vom Camp und den Stempel des Militärs und der Bauleitung. Es erscheint Berger wie ein riesiges Luxus Gefangenenlager, ein goldener Käfig, in dem es alles gibt. Berger fährt zur Elektrowerkstatt, in der Bar dort hängen nur noch drei Mann, die so hochgradig voll sind, dass Berger viel Mühe hat herauszubekommen, wo die anderen Männer sind. Er muss noch einmal auf den Berg zurück, um zum Country Club zu kommen. Dort würde er alle finden. So war es dann auch, von weitem hörte er die Musik und den Gesang. An drei langen Tischen sitzen die Leute und saufen und singen, als wenn Morgen alles vorbei sein würde. Berger holte sich ein Bier und ein Steak und pflanzte sich auf den nächsten freien Platz. Kauend beobachtete er die lustige Gesellschaft. Seine Leute haben ihn zum Glück noch nicht entdeckt. Er sitzt zwischen zwei Familien aus Linz Österreich, mit denen sich schnell eine angeregte Unterhaltung entwickelt. Um drei Uhr morgens ist es dann soweit.

Dss alle Leute in voller Kleidung und dem Getränk in der Hand im Schwimmbad stehen und im Wasser munter weiter singen. Ob Männlein oder Weiblein, alles ist im Pool. Gegen fünf Uhr verlässt die meisten die Kraft und die ersten Bier und Schnapsleichen verteilten sich auf der Wiese. Berger, der als einziger noch nüchtern ist, transportierte in seinem kleinen Jeep 15 Leute nach unten zum Camp. Das ist bisheriger Camp Rekord. Der stellvertretende Bauleiter, der neben Berger im Jeep sitzt, stößt Ihm in die Rippen. „Sei bloß vorsichtig mit unserer Kleinen, sie kommt aus einer alten Mosuler Familie, wenn du sie nur schief anschaust, kann es sein, dass du am anderen Tag ein Messer oder eine Kugel im Rücken hast. Zwei Mann haben versucht sie anzufassen, Beide sind liegend auf einer Bahre nach Hause geflogen worden!". „ Es gibt wahrscheinlich zwischen mir und diesen Männern einen feinen Unterschied. Ich würde niemals ein Mädchen gegen ihren Willen anfassen". „ Das spielt hier keine Rolle, was glaubst du, was ihre Brüder mit dir und ihr anstellen, wenn sie mit bekommen, dass ihr Beide zusammen etwas habt. Dann wird es für sie und für dich unangenehm. Ich will dir dies nur mit auf den Weg geben, nachdem ich euch Heute beim Essen gesehen habe. Meine Frau hat gesagt, da bahnt sich etwas an. Ich hätte nie etwas bemerkt. Aber Frauen haben da Hundehaare in der Nase``. „Sag ihr, dass sie recht hat, es hat sich bereits etwas angebahnt". „Ich gönne Sie dir, aber sei vorsichtig, stürzt Euch nicht ins Unglück". „ Danke für deinen Rat, mal sehen, wie sich das entwickelt." „ Was hast du Heute vor?". „Ich werde mich selbst auf die Suche nach den verschwundenen Containern machen". „ Sind die noch immer nicht aufgetaucht?. Ich habe bereits selbst zwei Mann losgeschickt, um zu suchen." „Ich weiß", sagt Berger, „ ich habe mit ihnen gesprochen, die haben die Umgebung von Mosul abgesucht.

Ich glaube aber, dass die Container entweder in Mosul sind oder noch ganz weit weg in den Bergen". Berger lenkt seinen kleinen Jeep über Stock und Stein, so das im Augenblick eine Unterhaltung unmöglich ist. Die Straße ist durch die schweren Baumaschinen stark beschädigt, so das, dass fahren alle Aufmerksamkeit erforderte. „Sag mal, Berger, bist du Alkoholiker?". Berger ist über diese Frage so erstaunt, dass er automatisch in die Bremse steigt und den Bauleiter dumm anschaute. „Alkoholiker?, wie kommst du darauf, auch die Hundehaare deiner Frau?". „Ja sie hat dich bereits öfter beobachtet und festgestellt, dass du kaum Alkohol trinkst. Ich hatte das bisher noch nicht bemerkt". Berger gibt wieder Gas und fährt weiter. „ Da kannst du mal sehen, wie weit es schon gekommen ist, wenn einer wenig Alkohol trinkt, fällt es schon auf und jeder denkt, man ist deshalb krank. Armes Deutschland. Bestell deiner lieben Gattin einen schönen Gruß von mir. Ich trinke sehr gern einen, vor allem in Gesellschaft, das aber nur zu Hause in Deutschland. Hier in diesen heißen Ländern bin ich bisher meinen Prinzipien treu geblieben, bis auf ein einziges mal in Kairo, deshalb keinen Alkohol mehr in diesen Ländern. Erstens, weil es wegen der Hitze nicht gut ist. Zweitens, weil ich hier Rücksicht auf die Islamische Religion nehme, die ich sehr ernst nehme. Drittens, weil es mir selbst sehr gut tut, mal einige Wochen oder Monate keinen Alkohol zu trinken". „ Entschuldige, Ulli, dass ich dich so direkt gefragt habe. Wir sind aber öfter zusammen, da wollte ich einfach wissen, wie ich die Sache handhaben muss. Ich neige dazu, Leute zum Trinken zu nötigen. Soll ich dir Morgen jemanden mitgeben, der sich auskennt?". „ Nein, die Brüder von Marem haben sich angeboten. Wir treffen uns um 10Uhr vor dem Zollamt in Mosul". „ Aha, der erste Familienausflug, sieh dich vor, mein Lieber, mir schwant Böses``.

Berger stoppte vor der Wohneinheit des Bauleiters und setzt dort alle ab. Sie wollen alle noch weiter machen. Auf allen Vieren kriechen die meisten aus dem Jeep verbogen und verbeult heraus. Die schlechte Wegstrecke hat sie stark mitgenommen. „ Was wird mit meinem Passierschein, wenn ihr noch weiter macht, kriege ich keinen vor morgen Abend wach." „ Den lasse ich dir jetzt noch fertig machen, hole ihn um neun hier ab. Er liegt dann im Briefkasten". Der Jeep ist von all den pitschnassen Klamotten fast einen Zentimeter hoch mit Wasser angefüllt. Berger hofft das bis morgen Früh alles trocken wird. Er ist froh, dass er seine nassen Klamotten los wird und fällt schnell für die ihm verbleibenden drei Stunden in einen Tiefschlaf. Am Morgen findet er den Passierschein, ordnungsgemäß abgestempelt, im Briefkasten das Bauleiters, Er hat nicht damit gerechnet. Die Fahrt nach Mosul dauerte ungefähr eine halbe Stunde. Es geht durch eine sehr schöne, leicht hügelige Landschaft, die ihn an die Schwäbische Alb erinnerte. Nur die weiten Wälder fehlten. Links und rechts der Strasse und soweit das Auge reicht steht prächtiger Weizen. Die Ernte ist in vollem Gang. Es wird mit der Hand gemäht und mit von Pferden gezogenen Mähdreschern. Auf den großen Feldern arbeiten Traktor gezogene Mähdreschern Made in DDR, die aber alle uralt sind. Als er auf die Hauptstraße einbiegt, ist es mit der Betulichkeit vorbei. Eine nicht endende Autokolonne machte ihm schon das Einscheren in die Strasse schwer. Dann geht es eingehüllt in einer mächtigen Staubwolke weiter, bis er die Abfahrt nach Mosul erreicht. Mosul ist eine wunderschöne angenehme alte Stadt. Berger kennt sie schon von mehreren Kurzbesuchen. Vor dem Zollamt stoppt er und schaute auf seine Uhr, es ist erst 9.30 Uhr. Er steigt aus und schlenderte zum LKW-Terminal. Er vermutete seine Container hier. Er konzentrierte sich auf LKW's mit türkischen Nummer, denn die Container wurden über den Hafen Eskenderuhr in der Türkei verschifft.

Ganz hinten in der Ecke glaubte er zwei Container zu sehen, die möglicherweise ihm gehören. Oben aus den Open Top Containern ragt ein Rohr heraus, das aussieht wie ein Teil seines fehlenden Schornsteins. Aus dem anderen Container lugt ein Stück Dach von der Vorsilo Abdeckung heraus. Er ist sich nun sicher, dies sind seine fehlenden Container. Nun fehlte ihm nur noch der geschlossene 20 Feet Container mit den Motoren und Elektronikteilen. Als die Brüder von Marem kommen organisieren diese mit viel Mühe mit dem Wachhabenden Beamten das Berger in die Container schauen darf. Die Fahrzeuge mit samt der Container sind seit 10 Tagen beschlagnahmt sagt der Uniformierte und die Fahrer dazu sitzen im Gefängnis. Berger verständigte sofort die Baustelle, damit diese die erforderlichen Schritte einleiten können. Seinen wichtigsten Container findet er nicht. Moustafa und Ahmed machen ihm den Vorschlag, in den einschlägigen Hotels der Fahrer nachzuforschen. Sie machen sich auf den Weg. Hier ist der kleine Jeep von Vorteil, durch die engen Gassen wäre ein normaler Wagen nicht mehr gekommen. Teilweise hüpften sie mehr als das sie fahren. Aber es ist immer noch angenehmer als bei dieser Hitze zu laufen. Bis zwei Uhr haben sie alle Hotels abgeklappert, sie haben tatsächlich erfahren können, dass es gleich hinter der Türkischen Grenze auf einem Pass einen Unfall gegeben hat, zwei LKWs, darunter ein deutscher sind dort abgestürzt. Sie haben die Fahrzeuge unten liegen sehen, stark beschädigt. Man sagt, dass beide Fahrer tot sind. ,, Wann ist es ungefähr gewesen?" fragte Berger. ,, Wir haben diese Stelle ca. vor 10 Tagen passiert, es muss einen oder zwei Tage vorher passiert sein". „Das könnte passen, konntet ihr das Nummernschild erkennen?".

„ Es war ein deutsches Nummernschild, das ist sicher". „ Das könnte meine Container sein". „ Berger lässt sich auf seiner Karte einzeichnen, wo sich die Container ungefähr befinden. Bereits um 13 Uhr hat Berger alles erfahren und viel mehr ereicht, als er glaubte erreichen zu können. Den Rest sollte nun die Baustelle erledigen, diese ist eigentlich für die Anlieferung verantwortlich. Er hätte sich eigentlich mit seinen Leuten auf die faule Haut legen können und warten. Ahmed und Mustafa zeigen Berger nun noch einige der Sehenswürdigkeiten von Mosul und auch einige Bars, in denen es zu ihrem Leidwesen Bier und Mädchen gibt. Dies ist auch für Berger eine Überraschung, in einem moslemischen Land so etwas vorzufinden, und dies ganz offiziell?. „Wir würden diese Hütten am liebsten in die Luft sprengen, aber unser Militär ist da anderer Meinung. Die Europäer brauchen Alkohol und Sex, ohne dies könne sie nicht leben. Etwas müssen wir ihnen davon einräumen``. „Die Meinung der meisten Moslems in der Welt über die Europäer und Amerikaner waren gleich. Alkohol, Sex und Geld und das die meisten Christen Schwul sind, dass sind die Pole um die sich in diesen Kontinenten alles dreht. Einiges ist schon daran richtig, aber nicht so pauschal, wie es hier gesehen wird ist es nicht. Genauso wie umgekehrt die Mosleme mit Terror und Entführungen in einem Atemzug genannt werden. Dass es hier außerhalb des Camps zu solchen halb verwilderten Puffs kommen konnte ist für Berger unerklärlich. Der Bauleitung ist dieses lieber als im Camp. Somit herrschte dort Ruhe. Dass diese Puffs den gläubigen Moslems ein Dorn im Auge sind, ist natürlich klar. „Komm, Ulli, lass uns nach Hause fahren, die Hitze wird unerträglich". „OK, mir reicht es auch für Heute, erledigt habe ich viel mehr als erwartet, ich danke für eure Hilfe".

Er nickte Ahmed und Mustafa dankend zu. „ Du brauchst uns nicht zu danken, wir sind hier zu Hause und kennen uns aus. Fahr jetzt die nächste Straße links, dann gleich wieder rechts, dann sind wir schon zu Hause". Berger fährt langsam in die angegebene Richtung. Es ging aus der Stadt heraus, vor einem kleinen sauberem Gebäude orderte Ahmed zu stoppen. „ Hier sind wir zu Hause. Es war früher einmal ein landwirtschaftlicher Betrieb, jetzt haben wir den Hof nach außerhalb verlegt und verpachtet. Wie du siehst, arbeitet die ganze Familie an dem Staudamm-Projekt, dies wirft wesentlich mehr ab und ist nicht so mühsam. Später können wir den Hof mit dem Verdienten renovieren und modernisieren". Marem, die das Auto bereits kommen hörte, eilte ihnen entgegen und öffnete das schwere Eingangstor. Alles ist innen und außen sauber angelegt und gepflegt. Im Innenhof ist ein schöner Brunnen mit einer umlaufenden, integrierten Holzbank, die zum Verweilen einlädt. Ein Riesiger Kiwibaum spendete ausreichend Schatten für den gesamten Innenhof. Der Hof selbst ist mit rohen, hellen Kalksandsteinen gepflastert. Der Brunnen setzte sich dagegen mit seinem roten Gestein wunderbar ab. „Dies ist auch unser Lieblingsplatz". sagt Marem und setzte sich zu Ulli. Ahmed und Mustafa gehen ins Haus. „Sehr schön, wer hat das alles so veranlasst?, es ist doch einfach untypisch für Arabien. Ihr liebt doch sonst viele kleine bunte Mosaike. Hier ist aber großflächig, eine gerade Linie, so wie wir es in Deutschland haben. Es fehlen eigentlich nur noch die verschnörkelten alten Lampen". „ Komm", sagt sie, „ ich will dir was zeigen". Sie öffnete eine der kleinen Stalltüren. Als das Licht hineinfällt, staunt Berger nicht schlecht, vier wunderschöne orientalische Lampenköpfe liegen dort, eine wunderschöne Handarbeit. Eine Kupferhaube mit fünf hängenden Glaslampen darunter, deren Gläser sehr schön verziert sind.

Die Schlosserei fertigt mir gerade die Ständer für diese Lampen
an. Eine will ich vor dem Tor aufbauen und drei im Innenhof".
„Du hast einen Supergeschmack, was du hier machst passt in
den Orient, aber auch gleichfalls nach Europa``. „Dies wird
später mein Haus, meine Brüder wollen den Hof komplett neu
bauen, deshalb mache ich schon alles so, wie ich es hier haben
möchte. Wenn ich ehrlich bin, einige Anregungen habe ich aus
Büchern genommen, die ich aus Deutschland und Österreich
bekommen habe". „ Dann hast du diese Anregungen wunderbar
umgesetzt, eine gute Leistung". Ahmed ist inzwischen wieder
zurück- gekommen. „Dieses Haus Ulli ist Marems Hobby
geworden, wenn wir denken, sie ist endlich fertig, fällt Ihr
wieder etwas Neues ein. Aber uns gefällt, was sie tut". Sie
führten ihn durch das ganze Haus, es ist wunderbar
hergerichtet". „Jetzt fehlt mir nur noch der Mann zum
Heiraten". „ Daran wird es doch sicherlich nicht fehlen, wenn
man so gut aussieht und so ein schönes Haus mitbringt". „
Nein, an Bewerbern fehlt es ihr wirklich nicht, aber wenn man
so wählerisch ist wie meine Schwester". „ Was soll's, es war
noch nicht der richtige dabei". „ Schwester, du wartest so lange,
bis Vater dir einen vorsetzt, dann ist das jammern groß". „ Wo
sind im übrigen deine Eltern?" fragt Berger. Er hat zwar eine
ältere Dame in der Küche gesehen, aber Marem machte sie nicht
miteinander bekannt. „ Unsere Eltern können nicht auf die
Arbeit auf dem Hof verzichten, obwohl er an meinen Schwager
verpachtet ist, arbeiten Beide noch voll mit. Sie wohnen auf dem
Hof. Hierher kommen sie nur zwei bis dreimal in der Woche um
mich zu besuchen. Auch Ahmed und Mustafa sind viel auf dem
Hof, zum Glück ist er in der Familie geblieben. Es wurde noch
ein sehr gemütlicher Nachmittag. Am späten Abend fährt Berger
wieder zur Baustelle zurück, zufrieden mit dem Tag. Am
nächsten Tag besuchte er Marem wieder im Labor.

Sie ist überrascht, als er plötzlich vor ihr steht. „ Was treibst du dich hier herum, dazu in der Mittagszeit, wo du normal am Pool bist?". „ Ich bin heute dienstlich hier, habe dir einige neue Zuschläge mitgebracht, die Heute angeliefert wurden. Ich kann nicht glauben, dass es die Körnung ist, die auf dem Lieferschein steht. Er gibt ihr den Schein in die Hand, beugte sich leicht vor und küsste den oberen Teil des Handballen ganz zärtlich. Als er bemerkte, dass Marem ganz still hält, geht er vorsichtig mit seinen Lippen höher bis zur Armbeuge. Er spürt wie Marems Körper ein leichtes Zittern durchläuft. Sie drehte sich zu ihm und streichelte ihm über den Kopf und den Rest seiner Haare. Dies ganz zärtlich und vorsichtig. Berger findet den Weg mit seiner rechten Hand durch den Kittel und das Unterkleid auf die nackte Haut ihres Poo,s. Berger spürt, dass er nun weiter machen darf. Mehrfach zuckte sie unter seinen streichelnden leichten Berührungen zusammen. Der Poo ist so fest, dass man darauf Nüsse hätte knacken können. Mit seinem Mund geht er nun weiter nach oben. Während sie langsam in die Knie sinkt, ist er bereits dabei, ihren Nacken zu küssen. Die langen dichten Haare schiebt er mit der Stirn bei Seite. Er spürt die Elektrizität, die von Beiden Körpern ausgeht. Die Haare von Marem knisterten unter dieser Spannung. Berger lässt sich nun mit hinuntersinken, sie sinken gemeinsam auf einen Wulst von leeren Zement Tüten. Bei jeder Bewegung kommt eine kleine Wolke aus den Tüten. Sie sind bereits schön eingestäubt von dem Zement. Sie bemerkten dies Beide nichts mehr. Sie sind in eine andere Welt entrückt. Die Körper zitterten und zucken. Berger hat bereits die schönen kleinen festen Brüste in der Hand und küsst die steifen Warzen, die sich fest und stramm aufgerichtet haben und wie Stahlschrauben dort stehen und auf Bergers Liebkosung warten.

Bei jeder Berührung mit seinem Mund an den Nippeln zuckt Marem zusammen. Die Höfe um diese Schrauben treten stark hervor. Mit einer Hand versuchte Berger nun, zwischen die Beine zu gelangen. Ihr ständig zuckender Körper machte ihm den Weg frei. Mit viel Geduld und liebevollem Streicheln kommt er ans Ziel. Bei der ersten leichten Berührung der des kleinen Krauskopfes scheint sie zu explodieren. Berger krallte sich in den Haaren um ihr Geschlechtsteil fest. Mit dem rechten Arm versuchte er sie am Boden zu halten und küsst dabei Ihre Brüste. Mit einem Finger kämpfte er sich durch das dichte Netz von Haaren um ihr Geschlechtsteil. Dies ist bereits feucht und durch ihre Beinhaltung leicht geöffnet, so das er mühelos den kleinen Punkt ereichen kann, an dem alle zentralen Nerven zusammenlaufen, den Kitzler. Da er bereits Erfahrung hat mit Frauen, die beschnitten sind, weis er das dieser Punkt trotzdem gleichfalls wie bei jeder Europäischen Frau immer noch ein empfindlicher Punkt ist. Nicht mehr mit der gleichen Intensität, aber es ist immer noch ein wichtiger Punkt beim Liebesspiel. Berger bemerkte die Beruhigung, die langsam bei den intensiven Berührungen dieses Punktes durch ihren Körper geht. Erst als er dann mit seinen Fingern zum Petting übergeht und er gleichzeitig den Oberkörper die Brüste und deren Nippel in alle Richtung streichelnd küsste, kommt wieder der alte Bewegungsrhythmus in den wunderschönen zarten Körper. Mit beiden Händen und viel Kraft öffnete sie die stramm schließenden Jeansknöpfe der Hose von Berger und umfasste sein hartes Glied und streichelte dieses wild und gleichfalls zärtlich. Weit bevor Berger es glaubt und wollte kommt es zur ihrer körperlichen Explosion. Stoßweise läuft Berger der heiße, klebrige Lebenssaft über die Finger. Das war die Explosion eines Körpers, der lange auf diese Berührung gewartet hat.

Vorsichtig streichelte Berger nun ihr Geschlechtsteil und küsste es immer wieder. Streichelt zärtlich ihren Oberkörper. Sie beruhigte sich langsam und Ihr Atem wird wieder regelmäßiger. Berger zieht sie ganz an sich heran und küsst ihre Stirn und ihre Haare, er ist genauso glücklich und zufrieden wie sie, auch wenn es zu seiner körperlichen Befriedigung nicht gekommen ist. Für ihn ist ihre Befriedigung weitaus wichtiger. Sein Tag würde auch noch kommen. Sie schaute ihn mit ihren schwarzen Samtaugen entschuldigend an. „ Es ist schon gut, Marem, ich bin auch so glücklich und zufrieden mit diesem Tag und deinen Gefühlen. Schäme dich niemals deiner Gefühle mir gegenüber. Ich bin dir dankbar, wenn ich deine Gefühle erleben darf, dies ist ein wertvolles Geschenk für mich. Es wird deine Tage und meine Tage geben. „Er küsst sie nochmals so kräftig, dass sie sich regelrecht frei strampeln muss. „ Die Tür, Ulli, wir haben die Tür nicht verschlossen``. „ Damit war die Liebeszene endgültig beendet. Nachdem sie sich vom Zement mit Pressluft gereinigt haben, fahren sie gemeinsam zum Schwimmen. Jeder der Beiden glaubte, dass jeder ihnen ihre Liebe ansehen kann und weis was sie da soeben getrieben haben. Ihr Umgang miteinander hat sich auch verändert, sie sind nun ein Paar und bewegten sich auch so. Aber niemand nimmt tatsächlich Notiz davon. Marem versuchte noch Berger dazu zu bewegen am Abend zu ihr nach Hause zu kommen. Es geht leider nicht, weil sie Heute Abend lange an der Asphaltanlage arbeiten müssen. Sie hatten die Genehmigung bekommen, bei Scheinwerferlicht länger zu arbeiten. Dies müssen sie ausnutzen. Gleichfalls haben sie eine Kolonne Chinesen als Hilfsleute zugeteilt bekommen. Da muss Berger vor Ort sein und die Arbeit koordinieren. „Weißt du, gerade Heute hätte ich dich gebraucht".

„ Ich verstehe das, aber ausgerechnet Heute Abend bekommen wir Licht genehmigt um länger zu arbeiten, und noch eine Hilfsmannschaft mit Chinesen kommt zur Unterstützung. „Berger lässt Marem nach diesem Nachmittag nicht gern allein gehen, aber er hat keine andere Wahl. Der Abend wurde interessant für Berger und seine Leute, sie waren überrascht von den Chinesen. Diese waren alle sehr klein und schwach auf der Brust. Mit sechs Mann versuchten sie einen Motor mit Getriebe, Gewicht ca. 100 Kilo in ca. fünf Meter Höhe zu bringen. Es war ausgeschlossen. Sie hingen an diesem Motor so, als würde er eine Tonne wiegen. Rolf, der Kran, der das Gewürge auf und ab nicht mehr mit ansehen kann schnappt sich den Motor, wuchtete diesen allein auf seine Schulter und bringt diesen über die Leiter nach oben in weniger als zwei Minuten ist der Motor oben. Die andere Kolonne von 8 Mann hat Berger dazu eingeteilt die Abdeckungen der Förderschnecken der Filteranlage zu öffnen, um diese zu reinigen. Wenig später gibt es einen lauten Knall und einen noch lauteren Schrei aus 8 Kehlen. Berger und seine Leute rennen um zu sehen was passiert ist. Die 8 Chinesen sind unter dem Abdeckblech begraben. Sie haben vergessen es festzuhalten und haben es an allen Enden gleichzeitig gelöst. Sie waren mit 8 Mann zu schwach das herabfallende Blech zu halten. Vielleicht sind sie gar nicht auf die Idee gekommen es zu halten. Zu zweit hoben sie das Blech von den jammernden Chinesen, die nicht glauben konnten, dass zwei Mann dieses Blech bewegen können. Nun setzte er sie nur noch zu einfachsten Reinigungsarbeiten ein. Es war ihm nun klar, warum es so viele Chinesen geben muss. Dort, wo ein Europäer bei der Arbeit ausreicht, brauchen die Chinesen mindestens 8 Leute. Der Rest war die Einsatzreserve, wenn welche vergessen haben mit anzupacken. Oder die Kolonne bildet die, die Verunglückten bergen muss.

Der Glaube an die emsigen, fleißigen Chinesen ist Berger mit einem Schlag genommen. Sie sind sicherlich emsig und fleißig in der großen Menge, wenn es nicht auffällt, dass 50% nicht zupacken oder alle nur mit einem viertel ihrer Kraft arbeiteten. Vielleicht waren diese Leute nur eine Ausnahme oder hatten einen schlechten Tag. Von der Bauleitung wurden ihm diese Leute angelobt, aber vielleicht nur woanders weggelobt, wer weis es. sicher war, am nächsten morgen kein Chinese mehr auf seiner Baustelle. Vielleicht fehlte es diesen Leuten hier tatsächlich an Kraft. Er wollte nicht weiter darüber nachdenken. Sie schafften die Arbeit, die sie sich für diesen Abend vorgenommen haben schneller als sie geplant hatten. Berger war versucht, doch noch zu Marem zu fahren, entschloss sich dann aber, mit seinen Leuten zusammen einige Steak's zu essen und einige Biere zu trinken. Sie haben es sich im Schweiße ihres Angesichtes verdient. Am anderen Morgen ist Berger im Büro des Bauleiters, um über die fehlenden Container zu debattieren. „Ich kann dir nur soviel sagen, dass wir versucht haben, die fehlenden Container, die du im Zoll gefunden hast, in den nächsten Tagen frei zu bekommen". „Was ist mit den Containern?". „ Sie wurden samt Fahrer beschlagnahmt, warum weiß keiner, vermutlich nur um Geld zu kassieren. Das ist hier ein beliebtes Spiel. Den Fahrer haben wir bereits mit seinem LKW ausgelöst. Der ist bereits auf dem Rückweg in die Türkei. Probleme gibt es mit deiner Meldung wegen des verunglückten LKW's. Wir haben die Spedition in Deutschland angerufen, von der Zeit her könnte es ihr LKW sein.

Auch hat sich der Fahrer bis jetzt noch nicht gemeldet. Aber wir haben Probleme, ein Visum für unsere Leute zu bekommen, dies ist im tiefsten Gebiet der Kurden. Dort sind Überfälle an der Tagesordnung. Ich werde auch kaum jemanden finden, der bereit ist, dorthin zu fahren``. ,, Ohne die Teile, es sind in der Hauptsache Spezialmotore, komme ich nicht weiter mit dem Werk. Wenn es nicht anders geht, fahre ich selbst". ,,Das tu uns nicht an, wenn du weg bist, wer baut dann die Anlage weiter auf? Wir müssen bald den ersten Asphalt einbauen." "So wie es jetzt aussieht, können wir in den nächsten Monaten nichts machen ohne die Motore und Elektronik. Könnt ihr nicht organisieren, dass ich mit einer Militär Kapelle der Iraker reisen kann?". ,, Das können wir schon organisieren, aber dann könntest du mit Kapelle recht haben, die wirst du dann benötigen, um deine Beisetzungsmusik zu spielen. Entweder benötigst du eine ganze Armee oder geh lieber als Zivilist. Ich will sehen, was ich machen kann. Aber du musst unterschreiben, dass du auf eigene Gefahr gehst. Gib mir deinen Pass. Vielleicht habe ich Morgen oder übermorgen Antwort von unserem militärischem Berater und verantwortlichem Offizier in Mosul". Nach drei Tagen war es soweit. Berger hatte die Erlaubnis in das Grenzgebiet zur Türkei zu Reisen, 21 Tage hat er Zeit, um seinen LKW zu finden. Da dieser sich auf der Hauptroute beziehungsweise Haupttransportstrecke befindet machte er sich nicht viele Sorgen. Diese Strecke ist vollgestopft mit LKW, s die Waren aus der Türkei bringen. Was sollen die Kurden von ihm da schon wollen. Die Waren, die sie benötigten, kommen per LKW aus der Türkei. Sie bedienten sich dort selbst. Es war der irakischen Armee unmöglich, diese Strecken zu kontrollieren. Sie müssen diese Diebstähle einfach hinnehmen. Als Berger Marem von seiner bevorstehenden Reise erzählte, ist diese ganz verzweifelt.

„ Ulli, fahre nicht, du kommst nicht wieder, es ist ein äußerst gefährliches Gebiet, du als Europäer bist sicherlich ein willkommenes Objekt um uns wieder einmal zu erpressen. Sie werden dich gefangen nehmen und Kapital daraus schlagen wollen. Sie haben dies schon öfter gemacht, ich bitte dich, bleibe hier. Sie schaute ihn dabei voller Herz Blut an, am liebsten würde er ihr sagen, „ ja, ich bleibe hier". Aber er muß fahren und wird auch fahren. Er brauchte seine Teile und diese Fahrt reizt ihn ebenfalls sehr. Die Gipfel der fernen, schneebedeckten Berge kann er von der Anhöhe aus sehen. Es soll dort ideale Wintersport Bedingungen geben. Das wilde Kurdistan wollte er selbst erleben und sehen. Er hatte viel darüber gelesen, nun hatte er die Change, dies zu erleben. Keiner hätte ihm dies mehr ausreden können: Keine Liebe, keine Ehefrau, keine Kinder hätten ihn hier stoppen können. „Ich muss gehen, mein Schatz," sagt Berger zärtlich Marems Wangen streichelnd, „ Meine kleine Firma hängt vom Lauf der Asphalt-Anlage ab. Sollte ich diese nicht in Gang bekommen, werde ich viele Probleme haben, und ich denke, die Baustelle ebenso. „ Marem merkte das es nicht möglich ist Ulli diese Fahrt auszureden. „ Wenn es sein muss dann fahr, lass dich aber von einem meiner Brüder begleiten, die kennen sich dort aus. Sie sind oft als Trucker diese Strecke gefahren. „Um Marem zu beruhigen, erklärte er sich damit bereit, sich von ihrem Bruder begleiten zu lassen. Er dachte aber keine Minute daran, dies wirklich zu tun. Nach einigen Küssen gelingt es ihm zu gehen. Sein Suzuki bringt ihn ins Camp zurück, für ihn ist es wie ein Gefängnis mit Freigang. Es war ein bedrückendes Gefühl, in den Zwinger zurück zu kehren. Am nächsten Tag erhält er tatsächlich das Visa für die Fahrt zur türkischen Grenze. Die Schnelligkeit überraschte ihn.

Er hatte frühestens in vier bis fünf Tagen damit gerechnet. Hier zeigte sich bereits der Nutzen der Beziehung zur Familie von Marem selbst die Bauleitung ist überrascht, sie hatten überhaupt nicht mit der Visa Erteilung gerechnet. Der einzige Schwachpunkt ist das Berger ein Fahrer zugeordnet wurde. Es ist für ihn sicher das dies ein Offizier der Irakischen Armee ist. Dies machte die Reise gefährlicher, als sie ohnehin ist. Allein ist er im Kurden Land sicherer als Europäer. Wenn auch in letzter Zeit speziell Europäer als Geiseln genommen wurden. Aber mit einem Iraker zu reisen ist eine Provokation. Berger hat keine Wahl alle Überzeugungsversuche der irakischen Seite das dies zu seinem Schutz geschehe, gingen bei Ihm ins leere. Für Berger ist klar das hier mit seiner Hilfe das Kurdenland von einem Offizier der Armee ausgekundschaftet werden soll. Aus diesem Grund war auch die Zusage des Visa so schnell gekommen, Eigennutz der Armee. Der Fahrer ist eine angenehme Person und spricht leidlich englisch. Berger sieht ihm aber auf 100 Meter Entfernung den Soldaten an. Dieser spricht sogar einige Worte Deutsch. Zur Überraschung von Berger mit sächsischer Einfärbung. Daraus schließt Berger, dass Soldaten aus der Ostdeutschen Armee hier im Irak als Ausbilder tätig waren oder noch sind. Die Abreise wird für den nächsten Tag um 10 Uhr festgelegt. Für Marem schreibt er einen kleinen Abschiedsbrief. Er vermeidet es sich persönlich bei ihr zu verabschieden. Er hofft, in 5 bis sechs Tagen wieder unversehrt zurück zu sein.

Kapitel 2
Reise in das wilde Kurdistan Pünktlich am anderen Morgen um 10 Uhr geht die Reise los. Der große Toyota of roader wird mit den notwendigen Lebensmitteln, Decken, dem Zelt und allem beladen, was für eine 10-tägige Reise notwendig ist.

Ulli und Ahmed, Ahmed so heißt der begleitende Offizier, hatten sich auf das Duzen geeinigt. Sie waren ab jetzt aufeinander angewiesen. Das Reisefahrzeug, ein Jeep Toyota, wurde von den Irakern gestellt. Berger war sich sicher, dass an geheimen Plätzen einiges an Waffen und Funkanlagen verborgen ist. Der Dachgepäckträger ließ in Art und Form die Vermutung zu, dass er mehr eine Antenne ist als ein Dachgepäckträger. Berger sagt dies frei heraus. „Ahmed wollen wir die Antenne nicht besser mit etwas Gepäck tarnen?" Ahmed sieht ihn erstaunt an. „Welche Antenne?". Berger zeigte mit der Hand auf den Dachgepäckträger. „Diese Antenne, ich denke das wir einige kleine Gepäckstücke darauf befestigen sollten damit sie auch einen sinn hat". Ahmed grinst. „ Du hast recht". sagte er nur, „ lass uns einige Stücke darauf befestigen". Es gab keinen weiteren Kommentar dazu. Ulli betrachtete nun den Jeep näher. Die restlichen Verstecke konnte er ohne auffälliges Abklopfen nicht erkennen. Er war sich aber sicher, dass es diese im und um das Auto gibt. Ahmed sah ihm dabei wieder nur grinsend zu. „Ulli, ich werde dir die notwendigen Dinge schon zeigen, wenn wir hier heraus sind. Eigentlich solltest du nichts davon bemerken. Aber wie ich sehe, weist du längst, was los ist". Ulli nickt nur. Es ist gut, dass wir so offen darüber sprechen können. Sie wissen Beide, dass sie nun eine Einheit sind. Ulli weis außerdem, dass er nun wieder einmal gegen seinen Willen einem fremden Land dienen muss. Es ist für ihn und seine Firma eine Überlebensfrage, keine Motore, keine laufende Anlage. Keine laufende Anlage kein Geld. Kein Geld war das Aus für seine Firma. Auf dem Klageweg hat er wegen Geldmangel von vornherein keine Chance gegen die Konzerne. „ Los, Ulli, schwing dich hinters Lenkrad, die ersten 100 Kilometer kennst du dich aus. Danach übernehme ich".

Ab geht die Fahrt nach Iskenderuh, rund 1000 Kilometer durchs Gebirge. Die ersten 100 Kilometer fährt Berger, es ist ein mühsames Unterfangen. Sie quälen sich durch die endlosen LKW-Kolonnen in Richtung Norden auf die Türkische Grenze zu. In Beiden Richtungen sind die Straßen verstopft mit LKW,s.. Auch die Türkei macht ihr Riesengeschäft mit diesem Krieg für alle ist dieser Krieg vermutlich lohnend, nur nicht für die Kämpfer an der Front. Sie kommen aber angeblich alle laut der Aussage Ihrer Führer in den Himmel. ,, Wenn das so weiter geht," schimpfte Ahmed, ,,sind wir in 2 Wochen noch nicht in Iskenderuh". Sie hängen wieder in einer endlosen Kolonne, die mit 50 Kilometern in der Stunde dahin schleicht, überholen geht nicht weil die Gegenspur genauso voll ist. ,, Die hätten uns einen Hubschrauber geben sollen, dann wären wir in drei Tagen wieder zurück gewesen". ,,In den Bergen werden wir es nicht leichter haben, da hängen die Laster alle an den Hängen fest". ,,Ja, und wir mit Ihnen". ,, Die Gegenspur ist dann aber frei, weil sie auf der anderen Seite auch hängen". Diese Logik verstand Berger zwar nicht, aber er sagte nichts. Kilometer für Kilometer fressen sie sich vorwärts immer in den Auspuffgasen der Vorderleute. Die wildesten Autos sind unterwegs auf der Strecke überall sind liegen gebliebene abenteuerliche LKW,s.. Die Türken müssen den gesamten LKW Schrott von Europa gekauft haben, um die vielen Güter in den Irak zu transportieren". Warst du schon mal in Iskenderuh?" fragte Ahmed. ,, Ja, schon zwei mal, das letzte mal vor einem halben Jahr. Der Hafen platzt aus allen Nähten, die wissen dort nicht mehr wo sie die ganzen Waren für den IRAK lagern sollen. Die Schiffe stehen draußen Schlange. Auf offener See sind immer mindestens 15-20 Schiffe, die darauf warten, in den Hafen zu dürfen".

„ In Aqaba sieht es genauso aus, genau solche Autoschlangen ziehen sich durch Jordanien, wie jetzt hier in die Türkei. In Damam das selbe Bild, der Hafen ist voller Schiffe, die Waren sind aber fast alle für den Irak bestimmt. Ihr habt im Irak bald keinen Platz mehr, die Welt schüttet euch zu. Es fehlt nur noch das sie von oben abwerfen". „ Wenn das so weiter geht," sagte Ahmed", dann sind wir wirklich eines Tages zu bis oben hin. Wir haben auch nicht einmal etwas dagegen, wenn die Kurden sich etwas von dem Segen stehlen. Aber wir möchten es steuern uns nur das stehlen lassen was wir nicht benötigen". „Kriegen die Kurden jetzt was sie brauchen oder nur das was ihr nicht wollt?". „Das wird das Problem sein meine Hauptaufgabe ist es zu untersuchen, in wie weit wir kontrollierend eingreifen können. Im Augenblick ist es so, dass sie sich ganz einfach ganze Trucks von der Straße holen und diese in ihrem Bereich den wir nicht beherrschen abladen. Oft sind Dinge dabei die wir bitter benötigen, aber die Kurden diese nicht brauchen können". „ Sie sind euer erklärter Kriegsgegner, da ist es für sie Pflicht euch Schaden so groß wie möglich zuzufügen". „ Wir wollen nicht eine zweite Front aufbauen ich will sehen was sich machen lässt". "Ganz schön mutig von dir, dich durch Kurdistan zu wagen". „ Ich bin dein Fahrer und wir sind Zivilisten, die einen verunglückten LKW suchen. Es lässt sich einfach und schnell nachprüfen. Außerdem streifen wir Kurdistan nur. Jetzt sage ich auch schon Kurdistan, es gibt kein Kurdistan. Alles ist Irak, Iran oder Türkei." „ Wie viel Prozent der Waren verschwinden durch die Kurden?". „ Wir sind nicht ganz sicher aber wir denken, mindestens 15-20 Prozent". Das ist ein schöner Brocken, auch für die Kurden, die werden vermutlich alle das erste Mal in ihrem Leben satt". „Es verschwindet auch viel Zement und Bitumen.

Sie bauen sich ihre Häuser aus, möglicherweise ihre Stellungen. Das soll ich heraus finden". „ Das ist ja prima, das bedeutet, dass wir absichtlich Abkürzungen machen die länger dauern". „ Das hast du exakt ausgedrückt, so wird es sein. Wenn wir Pause machen, zeige ich es dir auf der Karte und gebe dir nähere Informationen". „ Das ist ja herrlich, ich suche meine Motore und bin gleich in ein Spionageunternehmen gegen die Kurden verwickelt. Ich sage dir wenn ich meine Anlage nicht in Gang bekomme und kein Geld kriege, ist meine kleine Firma Pleite. Dann gehe ich zu eurem großen Häuptling und verklage ihn". „ Keine Angst, Berger, für solche Sachen haben wir einen Fond, aus dem wir uns bedienen können". „Wie viel Jahre Antragszeit?". „Da habe ich keine Ahnung, es hat bis jetzt noch niemand etwas aus dem Fond bekommen". „ Lagen bereits Anträge vor?". „ Jede Menge, sie wurden immer abgelehnt". „ Das ist ja beruhigend zu wissen, kennst du jemand in dem Verein?". „Ja, sehr viele, einige sind meine alten Studienkollegen, du hast gute Chancen Erfolg zu haben, das hängt dann auch vom Wert dieser Reise ab. Wenn wir erfolgreich sind kann es auch große Vorteile für Dich und deine Firma im Irak bedeuten". „ Na, wenigstens etwas, Beziehungen dahin hätten wir schon mal". „ Was ist mit dem vielen Geld, das die Firma STRABAG noch zu bekommen hat, es sollen rund 300 Millionen sein?". „ Diese Beträge sind Chefsache, das erledigt Sadam persönlich, solche Beträge erledigt er selbst, soviel ich weiß, wird das über ein Kompensationsgeschäft abgewickelt, Öl statt Geld. Die Strabag verkauft das Öl das diese für die offenen Zahlungen bekommt nach Südamerika. So ähnlich jedenfalls hat man sich geeinigt. Bargeld können wir jetzt nicht aus der Hand geben.

Durch den Krieg ist unser Ölexport geschrumpft". „ Ich weis mein lieber ich habe an diesem abkommen mitgewirkt, habe es vermittelt, aber das wird über Jahre nicht ausreichen, viele wollen Geld vom Irak. Während sie so fachsimpelten und Informationen austauschen kämpften sie sich weiter durch die dichte Fahrzeug Kolonnen. „ Hinter dem nächste Hügel machen wir Rast, wie viele Kilometer hast du seit Mosul auf dem Tacho?" Berger schaut. „ 63 haben wir hinter uns gebracht". „ Zwischen Kilo 65 und siebzig zweigt eine Strasse ab, die müssen wir nehmen". Ahmed beobachtet nun die rechte Seite und suchte die Nebenstrasse die sie fahren müssen. Berger fährt langsamer, der Tacho zeigte Kilometer 64. Genau auf der Höhe von Kilo 66 ist die Abzweigung, Berger biegt in den Seitenweg ein, mehr ist dieser Abzweig nicht. „ Suche einen Platz zum Rasten, dann wollen wir eine Lagebesprechung machen. Hier haben wir noch alles im Griff. Etwa zwei Kilometer weiter ist noch ein großer Militärposten, dann wird es ruhiger und mulmiger. Hinter der nächsten Kurve wird der Weg wieder sehr breit, dort bringt Berger den Toyota zum Stehen. Ahmed zieht die Verpflegung vom Rücksitz nach vorn und verteilte gleichmäßig. Es gibt Armee Essen. „Wenn das unsere Freunde sehen, wissen die gleich, woher der Wind weht". „ Deshalb mein lieber essen wir dies zuerst auf, dann gehen wir an deinen Proviant der auch viel besser ist. Wie ich gesehen habe reicht dieser für 3 Wochen". Berger weis nicht, was die Kantine eingeladen hat. Das Büro hat nur den Auftrag erteilt, für zwei Mann Marschverpflegung für 10 Tage fertig zu machen. „ Ist es soviel?" , fragt Berger. „Alles was hinter der letzten Sitzreihe aufgestapelt ist, ist essbar. Hochgestapelt bis an die Lehne. Als ich schimpfte was das viele Zeug soll, sagte der Koch nur, „ du hast Berger noch nicht Essen sehen". „ Da war ich ruhig. Isst du wirklich so viel?". „ Ich weis nicht, was die alle haben.

Ich esse nicht zuviel ich bin auch nicht zu dick. Ich bin nur für mein Gewicht etwas zu klein, ich müsste etwas wachsen". Ahmed lacht, „ Das wird schwierig mein Junge in deinem Alter. Wir können es ja mit Strecken versuchen. „ Das werden die Kurden vielleicht besorgen, wenn diese dein Auto auseinander nehmen". „ Das zeige ich dir auch gleich noch. Ich denke, dass sie nichts finden werden". „ Unterschätz die Jungs nicht, viele von ihnen haben in Europa und Amerika studiert". Sie haben schnell die Militärmahlzeit verfrühstückt und Ahmed breitete die Landkarte aus. „ Hier, siehst du diese Bleistiftlinie? Das ist der Weg, denn hat uns ein Fahrer von der Baustelle eingezeichnet. Er führt auf der Karte ca 20 Kilometer parallel neben der Hauptstrecke her. Ist aber in Wirklichkeit schwankend 30 - 60 Kilometer von der Hauptstrasse entfernt. Die Bogen und Windungen, die hier gezeichnet sind, gehen um etliches tiefer ins Inland. Aber du weißt ja, wie das bei Fahrern ist, die diese Strecke seit 10 Jahren nicht mehr gefahren sind. Außer der Hauptrichtung stimmt nicht mehr viel. Wir wollen dem Verkehr ausweichen und haben uns diese Route einreden lassen wenn wir gefragt werden". „ Nicht schlecht gemacht", sagte Berger. „ Klingt glaubwürdig und vernünftig". „ Gut, dann zeige ich dir die anderen Sachen. Hier, schau, wenn ich diesen Hebel ziehe, öffne ich die Verriegelung vom Kassetten-Recorder". Er zieht ihn heraus. Der Kassetten Recorder ist ein geschickt getarntes Funkgerät". „ Unter diesem Deckel ist die Tastatur nur im äußersten Notfall zu benutzen". Er baute ihn wieder ein und zieht die Verriegelung an. „ In unseren Nackenstützen ist jeweils eine Pistole mit 30 Schuss Munition. Unter dem Ersatzreifen ist noch eine Platte, dort ist eine kleine Maschinenpistole versteckt, mit der dazu gehörigen Munition.

Über dem hinteren Auspuff ist noch ein Spezialfach. Der Hebel kaum sichtbar sieht aus wie eine alte Schraube, dort ist ein Scharfschützen Karabiner von Heckler und Koch aus Germany. Ich hoffe wir brauchen all das Zeug nicht, wir sind nicht auf Konfrontation aus, wir wollen nur die Lage erkunden``. So fing Bergers Ausflug ans Rote Meer erinnert er sich, mit einem Hubschrauber auch an, reine Routine und dann hat er fast drei Monate gedauert. War auch nur Routine, die Israerlis haben uns runtergeholt. Weil wir auch wie hier auf deiner Karte eine Bleistiftlinie hatten die falsch war". „Man sagt immer, alles wiederholt sich irgendwann im Leben". „Wie man sieht, ist es ja gut ausgegangen", sagt Ahmed. „ Wir haben lange überlegt weil wir dich wenig kenne, haben aber nach einiger Beobachtung festgestellt das du das schon hinkriegst``. „ So, ihr habt mich beobachtet?". „ Wir sind dabei auf etwas ganz Interessantes gestoßen". „ Auf was?" fragt Berger neugierig". „ Darauf, dass unser Freund Berger eine süße kleine Freundin hat. Aber das ist mein Geheimnis geblieben, es ist nicht in den Akten, keine Angst". „ Was für Akten?" fragte Berger. „ In unseren Akten, Militärische Überwachung". „So etwas macht ihr einfach mit mir? Das finde ich aber nicht schön". „ Es tut nicht weh und hilft dir irgendwann vielleicht". „ Wie es aussieht, hilft es mir schneller in die Kiste. Ahmed und Berger verstehen sich ausgezeichnet", sie sind ähnliche Typen. Berger wollte schon immer ins Kurdenland, nun hat er die Chance und er hat zugegriffen, musste dies auch tun. Zumal er weit aus bessere Chancen hat heil aus dem Schlamassel zu kommen wenn es so weit kommen würde als Ahmed. Ahmeds Leben ist schon alleine dadurch bedroht, dass er Iraker ist. „ Dann man los!" sagt Berger, „fährst du oder ich?". Fahr du noch, ich will mich noch etwas zurücklehnen und sammeln. Kritisch wird es erst nach ca. 35 Kilometern.

Dann kommt unser letzter Kontrollpunkt. dann tauschen wir die Plätze. Ich habe speziell diese Gegend lange an Hand von Spezialkarten studiert. Ich kenne dort jedes Schlagloch". Der Weg wird nach der nächsten Biegung wieder schmaler, aber er ist breit genug für Lkw, s. Sie sehen auch viele LKW Spuren. Berger verlangsamt das Tempo, weil er auf seiner Seite eine fast frische LKW Spur entdeckt hat. Sie zieht sich fast 10 Kilometer neben Ihnen her. Dann biegt die Spur ab ins Gelände. Berger fährt nachdenklich gerade aus weiter, war das so ein gestohlener LKW von der Hauptstrecke. „ Hier ist eine frische LKW-Spur, sie biegt nach links ab zwischen die Felsen". „ Wie alt?", fragte Ahmed. „ Von Gestern, vielleicht auch von Heute". Wenn wir dort hinter dem Felsen sind, stoppst du, ich gehe quer durchs Gelände, um zu schauen was los ist. „ Er schnappt sich eine kleine Tasche vom Rücksitz und verschwindet, als der Wagen stoppt. „ Wenn etwas los ist ich bin scheißen``. Berger lehnte sich im Sitz zurück, es dauerte fast eine Stunde bis Ahmed wieder zurück ist. „ Ich habe mich gewundert das sie schon hier anfangen Fahrzeuge zu klauen. Die sind höchstens fünf Stunden hier. Es handelt sich um einen Militärlaster von der Station die ca 80 Kilometer von hier an der Hauptstraße liegt. Kurden haben den Mannschaftswagen samt der Soldaten entführt. Die Soldaten liegen gefesselt auf der Erde und sollen erschossen werden. Allein bin ich machtlos. Die Kurden fühlen sich sehr sicher". „ Wie viele?", fragt Berger. „Ca. fünf bis sieben Mann, ich weiß nicht ob ich sie alle sehen kann. Ich muss nun doch das Funkgerät benutzen". „ Ich weiß nicht ich würde sofort handeln, aber allein". „Die legen unsere zwanzig Jungs bestimmt um". Ahmed bringt den Sender in Betrieb und spricht mit seinem Hauptquartier. Sie sollten auf jeden Fall sofort weiter fahren, war die Antwort von dort.

Ahmed gibt den genauen Ort durch an dem sie sich jetzt befinden damit sie die Jungs schnell finden. „ Sie brauchen höchstens zwanzig Minuten, um mit dem Hubschrauber hier zu sein. Ich übernehme nun das Steuer. Ulli, rutsch rüber. Wir müssen schnell weit weg von diesem Ort sein, sie dürfen uns nicht mit dem Militäreinsatz, der gleich folgt in Verbindung bringen?``. „ Der Toyota schießt davon, Ahmed gibt richtig Gas. Nach zehn Kilometern kannst du damit rechnen das wir ständig beobachtet werden. Es muss nicht sein, aber es kann". „ Da vorne oben auf dem Felsen rechte Hand ist etwas, ich habe es kurz blinken sehen, ein Metallstück oder etwas ähnliches". „ Gewehrlauf meinst du. Du siehst, ab hier können die Kurden überall sein, man siehst sie nicht aber sie sind da. Wir fahren ganz langsam ran und zwanzig Meter vor dem Felsüberhang gebe ich plötzlich Gas, Vollgas, halte dich fest, der Wagen hat einen Achtzylinder Turbo!". Berger beobachtete weiter den Felsen, er kann nichts mehr entdecken. „Jetzt!", ruft Ahmed. Der Wagen bäumte sich auf und schießt davon. Berger wird in den Sessel gepresst. Es ist enorm, was für ein Spurt Tempo der Wagen hat. „ 7,5 Liter Hubraum," sagte Ahmed nur``. Ca. 10 Meter hinter ihnen knallt ein Felsbrocken auf den Weg, der sicher für sie vorbereitet war. Zum Glück genau zwei Sekunden zu spät. Sie drehen sich nicht um, sie tun als hätten sie dies nichts bemerkt. Ahmed hält das Tempo noch ca 1000 Meter bei, dann stoppt er den Wagen außerhalb der Sichtweite der vermuteten Kurden. Er klappt die Motorhaube auf und ruft Berger. „ Da ist das Prachtstück, so etwas kann lebensrettend sein". Berger schaut sich den Motor an, er hat fast den gleichen in seinem GM Jeep in Kairo 8 Liter, langer Hub. „Du willst nur sehen ob sich was auf dem Felsen tut?", „ Ja, ich möchte wissen ob sie uns wirklich anhalten wollten oder uns nur etwas aufhalten wollten".

Es rührte sich nichts an der Engenstelle, sie klappten die Motorhaube wieder herunter und fahren weiter". Ich habe keine Ruhe", sagte Ahmed. „Ich will wissen, was mit den 20 Leuten passiert ist". Er entriegelte das Funkgerät, zieht es heraus und schaltete ein. Da hörte er es schon. Es wird kreuz und quer gesprochen, Berger kann kein Wort verstehen. Aber Ahmed versteht genug, um sich ausreichend Informationen zu haben. Er schiebt das Gerät wieder zurück und verriegelte. „Alles in Ordnung, alle Iraker wurden noch lebend vorgefunden, die Kurden sind gefangen. Jetzt kann es heiter für uns werden". „ In zehn Minuten sind wir an der Stelle die am weitesten ins Kurdenland hineinreicht. Dann kommen wir wieder näher an die Hauptstraße heran, aber auch an die Grenze der Türkei. Die Kurdenbewegungen dort sind viel weiter östlich". Berger merkte das Ahmed darauf aus ist auf Kurden zu treffen. Er sollte es bald bekommen aber bestimmt anders, als er es sich gedacht hat". Nimm die Revolver aus den Kopfstützen, ich rieche Kurden". „Wir nehmen nur einen," sagt Berger, wenn ich einen habe, können sie es verstehen, bei einem Fahrer kaum, sieht dann so nach Leibwächter aus. Dann stimmt unsere Story nicht. Wenn es brenzlig wird, gebe ich dir die Knarre und hole meine. Ich denke, dass du der bessere Schütze bist". "Vielleicht hast du Recht, wir legen die eine in die Mittelkonsole und legen die Jacke drüber". Berger machte sich daran, die Waffe aus der Kopflehne der Fahrerseite zu holen. Es waren tatsächlich nur wenige Handgriffe. „ Eine schwere 7,65 Magnum, damit kannst du einem den Kopf abschießen. Das sind ja 9 mm Geschosse". „ In der Stütze sind noch zwei Patronenschachteln." Berger holte auch diese hervor. Er staunt nicht schlecht, die Patronen sind so groß wie Gewehrpatronen. „ So eine möchte ich nicht im Körper stecken haben".

„ Wenn du damit einen Kopfschuss kriegst, platzt der auseinander". Die Waffe liegt gut in der Hand. Berger ist kein Waffennarr er mag keine Waffen legte das Ding vorsichtig in die Konsole und legt die Patronen dazu und deckte alles mit der Jacke ab. Er tastet seine Stütze ab, es ist alles OK. „ Sind die Waffen geladen?". „ Ja", sagt Ahmed, „ was wir verbergen ist immer geladen. Im Notfall müssen sie sofort funktionieren". Berger nimmt noch einmal die Magnum in die Hand". „ Wo ist der Sicherungshebel?" Ahmed beugte sich rüber und zeigte es Berger. „ Ich fühle wir sind mitten unter ihnen". Ahmed wird unruhig und Berger schaute sich sorgfältig um, kann nichts entdecken, was darauf schließen lässt das hier Kurden sind. Ein Fahrzeug kommt ihnen entgegen. Ahmed fährt links heran und stoppt. „ Ein Militärauto von uns, komisch, aber vielleicht hängt das mit dem anderen LKW zusammen, dass sie doch eine größere Sache vorbereitet haben". Ahmed ist unsicher. Kurz vor dem Toyota hält der Wagen an. Berger bemerkt das nun hinter ihnen auch ein Auto hält. Wo kommt das Auto so plötzlich her?. „ Eine Falle, Ahmed, sei vorsichtig". Im Nu hat Berger die Pistole und die Patronen wieder verstaut. „ Was machst du da, Ulli. Ich brauche die Knarre``. Ulli hat bereits mehr entdeckt, aus den nahen Büschen winkt jemand ohne Uniform. „ Ich denke, dass vor, hinter und neben uns Kurden sind". „ In Irakischen Uniformen?" fragt Ahmed". „ Warum nicht, wenn der Zweck die Mittel heiligt". Aus dem Auto vor Ihnen steigt jemand aus und kommt auf den Toyota zu. Hinter dem Auto vor Ihnen sind drei Mann mit Maschinenpistolen in Stellung gegangen und hinter ihnen auch. „ Gib dich bloß nicht zu erkennen sagte Berger, warte ab". Der Offizier tritt an den Wagen heran und schaute zum Fenster herein.

Er staunt, als er Berger sieht. Er hat offensichtlich nicht mit einem Europäer gerechnet. „Militärkontrolle". sagte er nur kurz, was machen sie hier in diesem Abschnitt so fern von der Straße?". „ Man hat uns diese Route empfohlen, um den endlosen Autokolonnen zu entkommen". „ Wissen sie, dass diese Straße durch das Kurdengebiet führt?. Das es hier noch gefährlicher ist als auf der Straße?". „ Nein," tut Ahmed überrascht, das kann nicht sein, Herr Offizier, hier sehen sie die Karte, man hat uns gesagt das diese Straße fast parallel führt zur Hauptstrasse, sie ist höchstens 5-10 Kilometer von der Hauptstraße entfernt". „ Fünf bis zehn Kilometer? Sie sind fast siebzig Kilometer von der Hauptstraße entfernt". „ Nein, das ist nicht möglich, wir sind doch erst wenige Stunden unterwegs. Wo sind wir den ihrer Meinung nach wirklich zu weit gefahren". Bitte steigen Sie aus, da wollen wir einmal schauen". Er winkt seine Leute herbei, es kommen mehrere Uniformierte mit Gewehren auf sie zu. Ein offener LKW rollt heran, Berger und Ahmed werden mit vorgehaltenen Waffen darauf verladen und werden von fünf Bewaffneten auf dem LKW in Schach gehalten. Sie sind sich Beide immer noch nicht sicher, ob es sich um reguläre Irakische Soldaten oder um verkleidete Kurden handelt. Ahmed hat diese Möglichkeit immer offen gelassen. Was ja auch richtig ist den die Kurden haben Saddam offen den Krieg erklärt. Sind ganz auf die Seite des Irans über geschwenkt. Als sie aber immer tiefer ins Hinterland rollen ist ihnen immer klarer das es verkleidete Kurden sind die aber eine militärische Ausbildung haben. Möglicherweise desertierte irakische Soldaten. Nach ca. 5 Kilometer steilster Fahrt erreichten sie ein kleines Dorf. Ihr Toyota ist immer schön hinter ihnen. Das Dorf in das sie nun einfahren ist sehr zerfallen und zeugt von tiefer Armut; es scheint auch keinen Namen zu haben, zumindest konnte Berger kein Schild entdecken.

Vor einem der größten Häuser hält der LKW an. „ Los, runter mit euch". Die Beiden werden in das alte Haus geführt. Man hat das Gefühl das Haus kann jeden Moment zusammenbrechen. Ein großer, ca. 55-jähriger Mann sitzt dort am Tisch und betrachtete die Beiden aus zusammen gekniffenen Augen. „ Wen haben wir den da?". „ Ich habe die Beiden noch nicht befragt ich wollte das ihnen überlassen Herr General'', sagt der Anführer der Truppe. „ Wir haben sie auf der Ersatzstraße fast 70 Kilometer von der Hauptstrasse aufgegriffen". „ Sind sie Deutscher?" fragt nun der General Berger in gutem englisch. „ Ja, ich bin Deutscher und bin mit meinem Fahrer auf dem Weg nach Iskenderuhr". „ Da haben sie sich ja böse verfahren". „ Man hat mir die Route in Mosul auf der Baustelle empfohlen``. Durchsucht das Fahrzeug, sagt der General mal schauen was an der Story dran ist, bringt mir alles, was Ihr findet." "Spricht ihr Fahrer auch englisch?". „ Ja," sagte Berger. "Zeigen sie mir nun erst einmal ihre Papiere." Berger und Ahmed packen aus was sie haben. Der General schaut sich alles gründlich an. Er sieht den Fahrer an". „Sie sind aus Mosul?". „ Ja, ich bin in Mosul geboren wohne aber seit zwanzig Jahren in Baghdad und bin nur mit der Firma Hochtief wieder nach Mosul zurückgekommen". „ Sie müssen doch wissen wie ungesund es ist sich auf Kurdisches Gebiet zu wagen. Jetzt wo wir uns im Krieg miteinander befinden. Sie wissen doch das wir dem Irak offen den Krieg erklärt haben". Ahmed will eigentlich scharf antworten, Berger spürte es. Er bremste sich aber. „ Bitte Sir," sagte er höflich, man hat uns diese Strecke so nahegelegt zu fahren und wir haben geglaubt, dass diese nur 10 Kilometer von der Hauptstraße verläuft. So wie mir bekannt ist, fängt das Gebiet der Kurden ca. 35 Kilometer danach an". „ Hören sie, junger Mann, Mosul ist Kurdenland, dort fängt Kurdistan an". „

Nun werden von den herein kommenden die Sachen ausgebreitet, die sie im Auto gefunden haben. Es handelte sich im allgemeinen um Lebensmittel. Die Kurden bekommen große Augen als sie diese Leckerbissen sehen. Nachdem alles durchgesehen ist und nichts brauchbares gefunden wird, gibt man ihnen die Papiere wieder zurück und es sieht so aus als wenn man sie laufen lassen will. Doch da betreten drei andere Soldaten das Büro. Sie sehen Berger und Ahmed durchdringend und lange an. Sie sprechen lange miteinander und sehen immer wieder zu Berger und Ahmed herüber. Die Beiden fühlen das sich ihre Lage wesentlich verschlechtert hat mit dem Eintreffen der drei Männer. Sie scheinen schlechte Nachrichten zu bringen. Sie verlassen nun gemeinsam den Raum und kommen nach ca. 1 Stunde zurück, es ist draußen bereits stockdunkel. Die Wachen haben zwischenzeitlich Berger und Ahmed gründlich gefesselt. Eine Petroleumlampe wird angezündet die den Raum ein wenig erleuchtet". Meine Herren wir haben folgendes beschlossen, Ihr Fahrer, wenden Sie sich an Berger wird morgen Früh erschossen". Ahmed und Berger zucken zusammen. „ Der Deutsche wird weiter transportiert und als Geisel festgehalten. Wir werden ihnen nun einige Decken bringen, sie werden die Nacht hier verbringen. Morgen werden sie Beide abtransportiert einer tot einer lebend. „ Es hatte für die beiden Gefangenen einen Vorteil, sie wurden nicht direkt umgelegt, sie haben etwas Zeit, wenn auch nicht viel. Decken werden für das Nachtlager für die Gefangenen auf die Erde gelegt und Berger und Ahmed müssen sich gefesselt darauf niederlassen. Zwei Wachleute bleiben bei den Gefangenen zurück. Das Licht wird ausgeblasen und die Lampe mitgenommen. Sie scheinen in diesem Haus zum Glück nur die eine Lampe zu haben. So kann Bergers Befreiungsakt schneller und unbemerkt stattfinden.

Mit den Leuten die sie fesselten und nun bewachen haben die Beiden Gefangenen viel Glück, diese verstehen ihre Arbeit nicht. Beim Fesseln hat Berger seine Handgelenke so gespannt wie sie es schon immer als Kinder getan haben wenn sie Cowboy und Indianer spielten. Nun sind seine Fesseln sehr locker. Er wartete bis sich seine Augen an die Dunkelheit gewöhnt haben. Die Wächter stehen vor der Tür sind nicht im Raum mit den Gefangenen. Berger schaute zu Ahmed, der ziemlich erledigt dreinschaut. Er flüsterte ihm zu, ich bin gleich frei". Ahmed schien es nicht zu glauben, aber wenige Sekunden später kann Berger ihm seine freien Hände präsentieren. Ahmed grinst Berger fassungslos an. Dieser hat seine Beine angezogen und zerrt bereits an den Knoten die auch so unfachmännisch gemacht wurden das sie im nu gelöst sind. Bereits 20 Minuten später sind Beide Gefangene ihre Fesseln los. Nun ist es aber noch zu früh um etwas zu unternehmen. Sie legen sich so in die Decken, dass niemand der hereinkommt sehen kann das sie nicht mehr gefesselt sind. Als einer der Wächter nach einiger Zeit kommt und nach Ihnen schaut stellten sie sich schlafend. Dieser Wächter ist so naiv, dass er sein Gewehr draußen im Flur stehen lässt. Er bückte sich über Beide und schaute sie an. Ohne jeden Argwohn geht er wieder nach draußen. Wenn der andere dies zulässt würde er zumindest genauso ein Typ sein. Die Beiden sehen sich schon in Freiheit. Berger denkt nach, die Papiere haben sie, die Lebensmittel werden weggebracht. Die werden sich jetzt über seine guten Sachen hermachen. Der Hunger schleicht sich bei diesen Gedanken ein. Er versuchte herauszufinden wo sich die Autoschlüssel befinden. Zuletzt hatte er sie auf dem Schreibtisch gesehen. Er schaut fast gleichzeitig mit Ahmed dort hin. „ Suchst du die Autoschlüssel?". Berger nickt ihm zu. „Ich habe noch Ersatzschlüssel in meinen Socken". So haben sie alles, was sie brauchen.

„ Wie spät?" . fragt Berger, der seine Uhr nicht ablesen kann in der Dunkelheit. Seine Uhr ist eine teure Taucheruhr aber sie leuchtet nicht, obwohl Phosphorsteine darin sind". „ 2 Uhr," sagte Ahmed. „ Ich beginne etwas zu stöhnen, wenn der Wächter kommt, schnappen wir uns ihn". „ Berger wimmerte vor sich hin, aber nichts rührte sich. Ahmed öffnete vorsichtig die Tür und schaute vorsichtig in den Flur. Was er dort sieht lässt sein Herz höher schlagen. Vier ausgestreckte Beine ragen weit in den Flur hinein und bewegen sich nicht. „ Die schlafen". sagt Berger erstaunt, Ahmed ich den linken, du den rechten". Berger steht leise auf und sie geht zur Tür, er macht den Umweg am Schreibtisch vorbei. Die Autoschlüssel liegen tatsächlich dort, vorsichtig lässt er diese in die Tasche gleiten. Er nimmt noch mit was er an Papieren auf dem Schreibtisch liegen sieht und eine Karte voll mit Notizen. Er schiebt dies alles in seine Hose. Ahmed wartete schon ungeduldig an der Tür. Die Beiden Wächter liegen friedlich schlafend da. Sie schlafen so fest das es vernünftiger ist so zu fliehen als sich noch mit den Beiden zu beschäftigen. Sie nehmen die Gewehre an sich, zwei Kalaschnikow und gehen vorsichtig nach draußen. Berger reicht Ahmed den Schlüssel. Vorsichtig öffnet er den Wagen. wenn der anspringt, Berger, geht der Zauber los! Geh hinten rein und schieß wie der Teufel. „ Der Motor springt an, schnurrt wie eine Katze, mit einem Satz jagt der Wagen nach vorn davon, in wenigen Sekunden sind sie auf der Straße, soweit man diese so nennen kann. In diesen Sekunden schlagen aber auch schon die ersten Geschosse in den Wagen ein, Glas splitterte. Wo Berger Mündungsfeuer aufblitzten sieht hält Berger hin und drückte ab. Das Auto hat keine einzige Scheibe mehr, Ahmed jagt aber trotzdem durch die Nacht. „ Bist du OK, Ahmed?". „ Und ob, Ulli". Berger schaut sich um, Ahmed scheint im Auto zu knien, so klein hat er sich gemacht.

,, Hole die MP hinten raus, Ulli, ich habe das Gefühl, wir brauchen sie bald". "Spätestens am Ortsausgang werden sie uns empfangen. Die haben LKW, s denk dran, die kann man quer über die Straße fahren". ,, Du hast recht, Ulli." Mit einem Satz ist der Toyota von der Straße und fegt zwischen den alten Hütten hindurch.

Die Menschen im Dorf die durch die Schießerei wach geworden sind fliehen erschrocken aus ihren Hütten. Ca 50 Meter weiter kommen sie an der Straßenausfahrt raus. Da stehen sie 20 Mann und mehr. Sie erstarren als der Jeep nun in ihrem Rücken auf sie zugejagt kam. Berger wirft Ahmed die MP zu und schießt mit der Kalaschnikow. In Sekunden sind sie an der Sperre vorbei und auf dem Weg in die Freiheit. Sie jubelten aber noch haben sie es nicht geschafft, sie wissen nicht was sie noch erwarten wird bis sie die Straße erreichen. So einfach würden es die Kurden ihnen nicht machen. Berger tut es sehr weh das er auf die Männer schießen muss, für deren Sache er Sympathie hat. Aber es ist im Augenblick auch Krieg für Ihn, er steckt wieder einmal mitten drin. Ahmed schaltete die Scheinwerfer ein, „ verdammt, wenn ich wüsste, wo wir hin fahren müssen". „ Wir müssen Richtung Westen". . Wo ist Westen, ich weiß es nicht". „Behalte diese Richtung bei, so sind wir auch gekommen". Weit hinter ihnen werden Scheinwerfer sichtbar. „ Die holen uns mit ihren Trucks nicht mehr ein". Aber vor ihnen tauchen nun Lichtkegel auf. Blitzschnell hat Ahmed die Jeep Lampen gelöscht, rast hinter einen Felsen und stoppt. Sie lassen das kommende Fahrzeug vorbei. Es war ein irakisches Armee-Fahrzeug mit irakischen Uniformierten drauf. Gewarnt durch das vorangegangene zeigen sie sich nicht. Als der Wagen weit genug entfernt ist, machen sie sich ohne Licht davon. Sie hatten Recht mit ihrer Annahme.

Es waren Kurden, tatsächlich Kurden in irakischer Uniform. Es ging weiter über Stock und Stein ein Hohlweg taucht vor ihnen auf. Berger erinnerte sich daran, dass sie durch diesen gekommen sind. Das ist der Hohlweg an dem Ihnen beinahe ein Felsen das gar ausgemacht hätte. „ Nimm die MP, Berger und bestreiche die oberen Kanten die werden auf uns warten. Halte Sie in Deckung, ich blende sie mit dem Licht. Er reißt das Licht voll auf, es ist gleißend hell draußen. Berger schießt wie der Teufel und Ahmed fährt wie der Teufel. So kommen sie durch den gefährlichen Engpass. Wäre nur irgendetwas im Weg gewesen, es hätte sie alle zerfetzt. Sie kommen durch, aber das Auto muss schlimmer aussehen als ein Schweizer Käse. Berger zieht die Funkanlage heraus, sie funktionierte natürlich nicht mehr. Es hat einen Schuss von vorn durch die Motorhaube abbekommen. Aber der Kassettenrekorder läuft noch, die Kugel ist im Funkgerät stecken geblieben. Arabische Musik ist auf den Bändern. Berger drehte voll auf, so rasen sie durch die Nacht. Hier und dort fallen nochmals einzelne Schüsse. Ulli schaute an sich herunter ob nicht doch irgendwo ein Loch in seinem Körper ist. Aber Beide hatten unverschämtes Glück sie sind völlig unverletzt. Sie haben nicht die kleinste Schramme, bei den vielen Löchern im Toyota ist das fast unmöglich. Nein, sie sind völlig heil geblieben und auch Ahmed ist in Ordnung. Bei der Anzahl von Löchern im Auto ist das ein Wunder, dass Auto ist ein Sieb. Sie kommen tatsächlich wieder auf die alte Feldstraße zurück, aber in welche Richtung. „ Das ist nun egal", sagt Ahmed, in Beiden Richtungen kommen wir auf die Hauptstraße". „ Ich will nach Iskenderuhr, nicht nach Mosul". „ Mit diesem Auto?" fragt Ahmed. Sie finden bald heraus, dass sie die gleiche Richtung gewählt hatten, aus der sie gekommen sind. Mit einem Pfeifen und mit einem mächtigen Krachen blockierte auf einmal der Motor in voller Fahrt.

Sie können regelrecht hören, wie alles auseinander gerissen wird. Sie haben große Mühe, sich in ihren Sitzen halten. Dann ist es vorbei, der treue japanische Verbündete ist tot, hat sein Leben ausgehaucht, nachdem er seine Kameraden in die Freiheit gebracht hat. Es sind nur noch zwanzig Kilometer bis zur Armee Kaserne. Das würden sie noch zu Fuß schaffen. Da kommt wieder ein Licht von vorn, mehrere Fahrzeuge bewegten sich die Straße entlang. „Komm Berger, nehmen wir die Waffen lass uns in Deckung gehen, warten wir ab und sehen wir uns an was da kommt, vielleicht wieder falsche Iraker. Oder gekaperte Trucks". „ Sie hängen sich alles über, was sie tragen können und rennen hinter eine kleine Kette von niedrigen Felsen, die eine gute Deckung und Verteidigungsmöglichkeit bieten. Sie hauen sich hin, merkten erst jetzt wie kaputt und ausgepumpt sie sind. Die Fahrzeuge sind schnell heran, Soldaten rennen aufgeregt um das zertrümmerte Auto. Berger und Ahmed können es nicht einschätzen es ist noch zu dunkel. Der anwesende Offizier fasst an den Motor, oder was noch übrig ist davon. „ Noch ganz heiß, die können nicht weit sein. Die müssen mehr tot als lebendig sein, so wie die Kiste aussieht." Sie schalten die Autoscheinwerfer an und leuchteten ins Gelände. In diesem Scheinwerferlicht konnten die Beiden geflohenen erkennen das es sich rund um Ihr Auto um Kurden handelt. „ Scheiße, wo kommen die nur alle her". „ Man hat mir gesagt, dass es hier nur vereinzelte Posten gibt das war wohl eine mächtige Fehleinschätzung". Sie pressten sich an die Steine, die Scheinwerfer gehen über sie hinweg. Suchen dann die andere Seite ab. Ahmed sagt, „Jetzt Ulli, sie stehen so wunderbar im Licht auf einem Haufen". Ulli drehte sich der Magen um, aber man würde sie auch gnadenlos zusammen schießen das ist ihm klar. Er gibt Ahmed schnell die Maschinenpistole das Massentötungsinstrument und nimmt sich selbst die Kalaschnikov.

Es ist ein gewaltiges geballer das nun ansetzte, ein Gemetzel, das fürchterlich ist. Im vollem Scheinwerferlicht fallen die Männer krümmen sich und schreien entsetzlich. Berger drehte sich der Magen um, es dauert viel zu lange bis umsichtige Kurden die Lichter der Fahrzeuge nun ausgeschossen haben. Es mochten vielleicht noch 5 kurdische Mann übrig geblieben sein. Diese verteilen sich nun im Gelände. „ Halte die Stellung hier, ich hole das Spezialgewehr und die Pistolen aus dem Auto". Ahmed benötigte nicht mehr als 10 Minuten. Er kommt mit allem heran gekrochen. Aus der Umgebung werden sie nun mit ungezielten Schüssen eingedeckt. Man schien nicht zu wissen wo sie Beide genau sind. Man scheint auch nicht zu wissen das es da nur 2 Mann gibt. Die müssen keine Nachtsichtgeräte haben, die Kurden schießen dermaßen ungenau. Ich verschwinde und baue mir drüben auf der Anhöhe einen Schießstand auf. Du hältst die Jungs mit einzelnen Feuerstößen in Ihrer Deckung fest. Schieß erst, wenn du irgend ein Mündungsfeuer ausgemacht hast und geh selber nach jedem kurzen Feuerstoß in Deckung". Ahmed verschwindet wie eine Katze in der Finsternis. Berger hängt sich die kleine Maschinenpistole um und nimmt die Kalaschnikow in die Hand. Die Pistole hat er sich ins Hemd gesteckt. So kriecht er hinter seinem natürlichen Wall umher. Er schießt einmal von hier mit der Kalaschnikov, mal von dort mit der Maschinenpistole. Die Angreifer müssen glauben, dass mehrere Leute da sind. Er ist in seinem Leben noch niemals in einer solchen aussichtslosen Situation gewesen, er weis aber genau, was er zu tun hat. Es ist der Zwang des Überlebens das richtige zu tun, er hat kein bisschen Angst er hat Stahl in der Hand der wenn er gescheit damit umgeht, ihm sein Leben erhält und leider anderes vernichtete.

Da draußen sind keine Kurden mehr sondern Männer die ihn umbringen wollen. Er wird zu einem Automaten, kriechen, schauen, Mündungsfeuer schießen, abtauchen bevor die Antwort kommt. Jetzt mischt sich das Gewehr von Ahmed mit ein. Nach jedem Schuss folgt ein Aufschrei. Berger zählte mit, drei sind bereits ausgeschaltet. Nun werden sie auf der Gegenseite vorsichtiger, sie sind abgetaucht und schießen selbst nicht mehr. Denn jeder der zum Schuss auftaucht wird für Ahmed ein Treffer. Den Angreifern ist klar, da hat jemand ein Nachtsichtgerät und beste Einsicht in Ihre Deckung. Berger liegt da in der Gewissheit und der Sicherheit unter dem Schutzschirm von Ahmed. Dieser kann sehen, was sich tut. Berger schaut in den Sternenhimmel und bittet seinen Herrgott um Vergebung, dass er soviel Leben vernichtet hat. „ Aber mein Gott, sie wollen mich und sollen mich nicht bekommen. Ich bin alles, aber kein Märtyrer, da wo man mich vernichten will, schlage ich zurück. Draußen im Feld herrscht jetzt totenstille, nichts, aber auch nichts, bewegt oder rührte sich mehr. Die Schmerzens Schrei sind erloschen, es ist eine unheimliche Situation, Berger ist auf der Hut und muss Ahmed vertrauen der mehr sieht als er. Da war das Schützenfest zuvor auch nicht angenehmer, was würden die Kurden nun tun?. Haben sie sich abgesetzt oder denken sie über eine neue Taktik nach? Berger versetzte sich in ihre Köpfe. Hier müssen für sie mindestens drei Mann liegen, gut gedeckt und abgeschirmt von einem Scharfschützen mit Nachtsichtgerät. Der dazu noch hervorragend positioniert ist. Was konnten sie tun? Berger denkt darüber nach. Sie müssen versuchen, in ihren Rücken zu kommen oder auf die Anhöhe dort oben oberhalb vom Jeep, dann haben sie Schussfeld von hinten auf seinen Felsen. Ihm wird es mulmig, sie würden vielleicht eine Stunde benötigen, dann ist auch Sonnenaufgang. Er muss vor ihnen dort oben sein.

61

Er weis dass Ahmed ihn sehen kann. Er gibt ihm Zeichen, dass er oben auf den Felsen will. Da keine Reaktion kommt geht Berger davon aus, dass Ahmed mit ihm überein stimmt und verstanden hat. Er kriecht bis zum Auto, wo er sich im Schutz des Felsens ganz aufrichten kann. Er beginnt den Aufstieg. Der Felsen ist nur fünf Meter hoch, aber steil. Fast eine Stunde benötigte er, bis er oben angekommen ist. Er ist sich sicher, dass Ahmed seinen Aufstieg beobachtet. Die erste Morgendämmerung kommt durch, er kann schon etwas sehen. Ganz vorsichtig lugt er über die Kante der Deckung. Er zieht sich vorsichtig nach ganz oben. Er ist erleichtert dass noch niemand vor ihm dort ist. Es erstaunte ihn, aber vielleicht ist der Felsen von der anderen Seite noch unzugänglicher. Oder haben sie doch das Weite gesucht?. Verwundete haben sie genug, aber für den Transport brauchen sie einen LKW und da ist noch keiner bewegt worden. Weder er noch Ahmed konnten ahnen, dass sie es mit dem Rest einer völlig kopflosen Truppe zu tun haben. Sie haben auf Anhieb bei den ersten Feuerstößen alle Offiziere verloren. Sie konnten nicht wissen, dass eine verängstigte Schar junger Burschen sich in ein Loch zurückgezogen hat um zu beratschlagen. Sie sind vom jammern und Gewimmer ihrer verletzten Freunde bereits so genervt, dass sie keinen vernünftigen Gedanken fassen können. Sie sind den Beiden erwachsenen kühlen Männern hilflos ausgeliefert. Was sie auch tun würden, es würde das Falsche sein. Sie hätten sich in den LKW werfen sollen und verschwinden sollen. Berger entdeckt weitentfernte Lichtkegel, die sichtbar näher kommen. Es kommt Hilfe, aber für wen?. Von der Richtung her muss es für die Kurden sein. Fünf bis sechs LKW's sind es, es konnten die Leute aus dem Dorf sein. Wenn es so ist, wird es haarig für ihn und Ahmed werden.

Verwunderlich ist, dass von Seiten der irakischen Armee noch nichts passiert ist, diese Ballerei im Grenzbereich konnte nicht unbemerkt geblieben sein. Mit den Hubschraubern, die sie überall haben sind es nur wenige Minuten bis hierher. Es wird bereits wieder hell, Berger schiebt sich an den Rand und lugt zu dem Platz, wo er die anderen vermutet, es ist nichts zu sehen. Wo sind sie?. Er kriecht beunruhigt rund um das Plateau, er kann sie nirgends ausmachen. Er ist bis zum Zerreißen gespannt. Wo würden sie auftauchen?. Er hörte auch keine Klettergeräusche am Felsen, es ist kein gutes Gefühl, nicht zu wissen, wo der Gegner ist. Er schaute zu Ahmed, er kann ihn nun entdecken, er ist ungefähr auf der gleichen Höhe wie er, sie können sich nun mit Zeichensprache verständigen. Er verstand, dass die anderen spurlos verschwunden sind. Er deutete in die Richtung, wo jetzt die LKW. gefahren kommen, es sind fünf LKW, s. Sie sind voll mit Männern, es ist jetzt sicher, dass es Kurden sind. Sie sind nicht mehr als zwei Kilometer entfernt. Ahmed gibt Berger das Zeichen wegzutauchen. Er versteht das Ahmed von ihm will das er sich unsichtbar macht. Vielleicht würde man sie überhaupt nicht entdecken, Berger und Ahmed sind in einer guten Position, sie können sich gegenseitig Deckung geben. Beide sind vor einer Überraschung sicher. Sie müssen nur aufmerksam bleiben. Die Lkw, s stoppen unten beim explodierten Toyota Jeep. Die Männer springen ab, sie heulen vor Wut, als sie ihre toten Kameraden sehen. Die Verletzten werden auf einen der LKW, s gepackt und weggebracht. Nun erst findet Berger heraus, wo die anderen sind. Sie kommen aus ihrem Loch heraus gekrochen und sind vollkommen verstört. Zu nichts mehr fähig, man befragte sie und bringt sie sofort weg. Man scheint davon auszugehen, dass Ahmed und Berger bereits über alle Berge sind. Sie rennen so sorglos umher. Berger und Ahmed hätten sie auch zu 60-70% in einem Ansturm erledigen können.

Berger konnte verstehen, dass Ahmed der Finger juckt, wenn er schießt muss Berger auch schießen. Aber Ahmed hält sich nur mit Rücksicht auf Berger im Zaum. Berger dankte ihm dafür, er ist kein irakischer Soldat. Die Jungs die dort so arglos stehen, es ist nicht zu fassen, dass diese Jungs die Teil Uniformen der Iraker anhaben und mit Irakischen Militärautos fahren. Es können nur Beute LKW, s sein. Eine halbe Stunde später erkennt er diese Taktik, die Kurden haben auf diesen Uniformen ein Zeichen das nur Ihre Kameraden sie als Kurden erkennen lassen. Die Fahrzeuge setzten sich wieder in Bewegung und verschwinden in die Richtung Ihres Lagers. Das suche nach Ahmed und Berger scheinen Sie aufgegeben zu haben. Die Fahrzeuge der Kurden sind noch keine 500 Meter entfernt da tauchten drei Hubschrauber am Himmel auf. Sie kreisen kurz über den Autos und fliegen weiter, als sie sehen, dass es Iraker sind. Sie kommen auf die Felsen zugeflogen. Ahmed ist aufgestanden und winkt ihnen zu. Sie landen und Ahmed steigt herab von seinem Feldherrnhügel. Die nun echten irakischen Soldaten halten ihre Gewehre in der Hand und haben diese auf Ahmed gerichtet. Ahmed weist sich aus und alles ist OK. Er winkte zu Berger, dieser steht nun ebenfalls auf. Die Iraker sind nun erschrocken, wie leichtfertig auch sie gehandelt haben. Berger hätte sie alle wegputzen können. Die Hubschrauber heben mit den Beiden an Bord wieder ab und fliegen den LKW, s nach. Nun wird den Kurden ihre Verkleidung zum Verhängnis, sicher auf Ihre falschen Uniformen vertrauend werden sie von den Hubschraubern in Sekundenschnelle in die Luft gejagt, niemand entkommt dem Inferno. Berger sieht nur vier Feuersäulen und kann sich vorstellen, was geschehen ist. Die Hubschrauber setzten Ahmed und Berger wieder ab. Ahmed erklärte Berger.

Wir werden in wenigen Minuten abgeholt, sie haben einen Abschleppwagen angefunkt sowie Begleitschutz für zwei wehrlose Soldaten". Er lacht Berger dabei an. „Wir Beide und wehrlos, wir haben eine super Schlacht geschlagen. Was für einen Rang hattest du in der deutschen Wehrmacht?". „ Ich war nur vier Wochen dabei, ich hatte keine Gelegenheit, mir einen Rang zu holen". „ Dann verrate mir wie kommt es das du wie ein guter Soldat gehandelt hast?". „Gesunder Menschenverstand, viel gelesen, Selbsterhaltungstrieb, und wenn es dick kommt, bin ich die Ruhe selbst." „ Das reicht aus, um ein guter Offizier zu sein. Ich würde dich auf der Stelle in den Rang eines Leutnants befördern, du hast dich dazu qualifiziert." „Warum," fragte Berger unverhofft, „ lässt sich das Problem zwischen euch und den Kurden nicht lösen?". „ Man hat Kurdistan zerschlagen und aufgeteilt, weil es immer ein kriegerisches Volk war und immer Gefahr von diesem Volk ausging. Man hat sie unter die Obhut von Iran, der Türkei und dem Irak gestellt. Schau dir dein Deutschland an, dort ist es genau so. Ihr habt auch Aufpasser." „ Warum gebt ihr den Kurden nicht mehr Selbständigkeit, Eigenverwaltung und so." „ Wenn wir das tun, haben wir bald alle Kurden, auch die aus dem Iran und der Türkei, bei uns. Was denkst du, was diese Leute tun, du hast sie kennen Gelernt, es sind sture Hunde. In spätestens zwei bis drei Jahren würden sie ihren eigenen Staat ausrufen und wir hätten das, was wir alle nicht wollen." „ Und wenn ihr, alle angrenzenden Staaten, alle etwas abgeben würdet und ihnen die Souveränität geben würdet, es würde Frieden und Ruhe einkehren." „ Eben nicht, mein Lieber, das ist etwas, was die Europäer und Amerikaner nicht verstehen. Wenn sie erst ihre Souveränität haben, kannst du darauf warten wann sie mehr wollen. Hast du nicht gehört, sie wollen Kirkuk und Mosul? Das liegt in der Mitte des Iraks".

Ja, Berger hat es selbst gehört, die Theorie von Ahmed hat etwas für sich. Die Kurden sind an sich sehr nette Menschen, wie wir alle natürlich. Aber in ihrem Volksstamm vereint schwelgen sie noch in einer Vergangenheit, die sie niemals wieder zurückbekommen werden. Wenn sie sich auf das wenige machbare beschränken würden, wäre es viel besser. Genauso, wie es Berger verurteilt, dass sie sich im Krieg nun auf die Seiten des Irans stellen. Was konnte ihnen das bringen?, absolut nichts, nur mehr Probleme. Anstatt ihre eigene Sache voran zu bringen schaden sie sich selbst unendlich. Der Iran würde ihnen nach dem Krieg wieder genauso in den Hintern treten wie zuvor. Langsam kommt die Sonne durch und machte ihren strategisch guten Standort zur Bratpfanne. Sie beraten sich, ob es ratsam ist diesen Standort zu verlassen. Sie haben einen ausgezeichneten Überblick über die Umgebung. Los zu marschieren bei der aufgehenden Sonne, die immer stärker wird, ist auch nicht ratsam. Sie wundern sich, dass immer noch keine Hilfe kommt.
Mit dem Auto sind es nur 40 Minuten bis zum nächsten Irakischen Stützpunkt bis zur nächsten Kaserne". „ Vielleicht ist noch einer der Lastwagen da unten verwendungsfähig". „Verstehst du was davon?" „Wir können es probieren". Während Ahmed Wache schiebt, versucht es Berger, es ist kein Zuckerschlecken in dieser Hitze. Berger macht sich daran, die LKW, s zu überprüfen. Einer der LKW, s erscheint ihm noch ganz brauchbar. Er scheint nur Probleme in der Batterie und den Kabeln zu haben. Aus den anderen LKW, s baute er die brauchbaren Sachen aus und baute diese in den noch guten LKW ein. Wechselt die Batterie und überbrückte die Kabel, um die Kiste zu starten. Sofort springt der russische Kama an. Ahmed jubelte auf seinem Felsen und kommt herunter. Berger prüfte noch die Treibstoff-Menge. Der Tank ist noch halb voll". „Was ist mit unserem Toyota?". fragte Ahmed. „ Der ist kaputt, was sollen wir mit dem".

„ Können wir den nicht hinten dran binden?". „ Können schon, aber warum?". „ Einfach so, ich möchte ihn einfach wieder abliefern". „Such einen Strick zum Anbinden, des Menschen Wille ist sein Himmelreich". Berger rangierte den LKW vor den Jeep und wartet bis Ahmed ihn angebunden hat. So tuckerten die Kriegsveteranen dann selber los. Der Kama hat seine besten Tage auch schon hinter sich. Berger fährt nicht schneller als vierzig. Sie ereichen die LKW Kolonne die von den Hubschraubern in die Luft gejagt worden ist. Ein grauenvoller Anblick bietet sich den Beiden. Die Leichen der Kurden liegen rings um die Autos verstreut. Sie sind verbrannt, zerfetzt, grauenvoll verstümmelt. Berger kotzte aus dem Auto bei dem Anblick. Wenn er weiter will, muss er über die Leichen fahren, es wiederstrebte ihm, aber alles wegräumen ist nicht möglich. „Die sind tot``, denkt er, „die merken nichts mehr". Er schließt die Augen und fährt über sie hinweg. Für Ahmed ist der Anblick noch schlimmer. Wenn die zerquetschten Leichen, zwischen den Zwillingsräder eingeklemmt, vor ihm auftauchten und immer wieder rundherum gezogen werden. Er schließt gleichfalls die Augen immer mit der Angst, eine der Leichen könnte ins Auto kommen. Ein Schädel hat sich genau zwischen den Zwillings-reifen verklemmt. Er Ahmed hätte auf Berger schießen können, so wütend ist er im Moment. Sie sitzen im Gruselkabinett. Aber er muss auch einsehen, wenn sie weg wollen haben sie keine andere Wahl, sie müssen schnellstens weg. Es knackte und knirschte von brechenden Knochen. Erst drei Kilometer weiter hält Berger den Truck an. Ahmed fällt halbtot aus dem Führerhaus. Das Auto ist total bekotzt es dauerte fast eine Stunde, bis Berger und Ahmed einigermaßen auf Reihe sind. „Ich könnte dich erwürgen, du Höllenhund". brachte er nur hervor".

„Was ist los, Ahmed, was hat dich so fertig gemacht?". „Schau dir die hinteren Reifen an!". Es ist schockierend was Ulli dort sehen muss. Die Körperteile sind zwischen den Zwillingsrädern eingeklemmt. Er mochte diese jetzt auch nicht entfernen. Angeekelt geht er zu Ahmed. „ Ich verstehe, ich habe mit den Zwillingsreifen die Leichenteile ganz herum gezogen. Es muss ein grauenvoller Anblick für Dich gewesen sein, ich habe nicht daran gedacht das so etwas passieren kann, entschuldige". „Du hattest keine andere Wahl, sonst wären wir jetzt nicht hier". Sie hören es knacken in den nahen Büschen rennen zu ihren Waffen und verschanzten sich hinter dem Truck. Zwei blutjunge Burschen kommen aus den Büschen gekrochen, versprengte Kurden. „Macht das ihr weg kommt``, ruft Ahmed. Sie sind so überrascht das sie auf Teufel komm heraus davon laufen". „ Komm mit nach vorn in den LKW, so lange wie die Mühle noch läuft. Ich habe den Verdacht, dass uns der Motor auch jeden Moment im Stich lässt". So war es dann auch. Zehn Kilometer weiter gibt auch der Kama seinen Geist auf". „Ich weiß nicht, Ulli, jedes Auto, das du in die Hand nimmst, geht kaputt, woran mag das liegen?". „ Ganz einfach, das liegt an der Kapitulation der inneren Propomolarien". „ Woran?", „An der Kapitulation der inneren Propomolarin". Ahmed versteht nichts, aber er sagte „AHA". „Was machen wir nun?". „ Wir warten nun, bis Hilfe kommt. Ich habe die Schnauze gestrichen voll. Irgendwann müssen die Arschlöcher doch begreifen, dass wir noch hier draußen sind". Die Arschlöcher wussten das, suchten aber mehr im Landesinneren nicht in Ihrer Nähe. Gerade schicken sie nochmals zwei Hubschrauber los, um die anderen zu unterstützen. Einer dieser Hubschrauber ist auf dem direkten Weg zu Ihnen. Sie sehen ihn wenig später kommen. Der Hubschrauber entdeckt dann die Beiden Erschöpften Männer, die ordentlich Signal geben.

Der Hubschrauber landet bei den Beiden und dem Kama. „ Ich laufe keinen Meter mehr!", Berger geht es genauso. In der Kaserne fallen die Beiden in einen todesähnlichen Schlaf. Die Hubschrauberbesatzung orderte noch ein Bergungsfahrzeug und eine kleine Truppe um die Leichen der Kurden zu bestatten, die sie auf Hinweise von Ahmed gefunden haben. Die ganze Kaserne bestaunte den total zerschossenen Toyota. Es war wirklich ein Wunder, dass sie dort heil heraus gekommen sind, völlig unverletzt. Dieser Wagen stand noch viele Jahre an seinem Platz. Am nächsten Tag Baden die Beiden Männer ausgiebig und werden freundlich bezüglich ihrs Abenteuers vernommen. „ Ihr wart tapfer und habt uns alle Ehre gemacht. Aber irgend ein Resultat außer euren Beschreibungen und Aussagen gibt es nicht". „ Wir hatten keine Gelegenheit etwas zu unternehmen". „ Einen Moment bitte". sagte Berger, „ich muss schnell einmal raus". Er läuft zu ihrem Quartier und holte die Unterlagen, die er vom Schreibtisch der Kurden genommen hat. „ Entschuldigung, meine Herren, wir hatten noch keine Gelegenheit, diese Papiere genau zu überprüfen". Sie hören dann immer ein ach und oh der hohen Offiziere beim anschauen der Unterlagen. „ Ein Glanzstück, meine Herren, die Armee ist ihnen zu großem Dank verpflichtet. Sie haben uns die genaue Karte gebracht, in denen alle befestigten Verteidigungsanlagen eingezeichnet sind, und Namenslisten, mit denen wir jetzt noch nichts anfangen können, aber wir werden es heraus finden". Ahmed bekommt den Befehl, Berger neue Kleidung zu kaufen und ihn nach Iskenderuh zu begleiten, das bedeutet Berger hat Hilfe bei der Suche nach dem verunglückten Deutschen LKW und Fahrer.. „ Gute Teams sollte man nicht auseinander reißen, sagte der General, bevor er zufrieden die Beiden verlässt. „ Halt, Herr General, welches Fahrzeug können wir nehmen?".

„Den Toyota da draußen, er ist brandneu, bringt ihn aber bitte nicht wieder so zurück wie den anderen dort von den Kollegen aus Mosul``. „ Am anderen Morgen fahren Ulli und Ahmed nach Iskenderuhr. Es ist eine schöne, aufregende Fahrt, auch ohne jede Schießerei. Es ist eine wunderschöne stark zerklüftete Bergwelt durch die sie fahren. Das schönste Stück von Kurdistan. Die Fahrt ist so schön, wie Berger es erwartet hat. Das Ergebnis ist wieder nicht so schön. Sie fragen sich bei allen Fahrern durch die sie unterwegs treffen. Fragen nach möglichen Unfallstellen. So finden sie in einer scharfen Haarnadelkurve, zwei abgestürzte LKW's. Darunter auch den deutschen LKW. „ Wie runter kommen?``. „ Wie viele Meter schätzt du?". „ Ich denke mindestens 50 Meter". Ahmed rangierte den Wagen so, dass die Frontwinde über den Abhang steht. Er betätigt die Winde und Berger lässt sich hinab beamen. Das Seil der Winde reicht gerade so aus. Unten findet er dann, was er sucht, alle seine Motore. Zwei kleine nimmt er direkt mit nach oben. Ahmed zeichnete die Stelle direkt in seine Karte ein. Inzwischen hat sich ein türkischer Polizeiwagen zu ihnen gesellt. Ahmed hat ihnen die Sachlage schon erklärt und sich ausgewiesen. Die Polizisten erzählten das der Unfall bereits vor 23 Tagen gewesen ist und das Beide Fahrer tot sind. Ulli hat auch das deutsche Nummernschild des LKW, s mitgenommen. Berger schreibt sich noch die Telefonnummer des zuständigen Polizei Reviers auf. Sie fahren noch mit aufs Revier und informieren von dort die Baustelle in Mosul davon das sie den Truck mit den Motoren gefunden haben. Sie sollen zum Bergen der Motore einen LKW mit zwei Winden senden, die jeweils 70 Meter Seil haben. Die Motore sind sehr stark beschädigt, aber es wäre trotzdem gut, diese zu haben. Man verspricht ihm so schnell als möglich das Gewünschte zu schicken.

In zwei Tagen wäre alles vor Ort. Berger soll bitte warten. Er nutzte diese zwei Tage, um mit Ahmed das Meer und Iskenderuhr zu genießen. Sie machen Badeurlaub am Mittelmeer. Am dritten Tag kehren sie an die Unfallstelle zurück. Die Jungs von der Baustelle haben schon mit der Bergung der Motore begonnen. Sie benötigten noch einen weiteren ganzen Tag es ist nicht einfach, aber mit den Beiden Winden geht es ganz ordentlich. Zwei Tage später sind Ulli und Ahmed wieder in Mosul.

Kapitel 2
Überfall in Kirkuk
Auf die Baustelle von Lucks & Co aus Braunschweig.

„Berger, Berger", ruft der Kaufmann aus voller Brust. „Komm sofort ins Office. Da sind einige Telexe für dich angekommen. „ Berger kommt gerade aus der Kantine. „ Nimm mich mit Hartmut, ich habe kein Auto``. „ OK, schwing dich in die Karre``. „ Was ist denn angekommen?". „ Ein Telex von unserer Hauptverwaltung, eines von dir zu Hause, und was wir nicht gern sehen zwei von unserer Konkurrenz der STRABAG, und eines von Lucks und Co in Braunschweig. „ Das ist ja eine ganze Sammlung". „ Ich kann dir schon erzählen, was drin steht, STRABAG will das du nach Basrah kommst Lucks und Co braucht dich in Kirkuk und deine Firma will wissen wie lange du noch bleibst und unsere Hauptverwaltung will neue Motore liefern. „ Hartmut kurvte während seiner mündlichen Auflistung gekonnt und zielsicher durch die endlosen Straßen des Camps. Es ist das größte Baucamp, das Berger bisher gesehen hat.

Über 5000 Menschen sind hier beschäftigt, eine komplette kleine Stadt ist hier aufgebaut. Die Verwaltung besteht aus einer Vielzahl von Baracken, hier hat sich Berger nie zurecht gefunden es ist wie ein Irrenhaus. Jedes Fahrzeug zieht hinter sich eine riesige Staubwolke her. Die Sprühfahrzeuge die, die Wege unter Wasser halten, feucht halten sollen schaffen es oft nicht, gegen die Kraft der Sonne zu fahren. Der Staub dringt durch alle Poren des Körpers, das geschlossene Auto schützte da nicht.   Hartmut stoppt. „ Lassen wir die Trucks erst einmal durch, es hat keinen Sinn hinterher zu fahren``. Nach fünf Minuten Wartezeit hat sich die Staubfahne gelegt. Nun können sie durch fahren selbst eine riesige Fahne hinter sich her ziehend. Im Büro sieht sich Berger die Telexe an. Das von Zuhause beantwortete er sofort. Er teilte seiner Frau und Firma mit das er wegen der defekten und fehlenden Motore noch mindestens 4 Wochen bleiben muss. Hier würde er auf Ersatz aus Deutschland warten. Das Strabag und Lucks und Co ihn benötigten, passte im Moment sehr gut. Die Anlage ist im wesentlichem montiert. Die meisten seiner Leute hatte er bereits nach Hause geschickt. Der Rest machte nun die Feinarbeiten. Die Kabel waren verlegt und soweit als möglich angeschlossen. Da noch ungefähr 15 Motore fehlen können sie keine Probeläufe machen. So kann er gut für 10 Tage verschwinden. Solange würde sein Trip nach Kirkuk und Basrah dauern, vielleicht auch 2 oder drei Tage mehr, dies würde auch keine Rolle spielen. Die Bauleitung ist damit einverstanden, dass Berger in den nächsten Tagen die Baustelle verlässt. Sie sind dabei behilflich, die entsprechenden Visa zu machen. Zwei Tage später ist Berger bereits mit einem Taxi unterwegs nach Kirkuk. Mostafa den Taxifahrer kennt er bereits aus Mosul, sie haben schon mehrfach zusammmen Einkäufe in Mosul gemacht.

Wenn Berger nicht selbst fahren wollte, fuhr Mustafa ihn mit seinem Taxi. Sie sind inzwischen richtige Freunde geworden. Für Marem blieb Ihm wieder nur die Zeit einen Zettel zu schreiben, es ist ihm auch lieber so. Er mag keine langen Erklärungen und keinen Abschied. Wenn sie erfahren hätte das er nach Basrah unterwegs ist, hätte sie ihn sicherlich an der Abfahrt gehindert. Die Region Basrah ist für die Iraker das schlimmste Kriegsgebiet der Welt. Nach Hause schreibt er nicht auf welche Reise er geht. Warum sollte er seine Familie in Unruhe versetzen?. Der Bauführer Hartmut und der Kaufmann setzten Berger noch zu. Sie sind auch nicht dafür das er nach seinem Türkei-Trip sich schon wieder neuen Gefahren aussetzen will. Mit Kirkuk waren sie einverstanden aber Basrah musste jetzt nicht sein. Weil aber alles auf demselben Weg liegt muss Berger auch etwas für seine eigene Firma tun. Dann gab es auf einmal auch etwas für Hochtief in Basrah zu erledigen, so stimmte die Baustelle aus eigenem Interesse Basrah letztendlich doch zu. Die Fahrt nach Kirkuk starten sie sehr früh, sie wollen am frühen Abend dort sein. Es ist eine wunderschöne ruhige Fahrt durch Berg und Tal. Grüne Hänge, kleine Wälder. Weizenfelder, Sandwüste, Steinwüste, alles ist auf dieser Fahrt vorhanden. Es ist ein abwechslungsreicher Trip durch den wunderschönen Irak. Sie halten des öfteren an, dann wenn Berger sich etwas genauer ansehen will. Fremdartige Blumen pflückt er und packte diese in sein Buch, um diese später ordentlich zu pressen. Mustafa macht es riesigen Spaß den Sach und fachkundigen Reiseführer zu spielen. Auf diese Weise schaffen sie die Fahrt, ohne müde zu werden. Gegen 18.00 Uhr erreichten sie die Baustelle von Lucks und Co Braunschweig in Kirkuk. Sehr große Betonsilos sind hier am entstehen mit der Gleitschalung Made in DDR und Ausführung Made in BRD.

Sie wachsen langsam in den Himmel, Meter für Meter in einem Zug. Hier funktioniert die deutsch, deutsche Zusammenarbeit sehr gut, sie ist auch nur auf Material beschränkt. Ein einfacher Zaun befriedete hier die Baustelle, die nicht 1% so groß ist wie die Mosul Baustelle. Das Tor beseht aus einer einfachen Schranke. Der Schrankenwärter muss erst geweckt werden. Die Baustelle hat gerade Feierabend gemacht und alles befindet sich beim waschen oder in der Kantine. Etwas abseits entdeckt Berger ein kleines Soldatencamp, ca. 20 Soldaten schätzt er passen auf das Camp auf. Darauf auf das keiner das Camp klaut, oder weshalb gibt es auch hier Soldaten?``. ,, Hier gibt es für Khomainis Generale nichts zu holen". ,, Etwas oberhalb in den Bergen sind einige kurdische Stämme, man befürchtet möglicherweise nächtliche Übergriffe. Aber in all den vielen Monaten ist nichts passiert". Der Schrankenwärter kommt heran geeiert. Im wahrsten Sinne des Wortes bewegte er sich so fort als ginge er über Eier. Beim Gehen muss er sorgfältig darauf achten nicht auf seinen überlangen Kaftan zu treten``. ,, Ich suche den Bauleiter und den Maschinenmeister". ,, Die wirst du jetzt alle in der Kantine finden, brauchst du jemanden der dich hinführt?". ,, Nein, danke, ich kenne Beide persönlich". ,, War selbst einmal Maschinenmeister bei Lucks und Co``. Auf dem Weg zur Kantine läuft ihnen bereits der Maschinist der Betonanlage über den Weg. Es gibt ein großes Hallo, auch die Beiden kennen sich schon sehr lange. Er ist aus Bergers Heimatort Wolfenbüttel unterhalb von Braunschweig, man kann sagen fast angrenzend an Braunschweig. ,, Das gibt es nicht, Ulli, da trifft man sich hier im Irak, zu Hause sieht man sich überhaupt nicht mehr". ,, Was ist denn los mit deiner Betonmühle, du reparierst doch sonst alles selbst?".

„ Die Elektronik spinnt, unsere Experten aus Deutschland haben es schon versucht zu richten. Die konnten den Fehler nicht finden. Die haben gesagt da muss der Ulli her". „Nun ist er da". „ Komm, lass uns ein Begrüßungsbier trinken. Weiß Hans schon, dass du da bist?". „ Junge, ich bin gerade angekommen und auf dem Weg zur Kantine``. „ Du bist der erste, dem ich hier begegne, außer dem Pförtner". „ Ulli stellte Mostafa vor, der während der Begrüßung Szene abseits gestanden hat. In der Kantine ist anschließend einiges los. Die meisten Gäste hier sind Ulli persönlich bekannt. Es wurde fast früher Morgen, bis sie alle in die Betten gekommen sind. Für Ulli und den Fahrer wurden in einem leeren Wohncontainer schnell zwei Betten aufgeschlagen. „ Morgen richten wir es hier richtig ein". sagte Hans``. „ Für Heute Nacht geht es doch. Ich brauche nicht mehr als ein Bett und einen Stuhl für meine Klamotten, für die zwei, drei Tage, die wir hier sind, braucht ihr keinen Zirkus zu machen". „ Schläft dein Fahrer bei dir oder sollen wir ihn woanders unterbringen?". „ Natürlich schläft Mostafa hier, er ist mein Fahrer und mein Freund". „ Es ist bereits drei Uhr dreißig, haut euch jetzt hin. Ich muss um 6. Uhr wieder aus den Federn. Nochmals herzlich willkommen und eine gute Nacht". Berger und Mostafa schlafen auch im Nu ein. Berger ist um sechs Uhr wieder aus den Federn. Er ist ein geübter Frühaufsteher, es gibt Leute, die behaupteten, er wäre ein fanatischer Frühaufsteher. Auch wenn er einige Biere getrunken hat steht er früh auf. Da treibt ihn regelrecht der Hunger aus dem Bett. Er ist der erste in der Kantine. Der Koch machte ihm die gewünschten Spiegeleier mit Schinken. Als die anderen eintrudelten, ist er bereits mit der ersten Portion fertig und orderte die zweite. Den anderen drehte sich fast der Magen um, sie sind nach den vielen Bier nicht in der Lage zu essen. Ulli wiederum muss essen. Wobei er mäßig getrunken hat, wie eigentlich immer. Nach der fünften Dose Bier hat er den Konsum gestoppt. Werner der Maschinenführer gesellte sich zu Ulli an den Tisch.

,, Du bist ja schon munter, ich habe die Order von Hans, dich wegen der langen Nacht und der langen Fahrt schlafen zu lassen. Aber wie ich sehe bist du wieder der erste, hast dich nicht verändert. Morgens warst du immer der erste, egal, wann und wie wir ins Bett gekommen sind. Du warst uns immer unheimlich``. ,, Werner schlürfte nur einen heißen Tee mit Zitrone, so wie die meisten Männer Heute Morgen, mehr bekommen sie nicht hinunter. ,, Dann lass uns mal schauen, was unsere kleine Anlage für Wehwehchen hat". Sofort beim ersten Test hat Ulli den Fehler erkannt. Die Null Abgleichung der Potentiometer hat sich verstellt. Er stellte diese neu ein und sicherte die Einstellungsschrauben mit heißem Wachs, so das diese sich durch die ständige Vibration nicht wieder von alleine verstellen können. Dem Baustellen Elektriker erklärte er noch die Einstellung und den Ohmwert auf den eingestellt werden muss wenn der Zeiger auf Null ist. Aber er glaubte, dass nach seiner Wachsoperation ein Verstellen nicht mehr möglich ist. Diese kleine, empfindliche Verstellung hat den gesamten automatischen Ablauf zum Stoppen gebracht. Berger geht mit dem Elektriker noch andere Maschinen und Geräte durch, die Fehler haben, die dieser alleine nicht beseitigen konnte. Gemeinsam beheben sie nun alles was nicht mehr in Ordnung ist. Es sind auch einige Maschinen dabei die er geliefert hat. Am Abend sitzen sie nun alle beim Essen und nach dem Essen sind sie noch lange zusammen, Heute ohne großen Bierkonsum. Es hat den Tag zuvor gereicht. Es wurde auch nicht sehr spät. Berger schläft friedlich ein, er träumte vor sich hin. Pferdegetrappel, Wiehern und Schießen versetzten ihn in einen Kurztraum vom Wilden Westen. Er konnte hinterher nicht sagen, ob dieser Traum Sekunden oder Minuten gedauert hat, bis er merkte, dass dies kein Traum ist, sondern Wirklichkeit ist.

Kerzengerade steht er im Bett als ihm dieser Umstand klar ist. Dann liegt er in derselben Sekunde auch schon wieder unter dem Bett. Kugeln schlagen im Container ein. Scheiben splittern im Kugelhagel. Berger springt wieder auf und kippt Mostafa blitzschnell mit seinem Bett um, der hat noch nicht gerafft was los ist. Draußen ist es inzwischen durch die Feuersbrunst Tag hell geworden. Die Flammen lecken bereits nach ihrem Container. Soldatenstiefel treten die Tür ein. Draußen vermischte sich wildes Angstgeschrei und Befehle in englisch und arabisch mit den Schüssen und dem Prasseln der Flammen. Drei wilde Typen dringen in den Container ein. Ihre Gewehre zielen auf Bergers Brust, der ebenfalls wieder aufgesprungen ist. Zwei der Soldaten untersuchen den Container. Sie finden Mustafa, der schlaftrunken unter seiner Matratze hervor krabbelt. Wäre er nur etwas länger ruhig geblieben, sie hätten ihn nicht entdeckt. Mit vorgehaltenem Gewehr führen sie nun Beide nach draußen. Sie mussten sowiso den Container verlassen. Die Flammen hatten sich nun endgültig durchgefressen. Berger kann nur mit Mühe verhindern, daß Mostafa getrennt abgeführt wird. Er ist Iraker und Berger der inzwischen festgestellt hat, dass dies ein Überfall der Kurden ist weis das sie Mustafa unweigerlich umlegen werden. So wie sie es überall dort taten wo sie hinkommen. Die Iraker werden umlegt und die Europäer verschonten, um internationale Verwicklungen zu vermeiden. Die Kurden sind auf internationales Wohlwollen angewiesen. Dies erhält allen Deutschen das bisschen Leben". „ Das ist mein Assistent, lasst ihn zufrieden". Berger zieht dabei Mostafa hinter sich. Dieser schlotterte regelrecht vor Angst. Er hatte auch allen Grund dazu.

Keine 10 Meter von ihnen liegen ca. 20 irakische Soldaten, regelrecht hingerichtet. Sicher nur weil sie in Eile sind lassen die Kurden Mostafa tatsächlich zufrieden. Berger hat ihn bereits zwischen seine deutschen Freunde geschoben. Die Flammen des brennenden Camps erzeugen eine wahnsinnige Hitze. Jetzt haben diese das Öllager erreicht. Riesige Rauchwolken steigen in den Himmel. Berger wunderte sich, dass weit und breit noch keine Verstärkung für die kleine, bereits hingerichtete Wachungsmannschaft kommt. Er weis, dass überall schnelle Eingreiftruppen mit Hubschraubern stationiert sind. So schnell scheinen diese nun doch nicht zu sein, vielleicht schnell müde. Die Kurden sind schon wieder auf dem Rückzug. Noch einige Schüsse fegen über ihre Köpfe und vorbei ist der Spuk. So schnell, wie er über Sie gekommen ist, so schnell ist er auch wieder beendet. Für sie fängt nun die Arbeit an. Am Camp ist nichts mehr zu retten. Aber die Maschinen, da haben einige noch kein Feuer gefangen, weil es in der Eile stümperhaft gemacht worden ist. Ausgerechnet die Maschinen konnten sie retten, die Berger geliefert hatte. Er hätte lieber selber Feuer darunter gelegt, damit diese mit abbrennen. Hans schien Gedanken lesen zu können. ,, He, pack fester mit zu, dir gefällt wohl nicht, dass deine Maschinen nicht mit abgebrannt sind. Du kannst dich darauf verlassen, ich werde schon einiges für dich tun". ,, Wir sind ja schöne Deutsche, da werden zwanzig Iraker umgelegt oder mehr, was tun wir, wir rennen erst zu den Maschinen um diese zu retten". ,, Du hast recht Ulli ich gehe um nach den Irakern zu sehen". ,, Was willst du denn dort, wenn die dich sehen, bekommen sie den Rest``. ,, Lass mal einen kriegserprobten Sani ran". ,, Dann verschwinde und kümmer dich um die toten Jungs". sagt Hans, ,,dann brauche ich auch keine Angst haben, dass du doch noch die restlichen Maschinen ansteckst".

Berger entfernte sich zu dem großen Haufen Irakern die dort kreuz und quer liegen, halb tot halb lebendig.. Es sieht schlimm aus, dort bewegte sich nichts mehr. Berger kontrollierte jeden sorgfältig in keinem war nicht das kleinste bisschen Leben ist in den meisten der Soldaten. Er legte sie nun alle ordentlich in eine Reihe. So dass sie wie Soldaten aussehen, nicht wie hingerichtete Verbrecher. Die Leute auf der Baustelle können nicht fassen mit welcher Ruhe und Sorgfalt Berger die Soldaten ausrichtete. Sie sollen hier nicht wie wilde erschossene Hunde herumliegen. Er lässt sich von der Baustelle Planen besorgen und deckte die armen Kerle ab. Dann schaute er nach oben und ruft Allah an. Es sind seine Söhne Allahs, die hier liegen. Er bittet Allah das er diesen armen Teufeln einen schönen Platz im Himmel bereit hält. Die wenigen Verwundeten hat er in den Schatten bringen lassen und versorgte diese soweit es möglich ist. Danach machte er sich auf die Suche nach anderen Opfern. Draußen sucht er dann das Zelt das er bei der Einfahrt gesehen hat, als er angekommen ist sieht er auch hier nur noch Tote Iraker. Er durchsucht das Zelt und die Umgebung, die Jungs konnten sich scheinbar aus dem Staub machen.. Es ist aber niemand mehr von Ihnen da zu sein. Zwischenzeitlich ist das Feuer verhungert weil es keine Nahrung mehr gefunden hat. Die von der enormen Hitze krumm gewordenen Rahmen der Container ragen wie Skelette in den Himmel. Eine riesige, kerzengrade Rauchwolke streckte sich mehrere hundert Meter hoch. Diese Rauchfahne ist für die herbeieilenden Hubschrauber der Wegweiser. Berger zählte ca. 10 Lichtpunkte, die nun auf das Lager zukommen. Hoch über diesen Punkten entdeckte er einige Flugzeuge, diese huschten als erstes über das Lager hinweg, um möglicherweise nach den geflüchteten Kurden zu suchen.

Denn dass dies ein Überfall der Kurden war, muss den Soldaten klar sein. Wie sich später herausstellte war der Überfall langfristig vorbereitet worden. Das Funkgerät und das Telefon war außer Gefecht gesetzt worden als der Überfall begann. Zumindest musste einer der vielen Arbeiter ein Kurde sein. Dieser ist ganz sicher mit seinen Freunden getürmt. Nun landen die ersten Hubschrauber im Camp, in der Luft blieben drei laut knatternd Maschinen stehen. Berger kann die Bordkanonen sehen, die auf das Camp gerichtet sind. Mit ihren großen Scheinwerfern wird das Treiben unten Tag hell erleuchtet. Zum zweitenmal werden alle mit Waffengewalt zusammen getrieben. Erst die Kurden und nun die Iraker. Diese markieren nun die wilden Krieger, da wo es nichts mehr zu tun gibt als die Toten einzusammeln. Der mitgebrachte Ambulanzflieger hat nichts zu tun. Alle stehen wieder zusammen gepfercht in einer Gruppe, bis der Bauleiter die Situation erklärt hat. Die Toten werden nochmals mit eigenen Planen abgedeckt und bleiben auch so noch einige Tage liegen, bis sie mit alten Lastwagen abgeholt werden. Sie riechen nicht mehr so gut. Gut, dass Berger ihnen wenigsten so kurz nach ihrem Tod die letzte Ehre erwiesen hat. Wie vergammeltes Vieh werden sie später abtransportiert. Ein toter Soldat ist kein Soldat mehr, nur noch Müll. Sicherlich werden sie auch genauso in einem tiefen Loch verscharrt. Mostafa hat sich zwischenzeitlich auch wieder von seinem Schock erholt. Er war sich seines Todes bereits ganz sicher gewesen. Ganz so führte er sich nun auf, so wie jemand, der dem Tod in letzter Sekunde von der Schippe gesprungen ist. Er lachte und alberte herum. Er ahnte nicht, dass alles für ihn überhaupt noch nicht vorbei ist. Das, das Schlimmste noch kommen sollte. „ Siehst du, nach Basrah wollten sie uns nicht lassen und hier ist der Teufel los. Ist das ein Wunder, überall, wo du auftauchst, ist der Teufel los.

Mein Onkel hat mir die Story von eurer Reise nach Iskenderur erzählt, das muß auch nicht von schlechten Eltern gewesen sein". „ Nein, das war es bestimmt nicht, es war verteufelt hart, wir sind nur mit List und Tücke davongekommen. Schuld daran war aber in der Hauptsache der verflixte Jeep mit allen seinen technischen Spielereien. Es ist immer ein Fehler, seinen Gegner zu unterschätzen. Mein Fehler war das ich überhaupt in diese Karre eingestiegen bin``. „Da muss ich staunen, dass Ahmed dein Onkel ist, bist du etwa auch einer vom Militärischem Geheimdienst?". „ Nein, Ulli, ich bin der einzige in der Familie, der nichts mit dem Militär zu tun hat. Bis auf meine normale Soldaten Zeit". Nachdem die Baustelle einigermaßen auf Vordermann gebracht war, setzte Ulli mit Mostafa seine Reise nach Basrah fort. Niemals hätten sie damit gerechnet, nochmals auf die gleiche Truppe Kurden zu treffen, zumal sie in eine ganz andere Richtung fahren. Sie fahren mit ihrem Jeep vorsichtig durch einen engen Hohlweg, dessen Wände bis drei Meter hochragen. Mit vielen Felsvorsprüngen und Löchern. Manchmal ist der Hohlweg so eng, dass der Jeep gelegentlich mit der linken und dann mit der rechten Seite an die steilen Felsen stößt. Berger juckte es überhaupt nicht das der Jeep eine Beule nach der anderen bekommt. Es ist nicht sein Jeep und auch nicht seine Abkürzung. Er hat lange mit Mostafa gestritten, als dieser diese Abkürzung nahm und die gut ausgebaute Hauptstraße verlassen hat. Mostafa stöhnte nach jedem Aufprall auf, sagte aber kein Wort, er beißt die Zähne zusammen. Beide haben selbst schon einige Beulen abbekommen, der Wagen springt hin und her. So schnell kann man seine Sitzstellung nicht verändern wie der Wagen hin und her schleuderte, dies obwohl Mostafa äußerst langsam fährt. Dieses Langsamfahren hatte noch einen Nachteil. Dies spürte Berger in seiner rechten Seite. Durch das offene Fenster drückte ein Stock in Bergers Seite.

Er glaubte erst tatsächlich das irgend ein Ast ins Fenster ragte. Erst als dieser Ast zweimal schmerzhaft kurz zustößt, weis Berger, dass es kein Ast sein kann. „ Mostafa, sagte er so ruhig wie er nur kann, „ halte das Auto an". „Bist du verrückt, Ulli, musst du ausgerechnet hier pinkeln, ich komme nicht aus dem Sand heraus, wenn ich angehalten habe". „ Das mag sein, aber wenn du nicht sofort anhältst bin ich tot oder habe zumindest ein unangenehmes Loch im Bauch. Du sicherlich auch". Mostafa schaut Berger dumm an, er hat nicht begriffen, weil Berger dies zu gelassen sagt". „ Mensch, halte die Kiste sofort an, sonst sind wir Beide hin". Den nun scharfen Ton hat Mustafa sofort verstanden. Sofort steht das Auto still. „ Erst als sie aufgefordert werden, auszusteigen, begreift Mostafa, was los ist. „ Schon wieder ein Überfall, hört denn das überhaupt nicht auf?". „ Seine Stimme ist weinerlich, er hat aber auch allen Grund dazu sich Sorgen zu machen denn er hat bereits entdeckt, dass es wieder Kurden sind. Dieselben, die sie bereits auf der Baustelle traktiert haben?. Denn zufällig steht der gleiche Mann, der sie aus dem Container geholt hat, nun wieder direkt vor ihrem Wagen. Und schwingt sein Gewehr so kriegerisch wie ein Indianer, der sich über seine Beute freut. Er grinste sie an, er hat Berger und auch Mostafa wieder erkannt. Sie werden, nachdem sie langsam aus ihrem Fahrzeug geklettert sind, durch einen noch engeren Hohlgang geführt. Mustafa ist kreidebleich und bereute spätestens jetzt, diese Abkürzung genommen zu haben. Er ist dem Tod wieder einmal näher als dem Leben. Aber auch für Berger stehen die Zeichen nicht gut. Zum zweiten Mal auf die selben Krieger zu treffen, ist ganz sicher nicht gut. Schweigend zieht die Kolonne mehrere hundert Meter durch den Hohlgang.

Dieser mündete in einem kleinen, durch Felsüberhänge fast abgedeckten schmalem Tal. Von einem Flugzeug oder auch Hubschrauber konnte es nicht eingesehen werden. Vom Tal aus gibt es einige gut versteckte Höhlen. Sie werden in eine dieser Höhlen geführt. Dort residierte der Anführer der Kurden Truppe, wenn man diese als Truppe bezeichnen kann, es ist schon ein wilder Haufen. Anhand der Kleidung fiel es sehr schwer etwas festzustellen, Herkunft oder sonstiges, Uniformen tragen sie keine. ,, Ja, wen haben wir denn da", sagt der Anführer, der als erstes das Schweigen bricht. In einem sehr guten englisch. ,, Das sind Leute aus dem Camp," sagte der Mann der das Glück gehabt hat, die beiden ein zweites Mal mit vorgehaltenem Gewehr vor sich her zu treiben. Ihm ist vom Gesicht abzulesen, dass er seine Beute diesmal nicht so leicht hergeben will. Bergers Gehirn läuft auf vollen Touren. Was war, wenn sie glauben, sie hätten sie verfolgt?, für die Männer muss es doch den Anschein machen?. Sie würden kaum glauben, dass sie zufällig hierher geraten sind. Auf einem Nebenweg, den kaum jemand kennt. Warum musste Mostafa gerade diesen Weg kennen, warum hat er Berger diese Abkürzung zugelassen. Sie hätten ruhig und ungestört auf dem Weg nach Basrah sein können. Stattdessen sitzen sie hier und sind wieder Gefangene der Kurden, die sie wahrscheinlich töten müssen. Grob werden sie mit dem Gewehrkolben in die Seite geschlagen. ,, Hinlegen". Lautet das Kommando. Es hat keinen Sinn, sich diesem Befehl zu wiedersetzen, dies wäre sicher der sofortige Tod. So eilig hat es Berger mit dem Sterben nicht. Jetzt brauchte er erst einmal Zeit um sich zu sortieren und zu orientieren. Ein leichter Schlag mit dem Kolben an den Kopf der ihn mehr zufällig trifft, gibt Ihm die Chance eine tiefe Ohnmacht zu markieren.

Er muss ihnen eine wilde glaubhafte Story auftischen, die ihnen zumindest das Leben verlängert oder gar retten konnte. Jede Stunde ist wichtig. Die Iraker würden sicherlich fieberhaft nach den Kurden suchen. Das diese natürlich ins eigene Hinterland geflohen sind haben diese sicher nicht auf Ihrem Zettel. Es war ein kluger Schachzug der Kurden. Sobald wieder Ruhe eingekehrt ist würden sie den Rückzug antreten. Das würde sicherlich noch einige Tage dauern und diese Tage entscheiden sicherlich auch über Leben und Tod von Mostafa und Berger. Wenn die Kurden abrücken werden ganz sicher Beide nicht lebend zurückbleiben. Die Kurden traktieren Mostafa nun und lassen den ohnmächtigen Deutschen in Ruhe. Berger konzentrierte sich ganz auf seine Story die er den Kurden auftischen will. Nachdem sie aus Mostafa zum Glück nichts gescheites heraus bekommen konnten, er wusste ja auch nichts. Nur das er Berger nach Bashrah bringen soll und das er aus Dummheit diese Abkürzung genommen hat die in seinem Plan eingezeichnet ist. Ahmed hat große Mühe zu sprechen, kann zum Glück vor Angst nicht sprechen. Nun versuchen sie Berger mit einem Schwall von Wasser zu wecken. Das Wasser ist ihm sehr angenehm, er genießt diese unfreiwillige Dusche und rührte sich erst nach dem dritten Aufguss. Sein Oberkörper ist nun pitschnass vom Wasser. Das Wasser hat nur den Schweiß abgelöst. Man zieht ihn auf die Beine und stellte ihn aufrecht hin. Der Anführer sieht ihn belustigt an, er scheint guter Laune zu sein. ,, Na". fängt er das Gespräch an``, ,, ich habe gut lachen, aber um Euch Beide steht es sehr schlecht. Unbestraft hat uns noch niemand verfolgt". Berger steht nun gut und auch seine Story ist fertig im Kopf, er will sie ihnen so gut und glaubhaft wie möglich verkaufen.

Er fängt an mit seiner Lügengeschichte, das einzige was daran wahr ist, ist sein Name und der Mostafas. „ Mein Name ist Ulli Berger und dies ist mein Mitarbeiter Mustafa Ali Mostafa". Berger vermeidet Mostafa als seinen Fahrer zu bezeichnen. Ein Irakischer Fahrer ist schnell und leicht erschossen. „ Wir arbeiten Beide für die UNO und sind im Irak eingesetzt um Menschenrechtsprobleme während des Krieges festzuhalten, um die Beteiligten später international zur Rechenschaft zu ziehen". „ Wir waren bereits im Kurdenland und waren beim Anführer der Kurden Haschied Rahman Abdalla. Mein und auch Mostafas Anliegen ist es speziell die Kurden für die UNO berechenbarer zu machen, um besser helfen zu können. Die Sache der Kurden braucht internationale Unterstützung". Als Berger eine Kunstpause einlegt geht ein raunen durch die Männer. Sie wollten nun wissen, wo Berger ihren Anführer getroffen hat. Berger beschreibt den Ort an dem er mit Ahmed gefangen gehalten worden ist. Er beschreibt auch die vier Männer die Dorf Ältesten. Sie nicken alle bestätigend, sie scheinen den Ort und die Männer zu kennen. Er beschreibt noch die Straße die sie dorthin gefahren sind, die genaue Wegstrecke. Sie wissen nun nach der Schilderung das Berger dort gewesen sein muss. Berger ist auch dort gewesen aber unter anderen Umständen, auch als Gefangener wie hier. Sie scheinen ihm aber schon zu glauben, dies war ein wichtiger Fakt in seinem Plan. Mostafa lauschte mit offenem Mund der Story, er scheint aber den Zweck zu begreifen, Berger setzte seine Ansprache fort. „ Wir sind Euch gefolgt, haben uns aber erst dazu entschlossen, als wir eure Spuren so deutlich entdeckten. Ursprünglich wollten wir direkt nach Basrah. Nachdem wir aber Pferdespuren von fast dreißig Pferden ausmachen konnten haben wir unseren Plan geändert. Ihr müsst ein Stück an der Straße entlang geritten sein, bevor ihr diese überquert habt.

Wir konnten klar die stümperhaften verwischten Spuren erkennen und jeder Armee Hubschrauber hätte sie auch noch aus 1000 Metern Höhe erkannt. Die Männer wissen genau das sie auf Pferdespuren zu achten haben. Wir haben uns die Mühe gemacht, mit Hilfe des Jeeps die Spuren zu verwischen, zumindest zu überdecken. Insbesondere die Spuren in dem Übertritt in den Hohlweg die unübersehbar waren. Von dem Hohlweg von dem wir keine Ahnung hatten wo hin er uns führen würde". Wieder setzte ein dunkles Gemurmel ein. Der für die Spurenbeseitigung zuständige Mann wurde vom Offizier gemaßregelt. Dieser beteuerte aber alles ordentlich erledigt zu haben. Aber die Fakten die Berger angab sind zu stichhaltig, als das der Offizier seinem Kameraden glauben konnte. „ Warum seit ihr nicht rechtzeitig umgekehrt?". „ Wollten wir auch, aber als wir dann im Hohlweg waren hatten wir keine Chance mehr zu wenden und diesen Weg rückwärts zu fahren hielt Mostafa für ausgeschlossen. Als ihr uns kassiert habt suchten wir nach einem Wendeplatz. Nun sind wir hier und ich denke, dass wir gemeinsam über unser nun gemeinsames Problem nachdenken müssen". „ Wieso gemeinsames Problem?". „ Ich denke, wenn wir nicht rechtzeitig am Militärposten auftauchen geht die Suche in diesem Gebiet los. Dann werden clevere Jungs uns bald entdeckt haben, auch das wir die Pferdespuren mit dem Jeep verwischt haben und das wir in den Canyon gefahren sind. Den nun sucht man nach den Spuren des Jeeps. Man wird daraus schließen, dass wir mit Euch unter einer Decke stecken und wir werden in einem Massengrab bestattet. Wir werden keine Gelegenheit dazu bekommen uns zu rechtfertigen, was wir getan haben ist Beweis genug um uns auf der Stelle zu erschießen". Mostafa war so der Schilderung gefolgt das er laut schluckt.

Berger hat dies so glaubhaft vorgetragen das Mostafa im Augenblick selbst die Story glaubt, obwohl er es hätte besser wissen müssen. Es würde einige Zeit dauern, bis es alle begriffen haben. Dies liegt nicht daran, das sie schwer von Begriff sind, sondern an der ganze Situation, diese ist verwirrend. Sie sind einfache Bauern und Handwerker, die für ihre Sache in den Krieg gezogen sind. Nun stellte sich heraus das ihre Gefangenen ihnen eigentlich das Leben gerettet haben und sich dadurch selbst in größte Gefahr begeben haben. Berger kann es fühlen wie seine Worte gesessen haben und Wirkung zeigen. Die Feindseligkeit der ersten Stunde ist verflogen. Sie sind für die Kurden nun Leidensgenossen. Der Anführer erhebt das Wort. „ Das würde aber bedeuten, dass wir nicht mehr als zwei Tage Zeit haben, hier abzurücken. Wenn ihr nach zwei Tagen nicht am Posten aufgetaucht seit, wird man euch suchen". Berger hat bei dieser klaren Aussage Angst, dass man es durchschauen würde, dass er ihnen nur um dies klar zu machen, diese Story aufgetischt hat. Aber es war zum Glück nicht so, die Story hielt. „ Ihr bleibt unsere Gefangenen, bis wir eine Entscheidung getroffen haben. Diese zwei Tage Frist stören uns nicht, aber das wir nun zwei Mitwisser haben, die wir laufen lassen müssen, ist das unschöne an der Geschichte. Das bereitet mir große Magenschmerzen. Las dir was einfallen Deutscher, wir denken auch darüber nach, was wir machen können. Führt sie ab, in den Funkraum, dort gibt es Notpritschen. Sie bleiben Beide gefesselt und bewacht, wir wollen kein Risiko eingehen". „ Warum im Funkraum dort hören sie all unsere Funkgespräche mit?". „ Ja, du kluges Kerlchen wir können funken in dieser Situation? Sofort wären wir geortet, alles ist im Augenblick hellwach rund um Kirkuk. Zweitens wollen wir den Beiden Herren von der UNO ein ordentliches Nachtlager bieten, sie sollen uns mit diesem internationalen Saftladen helfen und sollen hier nicht verrecken.

88

Jedenfalls nicht, wenn es nicht sein muss, in zwei Tagen sehen wir weiter. Wir rücken zwischenzeitlich wie geplant in kleinen Gruppen von jeweils 3-5 Mann ab". Diesen letzten Satz bekommt Berger gerade noch beim Hinausgehen mit. Dieser war nicht für seine Ohren bestimmt. Nun weis er aber das sie bereits dabei sind ab zu rücken. In kleinen Gruppen in verschiedene Orte und Richtungen. Genauso haben sie sich wahrscheinlich in der Umgebung von Kirkuk getroffen, vielleicht auch hier an diesem Platz. Das dieser Ort mit einer so kompletten Funkanlage ausgestattet ist beweißt dies eigentlich diese Theorie. Alles weist hier darauf hin das dies eigentlich seit langem ein fester Stützpunk der Kurden ist, der nun auf Grund der unsinnigen Attacke auf die Baustelle aufgegeben werden muss. Unsinnig für Berger, er kann in diesem Überfall keinen Sinn erkennen. Außer dem Vorhaben die Deutschen Mitarbeiter einzuschüchtern und zu einer Rückkehr nach Deutschland zu bewegen. Das sagt aber aus wie sehr sie in Unkenntnis über die Deutschen sind. Die haben einen Vertrag zu erfüllen, da kann sie dieser Überfall nicht umstimmen. Es gibt neues Geld und neue Maschinen und schon wird es auf der Baustelle weiter gehen. Als Berger und Mostafa mit ihren Bewachern den Funkraum betreten staunen sie über die Superausrüstung. Hier ist eine richtige Zentrale aufgebaut die ihnen nun aber nicht helfen kann. Sie sind nun auf sich selbst angewiesen. Die Pritschen und Schränke zeugen davon, dass diese Station ständig besetzt ist. Von hier aus werden sicherlich alle Militärbewegungen in dieser Gegend weiter gemeldet. Berger und Mostafa werden barsch aufgefordert auf den Holzpritschen Platz zu nehmen. Sie werden dann kunstgerecht auf diese Pritschen gefesselt. Ein Mann mit durchgeladenem Gewehr bleibt als Wache zurück. Wenig später bekommen sie Getränke gereicht in die Schlafmittel gemixt sind.

Die Beiden schlafen durch bis zum anderen Nachmittag. Die Knochen tun Ihnen fürchterlich weh von den steifen Holzpritschen, deren Liegefläche aus einer stabilen Eisenplatte besteht. Man hat sie nun an die lange Leine gelegt. Sie können aufstehen und sich einige Meter frei bewegen, angeleint wie Wachhunde aber mit einer zusätzlichen Bewachung mit der Kalaschnikow. Was eigentlich nicht erforderlich ist, aber der Anführer der Kurden will sicher kein Risiko eingehen. Während Berger sich seine schmerzenden Glieder reibt und einige Gymnastik Bewegungen macht, versuchte sich auch Mostafa sich aufzurichten. Da er etwas dicker ist, fällt ihm dies schwerer. „ Manchmal verfluche ich das ich so fett bin, aber was soll ich machen es schmeckt einfach zu gut". „ Ja, das habe ich bereits festgestellt, du frisst das doppelte wie ich oder noch mehr und ich bin ein guter Esser. Entschuldige das Wort (fressen), aber bei der Menge habe ich kein passenderes Wort". „ Ich weis, aber die letzten Tage habe ich nicht viel gegessen, sieh ich habe kein Gramm abgenommen". „ Du hast bestimmt abgenommen, aber bei deiner Wampe fällt es erst ab 10 Kilo auf". Der Wachmann, der die in englisch geführte Unterhaltung versteht grinst vor sich hin und mischte sich nun auch in das Gespräch ein. „ Du brauchst dir bald keine Sorgen mehr um deinen fetten Arsch machen. Noch einen Tag dann werde ich dich von allen Sorgen befreien". „ Er machte mit dem Finger das Zeichen des Kehledurchschneidens. „ Das mache ich am liebsten, zusehen, wie du Irakerschwein langsam ausläufst, für dich ist jede Kugel zu schade. Aber der verrückte Deutsche dort bekommt eine meiner besten Kugeln. Müssen die Idiotischen Deutschen sich immer in alle Dinge einmischen und dieses Schwein Saddam Hussein auch noch unterstützen".

Berger ist klar wie töricht und dumm ihre Unterhaltung in dieser Situation ist. Aber nach dem Schlaf sind sie sich der Gefährlichkeit ihrer Situation nicht mehr so bewusst. Nun hat der Kurde die Katze aus dem sack gelassen, man wird Sie nicht am Leben lassen. Ihr Uno Status ohne Belege schützt Sie hier nicht. „ He, Deutscher, warum sprichst du so gut arabisch?". „ Berger kann sich nicht entsinnen, hier in seiner Gegenwart arabisch gesprochen zu haben. Deshalb fragte er neugierig zurück, „ Von wem weißt du, dass ich ein klein wenig arabisch spreche?". „ Unser General hat gesagt, wir sollen mit dir vorsichtig umgehen, du wärst einen Araberfreund". „ Das mögen wir überhaupt nicht, wärst du keiner, würdest du wahrscheinlich überleben. Aber so bist du mit diesem Schwein mit dran. Da wird dir auch die große Freundschaft mit unserem großen aber weit entferntem Boss nichts helfen. Die Mehrheit hat deinen Tod beschlossen". So weis Berger, dass er mit seiner Geschichte nur Zeit gewonnen hat, noch nicht ihr Leben gerettet hat. Aber diese Zeit könnte ihnen dabei sehr hilfreich sein Ihr Leben retten. Sie sind nun Beide wieder klar und sind Dank der klaren Aussage des Wachmannes darüber informiert, was mit ihnen passieren wird. Als Berger sich umsieht stellt er fest das die Funkanlage mit einem Stapel Munitionskisten zugestellt worden ist. Oben in den Holzkisten stecken einige Sprengstoff Zünder, damit hatte er beruflich oft zu tun. Berger verfolgte die Richtung der Schnüre die mit den an den Zündern befestigten Dynamitstangen weiter Führen. Alle laufen zur kleinen Öffnung hin die auch als Fenster dient. Es ist klar alle Schnüre laufen durch dieses Fenster zum Zündungskasten zur Batterie. Bergers Hundeleine reicht gerade bis zum Fenster. Als er hinausschaut gefriert ihm das Blut in den Adern. Ein Gewehr wird aufgebaut das direkt auf den Zündmechanismus justiert wird. Der letzte Mann würde es dann auslösen.

Er wird sich opfern müssen, denn nach der Explosion gibt es für ihn kein Entkommen mehr vor den Irakern. Sie sind in der Nähe Berger spürt es förmlich. Wenn dieser Sprengstoff der hier aufgebaut ist in die Luft fliegt werden Berger und Mostafa von niemanden mehr identifizieren werden können. Berger schätzt diesen Munitionsstapel mindestens auf 50 KG. Wenn der explodierten, werden sie in Zentimeterkleine Stücke zerlegt werden und in der Höhle für immer begraben sein". „ Was ist?" fragte Mostafa als er das Gesicht von Berger sieht". „ Du brauchst keine Angst mehr haben man wird dir nicht die Kehle durchschneiden". „ Warum glaubst du das?", fragte er freudig erregt mit ein wenig Hoffnung in der Stimme. Denn bisher hatte Berger mit seinen Prognosen meistens Glück gehabt. „ Schau dir die Munition und das Dynamit mit den Zündern an, die werden von draußen auf die Zündanlage schießen und bum sind wir weg samt Funkanlage". Das Gesicht von Mostafa verfärbte sich dunkelgrün bei der Vorstellung, sie sollten so einfach in die Luft gesprengt werden. Es scheint ihm aber nachher doch noch besser zu sein als die Kehle durchgeschnitten zu bekommen. Er entwickelte nun gleichfalls wie Berger einen Galgenhumor. „ Dann las uns wenn es ernst wird weit auseinander liegen". „ Warum?" fragte Berger neugierig, der diesen Einwand nicht versteht, „ Bei dieser Sprengkraft bist du Matsch, egal wo du liegst." „ Matsch ja, aber ich will nicht, dass sich meine Reste mit deinen vermischen. Vielleicht sind wir doch noch zusammen zuflicken. Nicht, das der Doktor uns gemixt zusammen näht das würde lustig aussehen. „ Berger und Mostafa lachen bei dieser Vorstellung. Der Wachmann muss sie für verrückt halten. Obwohl er versteht, was sie sprechen und es ihn nicht betrifft konnte er nicht mit Ihnen lachen. Er konnte nicht herausfinden, wo die Stelle zum Lachen ist. Aber Berger und Mostafa werden auch wieder schlagartig ruhig.

Durch die Vorkommnisse der letzten Tage scheinen sie schon etwas verrückt zu sein. Ihr Essen ist gekommen, der Wachmann reichte Ihnen Fladenbrot mit Reis und Fleisch gefüllt, eine köstliche Mahlzeit. Das gleiche Mahl wie der Wachmann bekommen hat. Berger hockt sich auf seine Pritsche und kaute das Brot samt Füllung genüsslich durch. Ist das Ihre Henkersmahlzeit. ? das gleichmäßige kauen unterbindet alle Gespräche. Sie sind alle mit dem wohlschmeckenden Mahl beschäftigt. Berger ist ein schneller Esser und auch als erster fertig damit, der Wachmann scheint ein ganz ruhiger und langsamer zu sein. In der Zeit in der Berger beide Brote gegessen hat, hat der Wachmann erst eine Hälfte gekaut. Vielleicht liegt dieses aber nur an seinen Stummelzähnen, die wie ein ungepflegter Gartenzaun aus seinem Mund herausschauen. Mann sieht diese nur wenn er mal kräftig gegähnt hat. Berger hätte noch gut das Doppelte vertragen können, aber es gibt keinen Nachschlag mehr. „ Für jeden zwei Stück hat der Kurde gesagt. „ Auch wir mein lieber haben jeder nur zwei Stück bekommen. „ Du brauchst nicht so gierig zu schauen mein Brot bekommst du nicht, was frisst du so schnell. Das war eure Henkersmahlzeit da kann es für euch nur gut sein wenn ihr nicht so viel zum essen bekommt. Dann scheißt ihr Euch auch nicht so ein". „ Du blödes Arschloch," sagte Berger nun auf deutsch, sei vorsichtig das du nicht noch vor uns vollgeschissen bist". Berger sieht die Veränderung die in dem anderen plötzlich vorgeht. Der Kerl läuft erst grün und dann blau an vor Wut. Der Kurde hat alles verstanden, er zielt mit dem Gewehr auf Bergers Kopf, da er nicht schießen darf nimmt er den bestmöglichen nächsten Gegenstand und wirft diesen auf Berger.

Berger fängt diesen Gegenstand geschickt auf und machte sich sofort daran diesen zu verzehren, es war nämlich des Kurden, s zweites Fladenbrot. In seinem Zorn hat der Wachmann mit seinem zweiten Fladenbrot geworfen. Als er Berger grinsend sein Brot futtern sieht ist auch sein Zorn schnell verflogen. Nun spricht er in gutem Deutsch zu Berger. „ Das ist wieder typisch für euch Deutsche, aus jeder Scheißsituation macht ihr am Ende noch eine gute Situation für Euch". „ Woher kannst du so gut deutsch sprechen?", fragte Berger überrascht. „ Ich war drei Jahre in Hannover, habe dort angefangen zu studieren. Es gab aber zu viele Probleme zu Hause da bin ich wieder zurück in die Heimat. Was hier los ist siehst du ja, vom Regen bin ich in die dicke Scheiße gekommen. Aber ich muss es tun ich will das wir Kurden unsere Heimat wieder bekommen". „ Glaubst du, dass es auf diese Art und Weise geht?", „ Sag mir wie sonst Deutscher, wir müssen den Staatsmännern immer wieder in die Fresse hauen, nur dann wenn es weh tut, reagieren sie. Es ist egal wie, aber sie müssen reagieren. Was wir hier tun machen wir genauso in der Türkei, mit dem Iran sind wir im Augenblick verbündet. Wir hoffen das wir auf diese Art und Weise unser gestohlenes Land wieder bekommen". „ Ich denke, dass durch solche Aktionen eure Lage sich immer mehr verschlimmern wird. Wiederum kann ich diese Taten verstehen ich würde auch für meine Heimat kämpfen. Ich kenne euer Land ich habe es bereist es ist eines der schönsten und wildesten Flecken der Erde". „ Siehst du, und genau das wollen wir wieder zurück haben nicht mehr und nicht weniger. Jedes Volk hat das recht auf sein eigenes Land. Wir sind das größte Volk der Erde das ohne eigenes Land ist. Dagegen ist das Palästinserproblem ein Zwergen Problem aber die haben es verstanden, mit jeder Art von Terror die Aufmerksamkeit auf sich zu lenken.

„ Mostafa schaut der Unterhaltung mit offenem Mund zu er versteht kein Wort. Ihm ist klar geworden das der Kurde mit Berger Deutsch spricht. Dann muss dieser doch in Deutschland gewesen sein und ein Freund aller Deutschen sein. Mostafa rechnete sich wieder seine Chancen aus und sein fahles weis wechselt wieder in seine braune Naturfarbe zurück. Berger denkt gründlich nach bevor er antwortete. „ Ich denke das ihr Kurden wieder einmal aufs falsche Pferd gesetzt habt. Mir ist unklar, warum aber sich dem Iran anzuschließen war verrückt. Glaubt ihr tatsächlich das der Iran irgend eine Change hat diesen seltsamen Krieg zu gewinnen?. Einen Krieg der auf einem einzigem Schlachtfeld stattfindet, bis auf einige wirkungslose andere Angriffe. Selbst eure mit viel Mut absolvierten Einzel Angriffe sind nur kleine Nadelstiche die zwar schmerzhaft sind, aber letztendlich keine Spuren hinterlassen werden. Geh nur an die Straße von der Türkei in den Irak oder von Aqaba in den Irak oder von Saudi in den Irak. Die Straßen sind vollgestopft mit Trucks. Die Güter stapeln sich im Irak an den Straßenrändern. An der Straße von Baghdad nach Basrah stapeln sich die Waren 10 Meter hoch und mehr. Waffen in Unmengen für hundert solcher Schlachten werden angeliefert. Alles aus Angst, der Funke I. a Tolla Kohmaini könnte überspringen. In Baghdad, dem Irak wird in dieser Kriegszeit gebaut wie niemals zuvor. Der Irak wird nach irgend einem Friedensabkommen nachdem nochmals 100tausende Menschen für nichts geopfert wurden als stärkste Macht im mittleren Osten hervor gehen und zu einer noch größeren Bedrohung seiner Nachbarn werden. Ihr Kurden werdet die ersten sein die büßen müssen und eure heutigen Partner werden wieder auf euch eindreschen wie früher, nichts gar nichts wird sich geändert haben. Ihr werdet am Ende nichts gewonnen haben sondern wieder die Verlierer sein. Denn eines ist absolut sicher.

Weder die Türken noch die Iraner oder die Iraker geben euch einen einzigen Meter von Eurem Land wieder zurück. Nur die UNO könnte da wirklich helfen. Aber erst dann wenn es zu einem wirklich großem Krieg kommt. Dann muss die Region neu aufgeteilt werden". „ Interessant zu hören wie du die Dinge siehst dadurch das du mehr herum kommst als wir, hast du einen guten Überblick. Hast du mit unserem Sheik darüber gesprochen als du bei Ihm warst?". „ Natürlich, ich habe ihm geraten die Situation für sich zu nutzen, alle Attacken gegen den Irak zu unterlassen und zu versuchen mit den vorhandenen Mitteln die eigenen Gebiete auszubauen. Militärisch zu festigen anstatt solche Attacken wie gegen das Camp Städte und Firmen zu machen. Ihr zieht damit immer mehr Militär in den Norden. Ich denke es wäre viel besser wenn es abziehen würde. Dann solltet ihr in diese Lücken nachstoßen und euch festsetzen aber nicht als Militärmacht, sondern zivile, nützliche Dinge tun". „ Das klingt sehr vernünftig was du da sagst, aber ich denke unsere Führung weiß was sie tut." Von draußen erklingt nun ein lauter Ruf. „ Es geht los Deutscher ich kann nichts mehr für Euch tun. Befehl ist Befehl". „ Da ist es bei uns nicht anders als bei eurem Militär. Er ruft Berger und Mostafa heran. „ Stellt euch an die Pritschen". Ein zweiter Mann ist zwischenzeitlich aufgetaucht. Dieser bindet die Beiden nochmals an der Pritsche fest. „ Tut mir leid Deutscher, aber es muss sein. Ihr habt ca. 45 Minuten Zeit, dann fliegt ihr in die Luft. Die Ladung hier reicht für zehn Panzer. Ihr braucht euch keine Sorgen darüber machen das ihr hier vielleicht schwer verletzt liegen bleibt. Von euch wird absolut nichts mehr übrig sein". „ Tschüß," sagte er nur noch und verschwindet durch die Tür. Alles ist so schnell gegangen das sie wie erstarrt auf den Pritschen liegen. 45 Minuten ratterte es immer wieder durch Bergers Gehirn, 45 Minuten.

Mostafa ist wieder leichenblass, alles Leben ist aus ihm gewichen. Er scheint bereits tot zu sein. Berger hat noch 45 Minuten Zeit zum sterben. Die Zünder und das Dynamit müssen weg sowie der oberste Stapel Kisten. Dann gibt es keine Gefahr mehr, zumindest können sie nicht mehr in die Luft gesprengt werden. Dann gibt es wieder eine kleine Chance zum Überleben. Berger versuchte krampfhaft, sich seiner Fesseln zu entledigen, er zerrt mit äußerster Kraft daran, es will ihm nicht gelingen. Die Handgelenke bluten bereits und die Schultern und Gelenke schmerzen fürchterlich durch diesen Kraftakt der sinnlos scheint. Genauso sinnlos wie der Angriff der Kurden auf das Camp. Wie sollen ihnen 25 tote Iraker weiterhelfen?, Jetzt noch ein Deutscher und ein Iraker mehr. Berger streckt sich auf der Pritsche lang aus und versuchte nun zu ergründen, wie er das Auslösen der Zünder verhindern kann. Es scheint keine Möglichkeit zu geben, niemals würde er die Kisten erreichen können. Die Kisten eventuell mit dem Bett einfach umwerfen?. Nein, das geht nicht, die Zünder würden den Sprengstoff zünden wenn sie unglücklich fallen. Berger schaute zum Fenster und ein Leuchten geht über sein Gesicht. Er schätzte die Länge des Bettes ab. Dann schreit er laut auf Mostafa ein, ,, He, steh auf, werde wach, wir können uns retten. Wir haben höchstens noch zwanzig Minuten!". Berger hat sich erinnert, dass die Pritschen einen stabilen Metallboden haben, lediglich die Pfosten sind aus Holz. Er hofft zumindest das der Boden stabil genug ist um eine Gewehrkugel aufzuhalten. ,, Lass mich in Ruhe sterben du Verrückter, was kann uns noch helfen, nichts".
Berger bekommt seine Füße frei und schafft es nach unten zu rutschen. Bekommt seine Füße auf den Boden. Stemmt sich hoch, einmal, zweimal dreimal.

Da schlägt das Bett fast über Ihm zusammen. Sie knallen hin und das Bett fällt vor dies Loch. Nur wenige Sekunden später knallt der Gewehrschuss durch das Bett hindurch und fliegt laut jaulend durch die Tür wieder hinaus in den Gang. Berger hat es geschafft die Kugel hat nicht den Auslöser getroffen. Sie warten darauf das die Tür auffliegt und das Missgeschick sich von selbst erledigt, nichts geschieht. Mit stark angespannten Nerven hängt Berger wie ein nasser Sack an seiner Pritsche. Der Schweiß läuft Beiden in Strömen von ihren Körpern, vor Angst und Anstrengung. Mustafa ist noch in seiner Lage auf dem Bett, liegt etwas gemütlicher als Berger Über eine Stunde halten sie es so aus, als sich bis dann noch nichts rührt, krächzt Berger mühsam, ,, Da mein lieber Mostafa scheint niemand mehr zu sein, der Schütze scheint sich davongemacht zu haben". ,, Ich denke das ich mich durch diese Stricke durchbeißen kann, sagt Mostafa. ,, Mostafas herrliches Gebiss, das schon immer als Flaschenöffner gedient hat, nagt sich in weniger als einer Stunde durch seine Fesseln. Berger befreit er dann mit einer alten Scherbe, die er draußen auftreiben konnte. Tatsächlich ist draußen niemand mehr zu sehen. Konnte auch nicht, wie Berger feststellte als er das Gewehr untersucht. Der Schuss ist durch einen Sandautomaten ausgelöst worden, als der Schuss los ging war kein Kurde mehr anwesend. Berger entfernte nun ganz vorsichtig die Zünder und das Dynamit von den Kisten. Er räumt die Funkanlage wieder frei auf und ruft Hilfe herbei. Nicht einmal die Mühe haben sich die Kurden gemacht die Stromverbindung zu kappen. Sie waren sich so sicher alles zu sprengen und mit einem Schlag alles zu beseitigen das sie sich nicht die Mühe machten selbst den Strom weg zunehmen. Aber sie wussten genau wenn sie diesen Canyon verlassen sind sie in größter Gefahr und länger bleiben konnten Sie auch nicht. Das Irakische Militär kann man fast riechen.

Dreißig Minuten später sind die Hubschrauber der Iraker dann vor Ort. Mostafa ist auf den Felsen geklettert und hat wie ein Indianer Rauchzeichen gegeben. Mostafa erzählt den Militärs die ganze Story. Berger ist inzwischen auf der Pritsche eingeschlafen und wird auch nicht geweckt. Über Mosul und Kirkuk holte man sich bei den zuständigen Kommandanten die Bestätigung der Aussagen von Mostafa. Die Militärs nehmen den Jeep von Mostafa in Schlepp und wecken Berger. „ Steh auf du fauler Hund, lässt mich hier alle Arbeiten machen. Schönen Gruß aus Mosul von deinem alten Freund und Türkei Fahrer. Du sollst langsam aufhören, solch einen Blödsinn zu machen. Du bist zu alt für so etwas. Du scheinst wo du auch hingehst auf Kurden zu treten. Nach Basrah sollst du nicht mehr fahren, die Schlacht dort scheint in die Entscheidende Phase gekommen zu sein, zu Gunsten des Iraks". „ Mein lieber Mostafa, soviel ich weiß, höre ich das jede Woche. Wende der Schlacht und entscheidende Phase. Dann wendet sich wieder alles erneut und so immer wieder und immer wieder Hin und zurück". Berger das scheint mir die Wende des Krieges überhaupt zu sein. Die Iraner scheinen ihn zu brauchen wie auch die Iraker. Die Iraner, damit sie ihr Volk besser unter die Knute bekommen, und die Iraker damit sie in Ruhe überlegen können was sie mit all den Waffen, Lebensmittel und Geld machen. Sie sind in diesem Krieg bisher zur stärksten Kraft in middle east aufgestiegen. „ Mustafa wird immer wütend wenn Berger so daher redete. Aber nachdem sie gerade erst dem Tod von der Schippe gehopst sind, mochte er sich deswegen nicht mit Berger anlegen. Zumal dieser doch immer das letzte Wort behält". „ Meine Herren wir müssen sie mitnehmen nach Baghdad. Dort werden wir noch einmal alles zu Protokoll nehmen und dann können sie sich entscheiden, was sie wollen. Im übrigen", sagt er zu Berger gewandt,

„Ihr Freund ger General aus Mosul wird auch kommen``. „ Der Flug nach Baghdad dauert nur ca. 2 Stunde, der gesamte Aufenthalt zwei Tage. Berger wird zu allen Vorgängen, in der Türkei, in Kirkuk und nun zum letzten Fall ausgiebig befragt. Er gibt bereitwillig nochmals alles zu Protokoll. „ Eigentlich dürfen wir sie nun nicht nach Basrah reisen lassen. Aber wir sind uns darüber einig, dass da gerade etwas geschehen muss. Vielleicht passiert nun dort endlich etwas. Wir haben auch bereits mit der Firma Strabag telefoniert, man erwartet sie dringend ”. „ Ihm und Mostafa wird eine gute Reise gewünscht, Mostafa wollte eigentlich nicht mehr nach Basrah, aber nach dem ihm von amtlicher Seite mitgeteilt wurde, dass er auf dieser Strecke nicht mehr mit Kurden rechnen muss, sondern höchstens mit einigen feindlichen Tieffliegern, ist er wieder dazu bereit mit Berger zu fahren. Die Leistung der iranischen Tieflieger hatte sich im Irak herumgesprochen. Selten treffen sie ihre Ziele, schon gar nicht, wenn es mal einem Piloten gelingt ins Hinterland des Iraks vorzudringen. Da ist ein Kurde mit Pferd und Gewehr schon gefährlicher. Berger hat dies schon des öfteren selbst erlebt. Diesen Piloten fehlte es durchweg an Erfahrung. Glücklich darüber das sie es überhaupt geschafft haben in den Irak einzudringen, fehlte ihnen die Kaltblütigkeit, ihr Werk zu vollenden. Es ist nicht Angst die sie meistens scheitern lässt, sondern die fehlende Erfahrung, gepaart mit einer inneren Einstellung, bereit sein zu töten, zu vernichten. Dies war ein Phänomen, auf das die Moslems eigentlich stolz sein konnten. Eine Qualität, die bezeugte, das sie keine Killer sind. So wie dieser Glaube durch die eigentlich nur wenigen Terroristen verbreitet ist. Der Islam hat seine Gläubigen anders erzogen. Nicht zu töten, nicht zu morden und zu vernichten. Ein Europäer oder Amerikaner, das sind in der großen Mehrheit Christen ist es anders. Sie werden zu knallharten Soldaten erzogen. Sie sind schneller und entschlossener dazu bereit zu töten und zu vernichten.

Sie legten eine ganz andere Entschlossenheit an den Tag. Nach dem Motto, du oder ich. Sie haben nicht diese innere Bremse, die den Islam auszeichnet, sie sind eher dazu bereit, zu töten. Ein Moslem ist anders orientiert, in kleinen Dingen ist dies oft festzustellen. Selbst in den Familien oder bei anderen Streitigkeiten von geringem Ausmaß. Viel Theater, aber sehr wenig wirkliche gefährliche und böse Aktionen. Sie konnten stundenlang voreinander stehen und sich anschreien, ohne auf die Idee zu kommen, handgreiflich zu werden. Genau diese innere Bremse ist es die, die Piloten davon abhält, Tod und Vernichtung zu bringen. Zumal es noch die eigenen moslemischen Brüder sind auf die sie nun schießen müssen. Die jungen Leute des I. a Tolla Kohmeini haben den Mut zu tausenden durch Minenfelder zu laufen und diese mit Ihren Körpern zu räumen. Sie beweisen damit, dass sie keine Angst um das eigene Leben haben, aber das Leben anderer ihnen heilig ist. Sie innerlich nicht bereit sind über diese Einstellung hinweg zu springen. Sie haben keine Probleme damit, ihrer Frau oder den Kindern mal eine Tracht Prügel zu verpassen, was in Berger als Europäer wieder ein unmöglicher Umstand ist. Aber im Grunde ihres Herzens sind sie viel weniger dazu zu überreden schlimmeres zu tun, als die Europäer dies tun. Daraus heraus ragen diese Mosleme die in den Extremismus gegangen sind, diese hat man tatsächlich so bearbeitet das diese sich selbst in die Luftsprengen um andre zu töten. Man macht Ihnen glaubhaft das sie mit solchen Taten das Himmelreich erreichen. Das sie mit solch einer Tat gute Mosleme sind. Mit solchen taten sind sie eben keine guten Mosleme sind sie Mörder und verstoßen in höchstem Masse gegen den Koran. Allah wird sie besonders schwer dafür bestrafen. Aber hinzu kommt bei den Selbstmord Attentäter immer die Situation. Es ist für viele egal, sie leben oft schlimmer als Hunde, als Tiere. Ohne Zukunft ohne Sinn des Lebens.

Wenn Sie dann 25.000.- USD bekommen reicht es aber für den Rest Ihrer Familie für eine Zukunft. Das Morden selbst das töten macht Ihnen keine Freude, sie wollen etwas verändern mit Ihrem Leben. Es gibt für sie keine andere Möglichkeit, Berger versucht sich oft in Ihre Situation zu versetzen, es ist der Wahnsinn wie sie Leben müssen. Als Gefangene im eigenen Land, ohne Arbeit ohne Geld ohne Wohnung oder Haus. Dazu die tägliche Unterdrückung den Anblick dieser Wahnsinns Mauer und des fremden Militärs das ständig und überall präsent ist. Wenn sie wirklich einmal richtig entgleisen, ist es nur in der Masse möglich, in einem bestimmten Wahn. Einem einzelnem Moslem würde eine solche Entgleisung niemals gelingen. Ein Krieg zwischen Moslems musste folgerichtig bedeutend anders verlaufen als ein Krieg zwischen Europäern oder besser gesagt, zwischen Christen. Dies wertete Berger in seiner Erfahrung als einen wesentliches Plus des Islams. Es zeigte doch, wie falsch es war, den Islam auf die Seite des Terrorismus zu schieben und nur mit Mord und Totschlag zu verbinden. Sie haben aber auf Grund ihrer Einstellung und Möglichkeiten keine andere Chance gegen die anders geartete und haushoch überlegenen finanziellen und technischen Möglichkeiten der Welt der Christen, wenn man dies so sagen darf zu wehren. Wenn man den Westen als die Welt der Christen bezeichnen will oder auch wegen der mehrheitlichen Verhältnisse so bezeichnen muss Der Islam hat es in der Vergangenheit versäumt, sich im Westen richtig darzustellen. Er hat dies bis heute leider noch nicht gemacht. Dies ist sicherlich auf die Mängel zurückzuführen, die den Islam gegenüber vielem auch benachteiligen. Der Islam ist biegsam, beweglich und lebendig eigentlich eine gute und richtige Sache.

Die Menschen haben aber in ihrer enormen Bequemlichkeit alles so gebogen, dass es zu ihrer Bequemlichkeit passend ist. Man wartete teilweise darauf, dass Allah etwas entscheidet und tut. Viele Moslems haben sich das Leben bereits entsprechend bequem eingerichtet. „Erst abwarten, was Allah tut, dann selber etwas tun". Diese Mosleme, es sind leider sehr viele sie sind auf dem Irrweg und müssen endlich wachgerüttelt werden. Mohamed hat ganz klar gesagt, ähnlich wie es auch bei den Christen üblich ist. Ganz krass ausgedrückt, „Hilf dir selbst, dann hilft dir Gott. Allah will sehen, welchen Weg du gehst und was du tust. Hält er deinen Weg für richtig, wird er dir helfen. Hält er ihn für falsch wird er versuchen dir den rechten Weg zu zeigen. Du musst es nur verstehen und erkennen." „Tust du es nicht wird er sich auch nicht mit dir befassen, womit sollte er sich befassen wenn alles leer ist". Dies sind Dinge die, die Prediger des Islams beseitigen müssen. Es muss mehr Power in die Glaubensgemeinschaft kommen. Power der in die richtigen Bahnen gelenkt wird und von umsichtigen Leuten gesteuert wird. In den einzelnen Regionen ist bereits ein Umdenken eingetreten, aber immer erst wenn bestimmte Situationen dies erforderlich gemacht haben und daraus auch entsprechende Führer hervor gebracht haben, siehe Afgahnistan Pakistan dort hatte Berger Mosleme mit einer anderen Prägung kennen gelernt als in middle east. Hier ist natürlich zu differenzieren zwischen den einzelnen Staaten. Den reichen Ölstaaten Kuwait, Saudi und den Emiraten, und Ägypten, Irak, Jordanien, Syrien. Hier hatte der Islam jeweils ein etwas anderes Gesicht. Wobei er hier wenn auch unvergleichlich weniger als in der Christenwelt, festgestellt hat, dass Reichtum keinen Gott benötigte. Der Glaube ist nur für die armen, benachteiligten Menschen.

Diese beten und warten auf Gottes Hilfe. Die Menschen, die genügend haben benötigen diese Hilfe nicht, also auch Gott nicht, was soll er ihnen noch geben. Und abgeben an die Menschen die nichts haben wäre doch verrückt für jeden Reichen Christen oder Moslem, Gott, Allah hat sie so reich gemacht damit sie es behalten vermehren raffen und um jeden Preis und gegen andere schützen. Dies obwohl alle Religionen die Bibel der Koran die TOHRA darauf hinweisen das Teilen eine Pflicht vor Gott, vor Allah vor Jahwe ist. Alle wissen das man teilen muss, von seinem Reichtum abgeben muss. Das jede Religion dies in ihren Grundlagen verankert hat. Wo bleiben da die frommen Reichen bei allen Religionen?, wo die Kämpfer für das Gute, für die Gleichheit aller Gläubigen?. Hier mangelte es den Moslems den Juden wie auch den Christen an echten überzeugenden Taten. Statt zu geben erheben sich die Wohlhabenden noch über diejenigen, die nichts haben, oder nur weniger haben. Erst als Mostafa stark in die Bremsen steigen muss, unterbricht Berger seine Gedankengänge kurz. Mostafa schimpfte vor sich hin, weil ein anderes Fahrzeug ihn geschnitten hat. ,, Was ist los, Mostafa?". . Nichts, nur so ein Arsch hat mir den Weg mit seinem Pferdekarren abgeschnitten. ,, Was ist mit dir?", fragt Mustafa zurück, ,, schläfst du? " ,, Nein, ich philosophiere wieder mal über Moslems, Juden und Christen". ,, Schon wieder?. Ich glaube, eines Tages hast du so viel darüber nachgedacht das du auf einmal bevor du dich versiehst Moslem bist. Ich würde mich für dich königlich freuen``. ,, Ich weiß nicht, euer Islam hat auch seine Fehler, benötigt auch dringend eine Veränderung", ,, Da hast du unbestritten recht, ich kenne bereits deine Argumente und kann diesen im wesentlichem nur zustimmen.

Aber euer Christlicher Glaube hat genauso viel Veränderungen notwendig wie unser Islam". „ Ich glaube", sagt Berger, „ wenn die Menschen wüssten, wie gering für meine Gefühle der Unterschied zwischen Islam und Christentum ist, sie würden es nicht glauben. Die Hüter beider Religionen scheinen darauf zu achten das dies niemand erfährt. Der Unterschied besteht eigentlich nur darin, dass der Islam nicht Jesus als Sohn Gottes anerkennt sondern als Prophet. Bis zu diesem Zeitpunkt der Geburt Christi gibt es kaum Abweichungen in den Grundlagen der beiden Religionen. Ich bin Katholik, eigentlich wie viele andere Gläubige auch nur auf dem Papier". „ Denn ich habe schon als Kind nicht das Glaubensbekenntnis der katholischen Kirche dahersagen können. Ich konnte es nicht über meine Lippen bringen, bis Heute noch nicht. Weil ich das, was in der Bibel steht und ich in diesem Bekenntnis bezeugen soll nicht glauben kann und schon als Kind nicht glauben konnte. Am liebsten würde ich persönlich nach Rom fahren und diesen vermieften Stall ausräuchern. Die selbstherrlichen Bischöfe und Kardinäle zum Teufel jagen. Wobei hier sicher die Ausnahmen auch die Regel bestätigen, nicht alle sind untauglich". „Lass keinen hören was du hier von dir gibst du bist ja ein Revolutionär". „ Ich sage dir, ich könnte tatsächlich manchmal dazwischen hauen, im Kleinen wie auch im Großen. Bei vielen selbstherrlichen Pfarreien fängt das Disaster an. Sie scheinen nur noch Hüter und vermehren ihres Vermögens und das der Kirche zu sein". „ Ich sehe es schon kommen, wie du durch Europa und Amerika ziehst und den Islam predigst und Europa bekehrst"., „ Rede Keinen Blödsinn, Junge und gib Gas; ich will nach Basrah, wenn wir das überstanden haben, reden wir darüber noch einmal". Berger legte seinen Kopf zurück und versuchte die Gedanken Islam, Katholizismus zu verscheuchen.

,, Ich bin Mensch und glaube an Gott, ob dieser nun Allah oder Gott genannt wird. Aber ich weiß auch, dass ich an alle Gebilde die um ihn herum platziert wurden nicht glaube, da ist er dem Islam näher. Diese zwar zur Kenntnis nehme aber nicht für Gott ähnlich halte. Zumindest nicht in der Form, wie die Bibel uns dies glauben machen will. So fühlte sich Berger als ein gottgläubiger Mensch, nicht mehr und nicht weniger. Was wichtiger ist an Jesus zu glauben, oder Gott zu verehren vermag ich nicht zu sagen. Ich glaube an Jesus und seine hervorragende Stellung nur nicht an den leiblichen Sohn Gottes. Er schließ immer Jesus und Maria in seine Gebete ein. Aber nicht als leiblicher Sohn Gottes, sondern als angenommener Sohn Gottes und als seinen Propheten. Gleiches gilt seiner Mutter Maria, sie bleibt die Mutter Jesus für ihn mit der gleichen Funktion. Ob Mutter eines Sohnes Gottes, oder eines Propheten von Gott gesandt und angenommen als Sohn es machte keinen Unterschied. Sie ist in seinen Gebeten angesprochen, wenn er um Hilfe für seine Familie bangt, um Fürsprache bei Gott zu erlangen. Dies kann und tut auch jeder Moslem, ohne gegen seine Glaubensgrundlage zu verstoßen. Im Islam sind die wichtigen Gebete für jedes Salah festgelegt. Diese müssen gebetet werden. Anderer Freiraum ist ebenfalls vorhanden. Berger stellte fest das sich die Konturen der Abgrenzung die mit Gewalt erhalten wurden, sich ohne Mühe verschmelzen lassen. Berger kommt nun zu sehr ins Philosophieren, mit Gewalt setzte er einen Schlussstrich unter seine Überlegungen. Für alles gibt es ein für und Wider, alle Dinge haben mehrere Seiten die alle richtig sein können. Man konnte ewig diskutieren ohne zu einem Ende zu kommen. Das Fahrzeug fährt ziemlich gleichmäßig und ruhig dahin. Berger betrachtet die Umgebung, er sieht die Berge von Waffen an den Straßenrändern.

Dort befinden sich Waren und Kriegsmaterial Depots die sich links und rechts der Straße entlang hinziehen. Sie stapeln sich 3-10 Meter hoch und einige hundert Meter tief ins Gelände hinein, auf einer Strecke von mehr als 50 Kilometern. Dies sind Tatsachen die Berger Angst machen, die Hysterie gegen i.a Tolla Khomeiny bringen Saddam Hussein Unmengen von Lebensmitteln, Waffen und Geld. Der Irak ist schon längst die stärkste Macht in middle east geworden. Nur hat dies in der Welt noch niemand bemerkt, oder man wollte es nicht bemerken. Geschickt hat Saddam verstanden, dies zu tarnen und zu verbergen. Er ist schon ein ausgemachtes Schlitzohr, leider mit dem Hang der Selbstüberschätzung. Dies wahrscheinlich daher rührend, dass er niemals an anderen richtigen Kriegen beteiligt war. Ihm fehlte der Vergleich um dies richtig einschätzen zu können. Dazu seine verwöhnten Generale die wie es das Militär leider zu oft macht. Dem starken Führer nach dem Schnabel redeten. Saddam Hussein ist einer der ganz starken Führer, er duldete mit Sicherheit keinen Wiederspruch seiner Generale. Das Fahrzeug schießt die Landstraße dahin, sie sind nur noch vierzig Kilometer von Basrah entfernt. Ein altes verbogenes Hinweisschild das von vielen Einschüssen durchlöchert ist, lieferte diese Information. Nur gelegentlich hat Berger die Chance Teile der Wüste zu sehen, alles andere ist mit Waffen zugestellt. Ein Leckerbissen für die iranische Luftwaffe, diese schien es aber nicht zu geben. Wenig später über dem Himmel von Basrah rauschen nun einige irakische Flugzeuge paarweise gegen Osten in Richtung Iran. Erst kurz vor Basrah bekommen sie die ersten iranischen Flugzeuge zu Gesicht. Berger kann beobachten, wie sie zwar auf die richtigen Ziele zuhalten, dann aber überschnell die Bombenklappen öffneten und sich davon machen.

Die Bomben schlagen fast alle irgendwo in der Wüste ein. Weit von den lohnenden Zielen entfernt. Aber bei den Mengen von Waffen die Hussein angesammelt hat, hätten diese paar Bomben überhaupt keine Rolle gespielt. Ins Staunen kommt Berger erst als er kurz vor Basrah auf der Strabag Baustelle eintrifft. Dort wird gearbeitet, so als wenn überhaupt nichts los ist. Zwar schlagen die Bomben und Granaten alle weit entfernt ein, aber ab und zu verirrte sich doch eine, das kann man am frisch aufgebrochenen Asphalt sehen. Die neue Straße hat schon wieder Reparaturlöcher. So wurde gleich doppelt verdient. An dem Neubau und an der Reparatur. Das Hallo ist groß als Berger auf der Baustelle eintrifft. Man freut sich in dieser verrückten Zeit auf jeden Besuch aus Deutschland. Aber Berger hat auch keine Neuigkeiten zu erzählen. Deshalb erzählte er seine Story vom Überfall in Kirkuk und seinen Problem unterwegs. „ Da habt ihr aber Glück gehabt, hier unten tobt der wilde Krieg und da oben gibt es die Überfälle. Wir tanzen hier zwar auch nur zwischen den vereinzelten Granaten und Bomben rum, aber bis jetzt hat es noch keinen von uns getroffen. Wenn dies passieren sollte werden wir sicher sofort abgezogen. Aber bisher sehen wir auch noch keinen Grund zum gehen. Es heißt zwar oft, die Iraner kommen, dann schwingen wir uns in unsere Autos und düsen Richtung Baghdad. Meistens so nach 50 Kilometern stoppen wir und warten ab. Manchmal nach Stunden kehren wir wieder um, aber die längste Zeit waren wir zwei Tage in Wartestellung. Dann heißt es wieder, die Iraner sind zurück geworfen. Wenn tatsächlich nicht die vielen Toten wären, könnte man glauben, die spielen Theater. Blut ist wahrlich auf diesem Streifen Boden zur Genüge geflossen. Zu viel, viel zu viel wertvolles Blut für null Erfolg für Beide Seiten.

Wenn man bedenkt, dass Saddam Hussein der Angreifer war, dann war es schon ein Erfolg der Iraner, wenn auch der Irak kleine Bodengewinne hatte. Aber ob dies so stimmte, weiß auch niemand genau. Nach den Beiden Sendern im Irak und Iran zu urteilen, gibt es zwei Gewinner. Dabei haben Beide außer an Erfahrung überhaupt nichts gewonnen. Außer das Saddam durch diesen Krieg zur wirklich stärksten Macht herangefüttert worden ist. Wenn Saddam und seine Generale dies festgestellt haben, wird es einen unruhigen mittleren Osten geben. Dann werden die Wölfe hungrig werden und Appetit auf die Fleischtöpfe Kuwait und Saudi bekommen. Dann werden die gefressen die ihm das Futter gegeben haben, um so groß zu werden. Die Sirenen unterbrechen die Gespräche, ein Luftangriff wird gemeldet. „ Wohin?" fragte Berger. „ Wieso wohin, hier draußen bist du am sichersten. In dem Erdloch, das man uns gebuddelt hat, bist du erst recht verloren, da läuft dir der Sand in die Schuhe". „ Besser Sand in den Schuhen als einen Bombensplitter im Kopf". „ Sand in den Schuhen hast du mit Sicherheit. Einen Splitter im Kopf zu bekommen ist viel schwieriger. Nach unseren Erkenntnissen musst du dir ein Auto besorgen und den Bomben in die Wüste nachfahren". Nun rauschen doch beängstigend schnell 6 Maschinen heran. Sie sind so nahe und so tief, dass man die Piloten prima erkennen kann. Die Piloten schienen sich über das Grinsen der Männer da unten zu ärgern. Die Staffel teilt sich ganz plötzlich in drei Fraktionen auf, 2 drehen sich um, um die Straße Ihre Straße zu bombardieren, 2 fliegen vermutlich nach Basrah 2 scheinen zu versuchen nach Baghdad zu kommen.

Die Männer staunten nicht schlecht, als sie bemerken das sie beziehungsweise die neue Straße Ziel des Angriffes der zwei Flugzeuge wird. Wie die Hasen springen sie davon. Berger in das nächste Loch des letzten Einschlages am Rand der Straße. Die anderen in ihren Notbunker, der ihnen wieder die Schuhe voll Sand bescherte. Bei den Mengen Asphalt die sie hier verbauten, hätten sie schon etwas abzweigen können und ihren Unterstand asphaltieren können, wenn ihnen der Sand so lästig ist. Berger hat sich mit eingezogenem Kopf auf den Rücken gelegt, um die Flieger beobachten zu können. Weit vor der Straße gehen die Bombenschächte auf. Mit ihren Maschinengewehren pflügten sie eine Furche durch die frische Straße. Ein Idiot ballerte in den schönen neuen Straßenfertiger den er einrichten solle. Die Querschläger schießen jaulend durch die Gegend, nachdem sie die Stahlverstrebungen getroffen hatten. Schon sind die Flieger über sie hinweg gerast. Jetzt rollte der Bombenteppich auf die Straße zu, die ersten explodierten bereits 30 - 40 Meter vor der Straße. Berger zieht den Kopf tief ein und drückt sich flach in den alten Bomben Trichter. Eine alte Weisheit sagte, dass eine Bombe nie wieder in einen bereits vorhandenen Trichter einschlägt. Er hat diese Weisheit in irgend einem Kriegsbuch über den ersten Weltkrieg gelesen. Er verlässt sich nun darauf, tatsächlich, überall krachte es rund um ihn herum. Steine und Asphaltbrocken werden über ihn hinweg geschleudert. Aber kein einziger Stein oder Dreckklumpen landete in seinem Loch. Warum sollte er nicht auch einmal Glück haben. Nachdem es einige Zeit ruhig ist, erhebt sich Berger vorsichtig und spähte erst nach den Fliegern, diese haben sich bereits wieder verabschiedet. Sie wollen nicht auf die Abfangjäger der Irakis warten. Es wäre auch nicht gut gewesen. Es kamen aber auch keine, weil sie vermutlich keine haben.

Einige Flak Geschütze ballerten wie wild herum, obwohl von Flugzeugen keine Spur mehr zu sehen ist. Die anderen vier krabbelten nun auch aus ihrem Unterstand und sind über und über mit Sand bedeckt. Sie haben den Sand nicht nur in den Schuhen. Der rieselte nun aus allen Fugen Ihrer Wäsche, inklusive der Ohren. Berger muss lachen als er die Helden so dort stehen sieht. „ Siehst du Berger, deshalb mögen wir den Unterstand nicht, du hast meinen Rat befolgt. Aber mir war es diesmal zu gefährlich. Sie hatten es direkt auf uns abgesehen. In all den Jahren nicht einmal, alles nur Zufallstreffer. Du bist kaum angekommen, da hat man es direkt auf uns abgesehen. Haben die drüben Fotos von dir?". „ Nein, die haben es gut mit mir gemeint, schau, nicht der geringste Krümel Staub an mir, nur meinen Straßenfertiger haben sie zerschossen. Nun kann ich euch einen neuen verkaufen. Sie haben mir freundlicherweise Arbeit verschafft. Aber Arbeit, auf die ich nicht scharf bin". „ Komm Ulli, wir packen für heute ein, wir gehen ins Camp. Ihr seit sicherlich hungrig und müde nach dem weiten Weg". „ Kein Wort mehr über den Luftangriff, es ist etwas normales und es ist auch nichts passiert. Erst jetzt fällt Berger Mostafa ein den hat er seit der Ankunft nicht mehr gesehen. Berger sieht zum Auto, das ca. 50 Meter weiter entfernt geparkt ist, keine 10 Meter davor ein Bombentrichter, einer, der vorher noch nicht dort war.

Berger läuft voller Angst zum geliebten Toyota, in diesem hat es sich Mostafa lang gemacht und schläft tief und fest. Wie sich herausstellt so tief, dass er von dem gesamten Angriff nichts mit bekommen hat. Als er später den Bombentrichter in seiner unmittelbaren Nähe sieht, staunt er nicht schlecht. Selbst Bomben können ihn also nicht mehr wach bekommen. Ein Zeichen dafür, wie erschöpft der Kerl durch die letzten Erlebnisse ist.

Es war ja auch keine Spazierfahrt, wenn Berger nicht immer geistig so aktiv gewesen wäre, wäre er sicherlich auch in so einem Erschöpfungszustand. Er schiebt Mostafa auf den Beifahrersitz und folgte den Fahrzeugen der Baustelle zum Camp. Der Himmel ist wieder klar und sauber. Das Bombenwetter ist vorüber für das erste. Von der Front, die ca. 5 oder sechs Kilometer entfernt ist hört man nur vereinzeltes Geschütz und Maschinengewehrfeuer. Von anderen Besuchen ist Berger bereits daran gewöhnt, es beunruhigte ihn in keiner Weise. Auch die anderen nehmen keine Notiz davon. Es war für sie die ständig begleitende Musik, die zu ihrem Arbeitstag gehört. Wenn es tatsächlich rund geht werden sie immer rechtzeitig zum Verschwinden aufgefordert. Dies ist im letzten halben Jahr erst dreimal geschehen, aber immer nur für wenige Stunden erforderlich. Um das Camp herum und im Camp sind einige wenige Einschüsse zu sehen. Aber wie der Bauleiter versicherte, ist bisher noch niemand zu Schaden gekommen. Tag und Nacht sind immer Fahrbereitschaften zur Stelle, die ein Verschwinden aller Leute in kürzester Zeit möglich machen.Wie üblich wurde die Nacht in der Kantine verbracht, wenn es neue Gäste gibt. Zumal Berger auch hier viele Leute von anderen Baustellen her kennt. Sei es aus Nigeria, Mali, Togo, Kamerun, Libyen, Saudi und vielen anderen Ländern. Es war schon seltsam, wie oft man sich immer wieder trifft. Der Straßenfertiger der beschossen und getroffen wurde, konnte von Berger wieder repariert werden. Ersatzteile sind zur Genüge auf der Baustelle. Die nächsten Tage bleibt es sehr ruhig. Kein einziges Flugzeug wird am Himmel gesichtet. Die Einschusslöcher in der Straße werden wieder beseitigt und mit dem reparierten Fertiger wird bereits wieder gearbeitet, so als wenn es das normalste auf der Welt wäre.

Die Militärs kommen oft nachsehen, wie weit sie denn sind. Am vierten Tag, an dem Berger eigentlich wieder zurück wollte, kommt der Bauführer der Strabag mit einem hochrangigem General zu Berger. „ Hallo Ulli, ich wollte eigentlich nicht kommen, aber der General war so aufdringlich, dass er mich nötigte mit zu dir zu kommen. Er weiß von Baghdad das du hier bist und auch kein Angsthase sein sollst. Sie haben ca. 4 Kilometer von hier eine Arbau Betonanlage und da sie wissen das du Spezialist für diese Anlagen bist, bittet er dich, diese zu reparieren. Er zahlt dir 10.000 US$ in cash pro Tag wenn du diese reparierst``. „ Berger sieht die Beiden an. „ Wo ist der Haken an dieser Sache?, Ich fühle es da ist noch etwas, dass ich nicht weiß``. Der Bauführer sieht den General an, dieser nickt. „ Die Anlage steht unter leichtem Beschuss, nicht ständig aber zeitweise. Im Moment ist es dort sehr ruhig, da keine direkte Feindeinsicht besteht". „ Was heißt keine direkte Feindeinsicht, wenn die wollen, könnten die mich dort abschießen", „ Nicht direkt, Scharfschützen halten die Iraner in ihren Löchern, unterstützt von leichter Artillerie". „ Das heißt, die Anlage ist direkt an der Front?", „Ja, das muss man wohl so sagen``. „ Warum wird gerade diese Anlage benötigt?". „ Es ist die einzige, die noch reparabel ist, hoffen wir. Wir benötigen dringend Beton für unsere Unterstände und für Reparaturarbeiten. Dieses Betonwerk ist für uns sehr wichtig, ansonsten würden wir sie nicht fragen. Auch in Baghdad hätten sie dann einige Pluspunkte für ihre weiteren Geschäfte. So wie ich gehört habe, sind sie selbständig hier in unserem Land tätig. Dazu gehört Mut, und deshalb haben wir uns gedacht, dass es sinnvoll ist sie anzusprechen. Berger überlegte nur kurz.

,, OK, wann können wir uns das Betonwerk ansehen?". ,, Wenn sie wollen, sofort, Mr. Berger". ,, OK, dann sofort, dann haben wir es hinter uns gebracht". „Über sein Handfunkgerät ruft der General ein gepanzertes Fahrzeug herbei. Es ist ein geräumiges Fahrzeug, speziell für Infanterie Einsätze. Das erste Mal in seinem Leben kletterte Berger in solch eine Kiste, nachdem er die erforderlichen Werkzeuge eingeladen hat. Berger in einem gepanzerten Militärfahrzeug, auch etwas neues. Der General und zwei Soldaten setzten sich zu ihm. Die Leute draußen drückten ihm die Daumen und wüschen ihm viel Glück. Berger fühlt sich nicht wohl und ärgerte sich darüber das er einen Sprachfehler hat, er kann nicht nein sagen. Er studierte das Fahrzeug und beobachtete dann das Treiben in den Straßen von Basrah durch die engen Sehschlitze des Fahrzeuges. Es ist erstaunlich, wie gleichgültig die Leute diesen Krieg hinnahmen. Es herrschte keine Eile und keine Hektik. Dann verlassen sie die Häuserreihen. Nur noch wenige Häuser säumen die Straße. Das Böllern der Geschütze und das Gewehrfeuer ist jetzt deutlich und klar zu vernehmen. Einige Gewehrkugeln schlagen auf der rechten Seite gegen die Panzerung des Fahrzeuges. Die Soldaten und auch der General verziehen keine Miene. Das scheint hier normal zu sein. So dass Berger sich auch keine weiteren Sorgen macht. Nach dem sie einige zerschossene Fabrikhallen umkurvt haben, kommen sie zur Anlage. Einige Soldaten vermutlich Mechaniker haben sich schon daran gemacht, die groben Reparaturen zu machen. Berger steigt sofort aus und betrachtete die Anlage und die bereits ausgeführten Reparaturen. In der Zwischenzeit laden die Soldaten sein Werkzeug aus. Der General kommt nochmals auf Berger zu. ,, Dieses Fahrzeug ist für sie, sollte etwas geschehen, bitte sofort in das Fahrzeug und nichts wie weg, kein Risiko bitte``.

„ Was denken sie, wann die Anlage wieder laufen kann?" „ Im Handbetrieb, denke ich, ganz bestimmt in zwei Tagen, so wie ich es sehe". „ OK, ich muss weiter", er winkte den einzigen Offizier heran, der außer ihm noch anwesend ist. „ Dies ist Offizier Eng. Mohamed Ismael, er ist hier der leitende Mann. Wenn etwas ist halten sie sich an ihn". Die beiden Männer begrüßten sich mit Handschlag und waren sich auf Anhieb Sympathisch. Der General entfernte sich. Zwischenzeitlich schlagen Einschüsse aus Gewehrfeuer in der Umgebung der Anlage ein, Alles Einzelschüsse, die ca. 20 Meter von ihnen entfernt im Kies einschlagen und etwas Staub aufwirbeln. Das Gefährliche sind die Querschläger die von der Boxen Betonmauer abprallen und durch die Gegend jaulen und irgend woanders noch einmal einschlagen, meistens zum Glück in die andere Richtung". Dort hinten", sagt der Offizier, „dort, wo die Baumreste hervor schauen, verläuft die Stellung der Iraner. Unsere Leute haben sich in der vordersten Front der Fabrikhalle eingegraben. Sie halten die Scharfschützen unten, damit wir in Ruhe hier arbeiten können." Er deutete auf die herum heulenden Querschläger, „ Die kommen von dort drüben, da haben unsere Leute wieder kein freies Schussfeld". „ Gut, dann mach ich mich an die Arbeit. Erst werde ich den Schrapper machen". Es ist ein modernes vollautomatisches Gerät. Berger wunderte sich sehr darüber, dass ein Vollautomat in diese Gegend läuft. Bei dieser Reparatur ist Berger auf dem höchsten Punkt der Anlage und völlig im Freien. Von den Iranern gut einzusehen. Berger zeigte dies dem Offizier. „ OK, Berger, solange du da oben sind decken wir die dort drüben zu``. „ Nur Sekunden später verzehnfachte sich das Gewehrfeuer in Richtung Iran. Berger kann sehen, wie die Kugeln rings um die Stellung der Iraner Staubfahnen hochreißen. Da würde niemand so verrückt sein und den Kopf heraus Stecken.

Die Schießerei wurde von anderen Punkten her verstärkt, aber Ziel dieser waren auch die Infanterie Stellungen der Iraker. Die Einstellung des Schrappers ging zügiger als Berger erwartet hat. Es gab keine Reparaturen, nur Neueinstellungen waren zu tätigen. Als Berger so dort oben steht und sich mit dem Schrapper hin und her dreht hat er schon ein ungutes Gefühl. Er steht dort frei für den Abschuss. Wenn sich irgendwo ein Scharfschütze außerhalb der Stellung befindet ist er geliefert. Aber es scheint nicht so zu sein. Trotzdem hat sich Berger die Eisenklappen des Schrapper so aufgebaut, das sie ihm ein wenig Schutz bieten. Nachdem der Schrapper nach ca. 1 Stunde zu seiner Zufriedenheit arbeitet schaut er sich erst einmal nach einem vernünftigem Schlupfloch um, wenn es doch hart werden sollte. In so einem Schützenpanzer wollte er nicht begraben sein. Auch schlafen wollte er darin nicht. Am sichersten erschien ihm der Winkel in der Dosieranlage. Das Schüttgut, der Kies steht ziemlich fest. In diesem Keil dort wollte er sich niederlassen. Nach draußen hatte er Sicht durch schmale Betonschlitze der aufgesetzten Betonplatten. Nach hinten ist er durch den Kies geschützt. Für oben besorgte er sich eine Abdeckung, so dass er sich im Ernstfall einfach vom Schrapper springen muss. Mit einigen losen Brettern baute er sich eine kleine Hütte in diese freie Spitze. Der Offizier schaute ihm lachend zu, er ahnte wohl, dass dies Bergers Unterstand für den eventuellen Ernstfall werden soll. „ Wissen sie, ich glaube, dass ich immer noch lebe, trotz meiner vielen Extratouren in vielen Teilen der Welt, liegt daran, dass ich immer auf fast Alles vorbereitet bin. Dieser Bunker ist das beste für mich. Der ist speziell dafür gedacht, wenn die Jungs dort drüben die Lust verspüren, uns zu besuchen. Dann springe ich hinein, lege den vorbereiteten Deckel über mich und der Schrapper zieht mich zu. Dann bin ich nicht mehr anwesend.

Habe zu Essen und zu Trinken und kann beobachten, durch die schmalen Betonritzen, was passieren wird". „Aber in unserem Fahrzeug bist du viel sicherer, wir geben Gas und wir sind weg". „wenn sie überhaupt kommen, dann denke ich, dass sie mit Flugzeugen und Granaten das gesamte Umfeld umpflügen, so das euer schöner Schützenpanzer auf der Flucht eine prima Zielscheibe abgibt. In der Zeit sitze ich ruhig hier in meinem Bunker und schlafe mich aus. Kein Mensch wird mich unter diesem Sandhaufen vermuten, geschweige denn finden". „ Genial", sagt der Offizier, hat nur einen Nachteil. Wenn sie tatsächlich kommen, dann sitzt du auch in der Falle und kannst verfaulen in deiner Höhle. Von alleine kommst du nicht mehr heraus". „ Wie ich diesen Krieg kenne, dauert es nur zwei Tage, dann seit ihr wieder zurück. Es geht doch schon seit Jahren so, zwei Schritte vor zwei Schritte zurück, manchmal auch drei Schritte und mehr. Zwei Schritte vor, drei Schritte zurück. Warum sollte es dann eventuell anders sein. Berger machte sich nun wieder an seine Arbeit, diesmal in der geschützten Kabine, um die Steuerung zu reparieren. Die Iraker konnten nun ihre Ballerei wieder zurückschrauben. Es wurde auch sofort wieder etwas ruhiger. Bis zum Abend war Berger ein ganzes Stück weiter gekommen, er ist sich sicher, dass er morgen bis um 16.00 Uhr fertig ist, inklusive Probelauf. Die Nacht verbringt er in seinem Unterstand, er hat eine herrliche Sicht in den Himmel und eine gute geschützte Aussicht in das Feindesland der Iraner. Es war nicht sein Feindesland. Aber wenn sie ihn hier fänden, wäre er sicherlich ihr Feind weil er den Irakern geholfen hat. Er lauschte in die Ferne. Die Schießerei hier in der Umgebung hat abgenommen. Nur gelegentlich jaulte noch ein Querschläger durch die Gegend. In weiter Ferne ist Artillerie Feuer zu hören, und er glaubt das Quietschen von schweren Kettenfahrzeugen zu hören.

Das Geräusch kommt aus ca. 2 Kilometern Entfernung, rechts von hier, es kann von Iranern wie auch von irakischen Panzern herrühren. Der Offizier in seinem geschützten Tank scheint dies nicht zu hören. Berger bekommt jedes Geräusch in der Umgebung mit. Zwischendurch erleuchten einige Leuchtkugeln den Himmel. weiße, rote, grüne. Etwas weiter scheint ein kleines Gefecht in Gang gekommen zu sein. Der Offizier wird über Funk darüber informiert das Panzer ca. 12 Stück in seinem Abschnitt auf der Gegenseite aufgefahren sind. Die würden sicherlich am frühen Morgen einen Durchbruch wagen, um weiter südlich die Angriffe von der Flanke her zu unterstützen. Oder aber auch, die irakischen Truppen einzukesseln. Ob noch mehrere Panzer einer zweiten Welle im Hinterland warten ist nur zu vermuten. Er wird in diesen Abschnitt beordert, um Bericht zu erstatten. Er informierte Berger, dass er für zwei bis drei Stunden in den nächsten Abschnitt muss. Er düst mit dem gepanzerten Fahrzeug davon, das Berger zur Verfügung stehen soll. So ist es immer, wenn er nicht selbst für sich sorgt ist er schon längst verloren. Die Schießerei die vorher nur auf den rechten Abschnitt begrenzt war, springt nun wie eine Kettenreaktion auf den gesamten Frontabschnitt über. Granaten zerreißen nun die nahe Fabrikhalle und bestreichen hauptsächlich den Vorderteil der Halle, wo sich die Iraker eingegraben haben. Überall heult, knallt und zischte es. Dazwischen das rattern der automatischen leichten Waffen. Das sieht nach einer Vorbereitung für einen massiven Angriffs der Iraner aus. Nun stimmen auch die schweren Geschütze der Iraker in das Inferno mit ein. Sie beharkten das Hinterland hinter den Stellungen der Iraner. Berger kann die Einschläge sehen. In dessen Feuer und Blitz kann er auch sehen das sich dort schwere Fahrzeuge zum Angriff bereit gemacht haben.

Einige davon fliegen in die Luft. Die Iraker haben gut Maß genommen. Aber auch die Iraner haben die Stellungen der Iraker nun direkt unter Trommelfeuer genommen. Bald würden sie die Geschütze in seine Richtung richten. Er springt auf und setzte den Schrapper in Gang. Verschließt schnell seine Erdhöhle mit der vorbereiteten Klappe und hörte mit Genugtuung, wie der Schrapper das Loch verfüllte. Der Sand prasselte auf seinen Deckel und hat im Nu alles dicht gemacht. Er fühlte, wie der Kies bereits in die anderen Boxen überläuft und diese mit anfüllt. Keine zehn Minuten später hat eine Granate den Generator getroffen und den Schrapper damit kostspielig zum Stillstand gebracht. Der Blick auf die Stellungen ist Berger nun versperrt, aber er kann über die Hallen sehen. Wie er befürchtet hat wandern nun die Geschosse weiter nach vorne und zerreißen die komplette Halle in tausend kleine Stücke. Die Hängebahn der Betonanlage sauste mit lautem Krachen ins Leere, als die Schiene durch ein Geschoss getrennt wird. Die ganze Anlage zitterte und bebt. Das Zementsilo auf der linken Seite neigte sich nach vorn und fällt mit einem lauten Krachen um. Eine riesige Zementwolke steigt auf und versperrte die Sicht. Er hat Angst, dass seine Betonwände einstürzen werden. Sie haben sich bereits an den Massiven Fundamenten der Silos angelehnt. Er fühlt wie mehrere Granaten in seine Sandbox einschlagen. Er fühlte das Krachen und Beben, das seine Boxen erfasst. Das Granatfeuer entfernte sich mehr in das Hinterland. Nun dringt das Schreien der angreifenden Soldaten durch den frühen Morgen. Vermischt mit dem Geschrei der Verwundeten und der Sterbenden. Es ist ein fürchterlicher Anblick für Berger. Die wenigen Iraker die dem Granatangriff entkommen sind wehren sich verzweifelt gegen die anstürmende Übermacht und werden in kürzester Zeit gründlich überrollt.

Alle Iraker die sich zu retten versuchen werden niedergemetzelt. Mit Maschinepistolen zusammen geschossen niemand bleibt am Leben. Berger hat eine Übersicht wie in einem Kino. Ihm ist es Hunde elend bei diesem Anblick. Er kann nicht helfen, ist zum Zuschauer verurteilt. Vor seinen Augen zerplatzt ein Iraker regelrecht im Kugelhagel der MP. Blut spritzte mit einem dumpfen Knall wie eine Wolke aus dem Mann. Mehr als zwanzig tote Iraker liegen um die Betonanlage verteilt herum, dazwischen kriechen einige schwerverletzte Iraner. Die Iraker haben sich bis zur letzten Patrone gewehrt, sind diesem unerwarteten Ansturm nicht gewachsen. In Scharen strömten nun die iranischen Soldaten an der Anlage vorbei Sanitäter bringen die jammernden Verwundeten weg. Sie haben Berger fast den Nerv getötet. Es ist grauenvoll dies Schmerzensschreie anzuhören. Die noch wimmernden, aber zu sehr verletzten Iraker bekommen ihren Gnadenschuss. Die mit Überlebenschancen werden abtransportiert. Bald ist es ganz still um Berger. Nur ganz selten verlaufen sich am nächsten Tag noch einige iranische Soldaten zur Betonanlage. Sie sind auf dem Durchmarsch an die vorgerückte Front. Nun sitz Berger in der Falle, er befindet sich in der Hand der Iraner. Aber noch haben sie ihn nicht. Noch einige Tage würde er es so aushalten. Nur eines hat er in seiner Höhle vergessen: Er hat keinen Platz, seine Notdurft zu verrichten. Zum Glück war dies Höhle tief genug gebaut, so dass es unter sich begraben konnte. Es sollte auch für einige Zeit reichen. Wenn seine Vorräte am Ende sind würde es auch keine Notdurft mehr geben. Er isst und trinkt sehr sparsam. Er schätzte am zweiten Tag, dass der Vormarsch der Iraner wie immer stecken bleiben wird. Die Schießereien entfernen sich nicht mehr. Er kann sehen, wie schwere Waffen über die alten Stellungen der Iraner hinweg transportiert werden.

Unangenehm wird nun der strenge Verwesungsgestank der Leichen. Durch die schmalen Betonritzen dringt der üble Geruch in Bergers ungewöhnlichen Unterstand. Es wird dadurch immer unerträglicher in seiner Behausung. Ansonsten hätte er es noch lange ausgehalten können. Nun aber muss er daran denken, sich aus diesem Loch zu befreien. Er hat keine andere Wahl, als sich durch die Linien der Iraner durchzuschlagen. Die Iraker schienen mit dem ständigen vor und zurück Schluss machen zu wollen. Sie scheinen nicht mehr zurück zu wollen. Am 5. Tage fasst Berger den Entschluss, den Durchbruch zu versuchen. Es ist in seinem Loch nicht mehr auszuhalten. Der Gestank der Verwesung von mehr als zwanzig Leichen zwingt ihn dazu. Als es dunkel wird, schiebt er vorsichtig mit einer mitgebrachten Brechstange die Klappe an die Seite. Der Sand rieselte sofort in seine Höhle. Langsam öffnete er die Klappe mehr und mehr, soweit, bis er ausreichend Durchschlupf hat. Nach einer Stunde kann er bereits in den Sternenhimmel schauen. Nach einer weiteren halben Stunde kann er aus seinem Versteck heraus klettern. Vorsichtig schaute er sich um, weit und breit kann er niemanden entdecken. Auf dem Bauch rutschte er vorsichtig den Sand der Box herunter, tatsächlich ist auch hier niemand. Trotzdem bewegte er sich äußerst vorsichtig und hält sich möglichst immer in einem Schatten. Um die Anlage herum liegen einige iranische und irakische Stahlhelme. Er stülpte sich einen iranischen auf den Kopf, nachdem er erst einmal kontrolliert hat, ob nicht das Gehirn des Vorbesitzers noch drinnen ist. Es ist ein absolut sauberer Helm. Er nimmt auch noch einen Irakischen Helm mit und hängt sich diesen an den Gürtel. So ist er zumindest von weitem schon einmal ein Iraner. Sein Gesicht und seine hellen Arme beschmierte er sich mit dem ausreichend vorhandenen Schlamm.

Dann wälzte es sich noch einmal gründlich darin. So das er wie ein verlorener Kämpfer aussieht. Nun fehlte ihm noch die dazugehörige Braut des Soldaten, der Karabiner. Er weis nun nicht, was ist ein iranischer oder irakischer Karabiner ist?.Er muss notgedrungen um die Anlage herum gehen um zu sehen welchen Karabiner die Iraker haben, um dann einen anderen zu finden. Er findet sofort einen Karabiner am Ende der Boxen neben einem zerschossenem Iraner.. Er vermutete das dies das dazugehörige Gewehr zu diesen Mann ist. Den Iraker Helm würde er mit Sicherheit auch benötigen, wenn er zur anderen Seite schaffen sollte. Wohl ist es Berger nicht in seiner Haut. Er drehte sich nach allen Seiten um. Der Frontverlauf scheint klar zu sein. Dies erkannte er an den verschiedenen aufblitzenden Mündungsfeuern, nicht mehr als 3 - 5 Kilometer entfernt von seinem Standort. Berger denkt darüber nach was er machen soll. Wenn er so alleine in Richtung Front marschierte würde das schon auffallen. Gleichfalls, wenn er rückwärts marschieren würde. Was tun, wie sollte er sich nun als Iraner verhalten, ohne aufzufallen? Während er nachdenkt und sich vorsichtig in Richtung Front bewegt, findet er eine kleine Fahne mit dem roten Halbmond darauf. Der rote Halbmond ist der Gegenpart zum roten Kreuz in Islamischen Ländern, ist die islamische Hilfsorganisation. Er spannte diese kleine Fahne auf einen Stock und tut so, als würde er versprengte Verwundete suchen. Hier und dort kniete er bei einem Toten nieder die hier überall herum liegen. So das jeder der ihn beobachtet glauben muss er wäre ein eifriger Engel des Halbmonds. So arbeitete er sich langsam auf die Front zu. Zeitweise bleibt er lange in seiner Deckung liegen um alles zu erkunden. Wie soll er nur über die Stellung der Iraner hinweg kommen?.

Er schaut auf seine Uhr, es ist 17.00 Uhr. Es ist noch keine Sekunde später, als ohrenbetäubendes Krachen wie mit einem Donnerschlag die Erde erzittern lässt. Vor sich sieht Berger ein Inferno der Vernichtung. Die Iraker schlagen zurück, mit solcher geballten Macht das man glauben kann die Welt geht unter. Jetzt kommt überall in seine Umgebung Leben. Hier und dort stecken die iranischen Soldaten ihre Köpfe aus den Löchern. Sie hatten diesen Gegenangriff erwartend aber nicht mit solcher Wucht. Die weit verteilt vor ihm angeordneten iranischen Soldaten kommen wie eine Sturmwelle in stürmischer Flucht auf Ihn zu gerannt. Nun schießen auch die Geschütze der Iraner zurück. Es wirkt mehr wie ein Aufstand der Zwerge gegen einen Koloss. Die iranischen Soldaten müssen dies mit ansehen, es macht Ihnen wenig Mut zu bleiben. Der Feuerwalze der Iraker die auf sie zurollt versuchen Sie zu entkommen in einer wilden ungeordneten Flucht. Sie haben dem Irakischen Angriff nichts Gleichwertiges entgegen zu setzen. Die Feuerwalze raste nun auf Berger zu. Er entdeckte einen halbwegs intakten alten Unterstand der Iraker und verschanzte sich darin. Wenige Sekunden später ist es soweit, die Feuerwalze dröhnt über ihn hinweg. Er drückte sich flach auf die Erde. Der Teufel scheint die Erde mit einem feurigen Spaten umzugraben. Balken brechen und rutschten herab. Erdreich rutscht nach. Berger ist in seiner Ecke verschüttet, Granat Splitter knallten in die Hölzer. Bergers Kopf scheint zu platzen, er stemmt sich verzweifelt gegen die Hölzer um die letzten zu halten. Wenn diese brechen ist er verloren, wird er verschüttet. Die gesamte Erde scheint angesteckt von diesem erbarmungslosen Beben. Er ist sich sicher das seine Familie dies Beben in Deutschland hören muss. Wie sehr verfluchte er wieder einmal seinen immer wieder unersättlichen Tatendrang, immer wieder Dinge zu tun, die sein Verstand eigentlich ablehnte.

Wieder einmal sitzt er metertief in der Scheiße. Das Beben entfernte sich langsam ist über ihn hinweggerollt, dafür hört er die verzweifelten Rufe und Schreie der zurück strömenden Iraner, die Schutz in seinem Bunker suchen. Dann die heranstürmenden Iraker, die alles niedermachen mit Ihren Bajonetten was sie noch vorfinden. Vor Berger hätten sie sicher auch nicht halt gemacht in Ihrem Rausch zu töten, in Ihrem Siegesrausch hätten sie nicht einmal gemerkt das Berger ein unbeteiligter in Ihrem Krieg ist. Berger kann hautnahe miterleben, wie die Iraner in seinem Loch, keinen Meter von ihm entfernt mit dem Bajonet niedergemacht werden. Eine Handgranate beendete alles. Das Gebälk um Berger drehte und bewegte sich und stürzte durch die Druckwelle zusammen. Berger ist darin eingeklemmt. Das Holz hat ihn aber gleichzeitig vor den Splittern geschützt. Viel später, als Berger die Schießerei in weiter Entfernung hört versuchte er sich frei zu kämpfen. Von einem vorbei eilendem irakischen Sanitätstrupp wird er dann befreit und gefangen genommen. Sie wussten nicht recht, was sie dazu sagen sollten, einen deutschen Zivilisten unter diesen Umständen zu finden. Zwei Mann bringen ihn zurück, da wo er hinwollte, auf irakisches Gebiet. Er wurde dort mehrfach verhört, dann die Strabag angerufen, um sich alles bestätigen zu lassen. Dann kommt der General herbeigefahren der ihm zum Betonwerk gefahren hat. Dieser schließt ihn erfreut in seine Arme, als er Berger sieht. Er ist echt sehr erleichtert, Berger lebend vor sich zu sehen. Er sieht aber auch in welchem abgekämpften Zustand Berger ist. Er schnappte ihn unter den Arm und führte ihn in die gut funktionierende Offizierskantine. Dort gibt es sofort einen heißen Kaffe und eine ordentliche Portion zu essen. Danach geht es Berger wesentlich besser. Er bekommt noch einen Scheck über 20,000 US$ überreicht, dieser bringt Berger wieder vollends auf die Beine.

„ Wenn ich jemals einen besonderen Einsatz habe werde ich dich ausleihen Berger. Wie du da heraus gekommen bist, war schon eine Klasseleistung. Deine Kaltblütigkeit war enorm". „ Das war weniger meine Kaltblütigkeit, sondern mehr der Selbsterhaltungstrieb, und dieser ist bei mir scheinbar besonders ausgeprägt. Ich habe noch keine Lust, abzunippeln. Meine Familie braucht mich noch". „ Er überprüfte noch die restlichen Maschinen der Baustelle und machte sich zwei Tage später mit Mostafa auf die Heimreise nach Mosul. Mostafa ist ebenfalls glücklich als er Berger sieht.

Der Baustellenalltag hatte Berger schnell wieder eingeholt. Die Container mit den Maschinenteilen sind zwischenzeitlich angekommen und werden bereits von seinen Leuten verbaut. Der neue Maschinenführer ist ebenfalls angekommen. Ein großer, vollgefressener Kerl aus dem Sauerland. Ein Sympathischer Bursche, noch sympathischer wäre er gewesen, wenn er viel weniger geredet hätte. Seinen Reden nach gab es Welt weit keinen besseren Anlagenführer als ihn. Berger und Otto kennen sich bereits aus Nigeria. So ist es oft, da werden neue Leute angemeldet, dann sind es hinterher doch alte Bekannte. Schnell hat Berger raus, warum Otto so gern und viel erzählte. Der Alkohol, den er ständig zu sich nimmt, macht seine Zunge leicht. Diese scheint ihm manchmal davon zu fliegen. Er versteht es anfangs geschickt, den Alkoholkonsum zu vertuschen. Aber an seinen Augen sieht Berger das er trinkt, ständig trinkt. Aber da hier im Camp sowieso sehr viel getrunken wird, man kann schon sagen gesoffen wird, wird dies auch von der Bauleitung lockerer gesehen. Berger sieht es bei seinen Leuten, wenn die nicht mal einen saufen können, was haben sie dann schon in diesem großen Knast außer der Arbeit..

Eines Tages ist es dann soweit das Otto, wieder einen zuviel getrunken hat. Er sitzt mit Berger in der Steuerzentrale der Asphaltanlage. Er soll diese Anlage später übernehmen. Berger Merkt schnell, das seine Kenntnisse nur oberflächlich sind. „ Na, Otto, dann wollen wir mal die Technik gemeinsam durchgehen, ich denke das du die Anlage einfahren sollst. Wie du gesagt hast, hast du ja schon einige solcher Anlagen geführt". Berger bemerkte schon, wie respektvoll Otto die Steuerung der Anlage betrachtete". „ Ja, Ulli, wenn du mich noch einmal kurz einweisen kannst, es ist schon einige Jahre her, als ich solch eine Anlage gefahren habe". „ Komm", sagt Ulli, „hier ist der Starkstrom Teil der Anlage. Ich habe dir jeden Motor-schutzschalter und jede Sicherung beschriftet, du kannst mit einem Blick sehen, wenn etwas stehen bleibt, was wo zu gehört. Nun löse ich alle Sicherungen für alle Motore und schalte alle Schutzschalter aus. Wir simulieren gleich den Lauf der Anlage. Da aber an der Anlage noch gearbeitet wird, dürfen wir sie nicht wirklich laufen lassen. Ich will mit dir lediglich die elektrischen Abläufe durchgehen``. Otto stampft schwankend hinter Berger her, er scheint nicht ganz begriffen zu haben. „So, Junge, nun starte die Anlage, draußen kann nun nichts mehr passieren. „Otto, der Alleskönner, steht lange bewegungslos vor dem gewaltigen Schaltpult. Der zukünftige Anlagenführer hat keine Ahnung, wie das gehen soll. Hilflos wie ein Kind schaut er zu Ulli. „ OK, mein Freund, du scheinst die Funktionen tatsächlich vergessen zu haben. Pass auf, zuerst schalten wir nun alle Bänder ein, so das wir sicher sind, dass unser Material auch transportier wird``. „Dann die Trommel und so weiter". Eine Lampe nach der anderen auf dem Schaltpult springt an und zeigte an, dass der entsprechende Maschinenteil läuft.

Das Kontrollpult an dem sie nun stehen, ist ca. 5 Meter lang und 1.2 Meter breit. Es sieht nun schon reichlich bunt darauf aus, überall blinkt es. „ Otto setzte sich wie an ein Bär langsam und behäbig auf seinen Stuhl. Ulli ist klar, dass Otto Heute nichts mehr begreifen wird. Er merkte auch das er hier jemanden hat der völlig überfordert mit dieser Anlage ist. Jetzt versteht Berger auch den Frust dieses Mannes auf die Baustelle und auf den Irak. Hier ist Otto einfach der falsche Mann am falschen Platz. Er hat das schon lange bemerkt. Solange er draußen einige Anweisungen geben konnte, die sich auf die groben Arbeiten konzentrierten, war es gut. Aber hier in der Schaltzentrale, da ist er hilflos. Seine Übergrosse Klappe, mit der er nur seine Probleme verdeckt hat, nützte Otto hier nichts mehr. Er muss Farbe bekennen, tut dies auf eine Art und Weise, wie es für Berger neu ist. Dicke Tränen sieht Berger über das Gesicht dieses Riesen laufen. „ Ulli," sagte er, ich habe schon so lange nicht mehr solch eine Anlage gefahren, du musst mich hier langsam einarbeiten". Berger vermeidet es, Otto anzusehen. „ Otto, du hast noch nie solch eine Anlage bedient, stimmt das?". „ Ja, es stimmt, ich habe noch nie solch eine Anlage bedient. " „ Himmelarsch und Zwirn, wie konntest du dich dann für diesen Job bewerben. Wie ist es dir gelungen, den Job zu bekommen?". „ Nach dem ich aus Nigeria zurück gekommen bin war ich nun schon über ein Jahr arbeitslos, es gab keinen Job für mich". Nun bricht es aus Otto heraus, „ Ulli, ich bin Sinti, ich bin Zigeuner, mich will keiner haben, da habe ich mich wieder bei Hochtief vorgestellt und habe angegeben wie ein Weltmeister. Ich habe zwar in Nigeria so eine Anlage geleitet, aber nicht selbst gefahren. Mit meiner Klappe und Bildern hatte ich die Leute in Essen schnell in der Tasche. Ich brauchte das Geld, die Zahlungen für unser Haus duldeten keinen Aufschub``.

Otto heult hemmungslos und beginnt nun sein Lied zu singen, wie schwer er es als Sinti hat. „ Halt, mein Lieber, nun ist es gut, was ich nicht brauche, ist dein Gejammer darüber, wie schwer du es als Sinti in Deutschland hast. Die Zeit der Verfolgung ist vorbei und ich habe nichts gegen einen Sinti oder sonst einen Mitbürger. Für mich bist du Deutscher wie ich. Wer will dir ansehen das du Sinti bist, ich kann es nicht sehen, andere können es nicht sehen. Verkriech dich jetzt nicht dahinter. Du hast mit deiner Anstellungsannahme ganz einfach Scheiße gebaut, zugegeben aus einer gewissen Not heraus. Um da heraus zu kommen, hilft kein Saufen und kein Jammern". „ Aber wir Zigeuner". „ Halt die Klappe mit deinem Gejammer das du Zigeuner bist. Sei stolz auf das was du bist und sei ein aufrechter Zigeuner und beweise jetzt, dass du es wert bist Zigeuner zu sein. Jeder ist das Wert, was er selbst aus sich macht dies ist nicht an eine Zugehörigkeit an eine Volksgruppe geknüpft. Auf dieser Baustelle habe ich es plötzlich mit allen Problemen der Welt zu tun, wie kann das nur angehen. Berger schlägt sich mit der flachen Hand klatschend vor die Stirn. Palästinenser die von der Ahr arbeiten hier mit Ihm. Zigeuner aus dem Sauerland, Kurden aus Hannover, Israelis aus Berlin und Südtiroler aus Linz. Wenn die alle so verfahren und denken wie du, können wir alle nach Hause fliegen. Dann wird aus dieser schönen Stauseebaustelle nur der Löschteich von Entenhausen. Ein 6 Milliarden teures Loch". Otto schaute Berger verlegen grinsend an. „ Los hau ab und leg dich in deine Koje, Heute Abend komme ich zu dir, dann besprechen wir wie es weiter gehen soll". Otto verschwindet schwankend aus dem Steuerraum. Mit Mühe kommt er durch den schmalen Eingang des Containers. Berger sieht sich inzwischen die Steuerung der Zuschlagstoffdosierung an.

Diese ist älteren Semesters und diese Einstellung der Dosierung entzieht sich auch den Kenntnissen von Ulli. Hier kommt es auf die Abgleichung von bestimmten Ohmschen Werten an, ähnlich wie bei der Betonanlage in Kirkuk. Nur das es hier wesentlich umfangreicher ist und keiner die Abgleichdaten kennt. Diese sind immer das Geheimnis der Hersteller. Um ja ihre eigenen Monteure senden zu können. Er hatte diese Daten noch keinem Monteur entlocken können. Hier muss er auf den bestellten Monteur von WIBAU warten. Dies hat er gleich vertraglich so geregelt, dass zur Feinabstimmung ein Monteur des Herstellers kommen muss. Diese Aufgabe ist schriftlich fixiert und ist Aufgabe des Ingenieurs seines Auftraggebers. Vermutlich des gleichen Mannes, die den falschen Mann eingestellt hat. Vermutlich einer der gleichen Männer, die fast die falsche Anlage gekauft hätten, wenn Berger nicht so zäh bei der Verhandlung darauf bestanden hätte das die Anlage nicht die Eigenschaften hat, die sie für diese Baustelle benötigen. Die diese Ingenieure angeblich an der besichtigten Anlage gesehen haben. Berger raufte sich in diesem Kaufmeeting seine wenigen Haare. Man wollte Ihm dem Verkäufer nicht glauben, das sie die Experten von Hochtief die falsche Anlage gekauft haben. Der Chefingenieur der die Verhandlungen leitete, bei denen es auch um Preis und Montage ging schien seinen Leuten mehr Glauben zu schenken als Berger. Erst die Fotos die Berger zufällig von der Anlage dabei hat, beweisen Bergers Worte. Das Problem war nun das Berger wie auch Hochtief die Anlage vertraglich gekauft haben. Dieses Problem versprach Berger zu lösen und Hochtief versprach, die Kosten zu übernehmen wenn er dies hinbekommt. Am nächsten Tag fahren sie Berger und die Hochtief Manager wieder nach Frankreich, um die andere Anlage an zuschauen, die unmittelbar neben der ersten bereits gekauften liegt.

Es gelingt Berger, den Kauf zu drehen. Die Franzosen konnten nicht glauben das es so etwas in Deutschland gibt. Sie lachen als Berger ihnen die Story erzählte. ,, Wir haben immer geglaubt, ihr Deutschen wärt unfehlbar wenn es um technische Dinge geht``. ,, Aber auch bei uns gibt es eine Menge Arschlöcher und Trickser und angebliche Fachleute, OK du kannst die andere Anlage bekommen``. Die Kaufverträge wurden geändert und alles nahm seinen Gang. Berger demontierte und verlädt die Anlage in Frankreich. Da wiederum spielte ihm die Transportabteilung von Hochtief einen bösen Streich. Dreimal fuhren sie von Wolfenbüttel nach Frankreich ohne verladen zu können. Die Transportabteilung hatte vergessen, die Trucks zu bestellen. Beim vierten mal sollte auf Binnenschiffe verladen werden. Es wurde nicht berücksichtigt das dies nicht bis in den Verladehafen fahren konnten. Die Anlagenteile mussten nun über 50 Kilometer per LKW zum Schiff transportiert werden. Dazu gehörten aber wieder Krane zum Be und Entladen und über 30 LKW, s. Wieder nach Hause und wieder zurück. Berger es war am verzweifeln. Die Kosten für diesen Zirkus waren enorm hoch. Beim siebten Anlauf gelang es nun endlich die Anlage aufs Schiff zu bringen. Der Transport und die Verladung schleppte sich auch über viele Tage. Weil die Krane vergessen wurden, weil die Überbreiten nicht angemeldet waren. Aber Ende gut alles gut. Dies nur erwähnt, weil die Anstellung von Otto in dieses Muster von Hochtief einer Weltfirma passte und auch das, was noch folgen sollte. Es fing wieder an mit der Meldung, dass alles auf der Baustelle ist wie vertraglich vereinbart da ist. Es wurde verschwiegen das drei wichtige Container noch fehlen. Berger war schon clever genug sich per Fax und Telex bestätigen zu lassen. Das alle Maschinenteile auf der Baustelle sind. Dies wurde Ihnen schriftlich bestätigt.

Ansonsten ohne klare Anweisung, wäre er nicht mit seinen Leuten zur Baustelle geflogen. Nun sind sie mit dem eigentlichen Aufbau schon lange fertig, es fehlen die Motore zum Probelauf. Diese sind bereits seit vielen Wochen neu bestellt worden. Diese sind zwar von Berger schön für die Baustelle aufgelistet, aber wie sich später herausstellte, niemals bestellt worden. Entweder, um die Versicherungssumme der Baustellenkasse zu zuführen. Das hielt Berger eigentlich nicht für möglich. Bis er mehr als überrascht später sieht wie die Werkstatt der Baustelle die kaputten Motore den Absturz in die Tiefe nicht überlebt haben zusammen flickt. Kein einziger Motor oder Getriebe ist mehr im Originalzustand, die Anschlüsse, die Flansche, die Kupplungen, alles muss bei mehr als 18 Motoren geändert werden. Dies kostete Zeit und Zeit ist im Ausland teuer und die Umarbeitungen sind mit großem Aufwand verbunden. Kein Maschinenanschluss passt mehr. Berger handelte hier, wie eigentlich immer, uneigennützig und baute alles zusammen, um die Anlage in Betrieb nehmen zu können. Er hätte mit seinen Leuten abreisen müssen und die Baustelle mit ihrem Pfusch allein lassen müssen. Aber das hat er nie gemacht, auch hier nicht, er musste da durch. Die Stunden und nachträgliche Bauzeit hält er gesondert fest, um diese nach berechnen zu können. Per Telex informierte er die Zentrale in Essen davon und forderte nun den vertraglich festgelegten Elektromonteur des Herstellers an um an die Daten der Einstellung zu kommen. Dies wurde wieder eine Wartephase. Die Anlage ist nun fertig montiert, aber der Monteur kommt nicht. Berger kann seine Leute nach Hause schicken und bleibt selbst noch dort. Er versuchte selbst mit Hilfe des dortigen Elektroingenieurs, die Einstellung hinzubekommen, aber es war ohne die Kenntnisse über die Abgleichs Ohmwerte unmöglich.

132

Berger bleibt in der Wartezeit nicht untätig, sondern überholte die gesamte Steuerung. Dann wird der Monteur angemeldet, vier Tage später steht er dann vor Berger. Erfreut darüber, dass er nun bald nach Hause kann begrüßte er den Monteur. Die Freude ist aber schnell verflogen, als der Monteur ihm eröffnet, dass er von der Elektrik keine Ahnung hat. Der Monteur prüfte noch die mechanische Seite, lobte Berger für seine Änderungen mit den Motoren und ist nach zwei Stunden Baustelle wieder verschwunden. Dies war einer der kostspieligsten Ausflüge eines Monteurs, entweder, weil der Auftraggeber nicht richtig geordert hat, oder der Hersteller den falschen Mann schickte. Wütend beschwerte sich Berger bei der Zentrale in Essen. Wieder ist Warten angesagt. Dies alles ist natürlich gut für Otto, nach dem Gespräch mit Berger hat sich sein Alkoholkonsum verringert. Er ist am gleichen Abend noch in die Unterkunft von Otto gegangen. Der schlief in seinem Rausch so fest, dass Berger Mühe hatte, ihn zu wecken. Aber er musste ihn wecken, um klare Ansagen zu bekommen. Er wirft Otto aus dem Bett und geht zwischenzeitlich selbst zum Duschen. ,, Mach dich landfein, Dicker ich lade dich Heute Abend zum Essen ein. ,, Viel länger hätte er es auch in dieser Bude nicht ausgehalten. Es ist ein Gestank nach Alkohol, alten Socken und Bierschiss in der Bude, dass einem die Haare zu Berge stehen konnten. Ein Wunder, dass er Otto überhaupt wach bekommen hat. ,, Wenn du schon Dachau überstanden hast, brauchst du dich nun nicht selbst vergasen``. Als Antwort hörte Berger nur ein Grunzen. Eine Stunde später sitzen Beide gestriegelt und geschniegelt in der Kantine. In der es, um es auch zu erwähnen, hervorragendes Essen gibt. Ein Lob den vielen Köchen. Salate, Obst, Fleisch, alles ist im Überfluss vorhanden.

Nicht so, wie normales, bekanntes Kantinenessen, nein, fast so wie bei Muttern zu Hause. Nach dem Essen stellt Otto Berger seine Familie und seinen Familienbesitz im Sauerland per Bild Band vor. Dann erklärte er Berger, dass er Zuckerkrank sei und sich vorsehen müsse. Das war dann gleich der richtige Aufhänger für Bergers freundschaftliche Rede. „Das ist ja toll, mein Freund, du bist Zuckerkrank und säufst jeden Tag bis zum Umfallen. Wenn du umfällst, brauchen wir einen Kran, um dich wieder auf die Beine zu stellen. Das stellen wir ab heute ein, ich helfe dir. Du bist für mich nun der wichtigste Mann, nicht nur für die Baustelle. Wenn die Anlage nicht richtig läuft, habe ich gleichfalls Probleme. Eigentlich müsste ich aus eigenem Interesse heraus dich nach Hause schicken lassen. So wie ich den Laden hier inzwischen kennen gelernt habe, weiß ich nicht, ob etwas Besseres oder schlechteres hier ankommt. Bis dahin bin ich auch sicherlich weg. Mit was für Anlagen hast du bisher gearbeitet, nur damit ich ein Bild von deinen Kenntnissen habe". „ In der Hauptsache habe ich mit Kiesaufbereitungsanlagen gearbeitet, Brechern, Siebanlagen, Förderanlagen". „ Das ist doch schon was, dann hast du von verschiedenen Anlagenteilen, bzw. Kiesdosierung, Absiebanlage schon mal Ahnung. Wie ich es sehe bin ich noch die nächsten 14 Tage hier, in dieser Zeit werde ich dich anlernen. Dann fahren wir die Anlage zusammen ein. Ich denke, dass du es schaffen kannst``. „ Otto dankte Berger überschwänglich. Sie wechselten das Thema, als der Kaufmann und der Lagerverwalter sich zu ihnen setzten. Der Kaufmann machte ihn gleich an". „ Hör zu du trübe Tasse, hast so ein tolles Weib in Mosul und hängst hier mit dem Dicken rum. An deiner Stelle würde ich gleich von der Baustelle aus dorthin fahren. Von uns traut sich schon niemand mehr ins Labor, die Tante hat immer schlechte Laune".

„ Der Lagerverwalter setzte noch einen drauf, Wir sind schon am überlegen, ob wir nicht aushelfen sollen, wir können das leidende Gesicht nicht mehr sehen. „ Es stimmte, durch seine Arbeit war Marem etwas ins Abseits geraten. Nach seiner Rückkehr hat er sie erst einmal kurz gesehen. Das waren bereits 14 Tage, erst jetzt wurde ihm seine Unterlassungssünde bewusst. Der Kaufmann sieht sein betroffenes Gesicht.. „ Du brauchst sie nicht im Labor besuchen, sie ist seit gestern krank-geschrieben. Ich habe mir gedacht Liebes krank, was anderes kann es nicht sein". Berger schaute auf seine Uhr.„ Jetzt brauchst du nicht mehr losfahren, aber hier, er zieht einen Umschlag aus der Tasche und reichte ihn Berger. „ Eine Aufmerksamkeit von uns, von mir und Helmuth. Wir haben dir einige Visa besorgt, morgen ist bereits das erste zur Benutzung. Bei deinem Schlag beim Militär war es nicht schwer, gleich mehrere zu bekommen. Die haben nur auf den Namen geschaut und gestempelt, ohne zu fragen". „ Nun erzähle uns deine Storys von Kirkuk und Basrah. Wir haben alle vorher gewarnt, wenn der Ulli kommt, passiert sicher etwas, wenn es auch bei uns 10 Jahre ruhig war. Wir warten noch darauf, was uns hier passieren wird, wenn du noch länger bleibst". Ulli sieht sich die Visa an, das ist gleich ein ganzer Satz, alle für zwei Tage Ausgang``. „ Ihr denkt wohl, ich kann bei Marem übernachten, daraus wird mit Sicherheit nichts. Vielleicht, dann stehen aber die Brüder mit der Schusswaffe vor ihrer Tür." Berger überlegte, ob er bei Ihr anrufen soll. Aber er verwirft die Idee, es ist besser, Morgen überraschend selbst zu erscheinen und Abbitte für seine Nachlässigkeit zu tun. Jetzt werden die ersten Biere aufgefahren und einige Schnäpse dazu. Der gute Schladerer Himbeergeist. Dieser erinnerte Berger immer an seinen Freund in Wolfenbüttel.

Dort haben sie schon manchmal zum deftigen Frühstück eine Flasche geleert. Heute hat Berger auch Appetit auf einige Schnäpse. Nach einer Stunde sind sie so richtig in Form und Berger kann mit seinen Storys aus Kirkuk und Basrah beginnen. Es ist fast wie ein Hörspiel im Radio, ringsherum die Tische sind besetzt, alles lauschte den Erzählungen von Berger. Es geht mit jedem Obstler und Bier flüssiger über die Zunge. Otto hat zur Überraschung aller jeden Schnaps abgelehnt, mit dem Hinweis das er Zuckerkrank sei. Man hielt das für einen Scherz. „Sonst hast du doch gesoffen wie ein Loch". „Aus und vorbei, antwortete Otto, es ist nur noch Bier angesagt, keine harten Drogen mehr". Dabei hatten die anderen nur gesehen, was er öffentlich getrunken hat, in seiner Unterkunft ging es dann meistens erst richtig weiter. Es ist bereits drei Uhr in der Nacht, als sich die Gesellschaft aus der Kantine aufmacht. Alle schön beschwipst, sie haben alle den Abend genossen. Der Nüchternste in dieser Nacht ist sonderbarerweise Otto. Er bietet sich an alle nach der Reihe nach Hause zu fahren. Das heißt natürlich in Eure Unterkunft. Gegen drei Uhr morgens fängt es an, empfindlich frisch zu werden. Sie sind alle mit kurzärmligen Hemden bekleidet. Aber die Wege sind nicht weit, was soll es frische Luft ist immer gut. Der Bauleiter konnte dann morgen Früh gleich sehen, wessen Wagen wieder vor der Kantine stehen bleiben musste. Es sei denn, sie waren wie Berger noch früher unterwegs. Er wusste, dass er trotz seines angetrunkenen oder auch betrunkenen Zustandes spätestens um 7 Uhr wieder bei der Arbeit ist. Ohne Wecker, ohne von jemanden geweckt zu werden. Am nächsten Tag beginnt Ulli mit der gründlichen Unterweisung von Otto in die technischen Abläufe der Anlage. Dieser stellt sich dabei sehr geschickt an. Die Anlage arbeitet sehr gut im halbautomatischen Betrieb.

Die Baustelle ist glücklich darüber das sie den ersten Asphalt bekommt. Am frühen Nachmittag dann verabschiedete sich Ulli und machte sich auf den Weg nach Mosul, um Marem zu besuchen. Er kaufte einen dicken Blumenstrauß und einen kleinen Teddy. Einer der Brüder machte ihm auf. Er wurde herzlich begrüßt und zur Kranken geführt. Wenn sie allein gewesen wären, hätte sie ihm sicher die Augen ausgekratzt, nun ist es aber nicht möglich. Die beiden schwarzen Diamanten in ihrem Gesicht funkeln ihn so wütend an, dass er glaubte, sie würde es doch tun. Er hält Ihr den großen Blumenstrauß hin und drückt Ihr den Teddy in die Hand. So sind wenigstens ihre Hände beschäftigt. Der Bruder verschwindet kurz, so hatte Ulli wenigstens die Gelegenheit sich für sein Verhalten zu entschuldigen. Sie nickte verstehend, aber ihre Augen sprechen noch immer eine andere Sprache. Sie setzte sich im Bett zurecht, ordnete ihre Haare. „ Was fehlt dir denn?", fragt Berger mitfühlend?" . „ Du, sagt sie wütend``, du bist ein schlimmer Kerl. Da macht man sich tagelang größte Sorgen. Wir haben sogar alle geglaubt, du bist tot. Dann kommst du doch putzmunter wieder und lässt dich nicht einmal bei mir sehen!". „ Das stimmt aber nicht, ich war am gleichen Tag bei dir, um mich zurück zu melden". „ Ja, du hast mir von weitem zugerufen, dass du wieder zurück bist, kein bisschen mehr". „ Ja, ich wollte wieder kommen, und da lief alles bei der Arbeit durcheinander, dass musste ich erst einmal klären und auf Reihe bringen. „ Nun stehe ich hier, habe Ausgang bis morgen um vier und vier neue Visa in der Tasche. Das heißt, wir können alles Versäumte nachholen``. „ Aber wieso habt ihr geglaubt, ich sei tot, ich war nur eine Woche über die geplante Zeit weg. Doch kein Grund, um mich für tot zu halten". „ Deswegen doch bestimmt nicht, aber in den Militär-Nachrichten stand drinnen das in Basrah ein Deutscher ums Leben gekommen ist in einem Frontabschnitt bei der letzten Offensive der Iraner.

Mein Onkel hat sofort gesagt". Das ist der verrückte Ulli, wer geht sonst in einen Frontabschnitt. Er hat nachgefragt, und nach vielen Fragen hat er dann erfahren das du es tatsächlich warst". „Du wärst in einem Panzerwagen umgekommen, der einen Volltreffer bekommen hat``. Nun versteht Berger die Reaktion. Die haben geglaubt er war in dem Panzerwagen, konnten sich aber selbst nicht davon überzeugen da es inzwischen Feindesland war. „ Das tut mir leid, mein Mädchen, aber ich war zu meinem Glück nicht in dem Panzerwagen, ich habe dem Ding nicht getraut. Du siehst, ich hat Recht der Karre zu mistrauen. Ohne meinen selbstgebauten Bunker hätte ich mit Sicherheit auch nicht überlebt". Berger muss nun auch Marem die ganze Story erzählen. Der Bruder von Marem ist immer noch nicht zurückgekehrt. Das ist eigentlich seltsam, normal wurden sie nie so lange alleingelassen. Haben die Brüder bemerkt, wie sich Marem Sorgen um Ulli machte und wollten sie Beide nun allein lassen?. Aber sicher sind sie nicht weit weg. Marem hat Ulli's Hand fest in ihrer eingeschlossen und drückte sie kräftig. Tränen stehen in ihren Augen, sie sprudelten nun heraus. Berger beugte sich über ihr Gesicht und küsste die Tränen sorgfältig weg. Damit rechnend dass ihm einer der Brüder einen Stuhl auf dem Rücken zertrümmern würde. Die Tränen, die Marems Augen wie Sterne in der Nacht erscheinen lassen, versiegen so schnell, wie sie gekommen sind. Sie zieht Ulli ganz ohne Rücksicht darauf ob ihre Brüder herein kommen würden oder nicht an sich heran. Sie zittern Beide vor innerer Anspannung. Eine elektrische Welle nach der anderen überträgt sich von einem Körper auf den anderen. Alles versinkt um sie herum in einer riesigen Wolke von Liebe und Liebesgefühlen.

Das energische klopfen am Fenster lässt Beide zusammenfahren. Berger sieht zum Fenster hin, zum Glück konnte derjenige nicht einsehen. Berger ordnete seine Kleider und geht zum Fenster. Was er dort sieht, als er das Fenster öffnet, verschlägt ihm den Atem. Zwei Pferde, so schön wie er sie noch niemals wahrgenommen hat. Zwei braune, glänzende, temperamentvolle Pferde. Für Bergers Begriff viel zu groß, Sie erschrecken ihn beinahe so groß sind Sie. Jetzt weis Ulli, warum die Brüder so lange fortgeblieben sind, sie haben die Pferde gesattelt. „ Da staunst du, was, das war unsere Anschaffung in der Zeit, als du dich mit den Kurden und Iranern herum geschlagen hast!". Inzwischen ist auch Marem ans Fenster gekommen. „ Ulli," sagte sie, „ das sind unsere Pferde, aber ich konnte nicht glücklich damit sein, weil die Sache mit dir passiert ist. Los, lass uns ausreiten, die Jungs haben schon für uns gesattelt". Berger wird aschfahl im Gesicht, auf dieses Ungetüme soll ich steigen?, die sind ja doppelt so groß wie meine Pferde in Kairo. Dort ist er öfter zum Reiten gegangen, weil die Pferde im Gegensatz zu Deutschland schön handlich und klein sind. Man fällt nicht so tief. „ Was ist," sagt Marem, „ willst du nicht oder kannst du nicht, du kannst doch reiten?". „Natürlich ich kann etwas reiten, aber doch nicht auf solchen Riesen Pferden". „ Pferd ist Pferd, ob groß oder klein, jela habibi". „ Mit einem Aufschrei stürzt sie sich in ihre Reitsachen. Berger bekommt die Reitstiefel des jüngeren Bruders, die passen wie angegossen. Der ältere hält die Pferde am Zaumzeug, während Berger sich quälte, auf das Pferd zu kommen. Vom Boden her ist es Ihm unmöglich, den Fuß in den Steigbügel zu bekommen. Der Gaul ist zu hoch für Berger, zum zweiten tänzelte dieser Gaul aufgeregt umher. Es scheint zu fühlen, dass nun ein miserabler Reiter versucht auf seinen Rücken zu kommen.

Marem sitzt längst im Sattel als Berger immer noch mit dem Steigbügel kämpft. Es fehlen mindestens zehn Zentimeter, er braucht einen Stuhl oder einen Hocker oder eine kleine Treppe. Das Pferd wiehert schon ärgerlich, es will endlich los und sich bewegen. „Nim den gleichen Hocker, den ich auch genommen habe, ohne geht es wirklich nicht``. „ Sie lachen ihn aus. Aber sie sehen auch, dass Berger etwas von Pferden versteht. Der Versuch aufzusitzen war schon ganz ordentlich. „ Pferde sind keine Kamele". sagt Marem lachend, sie können nicht in die Knie gehen". „ Mit dem Hocker klappte es wirklich hervorragend. Berger ist erstaunt, dass er mit einem Schwung in den Sattel kommt. Aber vom Steigbügel aus ist die Höhe die gleiche wie bei den kleinen Pferden. Aber man muss erst einmal mit dem Fuß im Steigbügel sein. Das Pferd unter ihm wird noch unruhiger, es will sich aus dem lästigem Griff des Zaumzeuges befreien. Marem ist bereits zum Tor hinaus geritten. „ Wie heißt der braune?" fragte Ulli. „ Amir, pass auf, der hat einige Eigenarten". „ Was für Eigenarten?" fragte Berger erschrocken. „ Du wirst es schon merken". sagte Ahmed lachend. Damit lässt er das Zaumzeug unverhofft los und gibt dem Pferd einen leichten Klaps. Dies wiehert dankend und steigt vorne hoch, so das Ulli gleich aus dem einen Steigbügel, in dem er noch nicht richtig steht, mit dem Fuß wieder heraus rutscht. Bei seinem Rettungsversuch lässt er die Zügel locker der Hengst veranstaltete gleich eine Rodeo Runde mit Berger. Berger kann sich nur mit Mühe halten, bekommt die Zügel mit einer Hand wieder zu fassen und bremst den verrückten Gaul wieder ein. Es ist nur Glück, dass er nicht vom Gaul gefallen ist. Er angelte nun nach seinem rechten Steigbügel. Ahmed ist ihm dabei behilflich. „ Ich glaube, den müssen wir etwas kürzer schnallen", sagte Berger. Marem ist wieder etwas heran geritten.

„ Du bist ja ein ausgezeichneter Reiter, wie du dich auf dem Pferd gehalten hast, war schon gut". Berger sagt nicht das es nur Glücksache war. Er fühlte sich so hoch oben auf dem Ross überhaupt nicht wohl. Da sind Ihm die kleinen Pferde in Kairo angenehmer. Vor allen Dingen reitet er dort nur in der Wüste, wenn er mal fällt, dann auch noch weich. Aber er ist tatsächlich erst einmal vom Pferd gefallen. Sein Pferde Keeper gab ihm einmal ein ganz verrücktes power Pferd, ein sehr temperamentvolles Pferd. Dies testete seinen Reiter bereits auf den ersten 30 Metern. Es startet mit power, bremst ein, beugte den Hals, und legte Ulli im freien Flug einer heranreitenden Touristengruppe unter die Kamele. Das war eine Lehrstunde vom Pferd an den Reiter, das war allen, die diesen Bilderbuchsturz sahen klar. Das Pferd blieb stehen, schüttelte den Kopf und schaute Berger grinsend an. Berger sprang elegant auf, verbiss sich den Schmerz und marschierte auf das Pferd zu. Dies stupste ihm in die Seite, so, als wenn es sagen wollte, na war das nicht ein schöner frei Flug?. Die Touristen lachten und auch sein Stallmeister. Die Touristen fragten Berger mitleidig ob er sich weh getan hat. „ Nein sagt Berger, ich steige immer so ab". Mit schmerzenden Knochen kletterte er wieder aufs Pferd. Nach dieser Vorstellung schien das Pferd mit sich und seinem Reiter zufrieden zu sein. Es wurde der schönste Ausritt, den Berger bisher in der Wüste gehabt hatte. Das Pferd passte sich regelrecht dem Reiter an. Es hatte eine Gangart, die leicht und gleichmäßig war. Zu allen anderen Pferden, die er zuvor hatte, war es der Unterschied, um einen Vergleich aus der Automobilwelt zu benutzen, wie wenn man von einem Pick up auf einen 600er Mercedes umsteigt. Berger passte bei diesem Pferd nun auch höllisch darauf auf, dass es keine Gelegenheit hatte, ihn wieder rein zulegen. Er steht aufmerksam beim Galopp in den Steigbügeln und hielt die Zügel kurz genug, um ein Absenken zu verhindern. Das Pferd scheint auch kein Interesse an einem weiteren Abwurf zu haben.

141

Es schien mit seinem Reiter sehr zufrieden zu sein. Sie wuchsen zu einer Einheit zusammen. Wobei dies nicht Ullis Reitkunst, sondern ausschließlich dem Anpassungsvermögen des Pferdes zuzuschreiben war. Es merkte sofort, wenn Ulli unsicher im Sattel wurde, es glich sofort mit anderer Gangart aus. Es machte es Ulli leicht, bald ganz sicher im Sattel zu sitzen. Er kam sich bald im Sattel dieses Pferdes wie ein Profi vor. Viele, die ihn später in der Wüste reiten sahen, sagten ihm hinterher, dass es Spaß gemacht hätte ihnen zuzusehen. Sie hielten ihn für einen großen Reiter. Leider war er nur ein Anfänger, der zufällig auf ein ausgezeichnetes Pferd gestoßen ist. Vielleicht musste auch das Pferd von seiner Natur her mit dem Reiter zusammen passen. So wie es auch bei Hunden der Fall ist, Mensch und Tier müssen zusammen passen, um eine dauernde gute Beziehung zu haben. Aber so ist es auch eigentlich auch unter den Menschen; die zwischenmenschliche Beziehung ist das Wichtigste im Zusammenleben. Dieses Pferd hatte Berger mehr vom Reiten beigebracht als sein Stallmeister es je konnte. Nun versuchte Berger, das Erlernte auf seinen Braunen zu übertragen. Er hatte bald heraus, dass dieser Hengst trotz seiner Größe und Kraft viel sensibler auf alles reagierte als die kleinen Pferde in Kairo. Marem ist bereits weit voraus, Berger will erst einmal heraus finden, wie dieses Ungetüm am leichtesten zu lenken ist. Wie es auf die Bremse und Gas reagiert. Er stellte fest, dass dieses Pferd auf leichtesten Druck reagiert, bereits auf Andeutungen das tut, was der Reiter möchte. Sogar auf Zuruf reagierte. Er weis nun, dass er einen 600er Mercedes unter sich hat. Er fühlt das dieses Pferd zu seinem Kollegen aufschließen will und lässt Ihm freien Lauf. Es hat einen Spurt, der Berger überrascht, aber es ist trotzdem so weich und gleichmäßig das er keine Probleme im Sattel hat.

Berger reitet aber völlig anders als Marem. Sie reitet den
englischen Stil, aber Berger ist der typische Westernreiter, er
mag dies hüpfen auf dem Pferd nicht und kann sich nicht daran
gewöhnen. Er sitzt auf dem Pferd wie angewachsen und geht
jede Bewegung trotzdem mit dem Pferderücken mit. Da sie sich
bereits außerhalb der Häuser befinden, lässt auch Marem ihrem
Pferd freien Lauf, es ist ein tolles Gefühl, so dahinzufliegen. Er
fühlt sich wie der Marlboro Cowboy, er kann dies hohe Tempo
nur stehend in den Steigbügeln durchhalten. Langsam schließt
sein Pferd zu Marem auf, sie sitzt hervorragend im Sattel, wie
angegossen. Berger hingegen liebt es, wenn er Tempo reitet, in
den Steigbügeln leicht nach vorn gebeugt zu stehen. Er fühlte
sich so einfach sicherer und besser. Ihm gelingt es auch nicht so,
die Bewegungen des Pferdes auffangend zu wippen wie Marem
auch bei hohem Tempo sicher im Sattel sitzen zu bleiben. Dies
konnte sein Stallmeister auch ausgezeichnet: Im wildesten
Galopp sitzt dieser mit einer Gleichmäßigkeit im Sattel die
Berger immer wieder erstaunte. Berger muss diese Kunst erst
erlernen, er zieht es vor, im Galopp in den Bügeln zu stehen,
leicht schwebend, mit seinem Hintern über dem Sattel. Es sieht
zwar für Außenstehende gut aus und machte es Berger leichter.
Aber lieber hätte er die Kunst beherrscht, fest im Sattel zu sitzen
auch bei hohem Tempo. Aber noch ist kein Meister vom
Himmel gefallen. Langsam bremste er sein Pferd mit leichtem
Anziehen der Zügel ein, er will ein abruptes abbremsen
verhindern, er war noch nicht ein so rasanter Reiter, um sich
dies erlauben zu können. Es war sicherlich auch für das Pferd so
besser. ,, He, was ist los Cowboy". ruft Marem, ,, jetzt geht es
erst los!". ,, Warte einen Moment," ruft Berger," ich habe ein
Problem." Er stoppt vor der nahen Buschreihe und springt
elegant aus dem Sattel, ohne natürlich die Zügel los zu lassen.

Er bindet die Zügel am Busch an und reibt sich das linke Bein. „ Was ist," fragte Marem sorgenvoll und gleitet ihrerseits aus dem Sattel und bindet Ihr Pferd gleichfalls fest. Sie kommt zu Berger herüber. Dieser hat sich im hohen Gras niedergelegt und hielt sich noch immer sein Bein. „Was ist los, was ist mit deinem Bein?". Sie bückte sich sorgenvoll über ihn. Mit einem Griff hat er sie gepackt und zu sich herunter gezogen. „Das ist los!" Er reißt sie stürmisch an sich und suchte ihren Mund, um sie zu küssen. Da sie inzwischen das Gleiche will, geht dies ziemlich schnell. Sie rollen sich übermütig im Gras umher. Mal liegen sie unter den Beinen des Hengstes, mal halb im Busch. Der Hengst sieht mit großen Augen auf sie herunter, was hat er nur für einen komischen Reiter, schien er zu denken. Ich brauche ihn gar nicht abwerfen, der rollt sich von allein auf der Erde herum. Er schüttelte den Kopf und zupfte weiter das saftige leckere grüne Gras heraus und zermahlte es seelenruhig zwischen seinen breiten Zähnen. Er ist mit seiner Umwelt genauso zufrieden wie sein Reiter. Dieser zerzaust gerade die herrlichen langen Haare von Marem die auf ihm liegt. Die Haare bedeckten sein Gesicht und liegen wie ein Vorhang einer Bühne um die beiden lachenden, glücklichen Gesichtern. „ Was ist, wenn jemand kommt?". „ Was soll sein, unsere Pferde sind die besten Wächter". „ Ulli," sagt sie mit erhobenem Finger, dass gibt es heute nicht". sie lacht schelmisch dabei. „ Was ist," fragte Ulli, er ist sich nicht bewusst, etwas getan zu haben, das so eine Ansage rechtfertigte. „ Tu nicht so unschuldig, ich meine das und sie drückte ihren Bauch auf das steif gewordene Glied von Ulli, das sie durch die Hose spüren kann. „ Ihr seid doch komisch, ihr Weiber, wird das Ding nicht steif, sagt ihr wir lieben euch nicht, wird es steif dann ist es auch nicht richtig. Es wird steif, weil ich dich liebe, mein Schatz.

Das heißt nicht, das ich dich nun bumsen muss``. ,, Sie lacht, ,,
Bumsen, was ist das. Das Wort habe ich noch nie gehört". Sie
lacht gurrend und singt albern, er muss nicht bumsen, er muss
nicht bumsen". ,, In Arabisch hörte sich das melodischer und
viel besser an. Nur ,, bumsen" blieb in ihrem Lied auch
"bumsen". Ulli gibt ihr einen Klaps auf den strammen Po, "du
alberne Gans, bumsen ist einfach ein schöneres Wort als F". Er
spricht es nicht aus es wäre sinnlos gewesen, sie würde auch
dieses Wort nicht verstehen. ,, Möchtest du genau erklärt haben,
was bumsen ist?". ,, Ja bitte, Liebling, erkläre es mir. Wenn du
es nicht in arabisch übersetzen kannst, dann musst du mir es
anders erklären. Dauert das länger, Liebling?". fragte Sie".
,,Kommt darauf an, wie gut du meine Erklärungen verstehen
kannst." ,, Gut, dann helfe mir die Decke unser Essen und die
Getränke von meinem Pferd zu holen. ,, Ulli staunt, er hat nicht
mit bekommen, dass Marem eine komplette Picknick
Ausrüstung mitgebracht hat. Sie breiteten die Decke aus und
lassen sich darauf nieder. Zuvor hat sich Berger nochmals in der
Umgebung umgesehen. Weit und breit ist kein menschliches
Wesen zu sehen. In ganz weiter Ferne rattert ein uralter
Mähdrescher durch ein Weizenfeld. Das war alles was sich bis
zum Horizont in alle Richtungen bewegt. Berger zieht seine und
Marems Reitstiefel aus, dann auch Marems Reithose. Sie
protestierte der Form halber. Berger überhörte alle Proteste. ,,
Ich kann dir nicht das Wort bumsen erklären wenn du deine
Hose anhast". ,, Ein komisches Wort, zu dessen Erklärung man
eine Hose braucht". ,, Das eben nicht, mein Mädchen, wir
brauchen keine Hose". ,, Aber warum ziehst du mir diese aus
und nun deine auch noch?". ,, Sie hält gespielt erschrocken ihre
Hand vor den Mund.

Berger legt in Seelenruhe die beiden Hosen ordentlich ans untere Ende der Decke, dann kniete er sich zu ihr hinunter, nimmt ihren Kopf in den Arm und küsste sie so leicht und zärtlich, wie er nur kann. Dann küsste er ihr gesamtes Gesicht, vorsichtig und ganz sanft geht zum Nacken und hinters Ohr. Seine Hände kraulen in den Haaren. Sie biegt sich wie eine Schlange hin und her. Sie versuchte, sich ihm zu entziehen, aber gleichzeitig zieht sie sich wieder heran. Er gleitet nun mit seinem Mund über den Hals und bewegte sich auf die bereits freigelegten Brüste zu. Mit einer Hand blieb er hinter ihren Ohren und kraulte diese gleichmäßig. Als er bei den bereits steifen Brustspitzen ankommt tastete sich seine andere Hand vorsichtig, mit ihrem kleinen Nabel spielend, unter ihren Schlüpfer Gummi hindurch zum Schambereich vor. Vorsichtig bleibt er mit dieser Hand kraulend im ersten Haaransatz stehen, er wollte sie nicht verschrecken, sondern es vorsichtig mit viel Liebe und Umsicht angehen. Mit einem Finger, ganz vorsichtig, öffnete er ihre Schamlippen. Er fühlte, wie ihr Körper sich aufbäumte und wehrte. Er ließ wieder nach, sie drückte nun mit ihrem Unterkörper nach, sie forderte nun von ihm. Er legte die ganze Hand auf die Scham und öffnete diese vorsichtig mit den Fingern, bis er den kleinen erotischen Punkt fand, auf dem eigentlich der Kitzler war. Er kannte diesen kleinen Punkt bereits und wusste, dass sie trotz des gekürzten Organes noch starke Empfindungen hat. Er glaubte nicht, dass diese Empfindungen gespielt sind. Für Berger war dieser Punkt ein fehlendes Organ. Es ist eine Gefühlswelt für sich selbst. Aber trotzdem reagierte Marem, wesentlich auf diesen Punkt. Er brachte es mit seinen Fingern und seiner Zunge fertig, dass Marem zweimal zum Höhepunkt kommt. Dann gleitet er auf sie und versuchte sein Glied ganz vorsichtig einzuführen. Immer wenn er merkte, dass Manal Schmerzen hat stoppte er seinen Versuch.

Aber er fühlte, dass sie es will das er in sie eindringt. Das er ihr die Unschuld, die sie offensichtlich noch hat nehmen soll. „Du," sagte sie, „du sollst es tun, sonst keiner, bitte tu es jetzt." Berger wurde heftiger, er war stark erregt, es war das erste mal in seinem Leben, dass er einem Mädchen die Unschuld nimmt. Für ihn hat dies nie irgendwelchen Wert gehabt oder eine Bedeutung. Auch jetzt fühlte er sich gewissermaßen unwohl dabei. Wiederum ist er auch total verrückt darauf, in sie einzudringen. Sie treibt ihn an endlich zum Ziel zu kommen. Dann geschieht es, Marem dreht sich zur Seite, es ist geschafft. Unsinnigerweise bricht Marem nun in Tränen aus und bejammerte ihre verlorene Unschuld. Einen Akt, den sie selber gewollt und herbei gesehnt hat. Berger nimmt sie tröstend in den Arm. Genauso schnell war sie aber über Ihren Verlust hinweg. „ Ulli," sagte sie, „bei all den Sachen, die wir gemacht haben, hast du mir nicht erklärt, was bumsen ist". „ Das war bumsen wir Beide haben gerade gebumst. Das ist die Erklärung für dieses Wort". Berger steht auf und holte nun ihre Hosen und die Picknicksachen. Die Pferde grasen in aller Friedlichkeit neben ihnen. Sie rollen sich so nahe wie möglich zusammen essen und sehen sich dabei schweigend in die Augen. Froh, wegen des Kauvorganges nicht sprechen zu müssen. Danach baut Berger Marem mit frechen Sprüchen wieder auf, „ Wer zuerst dort drüben auf dem Hügel ist." Sie rollen schnell die Decke zusammen und versuchten auf ihre Pferde zu kommen. Diese blieben nun zwar ruhig stehen, aber es gelingt Ihnen Beiden nicht alleine auf ihren Rücken zu kommen. Berger hilft nun erst Marem in den Sattel, dann suchte er sich in der Umgebung einen Stein, um selbst aufzusteigen. „ Ich weiß nicht, wenn ich wieder zu Hause bin, muss ich mir mal einen Cowboy-Film ansehen, damit ich weiß wie die ohne Hilfsmittel in den Sattel kommen".

Nach einem kleinen leichten Trab ruft Marem ,, los" und schießt auch schon davon. Ulli kann es sich leisten, es langsam angehen zu lassen. Er hatte schon gemerkt, wie viel Kraft in seinem Hengst steckt. Als sie ca. 20 Schritte vor ihm ist gibt er seinem Hengst die Zügel frei, diesmal ist er auf den gewaltigen Antritt gefasst. Der Hengst musst in verschiedenen Rennen gelaufen sein. Er konnte es nicht vertragen wenn ein Pferd vor ihm war. Er fliegt einfach dahin, und sie haben Marem bereits 100 Meter vor dem Ziel überholt. Sie sitzt auf ihrem Pferd und versuchte es mit wilden Zurufen anzutreiben. Berger ereichte ca. 15 Meter vor ihr den einzelnen Baum und stoppt sein Pferd. Sie galoppierte an ihm vorbei und raste zum nächsten Baum, wirft die Arme hoch als sie ihn erreicht hat und jubelte. ,, Geschlagen Berger, geschlagen, ich bin der Sieger". .. Berger reitet lachend zu ihr. ,, Wenn dies der Zielbaum war, dann bist du tatsächlich der Sieger". Er nimmt ihr die Freude nicht, sich als Sieger zu fühlen. Gemütlich reiten sie nun weiter durch die Gegend, mit unterbrechenden kleineren Galopps. Es wurde ein wunderschöner Tag für Beide. Die seichte Berglandschaft um Mosul erinnerte Berger immer wieder an die Schwäbische Alb. Die Hügel die nur unterbrochen werden von felsigen Hängen und verschiedenen schroffen Berghängen und vielen kleinen Höhlen. Berger tut langsam der Hintern weh; er bittet Marem um eine kurze Rast. Diese ist aber wie verrückt und will per du nicht rasten. ,, Das nächste Mal pack dir ein Kissen unter den Hintern, es geht weiter, wir müssen zu Hause sein, bevor es dunkel ist". Berger verkneift sich den Schmerz und galoppiert brav hinter ihr her, auch wenn es Amir nicht so gern mag. Aber neben ihr reiten ging auch nicht, sofort versuchte Amir den anderen Hengst zu beißen. Das ist eine seiner angedeuteten Macken. Er duldete andere Pferde weder vor sich noch sieht er sie gern in seiner unmittelbaren Nähe.

Seine nächste Macke sollte er bald bemerken. Das durchdringende Geschrei eines Esels, der noch sehr weit entfernt ist, versetzte Amir dermaßen in Unruhe, das Berger sich vornimmt auf der Hut zu sein. Ein leichtes Beben geht durch den Hengst, seine Ohren drehten sich wie Radarschirme. Berger fühlte, dass der Hengst unter Hochspannung steht, ausgelöst durch den Eselsschrei. Berger bemerkte den Blick, mit dem Marem den Hengst betrachtete. Sie wartete regelrecht auf eine Reaktion. Berger, der nun Bescheid weis, blieb ruhig und gelassen. Die Zügel zog er leicht an und hält sie so kurz wie möglich, aber ganz lässig und leicht mit einer Hand. Aber er ist bereit, jeden Augenblick auf eine verrückte Reaktion des Hengstes zu reagieren. Marem hält unterdessen direkt auf die nun sichtbar vor ihnen ziehende Eselskolonne zu. Berger bemerkte die innere Unruhe des Hengstes und wirkt beruhigend auf ihn ein. „ Du alter Trottel, das sind doch nur kleine Esel, die können doch so einem Pracht Hengst, wie du einer bist, nichts tun. Erzähl mir warum du so nervös bist. Schau, ich bin überhaupt nicht nervös. Eigentlich müsste ich derjenige sein, der nervös ist. Ich kann nicht reiten und sitze auf so einem herrlichen Tier. Ich weiß nicht, was mit dir los ist, aber schau, habe ich Angst?, Nein, habe ich nicht". Berger klopfte ihm beruhigend auf den Hals. Vorsichtig, dabei darauf bedacht, die Zügelhaltung nicht zu verändern, den Amir reagierte auf die leiseste Bewegung. Marem sieht zu den Beiden herüber, sie fühlte, wie die Beiden innerlich miteinander ringen. Wer würde Sieger bleiben? Die Eselsherde ist nun fast vorbei. Berger bemerkte das enttäuschte Gesicht von Marem. Er reitet nachdem die Esel endgültig vorbei sind wieder näher zu Marem heran. Ihr Hengst weicht angstvoll vor Amir zurück.

,, Du wolltest mich wohl Heute zu gern im Dreck liegen sehen, du kleine Teufelin". ,, Wie kommst du auf solchen Unsinn Berger?". ,, Ganz einfach, durch den Eselsschrei und die Reaktion von Amir wusste ich sofort über seine zweite Macke Bescheid``. ,, Denn, als du vollkommen ohne Grund vom Weg abgewichen bist, nur um den Weg der Eselkolonne zu kreuzen, da habe ich das Spiel ganz durchschaut und konnte dem entgegenwirken". Mein Pferd in Kairo hat eine ähnliche Eselsmacke". ,, Schade," sagte Marem, ,, ich hätte zu gern gesehen, wie du dich verhalten hättest. Einen Sturz vom Pferd hätte ich schon hingenommen. Aber leider ist es kein Spaß für mich geworden". ,, Aha, mir soll es so gehen wie diesem Tier, wie heißt es doch, ,, Gottesanbeterin?".. ich weiß es im Moment nicht, das muss auch nach dem Geschlechtsverkehr sterben". ,, Natürlich, das ist hier im Irak auch so, nach dem Bumsen werden die Männer umgelegt, hast du das nicht gewusst?", fragt Marem lachend. ,, Das hast du nun von deinem Bumsen". sie lacht laut auf und lässt wieder die Zügel frei. Berger folgt ihr in einer verrückten Jagd über Stock und Stein. Nie hätte er geglaubt, dass er so eine Jagd im Sattel überstehen würde. Es ist für ihn wie ein Wunder, dass er ohne Sturz diese Verfolgungsjagd überlebte. Auf einer Bergkuppe hält Marem an. Berger folgte ihr immer etwas auf Umwegen, sonst wäre die Jagd sehr schnell zu Ende gewesen. Sein Pferd ist wesentlich schneller als das von Marem. Marem springt vom Pferd und breitete bereits wieder die Decke aus. Das ist das untrügliche Zeichen für eine Rast. Berger suchte einen schönen grasbedeckten Flecken aus und bindet sein Pferd dort an einen dicken Stein. Dann holte er Manals Pferd und macht in einem gebührenden Abstand das gleiche.

Berger betrachtete die Pferde und wunderte sich, dass trotz des ausgedehnten Galopps keine Schweißspuren zu erkennen sind. Es ist nicht notwendig, die Pferde abzureiben. Marem betrachtete ihn von der Decke her sehr aufmerksam. „Du bist ein Pferdenarr, nicht wahr?". „ Nein, das kann man nicht von mir sagen. Ich bin zu Hause immer Pferden aus dem Weg gegangen, habe diese aber samt ihren Reitern immer bewundert. Mir waren diese Tiere immer zu groß, ich hatte immer einen gewissen Respekt vor ihrer Größe. Zum zweiten ist der Pferdesport in Deutschland sehr teuer und er kostet viel Zeit und Geld. Du brauchst in Deutschland dein eigenes Pferd, brauchst Stall und Verpflegung. Das sind ca. 1000 bis 2000 DM im Monat. Und für ein Pferd so wie Amir bezahlst du deine 30.000.- DM." Sie ist über diese Kosten erstaunt. "Was, so teuer ist das bei euch?' "Zum dritten", sagte Berger, „habe ich keine Zeit, wie du siehst bin ich mehr unterwegs als zu Hause. Was soll ich dann mit einem Pferd?". Marem rollte sich zu Berger herüber und nimmt ihn in den Arm. „ Komm, mein kleiner Teddy, so wie ein Teddy sitzt du immer auf dem Pferd". Berger nimmt sie in den Arm und drückte sie an sich. Sie liegen lange auf der Decke, halten sich im Arm und starren in den Himmel zu den schnell dahin ziehenden Wolken. Marem unterbricht als erstes die Stille, „ Weißt du, warum ich meine Unschuld geopfert habe?". „Weil du mich liebst, Marem, es war für mich nicht leicht, das zu tun, du musst wissen ich habe das noch nie getan.". „ Wieso, du bist doch verheiratet, wie willst du das nicht getan haben, wenn du verheiratet bist?". „Aus dem gleichen Grund konnte ich es auch nicht tun. In Europa hebt sich keine Frau mehr für ihren Mann auf diese Zeiten sind vorbei und ich halte dies auch für richtiger. Dieses gezettere um die Unschuld macht nur viele Menschen unglücklich".

„Ulli," sagte sie nun in vollen Ernstes, „ Ulli, ich will ein Kind von dir, jetzt. Ich will, dass du mich jetzt nimmst und ein Kind mit mir zeugst". Ulli ist wie vor den Kopf geschlagen. „ Marem". sagt er, „ bist du dir darüber im klaren was du da gesagt hast?". „ Ja, das bin ich, ich weiß, was ich will. Ich habe mich dazu entschlossen an dem Tage, als ich die Mitteilung erhalten habe, du bist im Panzerwagen umgekommen. Wir haben uns getrennt und ich hätte dich niemals wiedergesehen, alles wäre ausgelöscht und ohne jede Erinnerung. Ich war mit dir gestorben, du kannst es mir glauben. Ich habe mich wahnsinnig darüber geärgert, dass ich kein Kind mit dir gezeugt habe." Sie zieht sich bereits die Hose aus und legte sich auf die kuschelige Decke. Ulli steht da wie erschlagen, zieht ebenfalls seine Hose aus und legte sich neben Marem. Er versuchte ihr diesen Unsinn auszureden. „ Mädchen, überleg, was du willst, wenn du mir sagst das du mich heiratest. Ich tu es, ich werde Moslem und kann dich heiraten. Aber so, nein Marem bedenke, was mit dir passiert. Deine Familie wird dich umbringen, du wirst eine Ausgestoßene sein. Ein Baby vor der Ehe ist an sich schon schlimm genug. Aber dann noch von einem Fremden, von einem Christen, nein Mädchen, das ist zweimal dein Todesurteil, du zerstörst dich und deine Familie",. „ Hör auf zu reden", sagt Marem, sie zieht ihn zu sich heran, „ komm mein Liebling, tu es jetzt sofort". Sie greift nach seinem Glied und stellte enttäuscht fest, dass es noch nicht bereit ist. Mit wenigen Griffen ist ihr dies gelungen und sie führte den Wiederstrebenden ein. „ Bitte Ulli, mach mich glücklich, mach mir ein Kind". .. Das erste Mal in seinem Leben führte Ulli wiederstrebend Geschlechtsverkehr aus. Er beschließt

Marem zu täuschen und eine Eruption vorzutäuschen. Sie ist noch unerfahren und würde es nicht bemerken. Er fängt an diesen Zustand zu genießen. Er schläft sehr lange und ausgiebig mit ihr. Da er die Eruption geschickt verhindert hat ist er an einem Punkt angelangt, an dem er diese nicht so schnell befürchten braucht. Er liebte Marem so ausgiebig wie niemals wieder. Sie sagte nur immer wieder, ..los tu es, ich will ein Kind". Berger wusste nicht ob es eine Stunde oder zwei Stunden waren Marem ist heute unersättlich. Dann merkt er, dass sie es nicht mehr aushalten kann und sich gehen lässt, er ist noch nicht so weit und täuscht die Eruption vor und Marem bemerkte es nicht. Sie versinkt in einen kurzen Schlaf, fünfzehn Minuten oder 20 Minuten. Er hat sie und sich in dieser Zeit wieder angezogen ohne, dass sie einmal die Augen aufgemacht hat. Sie erwacht und küsste Berger, in dem Glauben, dass sie nun ein gemeinsames Kind bekommen würden. Vollkommen aufgelöst und glücklich reitet sie nach Hause. Berger reitet nachdenklich neben ihr her. Er verstand sie nicht, sie war anders als sonst. Sie war sonst die überlegene, nüchterne gewesen. Sollte seine Todesnachricht sie so durcheinander gebracht haben, dass sie tatsächlich ein Kind von ihm wollte? Es konnte nur so sein, das sie im Moment durch die Umstände ihre Kontrolle verloren hat. Sie schien aber sehr glücklich zu sein, ihre Augen leuchteten vor Glück. Zu Hause bei ihr würde man dies sofort bemerken. Sie bemerkten es nicht wie es mit dem Glück anderer oft ist. Gewisse Dinge bemerken nur Liebende am Partner. Nicht einmal die Mütter bemerken dies oft obwohl diese sehr viel bemerken aber oft nicht richtig deuten können. Wenn sie auch immer sagen, wir kennen unsere Tochter genau. Nein, die meisten kennen ihre Tochter oder ihren Sohn nicht genau, sie wissen oft nicht, was für Kämpfe in ihrem Inneren toben.

Sie ahnen es oft nicht einmal. Gerade dann wenn eine Mutter glaubt, ihre Tochter erzählt ihr immer alles. Sicherlich auch meistens nur das, was sie wissen muss und wissen darf. Berger hatte oft festgestellt, dass eine Tochter die viel erzählt viel zu verbergen hat. Das Hoftor ist bereits für die ankommenden geöffnet worden. Man hatte schon das Pferdegetrappel gehört. Sie sattelten ab und führten die Pferde an die Tränke und in den Stall um sie ordentlich zu striegeln. Als sie dann wieder versammelt im Wohnzimmer sitzen gibt Ahmed bekannt, dass seine Familie, insbesondere der Onkel General, den Wunsch haben eine Familienfeier zu organisieren einmal für seine Beförderung und zum zweiten für Bergers zweiten überstandenen militärischen Zivilisten Einsatz für den Irak. Der dortiger Kommandant General Hassan Mustafa ist bereits in Mosul um mit ihnen zu feiern. Ahmed machte diese Ankündigung wirklich feierlich. „ Mein Kommandant?" fragte Berger lachend, „bin ich schon Mitglied der Irakischen Armee?". „ Für uns schon, nach drei, wenn auch unfreiwilligen Einsätzen gehört man dazu". „Wo soll die Feier stattfinden?" fragte Berger. „ Es wird dich überraschen, wir feiern im Camp, oben auf der Anhöhe haben wir bereits Tische reserviert, wir haben auch die Genehmigung der Bauleitung eingeholt. Wir werden sogar von einem Bus der Baustelle abgeholt und wieder hierher gebracht." "Das ist ja fantastisch Ahmed, wann soll es los gehen?". „Das Essen ist für 21.00 Uhr Bestellt". Berger schaut auf seine Uhr. „ Wenn ich jetzt losfahre, kann ich noch in Ruhe duschen und mich umziehen". Als er Marems Blick sieht, spürt er, dass ihr das nicht gefällt". Du bleibst hier und fährst genau eine halbe Stunde vor unserem Bus weg, dann hast du noch genügend Zeit, um dich schön zu machen". Der Bruder schaute verdutzt bei diesen energischen Worten seiner Schwester zu Berger. Berger spielte es herunter und sagte lachend,

„ Ich glaube, ich habe einen neuen Kommandanten. Der Irak nimmt mich langsam total in Beschlag". Berger lenkte das Thema nun geschickt auf die Pferde, nachdem er Ahmeds nachdenklichen Blick sieht ". Ahmed, wo hast du Amir gekauft, es ist doch kein normales Pferd?". „ Da hast du recht, Ulli, Amir ist schon Rennen gelaufen und hat auch einige gewonnen. Dann, aus heiterem Himmel heraus kriegte er seine Macken. Die schlimmste die mit Eseln, wenn er Esel sieht, dreht er durch. Keiner weiß woher auf einmal sein Abscheu vor Eseln kommt. Ein Eselwiehern auf der Rennbahn und aus ist es, es hat nicht lange gedauert, bis seine Gegner dies herausgefunden hatten. Von da an war er nicht mehr für Rennen verwendbar; ich habe ihn für umgerechnet 2.000 US$ gekauft Den anderen habe ich für ca, 1.500 US$ gekauft." "Du hast einen sehr guten Kauf gemacht. Es sind zwei sehr gute Pferde. Mir selbst ist Amir viel lieber als der andere, trotz seiner Macken". ..Mir geht es auch so, Amir lässt sich wundervoll reiten". Sie fachsimpelten solange dahin bis Marem wieder auf der Bildfläche erscheint. Es verschlägt Berger den Atem, so herausgeputzt hat sie sich. „ Sag mal, ist das eine einfache Familienfeier oder eine Hochzeitsfeier?" Berger hatte schon Bedenken, dass die Familie etwas eingefädelt hat. Draußen am Tor wurde laut gepocht, Ahmed machte sich auf den Weg, um zu öffnen. „ Sage Marem ist das wirklich nur eine normale Feier?". „ Ja, mein Lieber eine ganz normale Familienfeier; aber wir haben so wenig Gelegenheit uns herauszuputzen das wir dies auch bei solchen Gelegenheiten tun". Die Beiden Herren Generäle kommen herein und unterbrechen das Gespräch. Sie begrüßen sich herzlich, General Hassan Mustafa drückte ihn besonders an sich und küsste ihn gleich mehrfach links und rechts auf die Wange.

„ Du bist der erste Deutsche der unter meinem Kommando gestanden hat, dazu noch ein Zivilist. Ich habe eine Menge Bilder von deinem selbst gebauten Versteck gemacht". Er reichte Berger welche zu seiner Erinnerung. Berger reichte eins an Marem weiter, „siehst du, ich habe erst nachgedacht und dann gearbeitet, deshalb bin ich nicht tot sondern noch ganz munter hier". Der Bus der Baustelle rollte ebenfalls mit lautem Hupkonzert in den Hof. Es fehlen noch Marems Eltern und verschiedene Familienmitglieder aus Mosul. Es sind insgesamt vierzig Leute geladen, es können aber auch mehr werden. „ Ich muss jetzt wirklich ins Camp fahren, ich muss mich noch herrichten", sagt Ulli". „Wir kommen schon mit dir mit, nicht wahr General Mohamed Salim?". „ Warum nicht," sagt dieser", dann können wir es uns schon mal in der Kantine bequem machen, bis der Herr Ingenieur fertig ist". „ Dann komme ich auch schon mit". ruft Marem, „ich bin auch schon fertig. Ahmed kann den Rest der Sippe einsammeln und nachkommen". „ Haut ab," sagte dieser nur kurz, „ ich muss sowieso noch ewig auf meine Freundin warten. Wie immer bei solchen Anlässen. Auch die anderen werden sich verspäten. Es ist gut, wenn dann schon jemand vor Ort ist". 1 Stunde später, um Punkt 8 Uhr sitzen die vier in der Baustellen Kantine. Marem hat genehmigt das die Männer Bier trinken durften. Unter der Bedingung, dass sie selbst etwas davon abbekommt. Die Männer und Marem stoßen an, Marem trinkt das Bier aber nur stark gemixt mit seven up Die Kantine ist zu diesem Zeitpunkt ziemlich voll, alles drängt zur Essensausgabe. Otto kommt herein und setzte sich einfach mit an den Tisch zu den Vieren. Er war tatsächlich nüchtern und begrüßte jeden der Anwesenden artig mit einem freundschaftlichen Kopfnicken und stellte sich als Maschinenmeister von Trapp vor.

Sie möchten ihn doch entschuldigen, aber er hätte noch einige wichtige Sachen mit Berger zu besprechen. Es wurde ihm erlaubt, und Berger war sehr neugierig darauf zu erfahren was es an Neuigkeiten gibt". Heute soll der Probelauf der Bitumenheizung sein, es hat natürlich nicht geklappt weil die Versorgung mit Treibstoff nicht funktioniert hat. Die Baustelle sagt wiederum, dass deine Heizanlage nicht in Ordnung ist und wollte schon ein Fax an die Hauptverwaltung schicken. Ich konnte es noch zurückhalten bis du kommst". „ Danke, das du mir das sagst, ich werde mich morgen Früh gleich darum kümmern". „ Gleich darauf verabschiedete sich Otto höflich vom Tisch. „ Etwas unangenehmes?" fragte Marem``. „ Nein, nur das übliche Spiel auf jeder Baustelle gegen die angeblichen Idioten, die in der Hauptverwaltung sitzen. Dann kommt es zurück gegen die angeblichen Idioten, die auf der Baustelle sind. So geht das hin und her, bis eine Baustelle abgeschlossen ist. Und jeder Lieferant hängt dazwischen und muss es ausbaden. Ich muss jetzt gehen und mich frisch machen``. „ Berger verschwindet nach kurzem Abschied für eine halbe Stunde. Solange würde er schon benötigen. Berger steht unter der Dusche als er ein Auto vor seiner Behausung anhalten hört. Verwundert steiget er aus der Dusche um zu hören was los ist. Er staunt nicht schlecht als er Marem aus Ottos Auto aussteigen sieht. Es ist nicht zu fassen, dass Otto Marem hierher bringt, da auch noch Ihre Familie bei Ihr ist. Schnell reißt er die Tür auf, damit Marem schnell herein kam". „Wie hast du das denn gemacht, wie bist du der Armee entschlüpft?". „Ich habe einfach gesagt, dass ich noch schnell in meinem Büro will, nachsehen was an Arbeit angelaufen ist. Die Beiden sind schnell damit einverstanden, weil sie sicher noch schnell einige Whisky ohne Kontrolle probieren konnten.

Otto hat mich, wie du gesehen hast unauffällig hierher gebracht, hier bin ich nun. Berger küsst diese freche Hexe zärtlich. „ Hier siehst du mein Reich, „sagte er, "suche mir doch bitte aus den Schrank die Sachen heraus die ich anziehen soll. „ Es störte keinen der Beiden, das Berger völlig nackt umher läuft. „ Ich rasiere mich noch schnell, dann kann es los gehen!". Während Berger sich auf seine Rasur konzentrierte ist Marem hinter ihn getreten und streichelt ihn vorsichtig über Po und Rücken. Als sie merkt da sein Glied sich langsam aufrichtete nimmt sie dies in die Hand und drehte Berger leicht zu sich heran, dann kniete sie sich vor ihm nieder und küsste sein Glied und führte es in ihren Mund. Berger ist so erregt das er das Rasieren stoppen muss um sich nicht die Kehle durchzuschneiden. Er hält sich am Waschbecken fest, während Marem Ihr Werk Vollendet . Ihm wird es richtig flau im Magen von dieser besonderen und der extra Behandlung. Marem streichelt ihn kurz. grinst und verschwindet wieder aus dem Badezimmer. Berger brauchte einige Zeit um wieder zu sich zu kommen. Ein verrückter Tag Heute, was hat diese plötzliche Liebessucht von Marem zu bedeuten fragt er sich. Er rasierte sich fertig und duschte noch einmal. Das Wechselbad kalt und heiß bringt ihm schnell seine Kräfte zurück. In seinem livingroom nimmt er Marem zärtlich in den Arm und küsst sie. „Danke, meine Kleine, danke, was hat das Heute zu bedeuten?". Er zieht sich an und schaut Marem sehr nachdenklich an. „ Ich wollte nur mal sehen wie du hier lebst. Es ist hier klein, aber du hast es hier sehr ordentlich und gemütlich. Ich bin beruhigt". „Wie erklären wir es, dass wir Beide zusammen in der Kantine auftauchen?". „ Da habe ich vorgesorgt, Otto geht nun zu ihnen und erzählt das er bei dir war und das du mich aus meinem Büro wieder abholst wenn du fertig bist". Otto hat diesen Auftrag gut erledigt als er wieder in die Kantine kommt.

Die Beiden Generale nehmen es gelassen auf und laden Otto gleich zu einem Drink ein. „Was sagt dir dein strategisches geschultes Gehirn nach dieser Auskunft des überfressenen Germanen?". „Es sagt mir," sagte der zweite General." dass unsere Nichte auf einem gefährlichem Stoßtrupp unterwegs ist. Ich hoffe nur, dass sie weiß, was sie tut". „Ich denke das gleiche mein Lieber. Da bahnt sich etwas an unter unseren Augen, was nicht sein darf, aber sein kann. Ich gönne es Beiden, aber nicht die möglichen Folgen die daraus entstehen können". „Die Beiden sprechen in arabisch miteinander, dann wenden sie sich wieder Otto zu. „ Du scheinst von guten Getränken etwas zu verstehen, was kannst du uns empfehlen?". Otto testete mit den Generalen fast den ganzen Geheimbestand der Kantine. Als Berger mit Marem auftauchte sind alle drei samt dem Chefkoch schon schön in Fahrt. „ Kommt, Leute wir müssen nach oben, sagt Marem um ein totales Besäufnis zu verhindern. „ Der Bus ist schon oben." Wiederwillig stehen die Beiden hochdekorierten Generale auf, Sie haben aber eingesehen das es sein muss. Gemeinsam fahren sie zum Hauptrestaurant, wo der gut gedeckte Tisch auf seine Gäste wartet. Es ist bereits viertel nach neun und der Bus ist noch nicht angekommen. Marem geht mit ihren Beiden Onkels kurz nach draußen, um ihnen den herrlichen Fernausblick von der Terrasse her zu zeigen. Sie sind überwältigt von der Schönheit der Natur und davon wie sehr sich die neue Staumauer in diese Natur einpasst. Sie wechselte nun zur anderen Seite und fragen Marem die sich gut vorbereitet hat aus. „Dieses ganze Gebiet das ihr hier sehen könnt, wird dann nach und nach überflutet werden. Dort hinten, etwas weiter unten ist das nächste Ausflugslokal, auch bereits fertiggestellt". „ Zur Zeit tummeln sich dort die Mitarbeiter des Camps genauso wie wir hier, wo wir uns jetzt befinden''. „Das ist typisch Deutsch, die Männer sind praktisch veranlagt, die bauen sich erst ihre Kneipen und dann unseren Staudamm".

„ Siehst du, genau wie sich Berger erst seinen Bunker gebaut hat und dann erst mit der Reparatur angefangen hat, und wie goldrichtig dieses Prinzip ist". „ Von oben sehen sie jetzt den Bus durchs Tor des Lagers fahren. Es wurde alles in allem eine tolle Party, die darin gipfelte, dass Ulli zum Schluss auf dem Tisch steht und ägyptischen Bauchtanz vorführte. Erst gegen 7.00 Uhr morgens schaffte es der Wirt seine Gäste in den Bus zu verfrachten. Berger verabschiedete sich von allen und muss versprechen am Freitag bei Marem zu sein. Diese wiederum sagt, dass sie nach dem Freitag auch wieder zur Arbeit kommen würde. Berger hat dies ihrem Vorgesetzten schon gesteckt. Dieser wusste auch auf Anhieb das Marems Probleme wegen der Meldung hatte, dass Berger getötet worden ist in Bashra. Es gab keinerlei Berufliche Probleme für Marem. Am anderen Morgen ist Berger bereits früh auf der Baustelle und schaute sich die Anlage an, die für die Dieselbelieferung seiner Brenner für die Bitumentanks installiert worden war. Allein der Anblick ist für Berger schon ein Schock. Wo die Baustelle die verkommenen Tanks ausgegraben hat ist ihm ein Rätsel. Hier wurde ein regelrechter Schrotthaufen als Tank für die Fabrik installiert. Das Beste an diesem Schrotthaufen sind die Reifen des Fahrgestells, auf dem die fürchterlichen Tanks montiert sind. Die ganze Tankanlage wenn man diese so bezeichnen will, ist ca. 25 Meter von den Brennern der Anlage entfernt installiert worden. Die lange Tankleitung ist ohne Filter und ohne Pumpe. Um den Diesel auch nur bis in die Nähe der ansaugenden Pumpe der Brenner zu bringen. Es kann einfach nicht funktionieren. Berger füllt Diesel in ein Fass und hängte den Schlauch der Brenner Ansaugpumpe direkt in das Fass.

Nach dem zweiten Anlauf der Saugpumpe springt der Brenner an und läuft konstant eine halbe Stunde durch. So lange benötigte Berger, um den Brenner richtig einzustellen; dann läuft er beim nächsten Fass einwandfrei. Um 8 Uhr fährt er runter in die Bauleitung, ins Büro des technisch Leitenden. Der Name ein rumänischer Name ist so unaussprechlich das Berger diesen nie behalten kann. Wie sich herausstellt ist dieser Mann auch ein Rumäne, sein Name klingt ähnlich wie Chaushesko. Die Projektleitung für diesen Damm hat hier alle Nationen der Welt angeheuert. Kaum ein Land, das in der Belegschaft nicht vertreten ist. Berger beschwerte sich über die unmögliche Tankanlage die von der Baustelle geliefert worden ist. „ Herr Kollege". sagt Berger förmlich, „ diesen Haufen Schrott kann ich als Storage für meine Anlage nicht akzeptieren. Bitte stellen sie etwas Ordentliches auf". Der Ingenieur springt auf, „ Wir wollen hier keinen Schönheitswettbewerb gewinnen, wir wollen nur deine Bitumenanlage mit Diesel versorgen und dazu reicht der Tank aus". „Von nicht ausreichendem Tank habe ich nicht gesprochen, der angebliche Tank ist ein Schrotthaufen und ist bei dieser Entfernung mit keiner Pumpe bestückt". „ Wieso Pumpe? ," fragte der Maschineningenieur entgeistert , „du hast doch eine Pumpe an deiner Anlage zum Ansaugen?". „ Ja, das hat der Brenner, dies ist aber nur eine kleine Pumpe, die saugt nur aus 5-6 Metern noch an, aber nicht aus 25 Metern Entfernung. Um Himmels Willen, besorgt anständige Tanks und eine Pumpe". „Das ist nicht unser Bier, das ist Sache des Anlagen Lieferanten, deine Sache Berger". Berger hat sich vorsichtshalber seine Vertragsunterlagen mitgebracht. Er knallte diese auf den Tisch. „Hier, mein Lieber steht es genau. Bitte schau es dir an ".

Die Versorgung der Anlage mit Treibstoff, Wasser und Elektrik ist bauseits bis direkt an die Abnehmer der Anlage zu liefern". „Siehst du," sagte der Leitende Maschineningenieur, da steht es ", dass wir es bis an die Abnehmer bringen sollen. Es ist alles installiert. Was willst du noch mehr, Berger?". „ Ich will Oil an meiner Anlage; Rohrleitungen nützen mir nichts. Oder kommt aus einer deiner Leitungen ein einziger Tropfen Oil? Das Oil muss bis zur Anlage kommen, steht dort geschrieben, nicht irgendwelche Leitungen. Dann ist die Leitung nicht einmal fachgerecht installiert, das ist meine nächste Rüge. Kein Filter, kein Rückschlagventil und eine saumäßige Verlegung." „ Berger !, wo zu Filter, wo zu Rückschlagventile, wir sind hier nicht in Deutschland!". Berger fasste sich bei dieser Antwort an den Kopf. Er wird ganz höflich. „Komm bitte mit mir zur Anlage, lass es uns an Ort und Stelle besprechen, ich denke das ist viel besser". „ Was soll ich da draußen ich kann die Sache von hier beurteilen". ",, Komm". sagt Berger, „ heb deinen Arsch vom Stuhl und lass uns deine Versorgungsanlage anschauen, vielleicht verstehen wir uns dann richtig". Der Rumäne lässt sich erweichen und fährt mit Berger zur Anlage. Dort angekommen, räumte er schon mal ein das die Tanks doch nicht so gut sind. Das die Leitung zu lang für eine Versorgung sind und die Installation zu wünschen übrig lässt``. „Siehst du", sagt Berger, Nur aus diesem Grund habe ich hier ein Fass mit 0il hingestellt, um dir zu zeigen, dass die Brenner und die Pumpe zum Brenner einwandfrei funktionieren. Berger schaltete den Brenner an und sofort springt dieser an und brennt sauber. „ Gut, Berger, ich unterschreibe dir den Zettel, dass die Brenner funktionieren und werde veranlassen, dass du andere Tanks und eine andere Zuleitung bekommst".

„ Aber was ist mit dem Bitumen, du hast ja noch immer nichts in den Tanks". „ Da werde ich täglich von der Bauleitung vertröstet, er kommt, er kommt nicht, dies bereits seit vielen Wochen". „ Genauso ist es mit dem Monteur der Firma Wibau". „ Aber da war doch schon einer hier, denke ich". „ Ja, das ist wahr, aber der falsche, ein Mechaniker, ich habe bei euch einen Elektroniker bestellt, einen der sich speziell mit dieser Steuerung auskennt ich habe diesen Monteur sogar namentlich benannt. Nur der beherrscht noch diese alte Steuerung". „Wissen die das in Essen?". „ Natürlich wissen die das, es ist Bestandteil des Vertrages". „ Da schicken wir gleich noch einmal ein Telex nach Essen, diese verdammten Sesselfurzer, immer haben wir Ärger mit Ihnen. Die handhaben alles so, als wenn die Baustelle nur mal in Essen - Steele um die Ecke ist". „ Wir könnten schon lange Asphalt machen in großen Mengen, ihr brauchtet diesen nicht teuer zu kaufen. Wenn ihr mir die Zutaten liefern würdet. Halbautomatisch läuft die Anlage auch schon lange. Eigentlich müsste ich längst nach Hause fliegen. Aber ich will nicht eher fliegen bis die Anlage abgenommen ist. Die Zeit, die ich hier wegen euch verplempere werde ich in Rechnung setzen, ich habe Essen davon bereits per Telex in Kenntnis gesetzt". Jetzt kommt der neue Schachtmeister ein Mann der Partner Firma Trapp hinzu. Ein Vierschrötiger Typ, nicht gerade unsympathisch, aber mit einer Art, als wollte er sagen, was seit ihr denn für Typen hier, ich bin der Große King!". Und er fängt auch schon sofort an zu delegieren und einzuteilen. „Junge, zieh mal dein Gestrüpp auseinander, damit man sehen kann, wer sich hinter diesem wilden Bart verbirgt. Damit wir sehen wer mit uns so rüde spricht!?``. Wer bist du eigentlich, und was ist deine Funktion das du uns hier zur Arbeit einteilen willst, Und im übrigem hier an der Anlage endet deine Befugnis, egal wer du bist.

Ob du Herr Trapp persönlich bist oder dessen Sohn!". „ Das gleiche gilt auch für mich``, sagt freundlich der Maschineningenieur. „ Ich habe dich hier auf der Baustelle auch noch nicht gesehen. Zumindest weiß ich jetzt schon, das du von Trapp bist, unserem Sub Unternehmer``. Der Bärtige schluckte ein paar mal, dann antwortete er klar, „ Ich bin Hans Kohlstedt und habe die Bauaufsicht für den internen Straßenbau und die Damm-Asphaltierung. Damit steht auch diese Anlage unter meiner Leitung". Dann folgte eine Erzählung über all die vielen Baustellen, auf denen er bereits gewesen ist, Nigeria, Gambia, Togo, Mali, und Südafrika``. „ All diese Baustellen hast du mit der Firma Trapp gemacht? Wie lange bist du denn bei Trapp?". „ 1.5 Jahre bin ich nun bei Trapp". Der Maschineningenieur schluckte krampfhaft. „ Dann bist du ja einer der besten von Trapp, wenn du bei jeder Baustelle so schnell wieder weg durftest, wenn ich nachrechne, warst du überall nicht länger als drei Monate". „ In Mali war ich 6 Monate``, war seine Antwort. „ Dann hast du die anderen Baustellen alle innerhalb von vier Wochen wieder verlassen müssen. Na, hoffentlich passiert es dir hier nicht genauso. Eingeführt hast du dich ja schon entsprechend gut". Otto ist jetzt hinzugekommen und nahm sich seiner an. Es ist nun mal sein zukünftiger Vorgesetzter. Berger entfernte sich mit dem Maschinen Ingenieur von der Fabrik sie lassen die Beiden Trapp Männer erst einmal alleine. Es ist eigentlich das erste Mal, dass sich der Maschineningenieur offen auf der Baustelle zeigte. Ansonsten weis Berger das dieser nur kommt wenn sie bereits Feierabend gemacht haben". „ Ich möchte Morgen und übermorgen die Anlage im Dauertest laufen lassen und schon mal eine Abnahme über die halbautomatische Funktion. Weiß der Teufel wann wir endlich die Zuschläge und Zusatzmittel bekommen und auch den Elektroniker".

Du denkst, dass deine Anlage läuft?" fragte der Maschineningenieur skeptisch. „ Worauf du dich verlassen kannst, wenn die Motore durchhalten, die wir alle repariert und umgebaut haben, dann bestimmt". „ Apropos Motore ich kann bis heute noch nicht begreifen warum wir die Motore hier so kümmerlich wieder selber zusammengeflickt haben. Diese sind wesentliche Leistungsträger an so einer wichtigen Anlage. Wir haben in Frankreich die Motore, die alle in Ordnung waren, extra demontiert und beim Hersteller überprüfen lassen, damit wir damit keine Probleme haben, und eure 6 Milliarden-Baustelle verfährt so lächerlich damit. Obwohl dies doch ein Versicherungsschaden ist". „Ich denke, die Baustelle hat die Versicherung kassiert und dann diese Billigreparatur veranstaltet. Hauptsächlich zu unseren Lasten, weil wir die entsprechenden Umbauten machen mussten. Zwei Motore sind bis heute noch nicht angekommen". „Deine Abrechnung musst du mit Essen regeln, aber die Abnahme der halbautomatischen Lauf können wir morgen machen. Ich bin auch ruhiger wenn ich weiß das alles läuft. Ich bin da noch sehr skeptisch.". „ Bis auf die Beiden Dosierverschlüsse wird sich alles über 8 Stunden drehen. Falls es noch irgendwelche Fehler gibt haben wir noch Zeit diese auszumerzen. Leider können wir nicht unter Last fahren, weil es noch nicht einmal Zuschlagstoffe gibt". „ Wenn das Ding schon mal leer läuft, bin ich zufrieden". Am nächsten Tag findet der Probelauf statt und 11 Stunden lang drehte die Fabrik sich leer ohne Tadel und erkennbare Mängel. Es war eine gute Gelegenheit für Berger, Otto einzuweisen. Es ging sehr gut mit ihm, es bahnte sich aber bereits ein neues Problem an. Berger bemerkte dies schon seit Tagen. Je mehr Zutrauen er in die Anlage fasste, desto mehr steigt Ottos Ego an.

Otto und der neue Schachtmeister haben von der ersten Minute Probleme miteinander, sie sind zwei ähnliche Typen. Berger mischte sich nicht ein auch wenn die Beiden sich nun immer öfter auf der Baustelle anbrüllten. Berger ermahnte Otto nur, sich etwas mehr zurück zuhalten. Zwischen Berger und dem Schachtmeister waren die Verhältnisse schnell geklärt worden, Berger sagte immer Herr Trappmeister zu diesem. Es entwickelte sich ein fast normales freundschaftliches Arbeitsverhältnis. "Herr Trappmeister, wissen sie was mit dem Bitumen passiert ist?, Ich warte bereits seit 3 Wochen auf diesen." „ Der Bitumen Herr Berger ist uns hier fest zugeteilt, jeder Händler erhält seinen Anteil. Der Bitumen kommt aus der Türkei, wir haben bereits unseren Anteil beim Händler gekauft und bezahlt, 200.000 Liter, damit sind wir vorrangig an der Reihe, da wir bereits bezahlt haben``. „Was, Ihr habt bezahlt ohne einen Liter zu haben, seit Ihr von allen guten Geistern verlassen. Ich bin sicher ihr kriegt keinen einzigen Liter, nicht von diesem Händler. Der beliefert gerade jetzt erst die Anderen da bekommt er Geld. Ihr steht nun ganz hinten auf seiner Liste. Berger staunte immer wieder wie eine Weltfirma solche unerfahrenen Leute auf eine solche Baustelle schicken kann. So wie von Berger voraus gesagt kommt es dann auch. Sie müssen noch weitere 4 Wochen Wartezeit absitzen weil es keinen Bitumen und keinen Füller und keinen Zement gibt. Vorausbezahlt und nicht geliefert wurde. Warum sollten die Iraker liefern für etwas für das Sie kein Geld mehr bekommen. Das war Berger sofort klar Vorausbezahlung im Orient heißt lange warten oder verlorenes Geld. Berger machte aus Verzweifelung noch mehrere Probeläufe auch um Otto besser anzulernen, alles läuft sehr gut ab, bis auf wenige Einstellungskorrekturen ist alles in Ordnung.

Zweimal 11 Stunden lief die Anlage durch, natürlich nicht unter voller Belastung, aber es war auch nichts zu erkennen wo möglicherweise Fehler auftreten konnten. Berger lies sich danach den erfolgreichen Probelauf von Otto, dem Anlagenführer, vom Trappmeister und vom leitenden Maschineningenieur unterschreiben. So war er schon wieder einmal ein Stück weiter. Für Marem hatte er in diesen Tagen wenig Zeit gehabt. Er holte dies in den nächsten Tagen nach. Die Beiden schafften es das sie für einen ganzen Tag Ausgang bekommen ohne dass die Brüder sie begleiten wollen. Marem hat es so geschickt gedreht das alle glauben, sie würden mit der Firma und für die Firma unterwegs sein. Sie machen sich am Morgen fröhlich auf zu einer Tour mit dem Auto an den Tigris. Berger will gern dieses herrliche Land, das er von seinem Adlerhorst prima überblicken konnte, aus der Nähe sehen. Sein Adlerhorst ist ein Platz innerhalb der Baustelle, zu dem er immer fährt wenn er gern alleine sein will. Ganz oben in der Hügelkette geschützt durch kleine Felsen vor jeglicher Einsicht und dem Wind der dort oben immer wehte. Wenn es unten im Tal unerträglich schwül ist dann ist es dort oben noch immer sehr angenehm. Marem schiebt eine Kassette mit arabischen Liedern in den Recorder. Berger mag diese Musik sehr. Er liebt die orientalische Musik und den orientalischen Tanz. Er fühlte sich sehr hingezogen zu diesen Dingen. Im kleinen Suzuki herrscht eine ausgezeichnete Stimmung. Berger weicht bald von der Straße ab und versuchte, das Ufer des Tigris zu erreichen. Der Suzuki bringt sie über Stock und Stein mehr hüpfend als fahrend zum Fluss. Manchmal schreit Marem auf, weil sie glaubte, das Auto würde umkippen, es kippte nicht. Sie fahren durch Grassteppe, Wiesen und über bereits abgeerntete Weizenfelder. Berger sieht sich sehr aufmerksam alles an.

Er stellte bei näherer Sicht fest, dass die Gräser der Wiesen und die Weizenhalme bei weitem nicht so dicht und eng zusammenstehen wie zu Hause. Besonders bei den Stoppelfeldern fallen die Lücken auf. Vermutlich wurde so locker eingesät, um das Wachstum der Pflanzen zu verbessern. Bei den natürlichen Wiesen sieht er auch diese Abstände. Es gibt nicht so einen engen Grasteppich wie auf den Wiesen in Deutschland. Daran ist sicher die immer wieder kommende große Trockenheit schuld. Sie befinden sich nun auf einer kleinen Anhöhe und können auf den Tigris herunter schauen. Es ist ein traumhafter Anblick. Da es aber auch bereits ziemlich heiß geworden ist drängt Berger darauf, an das Ufer des wunderschönen Flusses zu- kommen. Dieser ist so klar, dass man an jeder Stelle des Flusses auf den Grund schauen und die Fische darin zählen kann. Es sind unendlich viele Fische die sich im Wasser tummeln. Die Sonne bricht ihre Strahlen auf den silbrigen Körpern der Fische wenn diese dicht an die Oberfläche schwimmen. Es entsteht so ein fortwährendes veränderliches glitzern und blinken. Wie eine übergroße Perlenkette zieht sich der Tigris durch das Land wunderschöne Land Irak. Dieser Fluss ist eine echte Perle die geschützt werden muss für die tollen Menschen in diesem Land. Mit so klarem Wasser gefüllt wie es Berger bisher nur in den Flüssen Alaskas gesehen hatte. „ Dort unten Ulli ist eine schöne Stelle," ruft Marem, „ schau, dort sind einige schattenspendende Büsche direkt am Flussufer. „ Erst einmal hinkommen," sagte Berger, dem diese Stelle auch bereits aufgefallen ist. Kreuz und quer pflügt er mit dem Jeep den Hügel herunter. Für die wenigen hundert Meter brauchte er fast eine halbe Stunde mit dem Suzuki, der einige male drohte sich auf die Seite zu legen. Marem ist als erste ausgestiegen und vorweg gelaufen.

Sie scheint ihren Gesten nach begeistert von diesem Platz zu sein. Berger ist total durchgeschwitzt als er unten angekommen ist. Er zieht sich seine Sachen aus und ist mit einem Hechtsprung in dem klaren Wasser. Im ersten Augenblick kühlte es ihn ab, aber bald ist es nur noch warmes, nasses Wasser. Aber immer noch viel angenehmer als in der Sonne. Nun kennte er auch den Unterschied zwischen den Flüssen in Alaska und hier. Dort konnte man nicht so einfach hinein springen, man ist schneller wieder aus dem Wasser als man hinein gekommen ist. „ Komm rein". ruft er Marem, sie will noch nicht. Berger kommt wieder heraus geklettert und schüttelte sich wie ein Hund trocken, was bei der Hitze von fast 60 grad kaum nötig ist. Sie bereitete einige leckere Kleinigkeiten zum Essen zu und reichte ihm die geöffnete Cola-Dose. Sie essen kaltes gegrilltes Fleisch das ausgezeichnet gewürzt ist und auch kalt sehr gut schmeckt. Danach hat Marem einige Äpfel ausgepackt die sie auf dem Markt aufgetrieben hat als Nachspeise. Sie verbat sich, dass Ulli ihr bei einer der Arbeiten hilft. Er legte sich wie ein Pascha auf die Decke und schaute ihr zu. Die Zweige des Busches hinter dem sie sich verkrochen haben, spenden ihnen einen wunderbaren Schatten. Die Luft ist angefüllt mit dem Duft verschiedenster Blumen und Kräuter. Auf der anderen Fluss Seite des ca 30 Meter breiten Tigres steigen Felsen steil nach oben, ca. 30 Meter hoch. Darüber konnte er nur den Horizont sehen. Keine Wolke, keinen Vogel. Es ist eine flimmernde klare blaue Luft, so klar wie das Wasser im Fluss. Alles ist in der Mittagsglut so leise als gäbe es keine Lebewesen. Es ist schon lange her, dass Berger solch klares Wasser in Deutschland gesehen hat. 20 Jahre und mehr, nun war so etwas in Deutschland nicht mehr möglich. Die Menschen mit ihrer Industrie haben die Gewässer in ganz wenigen Jahren verschmutzt.

Nur noch in hohen Gebirgslagen gibt es klares Wasser. Aber dort sterben die Wälder durch verseuchten sauren Regen und den Dunst der Fabriken und Autos. Die Menschen haben mit der Industrialisierung begonnen ihre eigene Welt zu zerstören. Sie schaffen dies schnell und präzise. Während Marem noch so mit ihren Räumarbeiten beschäftigt ist. geht Berger seine Familie in den Sinn. Die Gesichter seiner Familie ziehen vor ihm dahin. Sie lächeln ihn an und fragen, „wann kommst du wieder?". Er lächelte zurück „ bald, meine Lieben!". sagte er. „Was hast du gesagt?", fragte Marem. Er schreckte aus seinem Halbschlaf hoch. Ich habe im Schlaf mit meiner Familie in Deutschland gesprochen. Die haben mich gefragt wann ich zurückkomme". „Wann wirst du abreisen?" fragt Marem zurück. So, als wären sie sehr weit entfernt oder als würden sie telefonieren. „ Ich denke ich werde in vierzehn Tagen fliegen und dann vier Wochen später nochmals wieder kommen". „ Ich habe mir das schon gedacht, als ich hörte das die Anlage tatsächlich funktioniert. Du hast mir nicht gesagt das du bereits den Probelauf gemacht hast, das hat mich sehr geärgert". „ Mädchen, ich habe nur einen Testlauf gemacht; wie kann ich einen Probelauf machen, wenn nichts da ist. Obwohl dies jeder seit 6 Monaten weiß: Kein Oil, kein Bitumen, kein Zement, kein Füller und kein Kies, was soll ich da Probelaufen lassen? Du kannst noch nicht einmal die Rezepte im Labor fertig machen, weil bisher der Kies nur Schubkarrenweise da ist". „Ja, es ist eine Schande, wir müssten längst anfangen können aber nicht weil nicht rechtzeitig eingekauft wurde". „Die Jungs haben einfach vergessen, dass hier im Lande Krieg ist, wenn man es auch hier nicht merkt. Andere Dinge als unser Material haben Priorität".

"Was denkst du davon, die Baustelle hat bereits ca.100.000 US$ für Bitumen bezahlt und noch nichts bekommen. Sie haben dies getan, um angeblich ihr Kontingent zu schützen. Denkst du, dass sie Bitumen bekommen werden?". „Sicher werden sie Bitumen bekommen, dann, wenn sie erneut bezahlen, du glaubst doch nicht das die Brüder Faraumy liefern wo sie das Geld schon haben. Pass auf, ich kann dir schon sagen, wie es geht, ich könnte darauf wetten das in den nächsten Tagen einer der Brüder Faraumy verreist ist und der andere von nichts weiß"., Dann denkst du genau das gleiche wie ich." „Komm jetzt her," ruft Berger, was machst du denn noch, komm zu mir." „Hier bin ich doch!" Mit diesen Worten lässt sie sich direkt neben ihm nieder. Berger öffnete die Augen, die ihm fast den Dienst versagt hätten als er Marem anschaut. Sie hat einen wunderschönen knallroten mit Goldfäden bestickten Kalabea an. Ihr langes Haar hängt offen darüber hinweg. Als sie sich herunterbückte kann er ihre herrlich geformten und festen Brüste sehen. Sie hat nichts mehr unter dem Kalabea an. Sie streckt sich neben Berger aus und suchte ihre Position. Eines ihrer langen Beine führte sie zwischen seine Beine und drehte sich auf ihre linke Seite und legte den rechten Arm auf seine Brust, um in dem dichten Brusthaaren zu kraulen. „Bitte, Berger, ich meine es ernst, erzähl mir von deiner Familie. Von deiner Frau und von deinen Kindern. Ich will sie kennen lernen, wenigstens von deinen Erzählungen". Berger zieht sie näher zu sich heran und beginnt ihr von seiner Familie zu erzählen, bis hin zur Schwiegermutter, seinen Geschwistern und seinen Eltern. Sie lauscht aufmerksam, als er endete, fragte sie ihn. „Ich denke das du sehr glücklich und zufrieden bist". „ Ja, das bin ich," sagte er.

„Das ist gut, das ist gut für mich zu wissen". „Berger ist erstaunt, „ es ist gut für dich zu wissen, dass bei mir zu Hause alles in Ordnung ist, das keine Scheidung keine Trennung nichts ansteht?".. „ Ja, damit ist mir klar, dass du mich wirklich liebst und gern hast. Das du nicht einen Notnagel suchst, dass ich nicht nur ein Übergang bin". „Ich würde niemals wollen, dass du deine Familie verlässt oder in Stich lässt. Für mich wäre es keine Belastung, wenn ich deine Zweitfrau wäre. Es wäre eine Belastung für mich, wenn ich dich und deine Familie wegen mir unglücklich sähe. Dann wollte ich dich lieber nicht sein. Du hast eine gute Familie und eine gute Frau und gute Kinder, ich fühle es. Bitte, wenn du das nächste mal kommst, bring mir Bilder von allen mit. Wenn ich könnte, würde ich mit dir fliegen, um sie zu sehen". „ Ich denke, das würde meiner Frau überhaupt nicht gefallen, sie würde auf Anhieb merken das etwas zwischen uns ist. Sie würde es nicht so tolerieren wie du". „ Deine Erziehung im Islam ist dementsprechend, für uns Christen darf es nur eine Frau geben. Solange, wie alles weit von ihr entfernt ist, denke ich sogar, sie könnte es tolerieren, aber dich in ihrer Nähe zu wissen, ich denke, das würde sie nicht überstehen". „ Mir reichen die Bilder, vergiss diese beim nächsten Mal nicht". Sie kraulte Berger liebevoll in seinen Brusthaaren und streichelte über seine Brustwarzen. Er liegt lang ausgestreckt und genieß dies alles, er überlegte wie dies enden soll. Für Marem schien es leichter zu sein als für ihn. Sie hatte seine Familie schon adoptiert, aber seine Familie würde sie ganz sicher nicht adoptieren. Eine zweite Frau, zumal das vom Gesetz her schon ganz unmöglich war, wäre für seine Frau ein nicht tragbarer Zustand. Marem kramt einen Block hervor auf dem sie in englisch einen Heiratsvertrag formulierte. „ Ich habe lange darüber nachgedacht," sagte sie, „ aber es ist für unsere Sicherheit.

Falls man uns einmal beim Geschlechtsverkehr überraschen sollte, sind wir hier, besonders ich vor dem Gesetz mit diesem Vertrag geschützt. Nach diesem Vertrag sind wir nach dem Islam miteinander verheiratet und kein Gesetz hier kann uns verurteilen und ich tue meiner Religion genüge". „ Marem ich habe es dir schon einige Male gesagt, ich würde dich tatsächlich heiraten, wenn du es willst". „ Ich will keine Probleme für dich, wenn du meine Familie akzeptierst". Marem trägt die Nummer von seinem Pass und die Nummer ihres Ausweises ein und Beide unterschreiben diese Urkunde, mit der sie so lange verheiratet sind wie Berger es will. Nach Außen soll dies niemand wissen. "Wir wissen Beide nicht wohin uns unsere Wege führen werden. „ Berger küsste nun seine neue Frau besonders zärtlich, er weiß das diese Urkunde nur ein Schutz ist das offiziell nicht mit ihr verheiratet ist. Aber er weiß auch das es im Ernstfall gut für sie Beide ist. Es wurde ein noch wunderschönerer Nachmittag als der Vormittag bereits versprochen hat. Sie lieben sich, kühlten sich im Wasser und lieben sich wieder. Liegen lange zusammen und reden über die verrücktesten Sachen. Berger erzählte ihr von Nigeria, Kenia und speziell von Südafrika, einem Land, das, das schönste ist was er bisher gesehen hat. Er hat es über viele Monate bereist, von Pretoria nach Windhuk, von Windhuk nach Swakopomund, von dort zur Walfishbay und mit dem Auto zurück nach Kapstadt. Dann die Küste des Indischen Oceans hinunter bis nach Port Elisabeth und Durban. Durch die Homelands wieder nach Pretoria. „Ich habe dort Landschaften gesehen, die schöner nicht sein können. Ich wäre dort gern geblieben, aber es war nicht möglich." „ Warum nicht, was hat dich davon abgehalten?". „ Ich hatte mir bereits ein Haus ausgesucht, von wo ich hätte wunderbar leben können. Schön am Hang gelegen, mit Blick über das Meer, mit einem herrlichem Sandstrand". „ Wo hast du es gefunden?".

,, In Kapstadt oder Kap Town, wie du es vielleicht kennst". ,, Ja, Kap Town ist mir bekannt," sagt Marem. Sie ist ganz begierig, mehr von seinen Erzählungen aus aller Welt zu hören. Sie selbst ist über Mosul noch nicht hinaus gekommen". ,,Was hat dich daran gehindert, dann doch in Kapstadt zu bleiben." ,, Die Menschen," sagte er, die Weißen und die schwarzen, ob Deutsche, Engländer oder Holländer, Belgier oder Franzosen, die ich dort traf. Ihre Einstellung zu den schwarzen Mitmenschen war einfach katastrophal. Alleine ihren Gesprächen zuzuhören war mir fast unmöglich. Die Schwarzen kommen erst nach dem Vieh, sie wurden auch oft so behandelt. Ich habe in Windhuk gesehen, dass Deutsche ihre Angestellten noch geschlagen haben. Sie hielten ihre Leute wie in der schlimmsten Sklavenzeit. Es pass nicht zu der Weite und Schönheit dieses Landes. Ich hätte dort nicht bleiben können. Obwohl ich den Karneval in Windhuk und all diese Monate genossen habe. Besonders die herrliche Etosha Ebene." Berger schilderte Marem seine erste Begegnung mit einem Löwen. So verbrachten sie den ganzen Nachmittag, sie hätten bald versäumt, sich rechtzeitig auf den Heimweg zu machen. Denn sie wollten nicht im Dunkeln nach Hause kommen." .. Die Menschen sind mit diesen Dingen aufgewachsen und haben niemals etwas anderes gehört, und die neu Hinzugereisten, die sich erst auch aufgeregt hatten wie ich, sind schnell gleichgültig geworden und abgestumpft. Ich hätte mich nicht so anpassen können, deswegen habe ich es vorgezogen, wieder zu gehen". ,,Ich muss aber hinzufügen, dass in vielen Köpfen bereits ein Umdenken eingesetzt hat. Aber es ist nicht einfach, alte, eingefahrene Gleise zu verlassen und gegen Freunde und Familie zu oponieren. Ich wünsche diesem schönsten Land Afrikas und seinen Bewohnern alles Gute".

Auf der Rückfahrt fragte sie ihn: "Du hast schon soviel gesehen, du kannst besser Vergleiche anstellen als viele. Mich würde interessieren, was du von uns und unserem Land hältst".„ Ich mag euer Land. Du weißt bereits, dass ich den Orient und Arabien liebe. Das ich mich quasi in Ägypten ohne Wissen der Behörden dort selbst eingebürgert habe. Vielleicht mache ich es irgend einmal offiziell. Das schöne an Arabien und dem Orient ist, dass jedes Land sein anderes Gesicht hat". „ Hier der Irak, von dem ich, wie du weißt, auch schon viel gesehen habe, gehört mit zu den Naturperlen des Orients. Die Menschen hier sind einfach herzlich und gut. Sie sind anders als die Menschen in Ägypten. Aber ich mag sie genauso gern. Ich gehe soweit zu sagen die Iraker sind die Deutschen des nahen Ostens. Kein Araber hat soviel gemeinsam wie die Iraker mit den Deutschen. Ich könnte hier auch leben. Nur vor der Zukunft habe ich etwas Angst, Angst um den Irak." "Warum, Ulli, es geht stetig aufwärts, die letzten Jahre hat sich soviel verändert". „Gerade das Marem macht mir Angst, euer Volk hat sich an den Krieg gewöhnt, es muss auf nichts verzichten, hat sogar mehr als zuvor. Waffen habe ich gesehen, die für zwanzig solcher Kriege reichen. Panzer sollt ihr schon mehr haben als in Europa stehen. Wo wird das hinführen, was werden die Generale tun, wenn der kleine Krieg dort unten vorbei ist und sie sich erholt haben und die Mittel nicht mehr so fließen wie jetzt.? Milliarden und Abermilliarden rollen in euer Land. Ihr seid das Bollwerk gegen I. a tolla Khomeinie". „Was denkst du, was passieren könnte?". „ Ich denke das die Armee Appetit auf den leckeren Happen Kuwait bekommen könnte. Das würde Geld und noch mehr Stärke bedeuten". .Wir bekommen aber viel Hilfe aus Kuwait".

„ Die hört auf, wenn der Krieg vorbei ist. Sie geben nur das notwendige Blutgeld, um nicht selbst kämpfen zu müssen. Sie haben auch Angst vor Khomainie wie alle eure Nachbarn Angst haben. Total Islamisiert zu werden nach dem Muster Khomainis. Dies wäre für alle ein Rückschritt in die Vergangenheit". „Nein, Ulli, das glaube ich nicht, nach diesem Krieg wird es keinen mehr geben". „Sie biegen in die Hauptstraße von Mosul ein und ihr Gespräch ist beendet. Die Brüder von Marem kommen fast zeitgleich von ihrem Reitausflug zurück. Berger geht sofort zu Amir und bittet darum diesen versorgen zu dürfen. Ahmed stimmt lachend zu. Ihm sollte es recht sein. Amir freute sich sichtlich als Berger sich seiner annimmt. Er glaubt er könnte nochmals davon traben und bemerkte mit Verwunderung, dass Berger ihn bereits absattelte. Nachdem Amir abgerieben und fertig gestriegelt ist spielte Berger noch mit ihm auf dem Hof solange bis man Ihn zum Essen ruft. „ Warum spielst du mit dem Hengst noch nach dem Striegeln?", fragte Marem Berger. Sie hat ihm die ganze Zeit dabei zugesehen. „ Ich will mich mit dem Kerl anfreunden, während des Spieles gebe ich ihm immer einige Möhren. Hast du nicht gesehen was es ihm für einen Spaß macht?. Mit meinen Pferden in Kairo tobe ich immer nach dem Reiten herum. Die wissen das ganz genau, nach dem Absatteln rollen sie sich mit viel Vergnügen im warmen Sand der Wüste. Dann spielen wir immer noch etwas, dann wird geduscht und es geht ab in den Stall." „ Was soll das für einen Sinn haben, die Pferde sind nach dem Ausritt müde und sehnen sich danach, wieder im Stall zu stehen". „ Da sollst du mal sehen, wenn ich mal wenig Zeit habe und nicht mit Ihnen spiele. Die Beiden zerrupfen mir dann meine Hemdsärmel, so sehr ziehen sie mich daran solange bis ich mit ihnen rumalbere.

Bei diesen Spielereien bringt Berger Ihnen oft dumme Sachen bei, es macht Ihm und den Pferden einen Riesen Spaß. Es sind auch die einzigen Pferde im Stall, die wiehern wenn ich auf den Hof fahre, die kennen den Klang meines Autos genau". Es wurde noch eine lange Nacht die Berger zusammen mit Marems Familie verbringt. Am anderen Morgen fährt er Marems Eltern gemeinsam mit Marem und ihren Brüdern zur Arbeit auf ihren Hof. Die nächsten Tage ist Berger täglich mit Marem zusammen. Die verschiedenen Kieskörnungen und der Sand ist gekommen. So dass Marem daran gehen konnte die Aussiebung zu machen und die Rezeptur zusammenzustellen. Um endgültig abzuschließen, fehlten ihr noch der Füller und Bitumen. Der Zement ist zwischenzeitlich ebenfalls geliefert worden. Mit dem bezahlten Bitumen kam es so wie Berger sich gedacht hat. Einer der Brüder verschwand und der andere wusste natürlich von nichts. Für die Zahlungsbelege hatte er nur ein bedauendes Kopfschütteln übrig. „ Meine Herren, ich weiß nicht was sie da gemacht haben aber wir haben keinen Zahlungseingang von ihnen. Sehen sie, die Unterschrift, diese war natürlich in arabisch, „diese Unterschrift ist mir völlig unbekannt das ist nicht die Unterschrift meines Bruders. Hier schauen sie," er wühlte etwas in den Papieren auf dem Schreibtisch und reichte ihnen ein Blatt. „Das ist die Unterschrift meines Bruders, wenn er wieder zurück ist wird sich herausstellen das sie von jemanden böse herein gelegt worden sind". „ Hm, „sagt der Kaufmann, „das Gefühl haben wir jetzt schon". Der andere überhörte diese Anspielung. „ Meine Herren, wenn sie Bitumen auf dem schnellsten Weg möchten, dann bestellen sie jetzt, die nächste Zuteilung erhalten wir in ca. 4 Wochen. Sie sind bisher nicht einmal vorgemerkt.

Sie haben nicht einmal bestellt". „ Aber wir haben doch fast wöchentlich hier angefragt, da wurde uns immer versichert das wir die ersten wären, die etwas bekommen". „ Natürlich werden sie bevorzugt behandelt, wir haben sogar die Anweisung von ganz oben dies zu tun. Die Auskunft war schon korrekt. Wenn sie jetzt bestellen und anbezahlen, bekommen sie die nächste Lieferung aus der Türkey direkt zugeteilt". „ Sie sagen in vier Wochen?". „ In vier Wochen sollte es sein, aber wissen wir, ob die LKW, s aus der Türkei so durchkommen, wie wir es gern möchten?. Ich kann dieses Datum nicht garantieren, es kann eher später werden". Sie unterschreiben notgedrungen die Bestellung und verabschiedeten sich traurig. „ Halt, halt, meine Herren, ohne die Anzahlung ist die Bestellung wertlos!". Der Kaufmann drehte sich schweren Herzens wieder um und stellte den Scheck für die Anzahlung aus. Er datierte den Scheck auf 4 Wochen vor, aber er wusste nicht das auch dies nicht nützte. Der Händler würde mit großer Sicherheit noch Heute den Scheck einlösen. Sie hatten 100.000 US$ zum Fenster raus geschmissen". Man lernt im Leben nie aus"., sagte der Kaufmann stöhnend ". „ Wir müssen die Polizei einschalten". Der Kaufmann lacht, „ so wie ich nun lache, werden die Polizisten und der Händler gemeinsam lachen, wenn sie ihre Prozente einstecken und die Sache für die nächsten zwanzig Jahre als unerledigt verschwinden lassen". „ Wenn wir troubel machen sind wir mit allen Lieferungen hinten dran. Wir sollten uns sagen das wir ein hohes Lehrgeld bezahlt haben und dies als babshish abschreiben können. Ich denke, dass in Zukunft alle Lieferungen schnellstmöglich kommen werden. Das wird der Dank dafür sein das wir uns den Weg zur Polizei verkneifen.

Dafür, dass sie nichts an diese abgeben brauchen". Als Berger erfährt das erst in ca. 4 bis 8 Wochen mit dem Bitumen zu rechnen ist, ist er sehr enttäuscht. Er kann es sich nicht mehr leisten länger hier zu bleiben. Er muss wieder nach Hause, seine Familie und seine kleine Firma brauchen ihn dringend. Er war diesmal schon zu lange unterwegs. Berger spricht mit der Bauleitung und dem Technischen Leiter, sie sind damit einverstanden, dass Berger abreist. Auch der richtige Monteur von Wibau ist noch immer nicht auf der Baustelle erschienen. Gerade vorgestern war der zweite angereist, auch dieser reiste nach zwei Stunden wieder ab. Er hatte auch keine Ahnung von dieser Steuerung. Er war erst 3 Wochen bei der Firma beschäftigt und hatte überhaupt von nichts eine Ahnung. So konnte sich Berger in Deutschland gleich selbst um den richtigen Monteur kümmern. Berger besprach sich mit Otto und dem Trappmeister, sie sehen die Sache genau wie er und hielten es für richtig, dass er erst einmal abreist. „ Aber komm bloß wieder die Anlage muss später Tag und Nacht laufen". Berger ist froh, aber auch gleichzeitig traurig, dass er Marem vorerst verlassen muss. Es war für ihn auch ein unmöglicher Zustand eine Baustelle zu verlassen, ohne die Anlage 100% übergeben zu haben. Es ist nicht seine Art, aber es lässt sich nicht ändern. Den Testlauf, die einwandfreie halbautomatische Funktion hat er von den entscheidenden Leuten schriftlich bestätigt bekommen, so, dass er zumindest die Restzahlung aus dem LC erhalten würde. Die Mehrkosten, die durch die Umstände, die nicht von ihm zu verantworten waren, entstanden waren, musste er später abstimmen und berechnen. Der Weg zu Marem ist schwer für ihn, wie sollte er es ihr sagen. Sie machte es ihm aber sehr leicht, sie wusste das dieser Tag bald kommt, so wie sie auch genau weis, Berger kommt wieder.

Sie wusste schon von anderen dass er erst einmal wieder nach Hause muss. Es war ja auch abzusehen, dass es in den nächsten Tagen sein wird. „ Mach nicht solch ein Gesicht, Dicker, du musst wieder nach Hause, deine Kinder und deine Familie wollen dich auch wieder haben. „Kein Klagen und kein jammern, dass er abreiste, noch Aufmunterung für die Reisen hörte er von Marem᾿῾. „ Du kannst es wohl nicht abwarten, mich los zu werden?". „ Ich weis einfach das du nach Hause musst und das du wieder kommen wirst, ich freue mich schon auf den Tag, wenn du wieder hier bist. Komm bloß nicht ohne die Bilder deiner Familie zurück. Wann fliegst du?", „ Übermorgen Abend, ich muss über Berlin fliegen, ich fliege mit Interflug". „ Interflug, was ist das? Ihr habt doch die Lufthansa". „ Ich bin ein sparsamer Mensch, wir sind mit 9 Mann geflogen, mit der Interflug, das ist die Fluggesellschaft der DDR, mit ihr fliege ich um genau 10.000 DM billiger als mit der Lufthansa". „Du fliegst mit der DDR Maschine, da habe ich doch etwas Angst". „ Die Jungs aus dem Osten fliegen genau so gut wie die aus dem Westen". „Ja, aber die russischen Flugzeuge!". „Ich habe bis jetzt nicht davon gehört das auf dieser Strecke eins herunter gefallen ist". „ Kommst du Heute Abend mit mir nach Hause?". „ Ja, ich werde mich Heute Abend verabschieden, morgen Früh fahre ich um 5 Uhr mit dem Bus nach Baghdad". „ Was, morgen Früh schon?". „ Ich habe in Baghdad noch eine Besprechung mit dem Bauleiter einer anderen Firma aus Deutschland. Ich fahre nun meine Sachen packen, um 5 Uhr hole ich dich hier ab und bringe dich nach Hause. Ich habe noch ein Visa übrig". Berger machte sich daran, seine Sachen zu packen. Es ist nicht all zuviel Arbeit. Weil er diesbezüglich ein ordentlicher Mensch ist. Seine Filme die er mit seiner kleinen Minox gemacht hat, wickelte er in seine Socken.

Es ist verboten auf der Baustelle zu fotografieren. Er ist stolz auf seine Minox schon oft hat er damit Verbote umgehen können. Wenn man die Filme findet würde ihm sicherlich auch nichts passieren. Er hatte lediglich alle Maschinen und Geräte der Baustelle fotografiert die in der nächsten Zeit zum Verkauf stehen. Die Bilder aber sind sehr wichtig für ihn, deshalb will er kein Risiko eingehen. Nachdem er später entdeckte das auf den Filmen nichts, aber auch gar nicht zu sehen ist, ist er so wütend das er in einem hirnrissigen Moment die Minox in den Müllcontainer feuerte. Als sich sein kleiner Sohn zwei Tage später die leeren Filme anschaute, fragte er nur, „Papa, bist du mit den Filmen durch die Xray Kontrolle gegangen?". „ Nein, die waren im Koffer". „ Aber der ist doch ganz bestimmt durch die Maschine gelaufen". Berger klatschte sich mit der flachen Hand vor die Stirn und raste zum Müllcontainer. Es war zu spät, der Container ist geleert. „ Was ist, Papa?" fragt der Kleine. „ Weißt du, Marco, dein Vater ist ein Riesenarschloch". „ Wo du recht hast, hast du recht ich kann und will dir nicht wiedersprechen". „ Aber hier", er hebt mit einem Finger lässig die Camera an, „ jetzt habe ich eine Camera, deine ist ja weg". „ Ulli stöhnt auf, „ ja, jetzt hast du eine Camera, meine ist ja im Müll". „ Das kommt davon, was bist du immer so schnell wütend. Erst das Gehirn einschalten dann handeln, hast du das nicht immer gepredigt". Sagte Marco grinsend. Hier beim packen ist Berger noch Stolz auf seine Idee, seinen tollen Trick mit den Socken. Er verschließt den Koffer ohne daran zu denkend das sie auch die Gehäuse der Filme in ihrem Bildschirm haben werden. Um punkt Fünf holte er Marem aus dem Labor ab. Sie wartete bereits auf ihn. „ Die Körnung und der Sand, der da angeliefert wurde, entspricht nicht dem, was wir brauchen.

Im Sand sind überwiegen die Grobanteile es fehlen die Feinteile und die Körnung ist nicht gut ausgesiebt entspricht nicht den Bedingungen. Es ist zuviel Körnung über 20 mm darin. Wir wollen aber höchstens bis fünfzehn verwenden. Es soll ein wasserdichter Spezialasphalt werden für das Trinkwasser Vorhaltebecken". „ Das erzähle alles morgen dem Trappmeister, der ist dafür zuständig". „ Trappmeister, den kenne ich nicht, wer ist das?". „ Ach ja, du kannst es ja nicht wissen, das ist der Schachtmeister von der Firma Trapp, die für den Einbau zuständig ist". „ Dieser unfreundliche Bursche, der kaum die Zähne auseinander bekommt, mit dem struppigen Bart?". „ Genau der, der ist für die Anlieferung der Zuschläge verantwortlich. Der ist nur im ersten Moment so unfreundlich, der braucht immer etwas Zeit, mit der Zeit wirst du mit Ihm aus kommen". Berger war noch um 3 Uhr morgens bei Marem zu Hause, aus dem Stehgreif hat sich eine lustige Party entwickelt. Einige Freunde der Brüder sind noch gekommen und sie tanzten den ganzen Abend und die Nacht hinein. Berger sieht zum ersten mal Marem tanzen. Der Bauchtanz, den sie dann zum Schluss hinlegte ist umwerfend. Er hätte Beinahe den Hochtiefbus verpasst, sie wollte ihn nun einfach nicht gehen lassen. „ Fahr doch einfach morgen Früh, dann kannst du dich direkt am Flughafen absetzen lassen``. Aber wenn Berger etwas geplant hat dann warf er es so leicht nicht um. Er wollte nun auch nach Hause, er weis, dass sie sich Sorgen machen und auf ihn warten. Es wurde ein überschwänglicher Abschied, alle begleiteten ihn bis zum Tor. Sogar Amir wieherte zu seinem Abschied aus seiner Box. Berger ist gerade 10 Minuten vor der Abfahrt des Busses im Camp angekommen. Er hat gerade noch Zeit seinen Koffer zu holen und schon geht es los nach Baghdad.

Diesmal ist der Bus nicht so voll wie bei seiner Ankunft. Er hat ausreichend Platz um den versäumten Schlaf nachzuholen. Sie sind von Mosul fast 9 Stunden unterwegs, er schläft tatsächlich mit nur ganz kurzen Unterbrechungen die ganze Fahrt durch. Am Abend streifte er noch durch Baghdad. Die Stadt ist belebt und voll beleuchtet, nicht anders als bei all seinen anderen Besuchen in dieser Stadt. Die Straßen sind breit und prächtig angelegt. Der Verkehr ist nicht sehr stark er kann gut und sicher die Strassen überqueren. Er dachte darüber nach das er eigentlich noch nach Aqaba muss, aber es passte diesmal nicht mehr in seinen Zeitplan. Das dies Baghdad die Hauptstadt eines Landes ist das sich im Krieg mit einem anderen Staat befindet ist hier nirgends zu entdecken. Dies empfindet Berger zwar als wohltuend und für die Bevölkerung als sehr beruhigend. Aber dieser Krieg der fern irgendwo nur von Soldaten ausgetragen wird birgt eine Gefahr in sich. Menschen würden vor solch einem Krieg wenn der jetzige bald beendet würde, keine Angst mehr haben. Die Generale hatten es dann leicht, sie auf einen neuen Krieg einzustimmen. Die Stadt hat als wollte sie den Iran verhöhnen, Festbeleuchtung angemacht. Vermutlich sieht es in Teheran genauso aus. Auch dort erfuhren die Menschen außer viel Propaganda nichts vom Krieg.

Im Fernsehen werden die Glorreichen Schlachten dargelegt und auch aus jeder Niederlage noch ein prima Sieg konstruiert. Dies alles zu Lasten von 100tausenden jungen Männern die sinnlos getötet werden, verwundet oder verkrüppelt nach Hause zurückkehren. Berger ist es natürlich klar, dass sich so etwas auch in Europa abgespielt hat. Wenn er da an die Schlacht um Verdun dachte oder Monte Negro oder Monte Casino. Die Schlacht um Moskau und Leningrad. Sinnlose Schlachten von Menschen ohne jeden strategischem Wert. Allein nur für das Ego der Befehlshaber durchgeführt Schlachten. Berger kehrt auf Nebenstraßen wieder an seinen Ausgangspunkt zurück. Er hat sich noch ausgiebig die Einschlagstelle der Rakete angesehen, die ihn bei seiner Ankunft aus dem Schlaf gerissen hat. Das Mehrfamilienhaus ist restlos zerstört. Die Anwohner erzählten ihm wie viel Glück sie hatten das sie nicht zu Hause waren, als die Rakete einschlug. Trotzdem gab es mehr als zwanzig Tote. Es war sehr schlimm für alle Nachbarn sie haben Freunde und Verwandte verloren. Berger erzählte ihnen wie im zweiten Weltkrieg in Deutschland systematisch ganze Städte total zerstört wurden. 100.000 und mehr Tote in einer Nacht. Sie konnten es nicht fassen und nicht glauben. Berger schaut auf die Uhr, es wurde Zeit das er sich verabschiedete. Er hatte sich um 21.00 Uhr im Gästehaus von Hochtief mit dem Bauleiter von Polenski und Zöllner verabredet. Es ist bereits 20 Minuten vor Neun. Er verabschiedete sich und geht um die nächsten zwei Straßenecken zum Quartier es sind nur knapp 500 Meter. Luftlinie, schätzte Berger. Die Rakete ist keine 150 Meter vom Gästehaus entfernt eingeschlagen. Der Bauleiter von Polensky und Zöllner erwartete ihn schon, er ist etwas früher gekommen. Sie begrüßen sich sehr freundlich die Beiden kennen sich schon sehr lange. Berger hatte einige Maschinen von ihm gekauft und andere an ihn verkauft.

Jetzt benötigte er eine Asphaltanlage und eine Betonanlage von ihm. „ Wie geht es dir, Ulli, du siehst etwas mitgenommen aus?". „ Ich bin nur etwas verschlafen habe die ganze Zeit im Bus gepennt und konnte noch nicht duschen, weil wir im Hotel im Augenblick kein Wasser haben". „ Ist das Wasser schon wieder da?" fragte Berger den Hotel Manager der gerade vorbei kommt. „ Nein, aber es muss jeden Moment wieder kommen, es ist nie länger als drei Stunden abgestellt". ., Komm Ulli, ich lade dich Heute ein und entführe dich in die Jasmin Bar". „OK das lasse ich mir gefallen, hast du die Unterlagen von den Anlagen mitgebracht?". „ Die kannst du dir morgen Früh in meinem Büro ansehen, ich habe alles bereit gelegt. Heute Abend sind wir privat zusammen, Vergiss die Maloche für Heute. Es ist schon 10 Monate her als wir uns das letzte Mal gesehen haben". „ Ja, es ist schon lange her, es war in Jeddah, nicht wahr?" "Nein, das war in Riyadh, du hast uns von Damman aus die zwei Grader verkauft". „ Ach ja, was war mit den Maschinen?". „ Du wirst es kaum glauben, lediglich die Spritfilter und die Kraftstoffleitungen waren restlos verstopft". „ Da habt ihr aber einen tollen Fang gemacht." „ Du aber auch, laut Vertrag bekommst du von uns noch 180.000 US$. Wir hatten die Zahlung vom Zustand der Maschinen abhängig gemacht. Ich habe bereits die Bestätigungen für diese Zahlungen an dich vorbereitet". „ Es geschehen noch Zeichen und Wunder, ich bekomme Geld ohne das ich darum streiten muss?". „ Streiten musst du dich vielleicht in Deutschland von dort bekommst du das Geld". Bernd stoppte sein Fahrzeug, „so, da wären wir". „Was, hier? Wo ist hier eine Bar?". „ Warte ab mein Junge gleich sind wir dort. Sie ist herrlich versteckt und nur für Eingeweihte zu finden.

Du gehörst nun auch zu diesem erlesenen Kreis". Es ist eine recht dunkle Ecke, wenn der Mond nicht genügend Licht gespendet hätte wären sie sicher an der Bar vorbeigelaufen. Berger muss schauen, wo er hintritt. Der Fußweg ist voller tiefer Löcher, die Häuser an denen sie vorbeigehen sind windschief und ziemlich verfallen. Die Türen hängen schief in den Angeln sie sind alle nicht mehr verschließbar. Aber so, wie es hier aussieht brauchen diese nicht abgeschlossen werden. Es ist sicher nichts in den Häusern das sich lohnt zu stehlen. Es schepperte bedenklich, Bernd der den Weg eigentlich kennt ist mit dem Kopf gegen ein herunterhängendes altes Reklameschild gelaufen. „ So eine Scheiße, da schaust du nach unten um dir nicht die Beine zu brechen, da haust du dir die Birne ein". Er reibt sich die Stirn auf der sich bereits eine kleine Beule bildet. „ Aber wir sind da, ohne diesen Zusammenstoß wäre ich vermutlich vorbeigelaufen"., Ich sehe nichts, wo ist es". Bernd geht ohne ein weiteres Wort zu sagen voraus, Ulli latscht hinterher ebenfalls ohne weiteren Kommentar. Bernd bemühte sich den Eingang des nächsten Hauses zu finden. Man kann hier die Hand vor den Augen nicht mehr sehen. Das Mondlicht ist nun durch die umliegenden Häuser verdeckt. Berger wartete ab was sich tut er glaubte nicht das Bernd in das richtige Haus geht. Es ist eine uralte Kaschemme vor der Bernd stoppt. Der Putz ist schon restlos von den Wänden abgefallen. Einige Fenster fehlen total, die Höhlen glotzten ihn bedrohlich an. „ Bist du sicher das hier eine Bar ist?". „ Klar, sagt Bernd fluchend, ich kriege nur diese blöde Tür nicht auf". „ Kannst du auch nicht aufbekommen, ruft eine Stimme aus einer der Fensterhöhlen in deutsch. Die Tür ist abgeschlossen, wir haben geschlossene Gesellschaft Heute".

„Du bist es Peter, komm schließ auf, wir sind am Verdursten ich habe noch einen Freund mitgebracht". „ Normal lassen wir Heute keinen mehr rein, aber ihr dürft noch, wir haben einen wahnsinnigen Weiber Überschuss". Es summt und die Tür springt auf. Berger staunt nicht schlecht, sogar einen elektrischen Türöffner haben sie. Als sich die Tür hinter Ihnen schließt staunte er noch mehr. Er betritt eine wunderschöne Bar, gepflegt und sauber. Noch mehr erstaunt ist er als er in das Hinterzimmer kommt. Dort ist eine wilde Fete im Gang, alle beteiligten sind schon unter Strom. Berger schätzte ca. 10 Männer und mindestens 16-17 Mädchen. Alles durch weg tolle Girls. Zumindest der äußeren Erscheinung nach, ohne das sie sich groß vorstellen stürzen sie sich in das Getümmel. Es wird eine lange Nacht. Erst Morgens um 8 Uhr verlassen sie die Bar, Bernd will noch zwei der Miezen mit abschleppen. Berger hat große Mühe das zu verhindern. „ Wir haben jetzt zu arbeiten mein Lieber du kannst noch nicht ins Bett. Bestell dir die Weiber für Heute Abend nach Hause, dann schmecken sie noch genauso gut wie jetzt". Bernd tut dies und machte seine Anzahlung damit sie auch kommen. Er braucht seine Adresse nicht anzugeben, sie kennen diese durch eine Reihe von Besuchen die sie schon für Ihre Dienste dort gemacht haben. Für Berger sind diese Art von Mädchen nichts, nicht das er gegen die freischaffenden Künstlerinnen etwas hat oder das er prüde ist. Er ist im Augenblick sehr gut versorgt und hatte es nicht nötig. Er hat nicht das Bedürfnis danach. Er mochte nicht mit Frauen schlafen die Kreuz und Quer bumsen, ohne Liebe einfach so für Kohle. Er ist es auch seiner Familie schuldig vorsichtig zu sein. Er ist viel unterwegs, er suchte nicht das Abenteuer mit anderen Frauen. Es gibt in seinem Leben einige Episoden mit anderen Frauen, aber immer mit ordentlichen Mädchen oder Frauen.

Die nicht für Geld und jedermann zu haben sind. Es ist einfach sein Stil und seine Art, Verantwortung zu zeigen. Er hatte Freunde erlebt die mit Huren mit gehen bei deren Anblick sich ihm schon der Magen umdreht. Wenn er mal total besoffen mit so etwas aufwachen sollt, er würde sich mit Sicherheit von oben bis unten bekotzen und drei Tage aus einer kochenden Badewanne nicht mehr heraus kommen. Sein Freund Werner sagte ihm mal in Kairo. „ Ulli, du bist verrückt. Die richtigen Weiber zum Bumsen sind die dicken, fetten, stinkenden, und wenn sie dann noch so schwarz wie mein Armaturenbrett sind, dann sind sie genau richtig. Die machen was ich will, ohne mit der Wimper zu zucken. Was soll ich mich da mit einer schönen mageren, einparfümierten Ziege herumärgern. „ Was machst du da du Schwein, lass das, ich haue ab, und so weiter". „ Das alles gibt es bei diesen Weibern nicht. Ich stecke sie unter die heiße Dusche und dann geht die Post ab. Zwischendurch einen kräftigen Schluck aus der Pulle, dann wird sie strahlend schön. Am anderen Morgen ist es für sie Pflicht, dass sie verschwunden ist bevor ich wach werde, damit es mir nicht doch noch schlecht wird". „ Du arbeitest frei nach dem Motto, „Mutti, wie alt, "80." „Macht nichts, bücken".   Berger musste sich danach immer schütteln. Obwohl er sicherlich kein Engel ist und seine Frau öfter Grund hat ihm die Augen auszukratzen. Aber er ist nicht der Typ der alles nimmt wie es kommt. Solch eine Affäre wie nun mit Marem hat er auch noch nicht gehabt. Er hatte sich echt in dieses Mädchen verknallt. Aber genauso liebte er auch seine Frau, es tat seiner Liebe zu ihr keinen Abbruch, er verlangte eher noch mehr nach ihr. Ihm ging es nicht so wie vielen anderen Männern, die plötzlich blind wurden, wenn eine neue Liebe auftauchte.

Wie sein Freund Walter in New York, der seine Frau nach Hause schickte und seine junge Putzfrau heiratete. Als Ulli ihn vor zwei Jahren dort besuchte, fragte er ihn nach seiner Frau. „ Die ist abgedampft nach Deutschland. Nach einer unserer üblichen Streitigkeiten habe ich ihr nur gesagt, „ weist du, ich kann dich nicht mehr sehen". „ Da hat sie ihre Sachen gepackt und ist zurück nach Hause, nur weil ich plötzlich blind geworden bin, ist das die feine Art?". Er lacht dröhnend über seinen angeblichen Witz. Berger weis, dass er schon seit langem ein Verhältnis mit seiner Putzfrau hat und die Blindheit daher rührt. Ulli konnte die Stelle zum Lachen trotzdem nicht finden. So ist das mit den Männern und Frauen, hier dies Probleme, da solche Probleme. Berger fährt nun den Wagen von Bernd, dieser hat sich etwas viel Bier zugemutet. Berger ist auch hier seiner Regel treu geblieben, in diesen Ländern niemals zuviel zu trinken. Sie schaffen aber arbeitsmäßig alles, er bekommt seine Papiere und hat noch die Zeit sich die Anlagen von Polenski und Zöllner anzuschauen. Um siebzehn Uhr hebt seine Interflugmaschine ab nach Ost Berlin, mit Berger an Bord. Es ist ein angenehmer Flug und nicht schlechter im Service als die Lufthansa. Wie immer verschläft Berger den ganzen Flug, da ist er einmalig. In Autobussen oder Flugzeugen kann er ruhig und tief schlafen. Von Ostberlin wird er dann mit einem Interflug Bus nach Westberlin gebracht ohne jede Kontrolle. Dort steht sein Auto nun bereits 9 Wochen am Straßenrand abgestellt einsam und verlassen. So wie er das befürchtet hat, ist die Stereo-Anlage aus dem Auto ausgebaut. 3000.- DM. Ein Fall für die Versicherung. Zum Glück ist das Fahrzeug dabei nicht beschädigt worden. Der Polizist, der den Diebstahl aufnimmt, zeigte dem erstaunten Berger,

Das er mit einer Nadel nur drei Sekunden braucht um die schöne teure Zentralverriegelung zu öffnen. „Tolle Leute, diese Autokonstrukteure". denkt Berger nur. „ Normal müsste der Hersteller für solche groben Konstruktionsfehler aufkommen. Was nützt einem ein Schloss, wenn man die Tür mit einer Nadel genauso schnell aufmachen kann wie mit dem Schlüssel". Die Marke soll hier verschwiegen werden, um später keinen Ärger zu haben. Aber es ist wahrscheinlich bei allen Marken das gleiche Problem. Wenn man Klagen würde, hätte man gleich die gesamte Auto-Lobby gegen sich. Ein hoffnungsloses Unterfangen. Das Geld das man hat um die Gerichte und Anwälte zu bezahlen, entscheidet dann letztendlich über Recht oder Unrecht, Klagen sinnlos. Genau wie Berger mit einem anderen brandneuen Auto auf der Autobahn einen Autounfall hatte. Direkt aufgefahren war er seinem Vordermann. Das die Tomaten und Äpfel, die sich in dessen Kofferraum befanden, über Bergers Auto rollten. Hier stellte sich zum Positiven des Herstellers heraus, dass die Fahrgastkabine sehr gut ist. Obwohl es ein wuchtiger Aufprall war, war diese hundertprozentig intakt geblieben. Seiner Familie war absolut nichts passiert. Das Nachteilige war, dass trotz des langen Bremsvorganges, mehr als 60 Meter waren zwischen Berger und dem nächsten Fahrzeug abstand, er das Fahrzeug trotzdem nicht zum Stehen brachte, trotz ABS die Bremse keine Wirkung zeigte, so sehr er sich auch hinein stemmte. Mit der Motorbremse und Handbremse konnte er dann das Schlimmste vermeiden. Er hatte in seinem Fahrzeug eine der neuen ABS Super-Bremsen, mit einwöchiger Bremsverzögerung. Seinen späteren Brief als Reklamation hatte das Werk nicht einmal beantwortet. So ist das Leben, wenn man mit dem Hintern auf einem fetten Polster sitzt braucht man nicht zu antworten.

Wenn Berger Fehler macht, geht es sofort an seine Geldbörse. Dieser Unfall sollte sich, so wie er begonnen hat, fortsetzen. Der Abschleppwagen holte Berger und seinen Kontrahenten von der Autobahn. In einem wahnwitzigen Verkehr wendete der Abschleppwagen. Da es Winter war und es keine andere Transportmöglichkeit für seine Familie gab, mussten sie im Unfallfahrzeug sitzen bleiben. Durch diesen Verkehr musste der Fahrer von der linken über die mittlere Spur zur Ausfahrt wechseln. Die Polizei hatte sich bereits bevor alles abgewickelt war wegen der Kälte aus dem Staub gemacht. Mitten auf der mittleren Spur reißt das Abschleppseil des Spezialabschleppwagens. Berger stand nun samt Familie lebensgefährlich bedroht durch den anrollendem Verkehr mitten auf der Autobahn. Er schnappte sich seinen kleinen Sohn, gerade vier Jahre alt, reißt die Tür auf und spring nach draußen, nachdem er sich vergewissert hatte, dass diese Seite frei ist. Seine Familie machte es ihm sofort nach. So stehen sie wenig später am Autobahnrand. Berger war bereits weiter nach vorn gelaufen und hat die nun kommenden Autos mit seinem weisen Hemd, das er sich schnell auszog ab gewunken. So konnte das Schlimmste verhindert werden. Dann wurde das Auto wieder angehangen und die Familie musste mit im Auto. Sie konnte ja nicht mitten in der nacht auf der Autobahn bleiben. Auf dem Autohof fuhr der Fahrer dann beim Wenden noch in die riesige Schaufensterscheibe, die mit einem Riesen Knall zersplittert. Berger macht sich dann auf den weg von Berlin über Helmstedt nach Wolfenbüttel. Er muss dabei natürlich die Zonengrenze überqueren was immer ein grauen ist. Berger ist bereits eine Woche zu Hause und seine Familie ist glücklich das er wieder da ist. Berger hat Zeit für seine Familie und die Probleme in seiner Fabrik. Dann muss er nach Paris, eine Kanadische Firma will die Maschinen aus Mosul von Hochtief kaufen.

Er hat einen Termin in deren Büro in Paris am Flughafen wird er von einer hübschen kleine Dame abgeholt. Berger ist noch völlig durcheinander von einem wilden verwegenen Flug mit einer zweimotorigen Maschine der Lufthansa. Solche Flugzeuge war ist er auf solchen Strecken nicht gewohnt. Die Kiste schleuderte von den Luftströmen erfasst hin und her. Alle Passagiere und Stewards an Bord nutzten fleißig die Kotztüten. Für Berger wurde es zum ersten mal notwendig bei einem Flug. Dafür erwartet Ihn diese entzückende Dame am Flughafen. Sie unterhalten sich über die Fliegerei und sie kennt von Ihrem Chef die vielen Wege die Berger durch die Welt macht. Benutzen sie ein Tripticket fragte Sie. Berger verstand durch das Laute Treiben auf dem Flughafen, haben sie einen Tripper vom vielen Reisen. „ Sagen sie Madam was meinen Sie damit". Wird hier jeder ankommende gefragt ob er einen Tripper hat``. „Sie lächelte Berger ganz bezaubernd an, so als hätte sie ihn nichts Schlimmes gefragt. Berger versuchte ihr dann in englisch zu erklären, dass er ihr französisch nicht gut verstehen kann. Das begreift sie sofort und fängt an mit in einem äußerst gebrochenen englisch zu sprechen, dass sie auch noch irgendwo in Amerika gelernt haben muss, vermutlich in Texas. Sie sagt in englisch Ihren Spruch noch einmal auf. Als sie an die Stelle mit dem Tripper kommt hört sich das in englisch schon ganz anders an. Sie wollte lediglich wissen, ob Berger mit einem Tripticket fliegt wenn er soviel unterwegs ist. So ist das also denkt Berger, so schnell kommt ein Mädchen in Verruf. Die Geschäftsbesprechung dauerte noch bis in den nächsten Tag. Diese kleine französische Firma ist die Agentur für eine große kanadisch amerikanische Firma, das Aktionshaus Ritchi Brothers in Europa.

Es ging um die Maschinen der Baustelle in Mosul. Die meisten der unendlich vielen Erdbewegungsmaschinen in Mosul haben ihre Einsätze beendet. Es geht um ein Kaufvolumen von 21 Millionen US$. Nach Rücksprache mit dem Büro in den USA wird Berger bestätigt, dass Interesse an diesem kompletten Maschinenpaket vorhanden ist. Sie würden einen Ingenieur in den Irak senden der die Maschinen überprüfte und mit Berger abnimmt. Berger erbat sich diesen Zeitpunkt mit ihm abzustimmen. Damit er diesen Maschinentest gemeinsam mit dem Ingenieur von Ritchi machen kann. Mit seiner Hilfe würde er es auch auf der Baustelle leichter haben. Berger versprach die ganze Bestandsliste zu erstellen und so weit als möglich, Preise einzusetzen. Am nächsten Abend geht es wieder nach Hause. Seinen zweiten Besuch in Paris arrangiert er für die ganze Familie. Es wurden vier wundervolle Tage. Berger und seien Familie lieben Paris. Es überraschte ihn, wie wenig Franzosen englisch sprechen oder nicht sprechen wollen. Auf diese Art und Weise ist Berger dazu gezwungen auf schnellstem Wege etwas französisch zu lernen. So das er zumindest das wichtigste selbst bestellen kann. Am zweiten Abend geht er mit seiner Frau in ein elegantes Restaurant. Er orderte vornehm in bestem französisch ein Fleischgericht aus der Karte. Der Ober zählte vermutlich die verschiedenen Arten der Zubereitung auf. Irgendwo beim dritten oder vierten sagte Berger stopp. Der Ober bringt die Weinkarte und wartete wieder auf die Bestellung. Berger suchte verzweifelt nach Bier und fragte den Ober danach. Der schüttelte nur angewidert den Kopf. Bier gab es also nicht er braucht nicht weiter zu suchen. Seine Frau hat sich zwischenzeitlich für eine Flasche Rotwein entschieden. Berger schloss sich dieser Flasche an, es sollten deren 8 werden. Das einzige negative und enttäuschende ist das Hauptgericht, vielleicht war es in diesem Land auch nur das Nebengericht.

Das Fleisch ist für sie eine Katastrophe. Es handelt sich um halbrohes, gedünstetes Fleisch, dass so zäh ist, dass man es wie Gummi ziehen kann und durch das ganze Lokal schießen konnte. Berger würgte sich das Ding in kleinen Häppchen hinein denn diese alten Reifenreste sind irrsinnig teuer. Er kaute auch noch die Reifenteile die man seiner Frau serviert hat. Sein Gebiss wurde dermaßen strapaziert das er noch drei Tage mit seinen Kauwerkzeugen Probleme hatte. Er hat regelrecht Muskelkater im Gesicht. Nach diesem perversen Fleischgericht gab es die Käseplatte; und die machte alle Anstrengungen vergessen. Auf dieser Platte befanden sich mehr als vierzig Sorten Käse. Dazu gibt es Weißbrot und wie bereits erwähnt, ausgiebig Rotwein. Zum Abschluss wird Creme Caramel serviert, so schmackhaft wie Berger es noch nie gegessen hat. Danach machen sie sich schön angeschlagen mit dem Taxi auf den Heimweg zu Ihrem Stammhotel Gare du Nord. Vom Hotelzimmer können sie direkt auf den Bahnhof Gare du Nor sehen. Es ist der größte Pariser Bahnhof. Sie sahen erstaunt das der Bahnhof abgeschlossen wird über Nacht. In den Eingangstüren machen sich sofort Penner mit ihren Kartonbetten breit und begeben sich zur Ruhe. Familie Berger tut das gleiche. Die nächsten Abende wurde in St. Michel gegessen. Dieser Platz entwickelte sich zum Lieblingsplatz von Familie Berger. Diese Straßen sind voll mit Leben, voll mit vornehmen Leuten und mit den verrücktesten Typen. Berger konnte stundenlang sitzen und die Leute betrachten. Dabei die leckersten Dinge essen und trinken. Die Esswaren, Fleisch ect., werden hier in Bergen zur Ansicht aufgebaut. Vom Spanferkel über Steak und Salate. Es gibt einfach alles. Man muss nur mit dem Finger darauf zeigen und schon bekommt man was man will. Sie schlemmten die ganzen Tage.

Leider gehen auch diese Tage zu schnell vorüber, die Pflicht ruft sie wieder nach Hause zurück. Berger verspricht seiner Familie fest, die nächsten vier Wochen zu Hause zu bleiben und nur Tagestouren zu seiner Kundschaft zu machen. Dreimal nahm er sie dann noch alle übers Wochenende mit, als er in Dänemark und Holland Termine hat. Leider waren alle Beide Reisen sehr wässerig, so dass sie die meiste Zeit im Hotel verbringen mussten, aber sie sind zusammen. Zwischenzeitlich gab es Schulferien, die Kinder wollten gerne an die Nordseeküste in Holland, aber Berger und seiner Frau ist es mehr nach südlicher Richtung. Da bestimmte ein Telex auch schon den Urlaubsort. Berger muss schnellstmöglich nach Kairo kommen, das passte ihm ausgezeichnet, auch seiner Familie. Da haben sie alles Wasser und Sonne garantiert. Zwei Tage später geht es bereits los. Die Kunden werden davon unterrichtet das sie ihn in Kairo im Hotel Mövenpick in wichtigen Angelegenheiten erreichen können

Kapitel 3   Kairo

Die Sekretärin wurde informiert und im Büro alles Wichtige erledigt. Aus Erfahrung wusste er, dass die Sommermonate, speziell die Ferienmonate in Deutschland geschäftlich komplett tote Hose sind. So fiel es ihnen leicht, zu verschwinden. Sie wollen dem verregnetn Sommer entfliehen. Morgens um 5 Uhr machen sie sich alle gemeinsam auf den Weg. Alle freuen sich auf Kairo und das immer gute Wetter. In all seinen vielen Trips nach Kairo hatte er erst einmal zwei Regentage gehabt. Schon die schöne warme Luft, als sie in der Nacht aus dem Flugzeug steigen, machte die Kinder und seine Frau munter. Dann ging die Taxifahrt durch die Prachtstraße von Heliopolis am Präsidentenwohnsitz vorbei durch die Stadtmitte über Dokki nach Giza und über die Pyramidenstrasse.

Dann an den Pyramiden vorbei zum Hotel Mövenpick. Es ist zwar weit draußen, ca.30 Minuten mit dem Taxi bis zur Stadtmitte. 30 Minuten aber nur, weil die Zufahrtsstraße ständig verstopft ist. Mit Begeisterung nimmt seine Familie das Hotel an. Am wichtigsten ist natürlich das Schwimmbad mitten im Garten. Berger hat ihren Bungalow so gebucht das er fast unmittelbar am Bad ist. Die Kinder beinahe von der Terrasse in das Wasser springen können. Nach einem Rundgang durch das Hotel und den Garten scheucht Berger alle ins Bett. Trotzdem es bereits 3 Uhr Morgens war als sie ins Bett kamen, waren sie alle um 8 Uhr schon wieder putz munter. Die dicken schweren Vorhänge vor dem Fenster schützten vor dem Sonnenlicht. Diese ist jetzt schon intensiver als zur Mittagszeit in Deutschland. Dann wurden alle überrascht von dem riesigen Frühstück. Es ist alles vorhanden, ägyptisches, amerikanisches, englisches, französisches und deutsches Frühstück. Berger selbst holte sich als erstes Foul und Tammeia, das war das urtypische Essen für Ägypten. Neben vielen anderen leckeren Sachen. Aber Foul und Tammeia ist billig und sehr schmackhaft. Foul ist eine Art dick gekochte Bohnensuppe, die man mit dem Fladenbrot isst. Tammeia sieht äußerlich aus wie Frikadellen. Sie sind aber aus gestampften Foulbohnen und Gewürzen und werden in heißem Fett gebacken. Dadurch werden sie außen krosch und braun. Sie schmeckten frisch vorzüglich. Man sagte dies sei das Essen der armen Leute, natürlich nur, weil es draußen sehr billig ist. Nebenbei brachte er seinen Kindern die einfachen arabischen Worte für Danke, shukran und Bitte afwan bei. Oder Guten Morgen, saba elchir-. Seine Familie ist begeistert von der Atmosphäre im Hotel, keine Hektik, kein Ärger alles läuft ruhig ab. Selbst Berger der oft bei Kleinigkeiten ärgerlich wurde ist die Ruhe selbst. Dies war aber immer so, sobald er im Flugzeug nach Kairo sitzt ist alle Hektik aus ihm verschwunden.

Er schaltete automatisch auf die andere Welt. Die erste Woche verfliegt so dahin wie im Fluge. Morgens bis um zehn Uhr ist Berger mit am Pool. Dann geht er seiner Arbeit nach. Es ist nicht einfach im verstopften Kairo bei glühender Hitze all den Terminen die er hatte nachzukommen. Er wollte aber das wesentliche sofort erledigen. Er bringt in der ersten Woche den Auftrag für eine Betonanlage zustande und bei einer anderen Firma die Lieferung von einigen Fahrzeugen. Alles gebraucht aber von ihm in Deutschland überholt und zurecht gemacht. Gebrauchte ist für ihn bedeutend günstiger, die Gewinnspanne ist 20 mal so hoch wie bei Neu Maschinen. Aber für den Kunden immer noch wesentlich günstiger. Es hängt natürlich immer davon ab wie günstig Berger selbst einkaufen kann. Um spätestens 16.00 Uhr ist er dann immer zurück im Hotel. Einige Termine verlegte er gleich ins Hotel so das seine Kunden zu ihm kommen und auf diese Weise gleich seine Familie kennen lernen. Salama, der leitende Ingenieur einer Ägyptisch/Schweizer Firma, lädt die Familie zu einem Badeausflug nach Ismaelia ein, zum Schwimmen im Suez Kanal. Berger ist schon einige Male dort gewesen. Es ist für seine Familie ein interessanter Ort. Morgens um 8 Uhr werden sie abgeholt. Sie müssen direkt am Flughafen vorbei und kommen dann auf die Wüstenstraße nach Ismaelia. Bereits weit vor Ismaelia wird die Wüste abgelöst von grünen Feldern, Palmenwäldchen und vielen Kanälen. Die Stadt selbst ist ein absoluter Gegensatz zu Kairo. Kein hektisches Treiben, kein Gedränge der Autos. Kanäle über Kanäle mit wunderschönen Brücken. „Papa, das sieht hier aus wie in Holland, sind wir denn noch in Ägypten?". „Ja, wir sind noch in Ägypten. Ägypten hat viele Gesichter, wie du nun sehen kannst. Wüste, Wasser und Steingebirge. Wunderschöne Strände am Mittelmeer".

„ Am Golf von Aqaba das rote Meer. Der ganze Sinai, der voll Überraschungen steckt. Ich habe dir doch einmal die Geschichte erzählt als ich im Sinai das versteckte Tal fand, das so wunderschön war". „Ach ja, das war als du so lange von zu Hause weg warst, ich war da aber noch ganz klein. Ich weiß aber, dass Mama so traurig war, wir glaubten alle du wärst tot". „ Das ist schon wieder vergessen mein Junge, da gab es dich noch nicht, das war 1973". „1973?" mischte sich nun Salama ins Gespräch, das war doch, als du uns die eine Anlage aufbautest?". „ Nein, da war ich für die Abicon hier, aber ich habe auch eine Anlage aufgebaut. Eure Anlage kam zwei oder drei Jahre später". „Was ist 1973 geschehen?", fragte Salama interessiert. Berger schilderte nur in einigen Stichworten, wie er 1973 zu einem Spionageflug für Ägypten über den Sinai gekommen ist abgeschossen wurde und dann im Südlibanon fast umgekommen ist und dann auch noch auf dem Rückweg von Israel über Rom nach Lybien und von Lybien nach Ägypten eine Notlandung in der Wüste hatte. „Das war meine verrückteste Reise". Der Fahrer hat das Ziel erreicht und hält auf einem kleinen Parkplatz an. „ Zum Glück sind wir die ersten, da können wir uns den besten Platz aussuchen". Salama wickelte an der Kasse alles ab, während Bergers Familie in den Garten stürzt. Es ist kein Garten nach deutschem Muster, aber er ist einigermaßen gepflegt und ordentlich. Der Suezkanal ist an dieser Stelle fast 800 Meter breit. Vor einigen Jahren war Berger über den Kanal geschwommen, da war Ägypten noch im Kriegszustand mit Israel und die andere Seite noch besetzt. Man hätte leicht auf seinen Freund Manfred und ihn schießen können. Es tat natürlich oder zum Glück niemand, es gab auch eine willkommene Abwechslung für die Soldaten einigen verrückten zu zusehen.

Sicherlich waren sie beschäftigt genug als sie mit ihren Fernrohren die hübschen Mädchen der Österreichischen Botschaft beobachten konnten die am anderen Ufer standen. Berger konnte danach immer sagen das er von Afrika nach Asien geschwommen ist. Der Suez-Kanal ist die Grenze zwischen Afrika und Vorderasien. Der Kanal verläuft hier etwas seicht an den Seiten aus, so das eine gute Bademöglichkeit vorhanden ist. Damals gab es noch keinen Schiffsverkehr wegen des Kriegszustandes. Heute fährt schon in dieser kurzen Zeit in der sie dort sind der dritte Riesendampfer an ihnen vorbei. Es ist ein bombastischer Anblick, wenn diese Riesenpötte, die dreißig Meter und mehr über das Wasser ragen, direkt an ihnen vorbeiziehen. Es ist für die Kinder ein großes Erlebnis und Marcos kleine Minox, die er so listenreich erbeutet hat bekommt viel Arbeit. Es wurde für alle ein erlebnisreicher Tag. Berger ist Salama dankbar für diesen Tag den er ihnen geopfert hat. Marco entwickelte sich in diesen Tagen prächtig, niemals zuvor war er so aus sich heraus gegangen. Ihm gefiel Ågypten wohl genauso wie seinem Vater. Besonders die kleinen Mädchen mit ihren langen schönen schwarzen Haaren haben es ihm angetan. Die größeren, die bereits älter als er sind scharen sich um ihn wegen seiner lockigen blonden Haare. Seine für die Ägypter goldenen Haaren machen Ihn zum Dreh und Angelpunkt der Ägypterinnen. Es ist zu dieser Zeit nicht einfach, mit seiner Frau und dem Kind durch die Straßen in Ägypten zu gehen. Ganz unverhofft wird der Kleine von Frauen gegriffen und geküsst. Selbst seine Frau wurde in die Haare gefasst oder scheinbar unbeabsichtigt von Männern berührt. Schlimm war es immer, wenn sie sich durch die engen Gassen des Basars Chan Khalilie drängelten.

Obwohl seine Frau das Gedränge liebte, war es ihr dann doch lästig. Wenn Berger sie durch die ganz schmalen Gassen führt, hat sie sogar Angst. Obwohl es dazu wirklich keinen Grund gibt. Er bevorzugte die Gassen, die nicht von den Touristen überschwemmt sind. Was natürlich störend ist, sind die vielen Schlepper, die einen immer wieder belästigten. Für Berger ist es durch seine kleinen Kenntnisse der arabischen Sprache leichter diese aufdringlichen Burschen los zu werden. Die Schlepper bringen es fertig einem über hunderte von Metern und mehr unentwegt zu belabern, auf die Nerven zu gehen. Dann wird Berger auch schon mal heftig, ansonsten nimmt er diese Art der Werbung gelassen hin. Wenn er alleine in Kairo ist geht er manchmal mit solchen lästigen Schleppern mit, lässt sich schön mit Tee bewirten, unterhält sich in den Geschäften angeregt. Versprach dann wieder zukommen und geht ohne zu kaufen. Was er liebt, sind die Gespräche mit den einfachen Leuten in Ägypten. Sie haben eine ehrliche, liebenswürdige Art, sie haben trotz ihrer Armut eine gewisse Bildung und wissen über viele Dinge Bescheid und verstehen es auch, ihre Ansichten standhaft zu vertreten. Man sollte sich hüten, diese Menschen aus den Armenvierteln mit Slams in anderen Weltstädten wie New York oder Tokyo zu vergleichen. Diese Menschen sind von einer anderen Qualität. Sie sind arm aber ausgesprochen ehrliche und gute Menschen. Ihnen fehlte zum Glück diese Gerissenheit die viele Händler im Orient besitzen. Wenn man sich auskennt und dies einschätzen kann, kann man sehr gut damit leben. Kairo ist eine interessante Stadt voller Gegensätze, hier prallten viele Kulturen und Religionen aufeinander und alles funktionierte in diesem Wust. Nicht immer im europäischem Sinn, aber es ging hier immer weiter, manchmal auch einen Schritt zurück.

Aber diese Stadt verkraftet viel und es ist gut so. Auch gut das sie sich nicht so sehr europäisieren oder amerikanisieren lässt. Aber diese Einflüsse werden über kurz oder lang größer werden. Wenn sie vom Khan Khalilie ins Hotel zurückkehren sind sie immer fällig für eine Stunde Schlaf. Das Laufen in der Hitze ist schon anstrengend genug, dazu das schieben und schubsen der Menschenmassen. Einmal haben Sie es am Abend ganz spät versucht, es war noch viel schlimmer als am Tage. Bis drei Uhr morgens geht das Treiben, so als brauchen die Ägypter keinen Schlaf. Abends bevölkern die vielen Menschen die ganze Stadt. Wie die Ameisen strömten sie aus ihren Häusern. Jedes Fleckchen Grün wird dann in der Stadt besetzt. Auch wenn es ein kleiner grüner Streifen inmitten einer Kreuzung ist. Die Kornisch el Nil, die Promenadenartige Uferbefestigung des Nils ist dann überbevölkert. Dazu gibt es in der Stadt mehrere tausend von kleinen Basars, die voll mit Menschen sind. Am Tage ist es eine Stadt der Autos, Nachts gehörte die Stadt den Menschen. Obwohl auch Nachts noch ein beachtlicher Autoverkehr zu verzeichnen ist. Aber jetzt müssen sich die Autos durch die Menschenmassen drängen, es ist schwierig zu fahren. Jetzt schieben sich die Autos Zentimeter für Zentimeter durch die Fußgänger Ströme. In den nächsten Tagen zeigt Berger seiner Familie die Pyramiden, die Sphinx und das Boot der Könige im nahen Museum. Hinzu kam ein unvermeidlicher Ritt auf dem Kamel, der ein Stück durch die Wüste führt und auch der Besuch der Festung Kairo. Mit ihrer Mohamed Aly Moschee und dem anschließenden Museum. Das ägyptische Museum besuchten sie während eines Einkaufbummels in der Stadt.

Danach beschlossen sie den Tag im Nile Hilton. Sie haben noch vier Tage Urlaub und wollten diese nun ohne weitere Excursionen, ruhig im Hotelbereich verbringen. Daraus sollte nichts werden. Am anderen Morgen werde sie durch Schüsse geweckt. Gleichzeitig klingelte auch schon das Telefon, die Hotelleitung ist am Apparat. „Bitte ziehen sie sich umgehend an, wir scheinen kleinere Probleme zu bekommen, bleiben sie aber sicherheitshalber in ihren Zimmern". Draußen entwickelte sich die Schießerei zu einem kleinen Gefecht. Seine Familie hatte Angst, was hat diese Schießerei zu bedeuten?. „ Ich muss nachsehen was los ist, damit ich reagieren kann". „Nein, du bleibst hier, die Hotelleitung hat gesagt, wir sind hier sicher". „ Die sagen viel. ich muss wissen was los ist. Ihr bleibt hier, bis ich wieder komme packt ihr die Sachen in die Koffer". Schon ist er gegen den energischen Wiederspruch seiner Gattin draußen. Er glaubt das es im schräg gegenüberliegendem kleinen Polizeigefängnis und Kaserne einen Aufstand gibt. Im Garten ist bereits ein Riesengedränge von Gästen die große Sorge und Angst haben. In der Hotelhalle herrscht ein wildes Durcheinander. Er kann nur erfahren, dass es tatsächlich einen Polizeiaufstand gibt. Als Schüsse in die Halle einschlagen, ist das Durcheinander perfekt. Berger muss seine Familie schnellstens aus dem Hotel bringen. Die Nähe der Polizeikaserne ist ein Gefahrenherd. Es wird nicht lange dauern dann wird die Armee zurückschlagen. Das wird eine harte Auseinandersetzung werden. Was soll er tun er muss aus dem Hotel Gelände heraus. Nun krachen ganze Gewehrsalven in das niedrige Vorderhaus des Hotels. Was ist das, warum muss Ihm Berger ständig so etwas passieren. Es liegt wohl nicht an Ihm, sondern einfach an den Ländern, in denen er arbeitete.

Er hat das Glück, immer im richtigen Moment am falschen Ort zu sein. Er hat seinen Beruf verfehlt, er hätte Reporter der Bildzeitung werden sollen. Alle Leute stürmten nach diesen neuerlichen Gewehrsalven verängstigt in die Hotelhalle. Sie glauben in der Masse mehr Schutz zu haben. Berger erwischte den Gärtner, mit dem er sich bereits angefreundet hat. „ Gibt es einen anderen Ausgang aus dem Hotel als den da vorn, da kommt kein Mensch mehr heil hinaus?", „ Ja Mr. Ulli, dahinten ist ein kleines Tor". „ Schnell, lass uns nachsehen". Berger rennt mit Abdallah los. Zum Glück hat Abdallah den passenden Schlüssel dabei. Quietschend springt das Tor auf. Auf dieser Seite des Hotels ist es noch ganz ruhig. „ Abdallah, wo bekommen wir ein Auto her?" Gegenüber sind einige Villen deren Besitzer damit beschäftigt sind ihre Familien in Sicherheit zu bringen. Autos werden hektisch beladen. Die Situation ist auch dort schlimmer als alle dachten. Diese Ägypter sind sicher über das wahre Ausmaß gut informiert. „ Abdallah, bring bitte meine Frau und meinen Sohn hierher, sprich sonst mit keinem". Abdallah rennt los und tut, wie ihm gesagt wurde. Berger geht zur gegenüber liegenden Villa, der Besitzer spricht ausgezeichnet englisch. „ Machen sie, dass sie weg kommen, in Kürze wird die Armee hier sein, dann bleibt kein Stein mehr auf dem anderen``. Wie zur Bestätigung erklingen die ersten Schüsse aus Panzerkanonen. Eine Granate schlägt mitten im Garten des Hotels ein. Aufatmend sieht Berger, dass seine Familie bereits mit Abdallah am Tor steht. „ Können sie uns mitnehmen?", fragt Berger. Der Mann schaute in den Wagen und spricht mit den Leuten die schon wie Heringe gedrängt im Auto sitzen. „Ihre Frau und den Kleinen kriegen wir noch unter. „ Berger winkte sie heran. Sie kommen mit Abdallah über die Straße gerannt und zwängten sich noch in das überfüllte Fahrzeug.

„ Wohin?" fragte der Mann berechtigter Weise, "ins Mariott, wenn es möglich ist". „ Das ist sehr gut, ich will in mein Haus nach Zamalek". Drei Granaten schlagen nun kurz hintereinander in den Garten ein, eine muss ein Haus getroffen haben, es schepperte fürchterlich. Der freundliche Ägypter springt in sein Auto und raste davon mit seiner Frau und seinem Sohn. Es wurde auch höchste Zeit das rasseln von Panzerketten ist nun deutlich zu hören, unangenehme Geräusche. Abdallah ist es nun, der sehr nervös wird, „ Was nun Mister Ulli, wir müssen weg. Die Schießen alles kaputt". Aus dem Hotel klingen verzweifelte und angstvolle Schreie herüber``. „ Wenn es hier ein oder zwei Busse gäbe, könnten wir viele Leute herausschleusen. Los, Abdallah, laufen wir, hier hinten ist es noch am ruhigsten". Sie rennen los, um so weit wie möglich vom Brennpunkt entfernt zu sein. Weiter vorn, im Holliday Inn, ist bereits der offene Tumult ausgebrochen. Mehrere Granate sind in eines der oberen Stockwerke eingeschlagen, die Flammen schlagen aus dem Hotel. Feuer und qualm kommt aus den Stockwerken. Als er zurückblickt sieht er auch dicke Rauchwolken aus dem Jollie Ville aufsteigen. Weiter rechts, aus dem Mena Haus drängen sich viele Autos in Richtung Kairo. Berger denkt bei sich, dass ist mit dem Militär wie bei der Feuerwehr, sie kommt zwar um zu löschen, machen aber oft mehr kaputt, als das Feuer an Schaden anrichten kann. „ Die Straße ist zwischenzeitlich total verstopft. Berger hoffte das seine Familie nun nicht in diesem Stau festsitzt. Aber es wäre immer noch sicherer als im Hotel zu sein das direkt gegenüber der Polizeistation liegt. Seine Familie müsste eigentlich schon aus dem direkten Gefahrenbereich heraus sein. In der Stadt sollte es nach Auskunft des Ägypters nicht so schlimm sein.

Die Schwerpunkte wie auch die Ausgangspunkte des Polizei Aufstandes sind in Maadi, Heliopolies und hier bei den Pyramiden. Von der linken Nebenstraße bewegen sich mehrere Panzer in ihre Richtung, einige machen sich auf den Weg hinters Jolie Ville, andere fahren am Holiday Inn vorbei zum Mena Haus. Andere scheinen diese Straße zu sichern. Ganz sicher zum Schutz der Ausländischen Gäste. „ Los, wir müssen verschwinden, bevor sie die Straße dicht machen". Im Augenblick herrscht hier echter Kriegszustand. Nun treffen im Schutz der Panzer die Wagen mit den Elitesoldaten der Ägyptischen Armee ein. Wie im Manöver reagierten sie präzise und exakt. Sie bilden im nu einen riesigen Sicherheitsring um die Hotels und marschieren auf das Jollie Ville zu um eine Evakuierung zu ermöglichen. Militärbusse werden heran geschleust. Berger schickt Adballah zum Kommandowagen den er entdeckt hat``, schnell, sag ihnen, dass sie von dieser Seite noch prima in das Jollie Ville können um die Menschen dort zu evakuieren``. Abdallah macht dies kurz und bündig wie es Ihm befohlen wird. Berger marschierte dann mit Abdallah weiter, an verschiedenen Straßenecken gibt es vereinzelte Schüsse. Nun scheint doch langsam das Stadtgebiet mit in den Aufstand hineingezogen zu werden. Die Pyramidenstraße ist restlos verstopft, wie auch die einige Kilometer westwärts liegende Entlastungsstraße, die König Faisal Straße. Berger marschiert mit Abdallah diese Straße entlang. Ein Auto zu nehmen ist sinnlos, sie sind zu Fuß zehn mal schneller. Erst in Dokki lässt der Verkehr nach, überall sind Panzer aufgefahren und Soldaten beherrschen das Straßenbild. Hin und wieder wird geschossen aber es ist nichts Gefährliches. Abdallah und Berger trennen sich am Gizahsquare, Berger gibt ihm 500 Pfund mit auf den Weg. Dieser will sie per. du nicht annehmen. Berger schiebt sie einfach in seine Tasche.

Diese Tasche ist extra für solche Gelegenheiten gemacht. Die Geldtasche für Geld, das sie nicht wollen, aber doch nehmen und ganz nötig brauchen. Dieses quasi aufgenötigte lästige Trinkgeld landete immer in dieser breiten Tasche. Berger ist kein Verschwender, aber er wusste durch seine Auslands-erfahrungen, dass im Ernstfall nichts wichtiger sein kann als richtig verteiltes Trinkgeld, es ist mitunter lebensrettend und verschafft einem so manchen Vorteil und manche Annehmlichkeit, die man sonst nicht hat. Berger marschierte nun über die Brücke nach Zamalek. Das Militär hat bereits alle Brücken besetzt und die Polizei dort abgelöst. Unbehelligt erreicht er das Marriot Hotel. Bergers Frau und Sohn stehen in der Halle und warten auf ihn. Sie sind froh ihn zu sehen, früher als sie erwartet haben. Sie erzählen ihm das der nette Herr sie direkt im Hotel abgesetzt hat und dafür gesorgt hat das sie ein Zimmer bekommen. „Ich habe seine Telefonnummer aufgeschrieben, wenn es ruhiger geworden ist sollen wir ihn anrufen. Sie sagen, die Armee hätte bereits alles in der Hand, aber es werden immer noch Schießereien gemeldet, die Ausgangssperre ist ausgerufen". „ Wisst ihr was, ich habe, einen fürchterlichen Hunger, wir haben noch nicht einmal Gefrühstückt". Sie gehen ins Restaurant im, Marriott um sich das Frühstück das dort noch immer aufgebaut ist zu verspeisen, hier ist es dann ohne Unterbrechung möglich. „ Irgend wie ist es nicht richtig, da sterben noch Menschen auf der Straße, und wir sitzen hier in all dem Luxus und hauen uns den Bauch voll". „ Das ist immer so, mein Schatz. Immer wenn wir am Essen sind, sterben woanders Menschen auf dieser Welt aus Hunger, werden ermordet, verenden in irgend einem Krieg, Erdbeben, oder einem Aufstand.

Hier sind wir nun mal hautnahe am Geschehen. deswegen, mein Schatz, müssen wir nicht hungern es schadet denen nicht, die keinen gedeckten Tisch haben, oder überhaupt nichts zum beißen haben". „ Weißt du, worüber ich mit Marco nachgedacht habe, ihm ist es eigentlich zuerst auf gefallen. Das ist das erste Mal, dass wir erlebt haben das du bei deinem Rettungsmanöver nicht gleich auch an die vielen Anderen gedacht hast und uns allein aus dem Hotel rausgeholt hast``. „ Wenn sich der hintere Ausgang in diesem Exstase Zustand herum gesprochen hätte, wäre keiner von uns mehr heraus gekommen. Die Meute hätte die Abfahrt der ägyptischen Familie verhindert und ihr wärt niemals weggekommen, keiner wäre rechtzeitig weggekommen. Ich habe solche Dinge schon des öfteren erlebt. Nichts ist schlimmer als eine verängstigte, kopflose, Horde Menschen. Jeder versucht nur sich zu retten, egal, ob der andere dabei drauf geht, dass ist nicht mehr wichtig". „ Du hast recht", sagte sie, „ aber es war so außergewöhnlich, dass es uns aufgefallen ist". „ Du kannst mir glauben, nach eurer Chance mit dem Nachbarn davon zu kommen gab es keine Möglichkeit mehr für keinen der Gäste davon zu kommen ohne die Hilfe und den Schutz des Militärs. Ich bin die ganze Strecke bis hier her gelaufen". „ Nachdem du immer über meine Trinkgelder schimpfst, die ich so großzügig verteile, du siehst in diesem Fall, wie sehr es uns geholfen hat. Ohne Abdallah wären wir nicht so elegant heraus gekommen, und ohne Trinkgeld hätte er keinen Schlüssel gehabt, sondern hätte meine Idee gewinnbringend an andere verkauft". „ Du denkst er hätte andere durch die Tür gelotst?". „ Aber sicher, die Jungs hier sind nicht auf den Kopf gefallen. Wenn es um Geld geht, wird jede Möglichkeit sofort beim Schopf gefasst". „ Papa``, sagte Marco, du bist ein Held, du hast uns gerettet". „ Ich weiß, mein Junge". sagt Berger lachend, „ ich bin ein ganz schlimmer Held".

„ Wie ist denn unser Zimmer hier?". fragt Berger. „ Ganz super". antwortete Marco, „ wir schlafen alle in einem riesengroßen Bett. Da kann ich prima mit dir kämpfen, Heute Abend kannst du was erleben. Nach dem Essen werden wir nach oben und dann an den Pool gehen". „ Was, die haben in diesem Hotel auch einen Pool?". „ Aber ja, und was für einen Pool, du wirst staunen". Er ist nicht mehr zu halten und muss unbedingt den Pool sehen. Sie stehen auf und gehen durch den Garten zum Pool. Als sie die Hotelhalle verlassen, hören Sie von der anderen Nilseite wieder deutlich viele Schüsse und Granaten Einschläge. Hier auf der Insel Zamalek scheint noch alles ruhig zu sein. Nur bei der Deutschen Botschaft und den andren Botschaften sind gepanzerte Fahrzeuge aufgefahren. Ansonsten ist es so ruhig wie immer, selbst die Polizeistation hier scheint nicht in die Kämpfe verwickelt zu sein. Um das Hotel herum ist nun auch die Armee aufgezogen. Die Sonne lässt sich von all diesem Irdischen Durcheinander nicht beirren, sie scheint genauso intensiv wie all die Tage zuvor um diese Zeit. Der Pool findet Marcos Begeisterung, zumal dieser völlig leer ist. „ Los, schnell, lass uns ins Wasser gehen``. „ Erst wird eine Stunde geruht und dann geht es ab ins Wasser". „ Oh nein das kann doch nicht wahr sein, du denkst, weil du nun ein Held bist, hast du das Kommando". Marco überlegte einen Augenblick. „ Eine Stunde", sagte er, „ gut, eine Stunde, und dann gehen wir ins Wasser". Berger ahnte was dem Kleinen durch den Kopf geht. Diese Stunde sollte nicht geschlafen werden, sondern auf dem großen Bett rumgetobt werden. So geschieht es sich dann auch. Es bleibt keine Zeit zum Schlafen. Er gönnte es dem Kleinen, wer weis wie lange sie noch zusammen bleiben können. Es war abzusehen, dass er in der nächsten Woche wieder in den Irak muss. Es würde sicher wieder einen Monat im Irak sein.

Als er sich nach dem Kämpfen auf dem Riesenbett ausstreckt geht ihm Marem durch den Kopf und seine Beziehung mit ihr. Sie würde sich sicherlich in dieser Gemeinschaft wohlfühlen und sich bestimmt ausgezeichnet mit seiner Frau verstehen. Sie sind so unterschiedlich aber doch so ähnlich. Beide so verstehend einsichtig und besorgt um ihn. Es war schade, dachte Berger, dass es unmöglich ist mit zwei Frauen zu leben. Er wäre sicherlich der glücklichste Mensch auf Erden, nichts brauchte heimlich geschehen. Aber leider sind alle Menschen auch Egoisten. Berger gehörte auch dazu, denn dieser Wunsch, mit zwei Frauen zusammen zu leben, mit diesen beiden Frauen, nicht mit irgendwelchen. Diese Frauen, die er Beide über alles liebte. Wenn er sich aber vorstellte, wie er reagieren würde, wenn seine Frau ihm anbieten würde, mit zwei Männern leben zu wollen, dann verwarf er diese Gedanken sofort. Wenn Marem ihn heiraten würde oder müsste, dann müsste das Leben getrennt voneinander geschehen. Sie könnten nicht in einer großen Familie leben. Mike, seine Frau, dürfte nichts von der anderen wissen. Marco ist neben seinem Vater erschöpft vom Herumtoben doch noch eingeschlafen. Mike, die solange im Sessel gelesen hat zieht sich nun auch ihre Hose aus und die Bluse. Berger sieht ihr dabei zu. Ihr schöner Körper machte ihn immer sofort und zu jeder Zeit an. Die herrlichen großen Brüste lösten immer spezielle Impulse bei ihm aus, zu mal, wenn sie in so einem aufreizend süßem BH verpackt sind. Dazu das passende kleine Höschen. Da steht ihm doch schon wieder was in der Hose und sein Herz schlägt einige Zacken schneller. Mike hat seine Erregung schon bemerkt, die Beule in der Hose ist nicht zu übersehen. Berger stellt sich schlafend, als sie sich neben ihn rollte. Sie tut so als ob sie ihm dies abnehmen würde. Aber wenig später sind sie so eng zusammen und ganz zärtlich und sachte für längere Zeit.

Ohne ein Wort dabei zu reden. Welche zarten Liebesspiele ohne viel zu reden doch möglich sind. Es ist ein sehr schöner Nachmittag. Danach drehte sie sich zu ihm hin und schaute ihm in die Augen. „ Weißt du, irgendwie bist du verändert, du bist gleichmäßiger, liebevoller, nicht mehr so hektisch und aufgeregt wie früher, was hat dich so verändert?". „ Ich weiß es nicht und spüre es auch nicht", sagte er, „ ich fühle mich einfach wohl, so wohl wie noch nie". „ Liebst du sie sehr?", fragt sie ihn. Hier ist wieder die unwahrscheinliche Reaktion von Berger bemerkenswert. Aber auch die einfühlsame Art seiner Frau zu spüren. „ Aber natürlich, mein Schatz, lieb ich dich sehr``. „Ich spreche nicht von mir, ich spreche von Marem". „ Wieso Marem". sagte er", „ wie kommst du darauf?". „ Ich habe einen Anruf von einer Frau bekommen, die mich eindringlich davor gewarnt hat dich wieder in den Irak zu lassen. Um dich und Marem wäre es sehr schlimm bestellt es würde ein böse Ende nehmen. Sie glaubt auch das ihr schon heimlich verheiratet seid". Berger nimmt sie in den Arm, „ hör zu, Kleine, ich mag Marem besonders gern, wir verstehen uns auch Beide sehr gut. Ich bin sehr viel bei ihrer Familie. Ich habe irgendeine besondere Beziehung zu ihr, bin mir selbst nicht im klaren, was für eine. Aber es gibt nichts, weshalb du dir jetzt und in der Zukunft Sorgen machen müsstest". Sie glaubt seiner Erklärung, die auch ganz ehrlich gemeint ist. „Wenn etwas sein soll, bitte lass es mich sofort wissen, lass es mich nicht durch andere erfahren". „ Du brauchst dir wirklich keine Sorgen zu machen, mir ist klar, dass ganze Camp wird über mich und Marem reden so wie man über viele andere spricht und ich denke auch das alle wissen, dass wir uns mögen``. Jetzt muss Berger zu einer Lüge greifen.

„Zwischen mir und Marem ist sonst nichts außer einer ungewöhnlichen Freundschaft. Vielleicht lieben wir uns auf unsere Art. Wir wissen aber, dass wir nicht zusammen kommen dürfen und können. Mike, meine Liebe, zu dir ist niemals das kleinste bisschen dadurch verblasst oder in Gefahr". Das ist auch absolut die Wahrheit``. „ Ich habe es gefühlt und wollte es erleben, bevor ich dich fragen würde. Wenn ich gefühlt hätte, dass du dein Gefühl für mich verloren hast, dann hätte ich dich wahrscheinlich nicht gefragt sondern die Sache zwischen uns beendet. Danke das du ehrlich warst und deine besondere Beziehung zu Marem zugegeben hast". Sie nimmt ihn in den Arm. „ Komm, mein kleiner Teddybär, nun liebe mich noch einmal heftig und richtig". „ Aber wenn der Kleine wach wird?" . „Hast du nicht gehört, was ich gesagt habe? Ich will jetzt richtig genommen werden. „ Und das Kind``. „ Jetzt und sofort". „ Komm mein Schatz in die Dusche``. Eine Stunde später schlafen alle erschöpft auf dem Riesen Bett ein. An das geplante Schwimmen wird   Heute kein Gedanke mehr verschwendet. Auf den Straßen von Kairo wird noch weiter gekämpft. Im Fernsehen wird einiges übertragen und die Menschen werden von der Regierung beruhigt. Das Jolie Ville ist fast restlos zerstört worden. Das Holliday Inn schwer beschädigt. Das Mena Haus wurde nur leicht beschädigt. In Maadi und Heliopolies gab es leichten Sachschaden. Wie viel Tote es gegeben hatte, wurde nicht bekannt gegeben, Schätzungen nach waren von 500 bis 5000 Mann. Der Grund für diesen Polizeiaufstand ist eine neue Verordnung, die das Parlament erlassen hat. Die gezogenen Rekruten für den Polizeidienst, die diesen ersatzweise für den Militärdienst leisten, sollen ab jetzt ein Jahr länger dienen.

Dazu muss man wissen, dass diese Jungs unter schlechtesten Bedingungen ihren Dienst machen. Die Uniformen sind eine reine Katastrophe. Die Jungs an den Straßenecken sehen eher aus wie Männer aus die zum Lumpenball wollen. Keiner nimmt diese verwilderten Typen ernst. Sie können pfeifen und rufen soviel sie wollen, keiner scherte sich darum. Ihre Lebensmittelversorgung ist unter aller Sau. Berger hat oft diese Art der Abfütterung beobachtet. Von einem vorbeifahrenden LKW aus wird ihnen an den Kreuzungen das Fladenbrot einfach zugeworfen. Ihre Kasernen sind finstere Löcher, nicht besser als ein Gefängnis. Es ist nicht verwunderlich das ihnen der Kragen platzte. Es muss erwähnt werden das nach diesem Aufstand sich alles innerhalb der Polizei zum Guten veränderte hat. Kairo verfügt nun über eine der saubersten und besten Polizeitruppen in Arabien. Neue Kasernen, neue Akademien, neue Uniformen, neue Fahrzeuge, ein neues Selbstwertgefühl erhielt jeder Polizist mit dieser Verbesserung. Einer der wenigen Aufstände die den Aufsässigen auch etwas eingebracht haben. Als sich in Kairo alles wieder beruhigt hat müssen die drei wieder nach Hause fliegen. Trotz allem waren es wunderschöne Tage. Patrick und Barbara samt Oma, die sie beaufsichtigt hat freuen sich, dass sie wieder da sind. Die Oma jammerte noch lange darüber was sie für eine Angst gehabt hat, als sie zusammen die Bilder vom Aufstand im Deutschen Fernsehen sahen. aber Patrick hat immer gesagt, der Alte ist mit dabei Oma, der weiß was er zu tun hat, mach dir keine Sorgen, du bekommst deine Tochter heil wieder. Der verdrischt jeden der deiner Tochter zu nahe kommt. Hier hat er mal mit einem Freund ein ganzes Lokal ausgeräumt". Berger hört die alten Karamellen nicht gern und gibt Patrick ein Zeichen, aber der reagiert nicht.

„ Sag bloß, so was macht dein Vater, ich habe immer gedacht, er ist ein feiner penibler Mensch". „Nicht immer," sagte Patrick voller Stolz, „ manchmal legt er auch richtig los. Dann hat er aber auch seinen Grund. Einmal war ich mit dabei. Wir waren zum Frühschoppen, da kommt doch einer seiner Mitarbeiter, Harald, du kennst ihn auch, herein, und sagt, „Alter, komm raus, wenn du dich traust, meine Brüder sind draußen und wir werden dich gemeinsam verhauen. Papa schaute nach draußen. Da standen die beiden Brüder und boxten sich warm. Einer übte sich in Karate. Bevor ihn einer aufhalten konnte, ist der Alte durchs Fenster nach draußen gehüpft``. „Du kannst Karate?". „ Ja," antwortete der eine der Brüder von Harald. „Ich nicht", sagte Papa und haute ihm eine direkt unter sein Kinnladen. Dem zweiten gleich hinterher. Sie krochen auf der Erde herum und versuchten ohne Gegenwehr schnellst möglich davon zu kommen. Papa kümmerte sich nicht mehr um sie. Er kommt wieder zur Tür rein, gibt Harald, der nicht wusste, was los war eine schallende Ohrfeige". „ Hau ab mit deinen Brüdern, wenn du Morgen um sieben nicht nüchtern bei der Arbeit bist, hole ich dich persönlich zu Hause ab". Mit einem Stoß ist Harald draußen und die Tür hinter ihm zu. Er kommt nicht wieder herein". „ Patrick, dein Vater kann doch nicht seine Arbeiter schlagen!". „ Papa sagt immer, wenn einer darum bettelt, soll er es auch haben". „Nein, mein Junge, das ist ja wie im wilden Westen!". „ Nicht gut" ,sagt Patrick, „aber wirkungsvoll". „ Stimmt das, Ulli, hast du das getan oder bindet mir Patrick nur wieder eine seiner Geschichten auf?. Ich kann das nicht glauben, so was machst du doch nicht". „ Normal mache ich so was auch nicht, aber manchmal lässt sich so etwas nicht umgehen. Ich konnte den Mann nicht rausschmeißen, er hat es immer wieder getestet, mit Stichelein, wenn er besoffen war.

Nun musste ich es endlich hinter mich bringen, meine Faust hat schon sehr lange gejuckt. Aber hier in meiner Stammkneipe konnte ich es mir erlauben, keiner hat was gesehen". „O, je, o, je was hast du denn für Leute in der Firma?". „ Ich weiß, Oma, ich habe einen Haufen von Saukerlen, aber sie stehen zu mir. Und der Markt hat keine besseren Leute. Warum musst du dich jedes mal über deine Handwerker ärgern?. Erst kommen sie nicht, und dann kommen welche, die nichts können. Wenn sie gehen, ist mehr kaputt als sie gekommen sind. Dann versprechen sie, morgen den Rest kaputt zu machen. Dann kommen sie eine Woche lang nicht, weil sie Angst haben, das sie es nicht allein kaputt bekommen. Sie brauchen den zweiten Mann, der die Erfahrung hat. Siehst du, und wenn du eine neue Fabrik aufbaust, bekommst du immer die Leute, die ohne den zweiten Mann nicht arbeiten können. Dieser zweite Mann bin ich weil kein anderer frei ist". „ Ich habe einen Tischlermeister, der bekommt kein Brett gerade an die Wand. Maler, die stellen sich in die geschlossenen Raumzellen und malen mit Lackfarbe. Fallen durch die Dämpfe um und sind bewusstlos. Wenn ich sie ihr zweiter Mann nicht rechtzeitig finde gehen sie ein. Fliesenleger die Platten in falsche Richtungen legen. Elektriker, die keinen Motor anschließen können. Schweißer mit Fachschein, dem der von ihm selbst angeschweißte Träger auf den Kopf fällt. LKW Fahrer, die 300 Kilometer von einer Tour zurückkommen, weil der Container auf dem LKW verrutscht ist. Der Zielort ist aber nur 110 Kilometer entfernt. LKW Fahrer, die bei Brücken die Höhen nicht beachten und an der Brücke die Fertighäuser abladen. LKW Fahrer, die nicht merken, dass sie den Ladekran nicht festgestellt haben und in der Innenstadt alle Ampeln abräumen.

Beim letzten Aufbau eines Fertigbüros musste die Polizei kommen und meine Leute auseinanderbringen, weil sie sich geschlagen haben. Was solche Leute brauchen, ist ein Chef, der allen mal eine zwischen die Hörner haut. Seit ich mich entfernt habe und einen Fabrikleiter eingesetzt habe weil ich es nicht mehr mit ansehen konnte, ist es noch schlimmer geworden. Ich werde auf kurz oder lang eine gut laufende Fertigung zumachen müssen weil ich keine vernünftigen Arbeiter bekomme". „ Aber wir haben doch so viele Arbeitslose, da muss es doch gute Leute geben". „ Die, von denen ich gerade gesprochen habe die sind von diesem Arbeitsmarkt. Denen ging es doch, als sie stempelten viel besser. Die haben Arbeitslosengeld kassiert und sind zwei Tage in der Woche schwarzarbeiten gegangen. Haben auf diese Art und Weise doppelt soviel Geld gehabt wie jetzt durch tägliche Arbeit. Dieses Arbeitsamtssystem ist veraltet, es gehört abgeschafft, auf den Müll. Es gehört auch ein Gesetz her, das uns vor solchen Leuten schützt. Es macht unsere Leute und Wirtschaft kaputt." „ Ja, aber die Leute müssen doch von irgend etwas leben". „ Die sollen Minimalgehälter bekommen und bei den Kommunen weiter arbeiten. So eine Art Ersatzdienst. Es macht überhaupt nichts, wenn ein Herr Dr. oder ein Ingenieur mal die Schaufel schwingt oder über einige Monate den Besen durch die Strassen Rinne zieht. Dann lernt er gleichzeitig die Arbeit anderer schätzen. Die Gemeinden haben soviel Arbeiten zu bewältigen, dass es ihnen gut tut, solche Kräfte zu bekommen. Es müsste für jeden Arbeitslosen zur Pflicht werden, täglich 8 Stunden bei seiner Heimatgemeinde oder bei einer Nachbargemeinde anzutreten". „ Was meinst du, wie schnell sie sich alle um andere Arbeiten bemühen werden. Wie viele sagen „ wir hauen einfach in den Sack und stempeln mal eine Weile. So eine Art Urlaub".

„ Erzählt mal, was in Kairo los war," unterbricht Patrick das Gespräch. Marco erzählte alle Erlebnisse und sagt, es war trotzdem sehr schön. Papa ist dabei sich ein Haus in Kairo zu kaufen, dann können wir oft dort sein". „ mal langsam Marco, nur dann wenn die Aufträge mit der Itag und Deminex klappen".

Kapitel 4 Kuwait – Irak

Berger kann noch 5 Tage bei seiner Familie bleiben, dann muss er nach Kuwait, und von Kuwait muss er dann wieder in den Irak. Er stimmt sich mit der Baustelle im Irak und dem Kunden in Kuwait ab. Gleichfalls mit dem Ingenieur der Firma Ritchie Brothers in Kanada. Wenige Tage später bringt Berger diesmal die Lufthansa nach Kuwait, sein Visum war dort bereits vorbereitet und hinterlegt. Am nächsten Morgen wird er verabredungsgemäß vom Hotel abgeholt. Er ist das dritte mal in Kuwait und hat bereits früh am Morgen einen ausgiebigen Spaziergang gemacht. Da sein Hotel direkt in der Nähe des Strands ist führt ihn sein Weg als erstes dorthin. Die Strandpromenade ist super angelegt und scheint unendlich lang zu sein. Überall schöne Clubhäuser und wunderbare Gartenanlagen. Die Stadt ist ausgesprochen sauber und sieht aus wie eine amerikanische Großstadt. Die Autofahrt führte in quer durch Kuwait Stadt bis ins Industriegebiet hinein. Er wird auf einen großen Industriehof gefahren. Zwei Sheiks empfangen ihn dort. Die Begrüßung ist herzlich. Berger sieht es den beiden Scheichs an das sie froh sind das er nun angekommen ist. Sie hatten die Sache am Telefon sehr dringlich gemacht. Es ginge um einen großen Job, um ein Betonwerk das Berger ihnen vor einiger Zeit angeboten hatte.

Sie waren inzwischen in Oman gewesen und sind sich mit dem Verkäufer einig geworden. Jetzt ging es nur noch um die Demontage und den Aufbau. Da es eine Liebherr Anlage ist hatten sie im Werk wegen der Demontage und der Montage nachgefragt. Liebherr hat in diesem Jahr keine Zeit mehr, diese Arbeit zu übernehmen. Auch der Preisvorschlag war so hoch, dass es für die Kuwaitis zu teuer gewesen ist. Liebherr hat den Kuwaitis Berger für den Ab und Aufbau empfohlen. „ Wir wussten nicht das sie auch solche Ab und Aufbauten machen". „ Warum haben sie uns das nicht angeboten?". „ Ich mache so etwas nicht gern, diese Anlage ist außergewöhnlich groß und nimmt viel Zeit in Anspruch, es wird schon einiges Kosten". „ Berger, wenn sie es 10% unter dem Liebherrpreis machen, können wir noch Heute den Vertrag machen und sie bekommen den ersten Scheck für die Anzahlung sofort mit. Berger schlägt ohne zu zögern ein weil er die Liebherrpreise kennt, die liegen 50-100% über seinen Preisen. Drei Stunden später ist alles besiegelt und unterschrieben, es war der schnellste Auftrag seines Lebens. „ Heute Abend, Berger, sind sie bei uns eingeladen, wir holen sie um 8 Uhr im Hotel ab. Wo soll sie unser Fahrer absetzen?". „ Ich habe um 17.00 Uhr einen Termin mit der Firma Rad Trading". Berger kramt in seiner Tasche um die Adresse zu finden. „ Wenn sie die Adresse von Raad suchen, das ist nicht notwendig, die Firma gehört meinem jüngsten Bruder. Der Fahrer weiß, wo er sie hinbringen muss. Seit wann kennen Sie mein Bruder?". Berger überlegte kurz, „es könnten ca. 7-8 Jahre sein". antwortete er. „ Was, da kennt ihr euch schon so lange und ich weiß nichts davon. Wie sind sie eigentlich an uns geraten?" fragte nun Sheik Abdul Jaser. „ Firma Holzmann rief mich an und machte mich darauf aufmerksam, dass sie ein modernes Ready Mix Werk suchen.

Da ich alle Anlagenhersteller kenne, weil ich eng mit ihnen zusammenarbeite und hier und dort mal bei Reparaturen aushelfe, wusste ich natürlich schnell, wo das richtige steht. Bei dem Kunden in Oman wurde das Werk gerade aufgebaut und ist schon wieder zu klein. Aber hier für den Markt in Kuwait ist es für die nächsten 10 Jahre groß genug". „ Gut, Mr. Berger, dann sehen wir uns morgen noch einmal um alles vom Rechtsanwalt absegnen zu lassen". „Schukran sheik, aschufak bukra, sa'ar aschara." "Ja salam, enta kalem arabik?, Dann haben sie die ganze Zeit verstanden, „wenn ich mich mit meinem Partner unterhalten habe?". „ Nein, leider ist mein arabisch nicht so gut, dass ich alles verstehen kann, aber was ich verstehen will, das geht schon. Ich denke, es ist nur fair, wenn ich sie das wissen lasse". Der Sheik drohte lachend mit dem Finger", ein bisschen spät, mein Lieber!". „ Warum, Sir unsere Zusammenarbeit fängt doch erst an". „Jela emschi, macht, dass ihr weg kommt, lasst meinen Bruder nicht so lange warten. Den rufe ich sofort an und warne ihn vor dem neuen Geschäftsmann, der unsere Sprache versteht". Der Mercedes 500 SEL setzte sich wieder in Bewegung und fährt an, als der Sheik noch einmal energisch mit der Faust auf die Kofferraumhaube donnerte. Er hat seinen Fahrer noch angewiesen Berger nach der Besprechung bei Rad zu ihm nach Hause zu bringen. Dann gibt dieser Gas und bringt Berger durch die immer noch ruhige City zu Rad Trading. Die Stadt ist immer noch leer und wie ausgestorben. Morgens, als er vom Hotel weg fährt, und auch jetzt, als er wieder in die City fährt, das gleiche Bild. „ Was ist denn hier los in Kuwait, die Straßen sind ja fast leer``. „ Das ist immer so, bis um 8 Uhr, erst dann geht es los, dann ziehen die Autokolonnen durch die Stadt". „ Eine schöne Stadt, wunderschön angelegt und gepflegt, aber doch keine Stadt, so wie ich es kenne.

Würden die Leute nicht in ihrem Kaftan herumrennen und wäre es nicht so heiß sein könnte man glauben, in einem Neubauviertel von New York zu sein. Überhaupt keine orientalische Atmosphäre, es stinkt hier lediglich nach Oil und Geld". Der Fahrer, der wie sich herausstellte, aus Baghdad kommt, stimmt Berger zu ". „ Mir fehlt meine Stadt Bagdahd hier auch, es ist, als wenn man in einem großen Palast wohnt, ohne jeden Flair. Nur der Flair der Millionen". „ Darunter leiden die Emirate gleichfalls, nur in Riyadh, Jeddah und Damman gibt es gewachsene Stadtteile, wo noch etwas Leben pulsiert. Weil ich dieses Leben und Pulsieren benötige, liebe ich Kairo, viele meiner Freunde schwärmen auch von Istanbul als schönster orientalischer Stadt. Ich mag diese Stadt am Bospurus auch, aber Kairo hat mein Herz. Ich habe es nicht in Heidelberg verloren, sondern in Kairo". „ Ich habe in Heidelberg studiert". sagt der Fahrer, „ ich bin eigentlich Arzt. Ich kann auch noch ein bisschen Deutsch. „ Guten Abend, gute Nacht, ich will bezahlen, aber es geht nicht mehr. so flüssig wie früher". „ Wenn sie Arzt sind, warum fahren sie dann hier den Wagen?". „ Ich habe mit meinem Bruder eine Praxis in Baghdad, wir wollen diese erweitern und brauchen technische Geräte, die sehr teuer sind. Da wechseln wir uns hier auf dieser Stelle seit drei Jahren ab. Jeder fährt hier 6 Monate. Wir verdienen hier dreimal soviel wie in unserer Praxis. Alles was wir hier verdienen, legen wir auf die hohe Kante. In zwei Jahren sind wir dann fertig. Mit den Gerätschaften sind wir dann besser dran und können gut verdienen. „ Langsam steuerte er nun den Mercedes in die nächste Einfahrt. „ Wir sind da, Herr Berger". Der Fahrer kommt herum und öffnete ihm vornehm die Tür. „ Ich warte hier auf sie, sie haben ja gehört, ich muss sie zu ihm nach Hause bringen. Sein Bruder, den sie nun besuchen, wird sicherlich mit kommen``.

Der Bruder ist bereits mit Chun Chan, seinen koreanischen Geschäftsführer auf der Treppe erschienen. Berger hat Beide bereits in Deutschland kennen gelernt. Sie begrüßen sich herzlich. „ Kommen sie rein, Berger, sie haben mir überhaupt nicht gesagt, dass sie auch mit meinem Bruder Geschäfte machen". „ Ich wusste bis Heute nicht, dass er ihr Bruder ist, wir sind auch erst seit sechs Monaten in Kontakt. Heute war ich das erste Mal bei ihm". „ Haben sie uns die Maschinenliste mitgebracht?". „ Aber natürlich, deswegen bin ich ja hier". Berger öffnet den Koffer und reichte eine Liste Chung und eine Ahmed Jaser. Sie sehen diese Liste interessiert durch, fragen hin und her". „ Sie wissen, wir haben eine Dammbaustelle in Indien einzurichten, da benötigen wir einiges von dem Gerät aus Mosul". „ Schnell haben sie aus der Liste herausgeschrieben, welche Maschinen sie wollen. „ Wir holen die Maschinen und Fahrzeuge dann hier her und können diese von hier nach Indien verschiffen". Dann kam das leidige Gespräch, Khomainy auf die Tagesordnung und der Krieg zwischen Iran und Irak. Chung der sich die Maschinen in Mosul anschauen soll, hat Bedenken nach Mosul zu reisen. „ Wir brauchen nicht zu fliegen Chung, wir fahren mit dem Auto. Wenn es mit ihrem Visum schnell geht dann können wir zusammen fahren. „ Das dauert nur einen Tag". „ Gut, dann fahren wir übermorgen zusammen, ich kenne die Strecke sehr gut. Ich war schon dreimal mit dem Auto in Basrah. „ Es ist schon seltsam, man kommt zu fast jeder Zeit sowohl in die Hauptstädte der kriegsführenden Parteien fliegen als auch mit dem Auto quer durchs Land fahren. Nicht immer unbehelligt wie Berger bereits erfahren musste. Das muss Chung nicht wissen, sonst wäre er vielleicht nicht mitgekommen. Berger will die Maschinen von Hochtief natürlich gern verkaufen.

So ist er in der Lage, das gesamte Maschinenpaket abzunehmen und in der Hauptsache an nur zwei Kunden weiterzuverkaufen. Mit einem schönen, fetten Gewinn. Der Trip nach Kuwait scheint für Berger eine lohnende Sache zu werden. „ Berger bevor ich es vergesse, du hast noch ein Meeting Heute Abend. Ich habe das ohne deine Zustimmung organisiert es ist eine Überraschung. Ganz zufällig habe ich im Club der Firma Shell einige Leute kennen gelernt. Als ich dann deine Visiten Karte reichte und sagte, das ist mein Geschäftsfreund in Germany, sagten sie prompt, den kennen wir. Das ist unser Ulli, wenn es nicht jemand zufällig mit gleichem Namen ist. Aber Wolfenbüttel, das stimmt schon mal. Wir wissen das er nach seiner Heirat dorthin gezogen ist und sich selbständig gemacht hat". „ Wenn es um Oil, geht kann es eigentlich nur Celle sein, dann können es Leute von der Itag, Vetco oder Mobil sein". „ Ich habe versprochen, nicht zu sagen wer uns erwartet. Es soll eine Überraschung sein, ich hoffe das ich nicht schon zuviel gesagt habe". „ So, jetzt wollen wir zu meinem Bruder, er wartet mit dem Essen. Alle unsere Freunde sind gekommen, um mit dir zu essen". „ Morgen früh," sagte er zu Chung gewandt, machst du sofort das Visa fertig, ich denke, 7 Tage ist genug, das geht ganz formlos. Wir fahren jetzt los, sollte was sein, du weist, wo wir sind". Das Essen wurde die große Fressorgie. Ca. 13 Freunde waren anwesend, als Berger mit Ahmed eintrifft. Das Haus ist das größte und schönste, dass er bisher gesehen hatte. Es ist ein Schloss. Wie viel Zimmer es hatte, konnte er nur schätzen. Er dachte so bei 30, wenn er in jedem eine andere Frau aufbewahrte, hatte er einen schönen Harem zusammen. In diesen Hühnerstall würde er Berger sicherlich nicht hinein lassen. Was ist die Welt ungerecht, er zerbricht sich den Kopf wegen seiner zwei Frauen, andere haben die Frauen wie Wellensittiche im Käfig.

So einen Harem würde Berger schon mal ganz gern überarbeiten, da würden die Federn aber fliegen. Bei dem Gedanken muss er lachen, vielleicht wären es dann seine Federn, die davon flattern. Berger wird jedem einzelnen der bereits anwesenden Gäste vorgestellt, die er mit seinem bisschen arabisch begeistert. Es gibt leider nicht viele, die freiwillig diese Sprache erlernen. Es ist auch nicht zwingend da in Saudi wie auch in den Emiraten alles geschäftliche in englisch erledigt wird. Aber nun so privat ist es gut für ihn das er zur Unterhaltung der SHEICKS etwas arabisch spricht, wenn auch nicht sehr gut. Aber sie freuen sich alle darüber. Auf dem riesigen Teppich wird inzwischen gedeckt. In der Mitte ein komplettes, großes gebackenes Schaf, ringsherum die schönsten Sachen und riesige Schalen mit Kusskuss. Das Schaf dampfte es ist ganz frisch aus dem Backofen gekommen. Berger wird aufgefordert sich als erster zu setzen. Aus seinen Besuchen in Saudi weis er schon, wie dies gemacht wird, er ist da schon ein Profi. Mit einem riesigem Messer schneidet und reißt ihm Ahmed ein großes Stück aus dem Schaf und wirft es auf Bergers Teller. Es sind sicher mehr als zwei Kilo Fleisch. Berger schafft dieses Stück und isst dazu noch ausreichend Kusskuss und die vielen Sorten feine zarte Zwiebeln und Obst und Gemüse. Die anderen unterhalten sich beim Essen angeregt. Berger hat keine Zeit zum erzählen, er ist voll beschäftigt mit dem Essen. Der Hausherr freut sich darüber sichtlich das es Berger so gut schmeckt. Jeder will noch die guten Stücke aus seinem Anteil auf Bergers Teller werfen. So hat er trotz heftiger Gegenwehr bald fünf statt zwei Kilo auf dem Teller. Zwischendurch schlürfte er eine herrliche klare Suppe und isst sehr viel von den jungen Zwiebeln. Danach bekommt er immer noch etwas Fleisch herunter.

Den Kusskuss rollte er bereits genauso geschickt wie die Kuwaitis in seiner Hand zur Kugel und schiebt diese dann problemlos in seinen Mund. Da alles mit der rechten Hand gemacht wird sehen bald alle dementsprechend aus. Aber es ist eine herrliche so natürliche Art zu essen und es schmeckt ausgezeichnet. Bedeutend besser als würde man dieses Essen mit Messer und Gabel essen. Nach der Mahlzeit wird Kaffee gereicht, nicht Kaffee von gerösteten, sondern von frischen Bohnen. Der Kaffee wird in ganz kleinen Tassen serviert. Er läuft herunter wie Medizin, man spürt wie er sich im ganzen Magen wohlig warm ausbreitete, er löste sofort ein tolles zufriedenes Gefühl aus. Er tut ähnlich gut wie es ein guter Schnaps nach dem Essen macht. Berger hat Mühe, sich vom Teppich zu erheben, er schleppt sich zu den nahen Sitzkissen. Alle Freunde und Gäste des Sheicks laden ihn nun zu sich nach Hause zum Essen ein. Er verspricht die Angebote anzunehmen wenn er länger in Kuwait ist um die Fabrik aufzubauen. Ahmed sorgt dafür das sie sich rechtzeitig verabschieden können, um den anderen Termin wahrzunehmen. Der Sheik tut zwar beleidigt, aber Berger weis, dass spätestens nach einer halben Stunde so wieso alles vorbei ist. Dann gehörten die Männer alle ihren Familien oder ihrem Job. So fern sie keinen Koreaner oder Inder haben, der auch dies für sie tut. Aber sie behalten immer hin die Kontrolle in ihren Läden. Ahmed fährt mit Berger nun mit seinem Rolls Royce zum Club der Ölfirma. Dort ist die Überraschung wirklich groß. Es sind alte Kollegen aus Hannover von der Seismos/Prakla. Zu seiner Zeit war es nur die Seismos. Sie fallen sich um den Hals, mit ihnen hatte Berger nicht gerechnet, da trifft man sich nach soviel Jahren in Kuwait wieder. Was für Zufälle es doch gibt?.

Ahmed verabschiedete sich schnell. Berger bedankte sich das er sie zusammen gebracht hat. Es wird eine lange Nacht, Erinnerungen werden aufgefrischt. Die meisten aus Holland oder England. „ Weißt du noch, Ulli, als wir dem einen Hotelbesitzer in einer Nacht alle seine Mädchen ausgespannt haben. Von den Serviererinnen bis zum Küchenpersonal. Alle haben in einer Nacht gekündigt und sind mit uns gegangen, 13 Mädchen, einige hatten sogar zwei am Hals. Was wir dann noch für ein Theater in der Pension hatten, um die Mädchen in die Zimmer zu bekommen." "Los, Ulli, erzähl die Story," sagten die Beiden, die damals noch nicht dabei waren". Das Problem für den Hotelbesitzer war, wenn wir, das heißt unser Trupp der harte Kern, im Hotel waren, hatten die Mädchen keine Zeit mehr für die anderen Gäste. Jeder von uns hatte schnell eine zum fummeln auf seinem Schoß. Wir waren ja auch nicht so geizig mit den Trinkgeldern wie die Holländer. Ich war zu diesem Zeitpunkt überstrapaziert, da ich als einziger holländisch sprach. Ich musste immer wieder übersetzen. Eines Abends, auch während einer solchen Fummelsitzung, wurde es wohl dem Besitzer zu bunt. Er musste die ganze Arbeit in seinem Hotel alleine machen. Er hat zwei der Mädchen auf der Stelle gefeuert, als sie sich nach seinem Kommando nicht sofort an die Arbeit machten. Es war den Mädchen unmöglich aufzustehen, denn die beiden. Werner und Harald, hatten den Mädchen längst die Schlüpfer ausgezogen und waren am bumsen, während die Mädchen mit einer Unschuldsmiene auf ihrem Schoß sitzen". Berger hat für solche Übungen nichts übrig, auch seine Tussi nicht. Sie meinte, sie wäre ein anständiges Mädchen. Auf einmal bekam der Wirt einen totalen Blackout, als er sieht, dass sich keines der Mädchen um seine Anordnung scherte.

Die Mädchen sind in dem Glauben, die hätten sich die Männer fürs Leben geangelt. „ Raus, raus," schreit der Wirt nur, so laut dass alles zusammen rennt. Inzwischen sind von unserem Trupp noch andere hinzugekommen. So dass wir nun 9 Mann waren. Dem Wirt sind die Adern an der Stirn angeschwollen, er drohte einen Infarkt zu bekommen. Ich stand auf und sagte nur „genug gebrüllt Löwe, wir gehen, wir bezahlen aber auch nichts". „ Sie hatten keine große Zeche gemacht, aber Berger dachte, wenn sie rausgeschmissen werden ist es nicht mehr als Recht wenn sie die paar Getränke nicht zahlten. „ Ich will nichts, ich will nur das ihr ganz schnell verschwindet". Sie verschwanden alle, mit allen Mädchen. Die Zimmermädchen und Küchenhilfen marschierten mit uns mit. Es war eine regelrechte Prozession aus dem Hotel. 13 Mädchen und neun Männer zogen dahin. Es ging erst einmal in die nächste Diskothek. Da dieses Wochenende das arbeitsfreie Wochenende ist, passte uns dass ausgezeichnet. Bis Morgens um sieben wurde getanzt und gesumpft. Dann wurde es hell und es wollte noch immer keiner nach Hause. Es kam jemand auf die Idee, zum Strand zu fahren. Werner und Walter rannten los und holten den Unimog. Mit Volldampf ging es an den Strand, mit einigen Zwischenstationen. Bier und Schnaps musste aufgeladen werden und Lebensmittel für den Tag eingekauft werden. Am Strand wurde der Unimog zur Kantine umfunktioniert. Zwischen zwei Dünen und dem Unimog als Schutzschild wurde ein richtiger, abgeschlossener Krall daraus". So sitzen sie alle splitternackt zwischen den Dünen. Sie machten in FKK. Es wurde gesungen, gegessen, gebumst und geschwommen, es fehlte an nichts. Am späten Nachmittag muss ausgerechnet der Truppführer mit seiner Frau am Strand entlang marschieren. Walter sieht ihn kommen. „ Ulli, der Alte kommt, du musst verhindern das er die ganze Schweinerei sieht".

„ Geht in Deckung," Berger richtete sich auf. „Los, Beatrix, komm steh auch auf". „Ich hab doch nichts an". „ Gerade deswegen, er ist mit seiner Frau unterwegs, wenn du nackt bist, traut er sich nicht zu kommen. Dann haut ihm seine Frau welche hinter die Ohren". Sie grinst ihn an und die anderen kichern. „ Was treibt ihr dort, Berger?", ruft der Alte. Es war eigentlich albern, so etwas zu fragen, nachdem er sieht, dass Berger und Beatrix dort splitternackt stehen. „ Wir verlegen Kabel, Chef, wir arbeiten". „ Passen sie bloß auf, dass sie ihr Geofon nicht zu tief versenken Berger!". Streng fügte er hinzu, „ Morgen Früh um 8 Uhr Report". „ Jawohl, Herr Chef," brüllte Berger, „ Morgen Früh um 8 Uhr Report". „ Schon ist die Gefahr vorbei. „ Das gibt einen schönen Anschiss Morgen, von wegen Gast in einem fremden Land, Vorbild sein und so weiter. Berger der schickt dich glatt nach Hause". Berger lachte nur, er kennt den Alten besser aber ein paar Takte würde er ihm schon erzählen, wegen des Unimogs. „Ich kriege das schon hin, Hauptsache er hat nicht die ganze Schweinerei hier gesehen". Am anderen Morgen sagt der Alte erst überhaupt nichts, nach der Lagebesprechung, als er mit Berger einen Moment alleine ist sagt er nur ganz beiläufig. „ Das nächste Mal, wenn so etwas ansteht, dann sagst du mir Bescheid. Es war geschickt gemacht, wie du mich davon abgehalten hast, dass ich nicht zu Euch kommen konnte. Aber ich wusste schon was da oben abgeht. Was war los wie viele Mädchen waren bei euch. Der Hotelbesitzer hat mich bereits Heute Morgen ganz verzweifelt angerufen. Er hat nicht ein einziges Mädchen mehr, geht zu ihm hin, der scheint zu sterben. Sein ganzer Betrieb steht still, bring das wieder in Ordnung". „ Wir wollen keine Missstimmung im Ort. Bald werden die Mütter auch noch kommen und nach ihren Mädchen fragen".

„ Wir sind froh, wenn wir die wieder los sind, Chef, aber die hängen wie Kletten. Aber ich gehe nachher los um das mit dem Hotelier zu regeln". „Sag ihm, dass wir unser Truppfest zur Entschädigung bei ihm machen". „ Das ist eine gute Idee Chef, sollen wir gleich zwei Zimmer fest anmieten?". „ Du bist ein Schnelldenker, Berger. Aber du brauchst nur ein Zimmer mieten, ihr habt dann Ruhetag, dann bin ich an der Reihe". „ Alle lauschen Bergers Erzählung, sind ganz Ohr". „ Was war am nächsten Tag." fragen die anderen aufgeregt. „ Walter, jetzt bist du dran, ich muss erst einmal ein Bier trinken". „Walter erzählte dann, mit wie viel List und Tücke sie die Mädchen ins Zimmer bekommen haben. Dann hat die Wirtin doch etwas geschnallt, weil die dummen Gänse von Weibern sich gegenseitig immer etwas von Zimmer zu Zimmer zurufen mussten. Da kam sie mit Ihrem Ehemann alle Zimmer abklappern. Berger erzählt eine wilde Story von einer Gruppe Waisenkindern, die sie am Strand aufgegriffen haben und morgen wieder ins Heim bringen wollen. Der Mann hinter dem Rücken seiner keifenden Alten kann sich das Lachen bei Bergers Story nicht verkneifen, Berger selbst muss über den Scheiß, der da über seine Lippen sprudelt lachen, es fiel ihm schwer, ernst zu bleiben". Ich will jetzt keinen Ärger machen, aber morgen sind die Waisenkinder verschwunden, ist das klar?". „ Spätestens übermorgen". sagt Berger. „ Ich muss noch im Heim in Appeldorn einiges regeln". „ So." sagte die Wirtin, „ aus Appeldoorn, es kam mir so vor, als wenn ich einige aus dem Hotel Seemöwe kenne". „ Gute Nacht, meine Herrn", sagte sie nur noch kurz und verschwindet. „ Den ganzen anderen Tag, einen Sonntag, kommt die ganze Mannschaft nicht aus dem Bett. Nur Berger geht kurz zur Betriebsbesprechung, die immer Sonntags am frühen Morgen ist.

Danach geht Berger ins Hotel Seewöwe. Nur wenige Besucher
sind da. Der Alte ist hinter der Theke eingeschlafen. Die Gäste
knurren. Da übernimmt Berger kurzerhand den Thekendienst
und bittet einen der Stammgäste den er gut kennt mit ihm die
Kasse zu machen. Die Gäste fragten ihn aus was mit den ganzen
Mädchen passiert ist. Die Gerüchte laufen um, dass sie alle nach
Deutschland unterwegs sind um zu heiraten. „ Nein, nein," sagt
Berger, „ sie wollen dem alten Nörgler nur einen Denkzettel
verpassen". „ Das ist recht so", sagen sie einstimmig, „ er hat sie
alle immer sehr unfreundlich behandelt". Berger brachte in
kurzer Zeit die ganzen Gäste auf die Seite der Mädchen. Sie
mussten diese auch unbedingt wieder loswerden. Sie waren
tatsächlich so verrückt und glaubten, sie würden geheiratet, weil
sie drei schöne Tage zusammen gehabt haben. Ich habe meine
geheiratet und Wolfgang und Siegfried auch. Wir kommen aus
der Heide aus dem gleichen Dorf, wir haben jetzt eine
holländische Kolonie". „ Ihr habt eure Mädchen tatsächlich
geheiratet?. Das ist stark". „ Aber viel später," sagte Walter,
„nachdem wir weitergezogen sind haben wir die Mädchen
immer noch besucht. Du bist doch dann nach Jugoslawien
versetzt worden". Berger ist nun froh, dass er sich einem
anderen Thema widmen kann bei dem er besser sein Bier
genießen kann. Sie sprechen über die Arbeit hier in Kuwait und
dass sie noch ca. 1 Jahr in Kuwait bleiben werden. „ Dann sehen
wir uns noch öfter, ich hab noch einige Reisen nach Kuwait und
einen längeren Aufbau einer Fabrik. Übermorgen früh will ich
mit dem Auto in den Irak. „ Es wurde noch ein langer
gemeinsamer Abend mit noch vielen Geschichten. Auch ihr
gemeinsamer Trip nach England kommt noch zur Sprache.

Um vier Uhr wurden sie zum Glück rausgeschmissen, weil das Clubpersonal ins Bett will Berger hat am nächsten Tag erst um 11 Uhr einen Termin, so dass die Zeit für Ihn keine Rolle spielt. Er machte noch einen ausgiebigen Spaziergang am Strand. Setzt sich auf die niedrige Steinmauer der Promenade und hängt in seinen Gedanken nach, angeregt von den Erzählungen. Seine Gedanken schweifen von seiner Familie bis hin zu Marem. Er freut sich wieder auf sie, eigentlich ist es eine praktische Sache, man sollte an jedem Ort an dem man länger ist eine Freundin haben. Aber es ist manchmal auch schön ohne eine Frau in der Nähe. Eine richtige zünftige Männergemeinschaft, so wie sie in Köln eine hatten, war auch etwas für sich. Er arbeitet als Truppführer für die Stadtwerke Köln und war jedes Wochenende wieder im Eichsfeld in Lindau bei Göttingen. Alle Mitarbeiter waren Leiharbeiter für die Firma Severin. Sie saßen Abends zusammen und sangen und waren zufrieden. Aber wehe, einer tauchte mit einer Frau auf, schon war der Zauber programmiert. Aus war es mit der Gemeinsamkeit und der Gemütlichkeit, der Kampf um diese eine Frau wurde eröffnet. Es musste keine Schönheit sein, einfach eine Frau. Berger dachte an die Karnevalstage und die Weiberfastnacht, wie ihn einmal am Rosenmontag ein gehörnter Ehemann mit seinen Freunden verdreschen wollte. Nur weil er seine Alte zwei Tage nicht mehr losgeworden ist, er hat alles versucht. Dann, als der Alte mit den Freunden auftaucht fängt sie auf einmal an über Berger zu schimpfen, er hätte sie besoffen gemacht und nicht aus seinen Krallen gelassen. Berger und auch der Wirt waren so geschockt über diese unverschämte Reaktion, dass er der verrückten Alten eine Ohrfeige geben musste. „ Sag mal", sagte er laut zum Wirt, „ Kennst du diese verrückte Tussie überhaupt, hängt die immer so besoffen hier rum?".

„Ich sehe die Heute zum ersten mal". Der kleine Hahn, der vorher schon wütend auf Berger losgehen wollte, mischte sich ein. „Das ist meine Frau, wie reden sie von Ihr und mit Ihr.?" blähte sich der Gehörnte vor Berger auf. Berger bleibt ruhig sitzen. „ Ich habe nichts gegen ihre Frau, nur sie ist sturzbetrunken und hängt seit gestern hier an der Theke". „ Ja stimmt," sagte der Wirt, „seit gestern Morgen hat sie es hier ausgehalten``. Ziemlich erleichtert lässt der Alte die Luft ab. Nichts für ungut meine Herren. Elfriede reiß dich zusammen, du bist ja tatsächlich sturzbetrunken". „ Die Rechnung, mein Herr", sagt Walter, Sie müssen noch die Rechnung Ihrer Frau begleichen", „ Der Wirt hat gleich Bergers Deckel und ein paar unwidereinbringliche Forderungen mit aufgeschrieben. Elfriede zuckte richtig zusammen, als Walter 315 .- DM ausgerechnet hat. Das steigerte wieder die Wut des Kleinen auf seine Alte. Aber er zahlte ohne zu murren. „ Ich denke, Ulli, sie hat ihr Vergnügen gehabt," sagte der Wirt, "einen Beitrag muss sie schon für die Allgemeinheit leisten, wo wir ihr so prima aus der Patsche geholfen haben". „Das haben wir," sagte er, da hat sich das bewahrheitet``. Eine besoffene Frau ist ein Engel im Bett". Berger verwirft alle diese Gedanken und machte sich auf den Weg ins Hotel, es geht bereits auf 6 Uhr zu, auch er muss schlafen. Zwei Tage später fährt Berger mit Chung in den Irak. Die Baustelle hat Berger per Telex informiert und die Daten für das Visa für Chung ins Camp gesandt. Die Passport Kontrolle von Kuwait in den Irak ist zügig, dadurch, dass so viele Lkw-Kolonnen, die Verpflegung und wiederum Waffen und Munition in den Irak bringen, Kontrolliert und abgenommen werden müssen, haben die Beamten wenig Zeit für die Personen Kontrollen". Bitte fahren sie nicht durch Basrah", werden sie ermahnt, „ dort geht es im Moment heiß her. Umfahren sie Basrah weiträumig, dann kommen sie auch sicher ans Ziel".

Zwei Tage sind sie mit dem Auto unterwegs. Die erste Etappe bis Baghdad, die zweite von Baghdad nach Mosul. In Baghdad führt Berger den Koreaner in die abgelegene geheime Bar ein. Dieser ist begeistert von Baghdad und dieser Bar im besonderen. Hier gibt es Dinge, die in Kuwait unter hoher Strafe stehen, hier im Irak eigentlich auch. Sie werden aber geduldet weil sie für das Wohlbefinden der Gastarbeiter wichtig sind. Die Kuwaitis fliegen jeden Monat nach Thailand oder Kairo oder sonst einen Zipfel der Welt, wo sie sich ungesehen von Allah vergnügen können. Die brauchen sich an die vom Islam verlangte Abstinenz nur zu Hause halten. Sie glauben, Allah schaut nur nach Kuwait. Chung und Berger lassen das Auto nun in Baghdad beim Hochtief Hotel stehen und nutzten die Bequemlichkeit des Busses nach Mosul. Berger staunte bei der Ankunft in Mosul nicht schlecht als Marem an der Bushaltestelle steht. So weit war es schon, dass sie ihn offiziell in Empfang nimmt. Woher wusste sie das er ankommt?. Er hat die Baustelle von seiner genauen Ankunft nicht informiert. Aber sicher hat das Hotel seine Ankunft angemeldet. Er freute sich auch als er sie dort stehen sieht, sie strahlte ihm freudig entgegen. Ihre Augen sprühen Funken. Sie ist eine wahre Pracht, eine Blume des Orients. Seit ihrem Kennen lernen ist sie noch schöner geworden, fraulicher geworden. Sie hat eine Ausstrahlung die enorm ist alles in ihrem Umkreis in Bann zieht, der Kaufmann, sagte nur immer, ,,Ulli, du musst sie heiraten, ihr seit füreinander bestimmt, wenn ihr Euch trennt geht ihr Beide ein. Sie ist eine Blume und seit ihr zusammen seid ist sie ein ganzer Blumenstrauß. Sprich mit deiner Frau, werde Moslem und heirate sie. Du kannst auf diese Art und Weise deine Familie behalten und hast sie, du lebst doch sowieso wie ein Zigeuner die paar Wochen, die du zu Hause bist.

Deine Frau sollte froh sein, dass du hier so eine Prachtfrau gefunden hast. So brauchst du nichts anderes, wenn du hier bist. Es ist doch tausendmal besser als diese hässlichen Puffs da draußen. „ Walter tritt jetzt hinter Marem hervor. „ Da bist du ja, hast mir eine Menge Arbeit gemacht. Dein Ingenieur aus Kanada von Ritchi Brothers ist bereits da und nervt mich wie verrückt. Der Monteur von Wibau ist angekommen und ein Kunde aus Saudi ebenfalls. „ Berger hört zu und drückt Marem an sich. „Ich habe auch jemanden mitgebracht: Mr. Chang aus Kuwait". Berger macht alle miteinander bekannt. „ So, und jetzt gehen wir zusammen essen". „ Ich habe oben im Restaurant auffahren lassen, natürlich auf deine Rechnung Ulli, Einstand. Ich war auch so frei und habe den Wibau Monteur und den Kanadier ebenfalls eingeladen. So hast du Heute gleich alle zusammen. Mich und meine Freundin habe ich auch gleich eingeladen", rundet er ab. „ Deine Freundin?", fragt Berger. „ Ja, meine Freundin". Er lacht, „ Ihr Mann weiß das nur noch nicht. Ich habe das so geschickt hingedreht, dass ich sie mit Marem angefreundet habe. Sie war so traurig, Ursel sollte sie aufmuntern, jetzt muntert Ursel mich auf". „ Und ihr Mann?" "Kein Problem, der ist zur Nachtschicht im Tunnel". „ Wo bringen wir aber Chung unter?". Walter überlegte kurz. „ Neben Otto ist noch ein Container frei. Ich werde den Auftrag geben, sie zu überprüfen, damit alles in Ordnung ist und den Schlüssel ins Schloss stecken lassen". Walter hält einen Schlüssel bereits in der Hand, „auch in deiner Nähe". „ Alles super, Orginal Walter Planing - System". „ Wir vier, ich meine, meine Freundin, du und ich machen den Abschluss dann in deinem Container. Dort ist auch schon alles vorbereitet, Wein, Musik etc". „ Du bist ja der große Organisator. Aber was ist mit Marem, die muss doch noch nach Hause gebracht werden.

„ Berger sieht die geheimnisvollen Blicke, die sich die Beiden zuwerfen, nicht. „Dafür ist natürlich auch gesorgt, ein Taxi steht bereit, um sie sicher heim zu bringen, samt Begleitung". „Du bist ein Filou, Walter". Berger schlägt ihm derbe auf die Schultern. „ Wir bringen jetzt unsere Sachen in den Container und machen uns frisch". „ Schmeiß nichts um Ulli, wenn du in deine Kiste kommst, ich habe mir viel Mühe gegeben, um alles so herzurichten". Da kommt auch zufällig der Lageraufseher, wie Berger immer sagt vorbei. Walter winkte ihn heran. „ Hans, dieser junge Mann". Er zeigt auf Chung, „braucht noch ein Quartier. Gleich neben Berger ist eine Bude frei und in Ordnung, ich habe sie erst gestern überprüft". „ Nein, die habe ich bereits weitergegeben an Trapp". Hans kratzt sich in seinem Bart, „Äh ja, am Ende der Reihe ist auch noch was frei. Ich komme gleich mit und schaue nach". Er pfeift nach seinem Adjudanten und sie marschierten los. „ Ich warte mit Marem in der Kantine. „Berger fällt aus allen Wolken, als er in seine Bude kommt der Kerl hat eine richtige Bar aufgebaut in seiner Hütte, gefüllt mit den schönsten Sachen. Alkoholischen und alkoholarmen Getränken, sicherlich für Marem. In der Kantine hat er sich sehr lecker und schön aussehende Platten mit Fleisch, Käse und Wurst zubereiten lassen. In der Ecke hat er einen Plattenspieler aufgebaut. Berger schaute sich die Platten an. Da hat der Kerl sich doch nur Oldies ausgesucht, Schlaflieder oder auch Dosenöffner genannt. Etliche von Roy Black, ganz in Weiß, oder andere, tanze mit mir in den Morgen, Rote Rosen, Weiße Rosen aus Athen, so setzte es sich in dieser Richtung fort. Da hat der gute Walter ja so einiges vor. Er wollte die Ursel heute wohl verführen. Hoffentlich wurde der Mann auf der Nachtschicht nicht krank. Wie Berger ihn aber kannte macht dieser noch eine Tagschicht hinterher.

Vielleicht ist er sogar froh, dass sich einer seiner Kumpel für seine Frau opfert. Berger will nicht weiter darüber nachdenken. Berger hat so viel diesbezüglich auf dieser Baustelle erlebt, das Männer vor Arbeitsgeilheit ihre Frauen böse vernachlässigt haben. Wie dann mit ein bisschen Alkohol und einem netten Tänzchen bei solchen Dosenöffnern, wie Walter sie vorbereitet hat, viele Frauen schwach wurden und sich das holten, was ihr Mann ihnen verweigerte. weil sie nur arbeiten, saufen und schlafen. Er konnte mehr als zehn Familien im Camp aus dem Stehgreif aufzählen wo es so zugeht wie bei Ursel und Ihrem Mann. Die erste Ehescheidung ist bereits in Gang gekommen und die Frau ist samt Kindern und neuem Liebhaber abgereist. Berger duschte sich und freute sich auf den Abend mit Marem. Später macht er sich dann auf den Weg, zwei Buden weiter hält er kurz unter dem Fenster von Otto an. Otto scheint Besuch zu haben. Er redete laut mit jemanden den Berger scheinbar nicht kennt. „ Dieser Arsch," brüllt Otto los, „ will mir sagen, was ich machen soll. Hat keine Ahnung vom Asphalt machen. Was der Kerl da einbaut, ist nur Mist. Schauen Sie sich doch mal seine Straßen an. Die müssen weggerissen werden. Man muss sich schämen mit so etwas zusammen auf einer Baustelle zu sein. Wenn Trapp nichts Besseres hat, dann sollen sie den Laden zumachen und zu Hause bleiben". Berger stellte bald fest, als er keine Antworten hört das Otto voll ist und mit sich selber spricht. Er konnte aus dem, was Otto sagte auch entnehmen, dass die Anlage bereits arbeitete, das war eine gute Nachricht.., er stört Otto nicht in seinen Gesprächen. Er holt Chung ab der aus dem Staunen nicht mehr heraus kommt so eine Baustelle hat er noch nicht gesehen. In der Kantine hat sich inzwischen alles versammelt.

Der Monteur von Wibau, der Ingenieur aus Kanada, der eigentlich Texaner ist. Berger muss sein englisch immer erst durch eine Sortiermaschine laufen lassen, bevor er diesem antworten kann. Sie stellten sich alle gegenseitig vor und machen sich auf den Weg zum Restaurant. Berger hat kaum Zeit für Walter er ist vollauf mit Ronnie, dem Texaner aus Kanada beschäftigt und mit Rolf dem Monteur der Firma Wibau. Vom Texaner erfährt er, dass dieser mit dem was er bisher gesehen hat sehr zufrieden ist und dass die Baustelle ihm anfangs einige Schwierigkeiten gemacht hat. Da mischt sich Walter ein und sagte in deutsch erklärend. „ Dieses texanische Arschloch ist hier am Anfang aufgetreten als gehöre ihm bereits die Baustelle. Der wollte uns kommandieren, da mussten wir ihn ein bisschen einbremsen. „ Berger konnte sich diese Auseinandersetzung lebhaft vorstellen. Er hat die Situation oft in Saudi erlebt. Sobald Amerikaner auftauchen wird sofort alles was eingefahren ist völlig durcheinander gebracht. Bis dann alles wieder schmerzvoll ins alte Lot zurückgerückt werden kann. Dies ist eine Eigenschaft von vielen Amerikanern, zum Glück immer nur von denen die ihren Job nur oberflächlich verstehen und immer sofort damit auf die Nase fallen und keinen allzu großen Schaden anrichten können. Berger versteht nach dem dritten Whisky den Texaner schon bedeutend besser. Um Punkt 11 Uhr beendete Walter das Festmahl mit einer kurzen Rede und der Erklärung, dass sie noch ein Meeting in der Geschäftsleitung haben. Großzügig erklärte er den Zurückbleibenden noch das sie weiter auf die Kosten des netten Gastgebers zechen dürfen, er zeigte dabei auf Ulli. Die vier verabschiedeten sich und machten sich auf in die Liebeslaube. Die Frauen sind angetan von der netten Art wie Walter alles arrangiert hat. Er schenkte vier Gläser Sekt ein, für Marem nur einen ganz kleinen Schluck".

Zum Wohl, meine Lieben," sagte er, „ hier und jetzt hoffe ich, dass wir gemeinsam einen schönen Abend verbringen werden. Ich habe nämlich Heute Geburtstag. Wie alt ich werde, werde ich euch nicht verraten. Ich fühle mich aber wie 25 Jahre, so frisch und jung verliebt". Er nimmt dabei Ursel in den Arm und gibt ihr einen Kuss. „ Um späteren Streit zu vermeiden, das untere Bett gehört uns, das obere euch. Für dich, Berger, habe ich auch noch eine besondere Überraschung, Ich habe so clever wie ich bin dafür gesorgt das diese kleine dort nicht mehr durch die bitterkalte Nacht nach Hause muss sondern hier bei dir mein Lieber übernachten kann``. Berger schaute zu Marem und zu Walter, er kann es nicht glauben. „Das kann nicht sein, das lässt die Familie von Marem niemals zu". „ Doch, das hat die Familie zugelassen, weil diese glaubt das Marem im Labor arbeiten muss, bis morgen Mittag. Da ihr Bruder auch zur Nachtschicht eingeteilt ist, haben sie keine Bedenken. Ihren Bruder haben wir am äußersten Ende der Baustelle eingesetzt und ihn dort mit zwei Mann ohne Fahrzeug zurückgelassen. Wenn er zu Fuß hierher möchte braucht er 20 Stunden. Aber wie ich ihn kenne, wird er fleißig seine Arbeit machen. „ Berger schüttelte den Kopf und steckte sich die ersten Fleischhappen zwischen die Zähne. „ Du bist schon ein verdammter Hund``. Walter legte den ersten Schmalztiegel auf. "Tanze mit mir in den Morgen", klingt es leise aus gut abgestimmten Lautsprechern. Marem lauscht der Ihr fremden Musik und schaute den Beiden beim Tanzen zu. Sie trinkt noch zwei Gläschen Sekt, lehnte sich an Berger an und genießt die leisen, zarten Klänge der Musik. Berger hat die Matratze vom oberen Bett gezogen, sie in der Ecke ausgebreitet und sich dort mit Marem niedergelassen. Vor dem nächsten Tanz zündete er drei Kerzen an, die auf dem kleinen Tisch stehen und löscht die Lampen.

Es ist nun Romantik pur, das flackernde Kerzenlicht spiegelte sich heftig in den schwarzen Augen von Marem sie scheinen jetzt zwei polierte Smaragde zu sein. Berger weis nicht einmal, ob es echte schwarze Smaragde gibt. Jedenfalls sind es zwei funkelnde schwarze Edelsteine. Berger beugte sich über sie und küsst diese Leuchtfeuer, er kehrt die Strahlen die diese Edelsteine aussenden mit zärtlichen Küssen nach innen zurück. Er fasste ihre langen Haare in ihrem Nacken mit einer Hand stramm zusammen und lässt seine Lippen wie einen Hauch über ihr Gesicht wandern. Den Hals hinab bis in den Ausschnitt der Bluse. Dann wieder zurück, sie bis in den Nacken zärtlich küssend mit den Lippen streichelnd. Sie liegt da, scheinbar wehrlos, ergeben in seinem Griff. Wieder streicht er vorsichtig den Hals hinunter, die Bluse ist nun geöffnet und Berger findet die strammen Spitzen der Brüste und bedeckt diese und gesamten Warzenhof mit einer Sonderbehandlung mit den zärtlichen Küssen ,, Ich möchte gern tanzen," haucht sie ihm ins Ohr. Die anderen Beiden sind im Licht der einen Kerze, die nun nur noch brannte, kaum zu sehen. Sie tanzten im Tangotakt eng umschlungen, ihre Bewegungen sind eindeutig. Ursel hat ihre Bluse und den Rock bereits verloren. ,, Marem tut es ihr gleich. Sie hängte sich an Ullis Hals und sie wiegt sich so lange fast auf einer Stelle stehend im Takt bis die Platte zu Ende ist. Keiner machte nun Anstalten, eine neue Platte aufzulegen. ,, Du bist ein fauler Hund, Berger, du denkst nur ans Fressen und Weiber, dreh doch mal die Platte um". ,, Ich habe Hunger," sagt Ursel``, ,, lasst uns erst einmal was von den schönen Happen essen, bevor das Zeug trocken wird. Walter zündete wieder die anderen Kerzen an, damit sie sehen können was sie essen. Walter und Ursel entschieden sich für eine Flasche Weißwein.

Berger und Marem suchten sich einen lieblichen Amselfelder Rotwein heraus, obwohl Berger lieber einen herben Wein trinkt. Aber Marem würde davon mit Sicherheit nichts trinken. Sie behielt sich auch vor nur ein Glas zu trinken. Sie musste schon auf ihren Glauben Rücksicht nehmen. Aber ein Glas zum Essen würde ihr Allah schon zubilligen. Berger bedrängte sie nie dazu irgend etwas alkoholisches zu trinken, wenn sie nichts trinkt ist es ihm auch sehr angenehm. Berger gehörte nicht zu den Menschen die um irgend etwas zu tun, Alkohol benötigten. Er findet es ohne immer schöner, vielleicht einen sauberen kleinen Schwips wie Heute. Diese Flasche Rotwein muss auch den ganzen Abend halten, mehr sollte es auf keinen Fall werden.Ursel setzte sich auf Walters Schoß und schiebt sich eine Fleischscheibe nach der anderen in ihren hungrigen Rachen. Berger hat sich an der Wand angelehnt und beobachtete wie Ursels Riesen Brüste sich im BH bei jedem Kauvorgang im Takt bewegen. Die Klötze scheinen mit Gewalt in das Ding hineingepresst worden zu sein. 13B, schätzte Ulli, die nächste Größe war schon ein Dreimannzelt. Marem beobachtete säuerlich Bergers Blicke, merkt wie diese fasziniert auf die Riesendinger gerichtet sind. Die Riemen schneiden tief in Ursels Fleisch ein. Berger wollte es gar nicht sagen, aber es rutscht ihm einfach so heraus ". „Tut es nicht weh Ursel die Dinger so einfach in die Schachtel einzupressen?". . Aber ja," sagte sie, du hast recht." Obwohl Berger überhaupt nichts Richtung gesagt hat machte sie auf einmal den BH auf und die Beiden Euter sind mit einem Knall freigelegt. Marem und Berger starren überrascht und ehrfürchtig auf diese Mordsapparate. Gern hätte Berger einfach mal zwischen diesen Bergen gelegen. Marem zieht Bergers Kopf herüber gibt diesem einen anderen Blickwinkel und füttert ihn nun mit den schönen Sachen die dort aufgebaut sind.

Walter und Ursel kommen in dieser Nacht nicht mehr in ihren Container, sie schlafen gleich bei Ulli und Marem. Die letzte Kerze verlöscht um vier Uhr morgens. Die Musik dudelte beim Einschlafen begleitend noch ein wenig weiter. Am anderen Morgen spätestens um neun haben sie außer Ursel wieder bei der Arbeit zu sein. Marem und Ursel müssen ohne viel aufsehen in Ihre Unterkünfte gelangen. Sie lassen einfach die Beiden mit Ullis Jeep erst zu Ursels Wohnung fahren um zu sehen ob ihr Mann schon zu Hause ist. Der hat wie Walter bereits geahnt hatte wieder eine Doppelschicht eingelegt. Ursel bringt dann Marem zum Labor. Berger fährt zu seiner Anlage und Walter räumte mit Hans und einigen Jungens den Container auf. Als Ulli zur Anlage kommt ist Otto schon anwesend, der ihn freudig begrüßt. ,, Wo ist der Wibau Monteur?``, fragt Ulli. ,, Ich habe den nicht wach bekommen", sagt Otto, ,, ich habe fast die Tür eingerissen". ,, Der wird noch mit dem Kanadier ordentlich zugelangt haben". ,, Dachte ich es mir doch``. Berger ist auch froh das dieser noch nicht da ist, so konnten sie erst einmal alles in Ruhe miteinander besprechen. ,, Die Anlage läuft nun vollautomatisch, einige der Elektronikteile mussten ausgetauscht werden. Der Monteuer hat fertig abgeglichen, wir fahren bereits seit zwei Tagen ohne Störung". ,, Das sind ja gute Nachrichten, dann habe ich ja Zeit, mich um den Kanadier zu kümmern". Erst einmal musst du dich um den Aufgeblasenen Hammel von Trapp kümmern, wenn der sich nicht ändert, hau ich ihm irgendwann sein zugewachsenes Froschmaul platt". ,, Otto, reiß dich am Riemen, er ist nun mal dein Vorgesetzter". ,, Aber hier auf der Anlage hat er mir nichts zu sagen". ,, Ich kann mich da nicht mehr einmischen, die Anlage gehört jetzt Hochtief, sie ist bezahlt", fast bezahlt``. ,, Gehe in die Kabine, schau dir nur einmal den Auftritt an".

„ Der Trappmeister kommt mit seinem Jeep angedüst. Er sagt nicht guten Morgen, er brüllte gleich den Dicken an. „ Was hast du da wieder für Scheiße rausgebracht. Wir bauen hier nur Scheißstraßen wegen deinem beschissenen Asphalt. Wir können das Zeug nicht einbauen. Bevor Otto ihn in den Boden rammt, kommt Berger aus der Steuerkabine. „ Ah, der Herr Trappmeister, was ist den hier am frühen Morgen los?". „ Berger jag den Kerl zum Teufel, der bringt uns nur Mist auf die Baustelle". „ Von der letzten Ladung habe ich nur die letzten Chargen gesehen, ich konnte aber feststellen, dass hier alles einwandfrei lief und die Mischung in Ordnung ist. Vielleicht sieht es nach dem Einbau anders aus. Kommt, lass uns alle zusammen rausfahren und uns den eingebauten Asphalt ansehen``. „ Die Oberfläche der Straße sieht wirklich nicht gut aus. Mal ist sie glatt wie ein Kinderpopo und zu speckig, dann wieder rau und grob mit vielen Riefen drinnen. Berger sieht sich die Sache genau an. Es ist tatsächlich so als gäbe es hier verschiedene Asphaltmischungen. Obwohl Otto immer das gleiche Rezept fährt. In der Dosierung gab es keine Fehler, das habe ich selbst gesehen. Es kann eigentlich nur an den Zuschlägen liegen. „Wer kontrollierte die Anlieferung der Zuschläge?" fragte Berger. Beide schauen ihn verdutzt an, wieso, wir haben doch die Lieferscheine. Die werden am Tor abgezeichnet". „„ Ja, die Menge, aber wer kontrolliert, ob auch das geladen ist, was auf dem Lieferschein steht, oder denkt ihr, einer der Leute dort weiß den Unterschied zwischen 0-3, 3-7 oder 8-16 oder sieht nach, ob der Sand etwas taugt. Kommt, lasst uns die Boxen kontrollieren, was ihr da wirklich drin habt. wenn ich mir den Asphalt ansehe, bin ich mir sicher, dass der Fehler bei den Zuschlagstoffen dort liegt. Das es an der Mischung liegt, die passt nicht weil in den Boxen nicht ist was hinein gehört.

Sie fahren wieder zurück zur Anlage. Gerade kommen auch zwei Lkw's mit neuem Material an. Sie kontrollieren es noch auf dem LKW. Natürlich auf Anhieb zu sehen das der eine LKW Überkorn geladen hat, das dieser Körnungen bis dreißig Millimeter große Körnungen dabei haben. Bei dem angelieferten Sand das selbe, er hat kaum Feinanteile. Da ist der Fehler schon gefunden, der den unterschiedlichen Asphalt verursacht. „ Die Anlage kann nur verwiegen, nicht prüfen, was sie verwiegt. Wer ist für die Bestellung und richtige Anlieferung zuständig?". „ Der Herr Trappmeister," sagte Otto laut, dem ein Stein vom Herzen fällt. Berger kann es direkt plumpsen hören. „ Otto, ich entschuldige mich für jeden Anschiss, ich wäre nicht darauf gekommen". „ Es ist immer das einfachste, den Fehler bei der Anlage zu suchen". „ Weil du vielleicht froh warst, Otto wieder einen reinwürgen zu können". „ Möglich," gibt Trappmeister kleinlaut zu. Otto kann wieder ruhig schlafen. „ Berger, Heute Abend gebe ich einen aus. Ich will mir eine Dröhnung verpassen und dann ist wieder Schluss mit dem Saufen," sagte Otto ". „Du bist mit eingeladen, Trappmeister". Dieser sagt auch zu, er ist froh das sie den Fehler gefunden haben. Berger ist froh, so wurde vielleicht die Atmosphäre zwischen den beiden besser. Schwieriger ist es, Marem beizubringen, dass er sie Heute nicht nach Hause bringen kann. Sie mäkelt rum, merkte aber, dass sie Berger nicht umstimmen kann. „ Morgen kommst du mit!" "Ich werde es morgen so einrichten das wir früher fahren, ich möchte gern noch eine kleine Runde mit dir ausreiten." „ OK," sagt sie und eilte zum wartenden Bus, ohne sich zu verabschieden. Es war das erstemal das sie dies tat, sie schien sichtlich ärgerlich zu sein. Berger ist im Augenblick seine Anlage und seine Arbeit wichtiger, das war und ist sein Leben, alles um dies herum sind die Beilagen, glaubt er zumindest. Er sollte bald eines besseren belehrt werden.

Die drei treffen sich am Abend wie verabredet am Pool. Berger suchte den Wibau Mann und den Kanadier. Sie sind immer noch nicht an Land gekommen. Für Berger ist es unverständlich, wie man so lange schlafen kann. Berger ahnt nicht, dass die beiden noch nicht im Bett waren, sie haben sich etwas aufgegabelt und sind zum Country Club gefahren und bis jetzt noch nicht zurück. Die drei setzten sich an die Theke und bestellten sich jeder drei Steaks. Die Dinger sind so klein und dünn, dass man sich drei bestellen muss. Ulli orderte sich eine Fuhre Kartoffelsalat dazu, dieser ist übrigens ausgezeichnet. Mit diesem Salat und viel Ketschup lassen sich die Steaks essen. Der Kinnladen und die Kaumuskeln tun danach trotzdem weh. Es muss Kamelfleisch sein von Tieren die mehrere hunderttausend Kilometer hinter sich hatten. Seine Schuhsohle ist gewiss zarter. Aber mit einigen Dosen Bier, natürlich mischt er wieder mit Cola wird nachgespült. Berger versuchte Otto und Trappmeister in ein gemeinsames Gespräch zu bringen. Dies gelingt mit dem Thema Nigeria ausgezeichnet, schon sind sie stundenlang mit einander beschäftigt und lügen sich gegenseitig die Taschen voll das sich die Balken über ihnen biegen. Der Trappmeister verabschiedete sich gegen 1.00 Uhr ganz schön angeschlagen. Berger und Otto, die Beide wie die Weltmeister essen können langen noch einmal zu. Inzwischen sind sie bei Bratwurst angekommen die beansprucht das Gebiss nicht so stark. Berger isst wieder 4 knackige, braune Bratwürste mit Kartoffelsalat. Otto zieht sich fünf Stück mit Brot rein. Dann kommen sie irgendwie wieder auf das Thema der Sintis, es hielt sie über einige Zeit im Gespräch fest. Otto erzählte von seiner Verwandtschaft, die Heute zum großen Teil noch fahrend ist. Er ist eigentlich der einzige, der sesshaft geworden ist. Er hatte inzwischen die Deutsche Staatsbürgerschaft während viele seiner Verwandten noch staatenlos sind.

Berger hat in seinem Leben, speziell in seiner Kindheit, direkt nach dem Krieg, viele Begegnungen mit dem fahrendem Volk gehabt. Mit 16 war eine Begegnung lebensgefährlich geworden. „ Erzähl", sagt Otto, „ was war passiert?". In unserer Gaststätte tauchten eines Tages einige Zigeunerweiber auf, sie tranken anständig ihre Cola oder ihren Kaffee. Ich hatte an diesem Nachmittag ganz allein im Restaurant Dienst. Als ich in der Küche war um Kaffee zu kochen ist mir die älteste der Frauen nachgekommen. Sie half mir ganz einfach den Kaffee zu machen, nachdem sie gemerkt hatte, dass ich alleine bin. Ich war auf der Hut, weil ich glaubte, die anderen würden in der Zeit die Kasse ausräumen. Aber es passierte nichts, die Weiber benahmen sich grundanständig. Sie saßen danach noch lange zusammen und erzählten. Berger gab auch einen für die Weiber aus. Es war eine lustige, nette Gesellschaft. Die für ihn zu diesem Zeitpunkt ältere Dame war ein Ausbund an Schönheit. Eine Zigeunerin, wie er sie von Filmen und Büchern kannte". „Darum wohl dein Hang zu den arabischen Mädchen?" fragte Otto. „ Ich weiß nicht", sagt Berger, „es ist möglich, aber meine Frau ist blond, strohblond. Ich hatte einen Tag zuvor gesehen das die Zigeuner in ihrem Lager viel Tiere haben, ich fragte sie, ob sie für diese Tiere gern das alte Brot und den Kuchen den wir übrig haben nehmen würden. Sie nahmen dies Angebot mit Freude an. Ich sagte ihnen kommt jeden Tag so gegen 19.00 Uhr abends, da mach ich die Backstube sauber und bereite für den andern Tag die Arbeit vor, dann bin ich alleine. Sie sagten begeistert zu die Sachen abzuholen Ihnen wäre eine große Sorge abgenommen. Ich sagte zu das ich einen entsprechenden Sack besorgen werde, wo ich alles reinstecken kann. So wurden ab dem anderen Tag unsere Küchen und Backabfälle nützlich entsorgt.

Ich tat auch für die Kinder einige leckere gute Sachen hinein und immer auch ein frisches Brot. Ich wusste, dass sie manchmal nicht satt zu Essen bekommen. Es kam immer die gleiche ältere Frau die Sachen abholen. Ältere Frau für meine Begriffe damals, ich war 16 und sie 30 Jahre. Sie stellt ihren kleinen Kutschwagen mit dem Sie immer kommt um die Ecke ab und blieb immer sehr lange bei mir. Es wurde jeden Abend später, wir entwickelten ein richtiges Verhältnis. Es ging alles ausgezeichnet sie machte sich manchmal wie eine Verrückte über mich her. Später dann fuhren wir mit ihrem Kutschwagen in den Wald. Das ging solange gut bis ihr Mann dahinter kam und uns in den Wald folgte. Er erwischte uns nur indirekt ich konnte ihm entwischen, aber seiner Frau verabreichte er eine ordentliche Abreibung. Ich saß zitternd im Baum, ca. 30 Meter weiter. Ich war sicher, er würde mich umbringen, wenn er mich finden würde. Er jagte mit dem Kutschgespann wie ein Irrsinniger kreuz und quer durch den Wald. Erst recht spät als es bereits dunkeln war wagte ich mich herunter und ging in anderer Richtung aus dem Wald. Ich übernachtete bei einem Freund in einem abgelegenem Ortsteil. Von dort rief ich meinen Vater an, der war froh, dass ich in Sicherheit war. Das Dorf wimmelte von Zigeunern, überall saßen die Männer herum. Sie verkündete ganz öffentlich das sie mich umbringen würde. Meine Mutter verständigte die Polizei. Der Dorfsheriff war ganz aufgeregt und besoff sich sinnlos in unserer Kneipe. „ Keiner packt mir den Kleinen an kein Zigeuner, ich sperre die alle ein``, lallte er und fällt dabei über seine eigenen Beine``. „ Mein Lieber", sagt Otto, „ das ist nach den Gesetzen der Zigeuner ein schlimmes Vergehen, sich an eine verheiratete Frau ran zu machen". „ Ich hab mich nicht an sie rangemacht, sondern sie sich an mich". „ Das spielt keine Rolle. Wie bist du dann aus der Sache raus gekommen?".

„ Meine Familie, alle hatten solche Angst um mich, sie machten mich total verrückt, viele sagten du kannst dich nie wieder auf die Straße wagen. Auch wenn sie abfahren er kommt wieder und bringt dich um. Die Polizei kann erst etwas tun wenn er dich umgebracht hat. Ulli dachte lange darüber nach, was er tun sollte. Er war kein Held und zog es immer vor, den einfachen Weg zu gehen. Aber sollte er sich immer verstecken oder auswandern? Er redete sich soviel Mumm an, das er sich eines der Fahrtenmesser seines Freundes auslieh, sich verdrückte und zum Zigeunercamp ging. Fast eine halbe Stunde hat er hinter dem Dickicht gestanden, bevor er in das Camp ging. Die Hunde und Kinder, die ihn kannten, kamen ihm freudig entgegengerannt. Sie ahnten nicht was passiert ist sie bildeten einen Kreis um ihn und wollen mit ihm spielen. Aber Berger schlotterte die Hose zu sehr, um nur daran zu denken. Als er die Mitte des Platzes erreichte, rief er ganz laut "Hier bin ich". Die Türen der Wagen fliegen auf die Frau hat seine Stimme erkannt und steht als erste draußen um sich auf ihren Mann zu stürzen falls dieser dem kleinen was tut. Ein tiefes Schweigen, Berger steht da keinen Meter fünfzig groß und gerade fünfundvierzig Kilo schwer. Der Ehemann seiner Geliebten, oder die, die es für kurze Zeit gewesen war, schiebt sich auf ihn zu. „Das ist der Kerl?", fragte er seine Frau. Er bleibt stehen und schaut Berger an. Er ist mindestens einen Meter größer und 150 Kilo schwerer als Berger. „ Du willst mit mir kämpfen, du willst mit mir um meine Frau kämpfen?". Es ist deine Frau, es ist eine gute Frau, wir haben uns gern gehabt, dass ist alles und dafür brauche ich vor niemanden weglaufen. Auch nicht vor einem wilden Zigeuner``. Es sind bereits andere Männer herangekommen um notfalls einzugreifen, um Ulli zu helfen. „ So, du sagst, es war nichts zwischen euch, sondern nur eine Freundschaft"., „ Ja, so war es". lügt er mutig, er weis, dass er es dieser Frau war die schuldig war.

Sie war einfach herrlich und er wusste, dass er sie nicht für sich haben kann und auch nicht wollte". „ Schaut euch diesen Bengel an, komm Junge komm zu mir und werde ein Sinti". Alle lachen befreit auf, der Riese greift nach Bergers Hand nimmt ihm das Messer aus der Hand und steckte es in Bergers Gürtel. Entschuldigte sich in aller Öffentlichkeit bei seiner Frau und bei Ulli. Sie waren gerade beim Kaffee trinken, als sie die Polizeisirenen aufschrecken. Zehn Streifenwagen umstellten das Lager. Die Familie seines Freundes hat seine Familie und die Polizei angerufen, und ihnen mitgeteilt das er Ulli verschwunden ist. Sie vermuteten das die Zigeuner ihn irgendwie aus dem Garten weggefangen hatten". Lasst mich mal machen, die werden mich suchen". Die Polizisten hat bereits das Lager umstellt. Als sie Ulli sehen sind auch sie erleichtert. Er erklärte dem Kommissar die Lage. Dieser bat dann darum mit dem Ehemann sprechen zu dürfen. Berger führte ihn zu dem Wagen, wo er die Tasse Kaffee und das Stück Kuchen dankend annahm, froh dass diese Geschichte so ausgegangen ist. Man erklärte ihm dort die ganze Sache. „ Unser Hauptwachtmeister der hier im Dorf für die Sicherheit zuständig ist, hat schon vermutet das der Kerl von alleine hierher geht. Er kennt ihn schon seit vielen Jahren. „ Angst hat der Bursche nicht, hat er gesagt, „ es sollte mich nicht wundern, wenn er der Sache ein Ende macht und von alleine zu den Zigeunern geht". „ Man kann sehen wie zutreffend diese Annahme war. Ich habe allerdings eine unangenehme Mitteilung zu machen. Auf Grund ihrer öffentlich ausgesprochene Morddrohung gegen Ulli Berger erließ der Landkreis eine Anweisung, dass sie innerhalb von drei Tagen dieses Waldstück und den Landkreis verlassen müssen" .Dieser Beschluss war für den Zigeuner keine Überraschung. „ Wir haben unseren Aufbruch bereits für Morgen vorbereitet".

„Fährst du mit uns mit", fragte der Kommissar freundlich Ulli. „ Nein, sagen sie meinen Eltern, dass ich gleich nachkomme". „ Ist OK meine Frau bringt ihn dann mit der Kutsche hinunter". „ Auf Wiedersehen, meine Herrschaften, und eine gute Reise". Die kleine Polizeistreitmacht rückte lautlos ab und verjagte die enttäuschten Bürger, die wegen einer handfesten Schlacht, wie sie glaubten, gekommen sind. „ Da ist ja noch mal alles gut gegangen, dann bist du auch ein Sinti," sagte Otto. „ Ja, ich bin auch ein Sinti, nicht nur du allein". „ Aber seit dem Erlebnis bist du der erste Sinti, dem ich wieder begegnet bin seit damals. Ich vermute, dass dieses Erlebnis mein Leben geprägt hat. Immer wieder Rassel ich seitdem von einem Schlamassel in den andren. Aber ich komme immer wieder unbeschadet heraus``. „ Um 15.00 Uhr gehen sie Beide zum Container. Ein von oben aus den Bergen kommender Geländewagen hupte, als er Berger sieht. Es ist Burkhard, der Eisenbieger Polier. „ Ich habe dir deine Schnapsleichen aus Texas und Korea und den Wibau Monteur gebracht. Sie liegen jetzt seelig in ihren Betten, die hatten es sich mit zwei Mädchen im Country Club für zwei Tage bequem gemacht. Sie sagten, du würdest alles zahlen". „ Da haben sie sich aber mächtig geschnitten". sagt Berger nur". „ Gute Nacht, Jungs, ich will auch in meine Koje``. „ Er gibt Gas und verschwindet. Am anderen Morgen ist der Wibau Monteur wieder munter auf der Baustelle. Den Texaner und Chung muss Berger noch mal an Walter verweisen. Mit dem Monteur geht Berger noch mal alle Einstellungen durch und schreibt sich alle Abgleichdaten auf. Sie arbeiten für die Baustelle gleich noch einen Ersatzteilbedarfsplan aus. Wenn sich die Anlage für das Becken Tag und Nacht drehen muss, muss schon vorgesorgt sein.

Mechanische Teile sind genügend mitgekommen, aber elektronische fehlten noch, weil Berger hier für diese Anlage die Erfahrungswerte fehlten. Inzwischen hat Trappmeister eine wirkungsvolle Materialprüfung installiert. So dass es vom Asphalt her keine Probleme mehr gibt. Die Differenzen zwischen Trappmeister und Otto sind bereinigt. Otto hat aber schon wieder einen neuen Kontrahenten. Diesmal im Büro, er hat sich dummerweise den stellvertretenden Bauleiter ausgesucht. Berger bat Otto und den Trappmeister, unbedingt einen zweiten Mann an der Anlage auszubilden. Wie gut dies war, stellte sich bei seinem nächsten Besuch heraus. Otto ist nicht mehr da, er hat sich erlaubt, den stellvertretenden Bauleiter als Riesenarschloch zu bezeichnen. Auch wenn das stimmt hat so etwas Folgen. Otto hatte aber auch seine 6 Monate rum und hatte Heimweh, er hat sich so sein Freiticket für die Heimreise auf diese Weise gebucht. In diesen Tagen hat Berger auch sehr wenig Zeit für Marem. Die Anlage mit dem Monteur, sein Kunde und der Ingenieur aus Texas beschäftigten ihn Tag und Nacht. Zum Schluss ließ Marem ihn nicht mehr ins Labor, so ärgerlich war sie. Berger ruft sie danach nur noch kurz an. Berger glaubte, dass sie sich von Ihm freischwimmen will und hilft ihr dabei. Es ist tatsächlich so. Marem hat große Problem bekommen, weil ihr immer klarer wird das sie Berger nicht heiraten kann. Ihre Beiden Onkels haben eindringlich mit ihr darüber gesprochen. Sie hatte eigentlich auch nicht die Absicht gehabt darüber zu sprechen. Aber sie nimmt den Rat ihrer Beiden Onkel an. Sie muss nun die Gelegenheit am Schopfe packen um sich von Berger zu lösen. Nachdem Berger so wenig für sie Zeit hat. Von einem Iman ihrer nächsten Moschee hat sie sich Hilfe geholt und sich Kräuter in einem Beutel um den Hals gehangen, die ihr helfen sollen aus dieser Misere herauszukommen.

Es fing schon an sehr weh zu tun die Rose zeigte ihre Dornenseite. Für Berger blieb dies noch alles unbemerkt da ihm die Zeit fehlte sich mit Marem zu befassen. Meinte er zumindest, er konnte nicht in Marem hinein schauen. Ihn sollte es dafür später viel schlimmer treffen Es ist auch nicht von Bedeutung den es hätte fast zwei Menschen zerrissen. Den einen weniger oder den anderen mehr wer konnte es wissen. Der Monteur der Firma Wibau zeichnete Berger alle Unterlagen ab so das er nun auch vom Hersteller die Bestätigung hat das diese Anlage einwandfrei läuft. Dann geht Berger mit dem Monteur zur Bauleitung und lässt sich auch von dieser noch einmal der Bauleitung gemeinsam mit dem Monteur die Berichte und Abnahme unterschreiben. Dann auch von Otto dem Anlagenführer und vom Trappmeister. Am nächsten Tag reiste der Monteur ab. Jetzt kann sich Ulli um Chung kümmern der sehr gut bei Walter aufgehoben gewesen ist Sie haben bereits alle Maschinendaten aufgeschrieben und alle Maschinen besichtigt und fotografiert die ihn interessieren. Hinzu sind noch einige Zementauflieger gekommen und Truckmixer. Es hat sich eine ganzes Paket angesammelt. Wenn Jaser das kaufen würde, wäre es ein schönes Geschäft für Berger. Dann konnte er das Jahr in Ruhe beschließen. Chung telefonierte und telexte noch den Restbestand, den er sich mit Berger angesehen hat nach Kuwait. Am nächsten Tag verabschiedete er sich auch von Berger und reise zurück nach Kuwait. Berger verspricht auf seinem Rückflug noch einmal über Kuwait zu kommen. Wenn etwas dringendes wäre sollte er ihn auf der Baustelle hier an telexen, er würde noch 4 Tage hier bleiben um Weihnachten zu Hause zu verbringen, und wenn es ging, am 10.01.1985 wieder in Kuwait sein.

Berger widmete sich nun voll dem Texaner aber auch dieser war auf der Baustelle bereits alle Maschinen durchgegangen. „Berger, ich denke, ich kann meiner Firma empfehlen diesen deal zu machen. Ich habe bereits ein Telex geschickt über den Zustand jeder Maschinen". Es bahnten sich goldene Zeiten nach 13 Jahren bitterem Kampf als Kleinunternehmer an. Seine Strategie war aufgegangen. Der Deal mit Ritchi Brothers in Höhe von 22 Millionen Dollar würde ihm einen Millionen Verdienst bescheren. Zwei Tage später kam die Bestätigung zu Berger, der deal ist perfekt. Berger hatte bereits den Vorvertrag in der Tasche, musste den nach seiner Ankunft aber in einen ordentlichen Vertrag umwandeln. Hinzu kommt, dass Geschäft mit Kuwait und Oman und ein Geschäft in Kairo. Zusammen würde ihm dies 6.5 Millionen Dollar bringen. Ronny, der Texaner reist gleichfalls ab, er hat alle maschinen zu seiner Zufriedenheit abgenommen. Berger widmet sich den nächsten Tagen mehr Marem. Er bedrängte sie in keiner Weise. Er ist nett und liebenswürdig zu ihr, es tut ihm weh zu sehen wie sie sich ihm immer mehr entzieht. Auf einem gemeinsamen Ausritt sprechen sie dann darüber. „ Ulli, du hast den Zug verpasst mich zu heiraten, du hättest mich schwängern sollen, so wie ich es wollte. Dann wäre die Entscheidung gefallen gewesen. So ist es eine Ungewissheit, ein Kampf. Ich versuche, mich etwas aus dem Druck meiner Liebe zu dir zu befreien. Es schmerzt sehr, ich danke dir dafür das du Verständnis hast. Das du so wenig Zeit für mich hattest und ich wütend auf dich war hat mir auch geholfen". „ Nun hilft es mir, dass du hier bist und wir darüber sprechen können. Berger fängt an". „ Ich habe dich nicht geschwängert weil ich dich liebe, ich habe es absichtlich nicht getan".

Berger zieht bei diesen Worten Marem an sich heran und hält sie fest. „ Ich bin verheiratet und ich habe Kinder. Ich wünsche dir einfach eine Familie die immer um dich herum ist. Wenn du mit gehen würdest nach Deutschland müsste ich mich scheiden lassen. Das wäre völlig unmöglich, weil ich meine Familie liebe. Wenn du hier bleibst, siehst du mich vielleicht nur zwei, drei, oder auch vier Monate im Jahr. Nach Weihnachten gehe ich nach Oman und Kuwait für viele Monate. Von Kuwait aus könnte ich dich oft besuchen kommen. Aber nur für Tage. Auf lange Sicht würde ich dich unglücklich machen. Ich will, dass meine Liebe glücklich wird. Dann die Nachteile, Kinder die wir vermutlich später hier hätten. Stell dir nur vor, aus irgendwelchen Gründen komme ich nicht mehr ins Land. Im Augenblick ist hier alles möglich. Vielleicht komme ich beim nächsten Mal schon nicht mehr herein. Du bist durch und durch mit deinem Land verbunden". „ Du hast alles das gesagt, was ich dir auch sagen wollte, ich habe auch über unsere Zukunft nachgedacht. Wenn ich mich von dir etwas entferne, ist es nur um nicht daran kaputt zu gehen. Ich liebe dich wie nichts anderes auf der Welt, wenn ich eine Change sehen würde, würde ich dich sofort heiraten. Aber auch wenn du Moslem würdest, zur Zeit hätten wir und unsere Kinder keine Chance, glücklich zu werden". „Ich weis dies". sagt Berger, und wir sollten es nur unserer Liebe wegen nicht erzwingen". „ Marem weint und Ulli entfernte ihre Tränen mit unendlich zarten Küssen. Seine Tränen mischten sich mit den ihren. Sie bleiben lange so stumm und sich haltend sitzen. „ Komm", sagt sie, lass uns reiten, wir haben genug geweint, es wird davon nicht anders. Lass uns lachen und glücklich sein``. „ Berger hilft Ihr auf und auf das Pferd. Amir kommt auf Berger zugetrabt und leckte ständig an Bergers Ohr. So, als fühlt er, wie traurig Ulli ist.

Aber bald sind die traurigen Gedanken wieder verflogen und sie galoppierten durch die Wüste, es ist gut das sie die Pferde haben. Jeden Tag reiten sie nun zusammen aus. Die Brüder fühlten nun doch welcher Kampf in den Beiden vorgeht. Auch sie trösten Marem und sagten das gleiche was sie alle wissen, Ihre Liebe hätte keine Chance. Den nächsten Tag verbringt Berger komplett auf seinem Adlerhorst. Er versuchte herauszufinden wie er Marem und sich helfen kann. Seine Familie zieht in seinem Geist vorbei und er fragte jeden einzelnen. Er spricht mit seiner Frau, sie schüttelten alle den Kopf. Er sprach mit Gott, mit Allah, und bat um irgendwelche Eingebungen. Die Entscheidung fiel wenig später im Elternhaus von Marem. Unabhängig vom ganzen Geschehen tauchten bei der Familie von Marem Mitglieder einer seit langem befreundeten Familie auf. Sie überbringen die Botschaft ihres Sohnes, der sie nun zu Marem und Ihrer Familie sandte um, um ihre Hand anzuhalten. Er wird in ca. 2 Monaten aus Amerika zurückkehren und sie heiraten. Sie brachten bereits die ersten Geschenke von ihm mit. Die Familie kannte diesen jungen Mann sehr gut und war erfreut und einverstanden. Zumal Marem vor langer Zeit als sie gerade sechzehn war den Wunsch geäußert hat, ihn zu heiraten. So dachten alle, dies ist die ideale Lösung für Marem. So wurden die Geschicke von anderen gelenkt. Sie Beide haben endgültig den Zeitpunkt verpasst. Berger überkam eine Unruhe wie er sie noch nie gehabt hat. Er weis dies alles nicht, aber er spürte auf einmal den Drang, sofort zu Marem zu fahren. So, als wenn Marem ihm um Hilfe gesandt hätte. Er glaubte tatsächlich, ihr wäre etwas zugestoßen. Er raste sofort los um sich zu vergewissern. Er fühlt sie brauchte ihn nun. Sie brauchte ihn tatsächlich, sie war kurz davor umzufallen, alles übermannte sie.

Am liebsten hätte sie losgeschrieen. Aber sie behält die Kontrolle über sich. „Berger," denkt sie, „ wo bleibst du?, Jeden Tag kommst du nun, warum Heute nicht, wo ich dich so benötige?". Sie hatte noch nicht zu Ende gedacht, als sein Auto am Tor hupte. Ihr Herz fängt wild an zu schlagen. Sie mute sich zusammen nehmen um nicht ans Tor zu rennen. Eine Wärme und ein Gefühl von Sicherheit strömen durch ihren Körper, so heftig wie noch nie zuvor. Sie befindet sich auf Messers Schneide, die Liebe zu Berger hinauszuschreien. Sie reißt sich fürchterlich zusammen, die Katastrophe würde in diesem Moment sofort ihren Lauf nehmen. Ihr ist klar, dass es schon jetzt kein Zurück mehr gibt. Diese Entscheidung aus heiterem Himmel, mit der niemand mehr gerechnet hat konnte eine Entscheidung Gottes sein. Sie will diese Entscheidung nun akzeptieren. Berger muss Ihr dabei helfen. Berger kam herein sieht sie, sieht die Familie, er weis was geschehen ist, ist froh das er gekommen ist. Er kennt dies aus Kairo Marem hat von jemanden ein Heiratsangebot bekommen, und er sieht es an den anderen Gesichtern das sie dies auch angenommen hat. In ihm dreht sich alles wie ein Karussell, er weis das es nur so richtig ist. Aber nun kommt alles so schnell auf sie zu, wie ein D Zug der über Sie hinwegrast. Ihm ist nun alles aus seiner Hand genommen aus Ihren Händen genommen. Marem ist unwiederbringlich für ihn verloren. Sie stehen da so verloren mit ihrem verlorenem Glück, so hilflos wie Berger er sie und sich selten gesehen hat. Sie schaute ihn flehend an, sei mir nicht böse aber ich kann nicht anders handeln. Berger kann ihr nicht böse sein wo für böse sein. Es geht nicht anders, sie hatten ihre Chance, wenn sie je eine hatten haben sie diese endgültig verpasst. Das normale Leben hat wieder nach ihnen gegriffen und sie vom hohen Ross der Liebe heruntergeholt.

Schmerzhaft aber gerecht. Er hätte sie doch schwängern sollen schießt es ihm durch den Kopf. Aber es wäre keine Lösung für immer gewesen. Er sieht Marem aufmunternd an und gibt ihr mit seiner Augensprache seine Gefühle zu verstehen, etwas anderes ist nicht möglich und wird nie wieder möglich sein. Meine große Liebe, las uns unsere Liebe für immer verschließen und uns nur noch mit dem Herzen lieben. Es wird besser für dich und auch für mich als auch für meine und deine Familie sein. Es kam auch so bei ihr an so ehrlich wie er es gemeint hat. Sie nickt ihm dankend zu und wird zusehends ruhiger und gelassener. Er will Heute überhaupt nicht weg, dabei wollte er mit Walter alles zusammen fassen, die Verkäufe nach Kuwait, Saudi und Kanada. Es gab Tee und Kuchen dazu. Ahmed war schnell losgegangen und hatte etwas geholt. Alles gratulierte Marem zu ihrem Entschluss zu heiraten man spürte die Familie ist mit dieser Entscheidung zufrieden und glücklich. Berger hätte aufstehen können und davon rennen können hätte alles zusammenschreien können, aber sein Gesicht lächelte gleichmäßig freundlich. Er konnte nicht wegrennen er musste alles für Marem bis zum bitteren Ende durchstehen, auch für sich selber. Es musste einfach so sein, er hatte seine Liebe an jemand abtreten müssen. Berger versuchte sich zu zwingen, nicht daran zu denken. Die Augen der beiden Liebenden trafen sich immer wieder und gaben sich gegenseitig Kraft. Alle Beide wissen das der schmerzhafteste Weg nun der einzige vernünftige ist. Aber wann sind Handlungen in der Liebe vernünftig. Berger malte sich schon aus, wie er Marem doch noch mit einem weißen Schimmel von der Hochzeit entführte. Die dümmsten Gedanken schießen durch seinen Kopf. Alles ist so unklar und durcheinander, er ist nicht in der Lage einen vernünftigen klaren Gedanken zu fassen.

Man legt Musik auf, dies ist die Gelegenheit alle die Dinge, die einen so sehr belasteten einfach herauszutanzen. Berger tat dies ausgiebig. Spät am Abend fährt er dann ins Camp, Marem wollte dies verhindern, aber es war nicht möglich. Berger muss alleine sein um einen klaren Kopf zu kriegen. Er zwingt sich, mit seinem Auto ruhig zu fahren und besonnen zu bleiben. Er sehnte sich nun nach den Stimmen seiner Frau und der Kinder. In wenigen Tagen würde er sie sehen und wieder um sich haben. Er betete für sich, „ mein Gott, wer du auch dort oben bist und mir Heute diese Nachricht gesandt hast, bitte sag mir, ob wir es richtig gemacht haben. Hast du mich geschickt um ihr bei dieser schweren Stunde beizustehen oder sollte ich sie da heraus holen?, schick mir irgend ein Zeichen, ich hole sie dort heraus. Ich kann nicht in sie hinein schauen. Ich weiß nicht, was sie ganz innen denkt. Vielleicht hat sie darauf gewartet das ich sie heldenhaft befreie. Ich weiß nicht, ob ich das, was ich getan habe, richtig gemacht habe; ich weiß nur, dass ich dieses Mädchen unendlich lieb habe. Lass einen Stern vom Himmel fallen, erhelle den Himmel mit einem plötzlichen Blitz, wenn ich sie holen soll. Von meinem eigenen Gefühl her haben wir uns heute richtig entschieden. Wenn auch der Schmerz droht meine Brust zu sprengen. Mein Gott, es zerreißt mich. Meine liebe Frau zu Hause, gib mir einen Rat, sei nicht böse, dass ich dieses Mädchen so liebe. Ich würde den gleichen noch größeren Schmerz empfinden, wenn du gehst. Wenn du mich verlassen würdest. Es wäre noch viel schlimmer", wenn ich an unsere Kinder dabei denke. Mutter Maria, Mutter unseres Jesus, steh meiner Frau und jetzt besonders meiner Marem bei. Hilf ihr all diese schlimmen Zeiten, die auf sie zukommen, zu überstehen. Verzeih uns, was wir in unserer Liebe, die rein und schön war so gelebt haben. Oh Vater im Himmel, ich bitte dich, nehme dich ihrer an und mache sie so glücklich, wie sie mit mir war. Verzeih auch du unsere Liebe, aber du weißt, du hast es gesehen, es ist echte Liebe, so wahr und so echt wie ich meine mir angetraute Frau und meine Kinder liebe. Sie sollten nie unter dieser Liebe leiden. Lass alle Qualen bei mir, gib alle Qualen, die Marem haben soll zu mir. Schicke mich durch das Fegefeuer um alleine für diese Liebe zu sühnen, wenn diese Liebe Strafe verdient". Berger steuerte seinen Wagen über die Straßen, alles geht automatisch. Sein Kopf, seine Brust, alles ein Schmerzbündel, als hätte eine Granate alles aufgerissen.

Bei einer Granate war man wenigstens tot. Aber er durfte nicht tot sein, er hatte noch seine Mike, seinen Patrick, seine Barbara und Marco. Sie brauchten ihn alle noch. Berger fährt in das Camp, ohne es wahrzunehmen. Er läuft die ganze Nacht umher, schlafen war nicht möglich. Er hatte sich kaum hingelegt, da ist es als würden Elefanten über ihn hinweg rennen. Er war wie gerädert, so als hätte er Wochen ohne zu schlafen durchgearbeitet. Er traute sich, als er gegen Morgen todmüde ist nicht zu schlafen, er hat Angst, nicht mehr aufzuwachen. Angst, sein Herz würde aufhören zu schlagen. Er duscht sich und holt Otto zum Frühstück ab. „ Mensch, Ulli, was ist mit dir, bist du krank?". „ Ja, ich hab' es auf einmal am Herzen". „ Du siehst aus, als wenn du uns jeden Moment umfällst". „ Nein, nein, mach dir keine Sorgen, so schnell fällt ein Sinti nicht um". „ Etwas stimmt da nicht, du hast doch noch nie das Geringste gehabt, ist was mit Marem?". Berger antwortete nicht, er muss sich übergeben und kotzte in den nächsten Busch, danach ist es ihm viel besser. Berger Frühstückt ausgiebig und fährt mit Otto zur Anlage. Dort checkt er noch einmal alles, kann auch Heute keine Schwachpunkte finden, die er noch beseitigen muss. Gegen Mittag machte er Schluss und schaute nach ob Marem gekommen ist. Sie ist, wie er geahnt hat nicht gekommen. Sie hat sicherlich auch die ganze Nacht nicht schlafen können. Die Nächte sind immer schlimm, wenn die Tageshektik weg ist und Ruhe einkehrt, dann kommen die Schmerzen zurück, die am Tage verdrängt werden. Berger brachte am Abend noch alles mit Walter auf Reihe, so das er eigentlich am anderen Morgen hätte abhauen können. Er überlegte lange, ob es gut wäre, sich jetzt einfach zu verdrücken. Es wäre sicher das Einfachste gewesen. Er beschließt erst übermorgen zu fliegen und morgen zu Marem zu fahren. Otto kommt zu ihm am Abend auf die Bude und wollte einen mit ihm draufmachen.

Berger weis das mit der Sauferei Ihm nicht geholfen ist, nach Alkoholgenuss werden seine Probleme nur umso schlimmer sein. Bei Otto ist das was anderes. Berger hat mit bekommen, dass er dann die Probleme im Selbstgespräch löste. Otto besoff sich auf seiner, Bergers, Bude. Ihm war es angenehm, nicht alleine zu sein. Am anderen Morgen um fünf Uhr treibt ihn der Schmerz, der sich mit dem ersten Lichtstrahl wieder einstellte, aus dem Bett. Otto hatte sich auf die Erde gelegt, um zu schlafen. Er sägte wie eine ganze Möbelfabrik. Es gab in dieser Fabrik sicher kein ungeschnittenes Brett mehr. Berger lässt ihn schlafen und läuft etwas durch die Luft. Zu Marem konnte er vor 10,30 nicht fahren. Er fuhr zum Büro und bestätigte seinen Flug für morgen Abend. So war er genau 5 Tage vor Weihnachten zu Hause. Am 10 Januar muss er schon wieder weg. Er war zum Weltenbummler geworden. Zum rastlosen Menschen, der von einem Kontinent in den anderen gehetzte wurde. Das war eigentlich nicht ganz seine Vorstellung vom Leben. Aber wiederum reiste er zu gern. Wenn er vier Wochen zu Hause war, wurde es Zeit das er wieder wegkam. Mit vielen Dingen in Deutschland kam er schon nicht mehr klar. Die ewigen Stammtischgespräche und Parolen über Ausländer, der Fremdenhass, der immer stärker und ausgeprägter wurde. Der ständige harte Kampf ums Überleben, nur der Stärkste überlebte in solch einem System. Es war gut, dass er seinen Rückflug gleich fest gebucht hatte, jetzt so kurz vor Weihnachten war der Teufel los. Über 150 Leute hofften, noch über die Warteliste mitzukommen. Berger machte sich auf zu Marem, um sich von ihr zu verabschieden. Es war gut, dass er gefahren ist und nicht so abgereist ist. Sie ist tatsächlich krank geworden. Die Frau Doktor aus dem Camp ist gerade da, um sie zu verarzten.

Als sie mit Berger und Marem alleine ist erklärte sie Berger das Marem einen Zusammenbruch hatte. Sie hat Probleme, ziemlich große Probleme und hat unbemerkt von allen, die letzten Tage überhaupt nichts gegessen. Ich weiß alles, Berger, sie hat es mir erzählt, es ist schwer für euch Beide, aber ihr habt euch richtig entschieden. Ich habe ihr Tabletten verschrieben, die ihr helfen. Sie wird erst einmal eine Woche das Bett hüten müssen. Ich habe aufgeschrieben, was man ihr kochen soll``. „Berger geht erst jetzt zu Marem und gibt ihr einen Kuss auf die Stirn``. „ Gibt es Anlaß zur Sorge?", fragt Ulli die Ärztin. „ Nein, sie ist ansonsten stabil und gefestigt. Wenn sie nicht aufs Essen verzichtet hätte, hätte sie dies Problem nicht gehabt". „ Ich muß Morgen nach Hause fliegen und bin frühestens in 2 Monaten wieder hier. Bitte, wenn es irgend ein Problem gibt, senden sie mir ein Fax oder rufen sie mich an. Wie ich Marerm kenne, ruft sie mich erst an, wenn sie tot ist``. „ Berger reichte der Ärztin seine Visitenkarte``. „ Ich verspreche ihnen, Herr Berger, ich rufe sie an, wen sie benötigt werden sollte. Aber ich denke es wird nicht nötig sein. Ich habe sie auch erst einmal für 4 Wochen Krankgeschrieben". „ Das ist gut, dann ist sie bei ihrer Familie und kommt auf andere Gedanken." Die Ärztin verabschiedete sich und lässt die beiden alleine." Du machst Sachen, mein Mädchen, die es nicht geben darf. Du musst doch essen, willst du dich selber umbringen?" "Manchmal möchte ich schon," sagte sie, "aber ich weiß, daß es Quatsch ist." "Es ist großer Quatsch, mein Schatz. Ich habe die gleichen Schmerzen wie du und muß morgen auch noch nach Hause fliegen". „ Ja, ich weiß", sagte sie, "ich habe schon geglaubt, du haust einfach so ab." "Es stimmt, ich habe daran gedacht, ich dachte, es ist vielleicht besser, sich so schnell nicht wieder zu sehen. Ich wollte nicht wieder in deine Atmosphäre eindringen.

„Berger erzählte ihr, wie es ihm den Tag ergangen war, als die Familie ihres Zukünftigen angetrabt war. „ Ich war oben in meinem Adlerhorst und wollte den Tag dort ruhig mit Nachdenken verbringen. Ich hatte es auf einmal so klar wie ein Telefonanruf in meinem Kopf, „du brauchst Hilfe, es ist etwas geschehen." Ich bin sofort gekommen, und du brauchtest Hilfe." „ Es stimmt, ich habe so um dein Kommen gebetet und du bist gekommen. Allah hat dir meinen Ruf übermittelt". Berger hört noch immer diese eindringliche Stimme, sie hallte in seinem Ohr, in seinem ganzen Kopf" .

„Geh zu ihr, geh zu ihr, sie braucht Hilfe." Sie waren sich doch beide darüber einig, dass Gott ihre Entscheidung so gewollt hat, eine Entscheidung der Vernunft. Berger bleibt noch bis nach dem Essen, dann verabschiedete er sich in der Gewissheit, dass Marem in Ordnung ist. Alle Familien Mitglieder haben versprochen, gut auf sie aufzupassen.

Kapitel 5
 Weihnachten zu Hause

Berger fliegt mit der Lufthansa nicht im non stopp sondern mit Zwischenlandung in Amman in Jordanien. Mit einem zweistündigen Aufenthalt den will Berger nutzen um mit seinem Büro dort zu sprechen, im Flughafen. Er hat noch einen Termin in Ammann, mit seinem jordanischen und palästinensischen Mitarbeiter. Die Maschine hebt pünktlich ab und Berger ist wie immer eingeschlafen bevor sie ihre Flughöhe erreicht haben. Er wird erst wach, als die Stewardess ein wunderbares Geschöpf ihn am Ärmel zupft und fragte ob er Tee oder Kaffee möchte. Sie lächelte ihn freundlich an. Er entscheidet sich für Tee. Während sie seine Tasse füllt schaut er aus dem Fenster. Ihm ist aufgefallen, das der Flieger im Kreis fliegt.

Durch den Bordlautsprecher kommt da auch schon eine Ansage. „ Meine Damen und Herren, wir haben ein kleines Problem auf unserem Flughafen in Ammann. Die Landepiste wird versperrt von einer Maschine die eine Panne hat". . Wie lange kreisen wir hier schon?" fragte Berger freundlich die Stewardess", die ganz ruhig den Tee eingießt. „Fast dreißig Minuten," antwortet das Mädchen genau so höflich und ganz locker. Berger hatte bereits dahin dösend bemerkte das man während des Fluges ständig versucht das Fahrgestell auszufahren. Er hörte immer wieder wie sich die Hydraulik vergeblich quält, das Fahrgestell, scheint zu klemmen. Er hört nicht das Geräusch des Einrastens. Er schaut nach unten und versuchte, den Blick auf den Airport zu erhaschen. Er braucht wegen der weiten Schleife die der Pilot fliegen muss sehr lange, um diesen zu erkennen. Berger schaut auf die Uhr. Es ist inzwischen eine Stunde vergangen und ständig hörte er das Arbeiten der Hydraulik. Nun hat er einen kurzen Blick auf den kleinen Flughafen, er kann keine Maschine entdecken die im Wege ist. Die beiden Rollbahnen die er gut einsehen kann sind vollkommen leer. Sie hätten landen können, dass mit der geparkten Maschine war also vollkommener Quatsch. Es geht um die Landeklappen die sich nicht öffnen lassen. Das Flugzeug muss solange kreisen bis das Kerosin ziemlich am Ende ist um dann eine Notlandung zu wagen. Zwischendurch versuchte man krampfhaft, doch noch das Fahrgestelle auszufahren. Dies scheint bis jetzt nicht möglich zu sein. Berger rechnete aus, wenn sie in Baghdad voll getankt haben, dann dürften sie mindestens noch drei Stunden so kreisen. Oder sie müssen einfach zu drastischen Mitteln greifen und Kerosin ablassen. Der Pilot setzte nun über die Lautsprecher zu einer Erklärung an.

Berger hörte, wie die Klappen noch einmal richtig mit Power betätigt werden. Da klingt durch das noch nicht abgeschaltete Mikrofon ein Jubelschrei der Piloten. Berger hat es aber auch schon gehört, das Fahrwerk ist ausgefahren es ist eingerastet. Er hat es sofort am Geräusch gehört das Fahrgestell ist draußen. Deutlich hat er das einrasten gehört und das einklinken der Verriegelung". Entschuldigen sie, meine Damen und Herren, wir hatten ein kleines technisches Problem das meine ganze Aufmerksamkeit erfordert hat. Wir gehen zum Landeanflug über". Bitte klappen Sie Ihre Sitze hoch und schnallen Sie sich an``. „ Wieder einmal Glück gehabt". denkt Ulli. Sie landen glatt, werden dann aber alle aufgefordert, das Flugzeug zu verlassen, um in ein anderes umzusteigen. Auch die, die nach Frankfurt weiter fliegen. Dies passierte dann aber erst acht Stunden später. Es war ein anderes Lufthansa-Flugzeug das aus Kairo gekommen ist. Es konnte alle gestrandeten Fluggäste aufnehmen. Diese Vierzehn Fluggäste wurden aufgerufen und mussten sofort einzusteigen wenn dieses Flugzeug gelandet ist Dazu gehörte zum Glück auch Berger, der konnte zwischenzeitlich mit seinen Freunden am Airport sprechen. Zwei Stunden später setzt die Maschine dann auf dem Airport in Hannover auf. 2 Stunden später steht Berger vor seiner Haustür, müde und seelisch etwas angeknackst. Ohne seinen Koffer, ohne seine Geschenke für die Familie. Da er über Amman gekommen ist, wurde sein Koffer ausgeladen aber nicht nach seiner Umbuchung wieder eingeladen. Seine Koffer müssen Nachgeschickt werden. Diese würden später automatisch nach Hannover weiter gehen und zu Ihm gebracht werden. Es ist nur Marco zu Hause der ihm staunend die Tür öffnete. „ Was machst du denn schon hier?" fragte er lachend´´. Sie nehmen sich in den Arm und drücken sich erst einmal ordentlich.

Berger lässt sich die Badewanne mit heißem Wasser einlaufen und taucht erst einmal unter. Marco schaute ihm dabei zu. „ Wo sind denn die anderen drei?". „ Mutti ist mit Barbara bei Doris und Patrick ist bei seinem Freund. Wir haben Dich erst Morgen erwartet``. „ Weißt du, was wir beide jetzt machen?, wir hauen ab und gehen ein Bier trinken und etwas essen". Berger schreibt einen Zettel und legte diesen auf den Wohnzimmertisch. Schaute sich noch etwas im Garten um und machte sich mit Marco auf in seine Stammkneipe. Dort hoffte er, einige seiner Mitarbeiter zu treffen. Er wollte wissen, wie es mit dem neuen Meister in der Containerfertigung läuft. Das Hallo ist groß als er mit Marco in die Kneipe kommt. Alle seine Fußballfreunde sind anwesend, sie kommen gerade von einem Spiel und haben wieder einmal verloren. Aber sie stehen nicht mit hängenden Köpfen an der Theke. Sie feiern, als wären sie die Sieger. So waren sie immer, dabei sein ist alles. Berger schmeißt einige Runden auf den Markt. Er bedauerte, dass er nur noch so wenig Gelegenheiten hat mitzuspielen. Fußball ist seine Leidenschaft. Er gehörte nicht zu denen, die sich stundenlang vor den Fernseher hocken, um alle Bundesliga- oder Länderspiele anzusehen, nein Fußball interessierte ihn nur, wenn er selber spielen kann. Diskussionen über Fußball liebte er überhaupt nicht. Wo Freunde ganze Lebensläufe von bestimmten Spielern, von ganze Mannschaften im Kopf haben. Da ist er Berger ahnungslos. Dies ist alles nicht sein Ding. Er kennt nicht mal die Namen aller Nationalspieler. Nach einer Stunde verzieht sich die Truppe um sich zu Hause kurz zu zeigen und zu duschen. Um dann wieder den Kampf an der Theke erfolgreicher als auf dem Spielfeld fortzusetzen. Berger hatte vor 5 Jahren diesen kleinen, beachtlichen Verein mitgegründet. Er ist einer der 7 Gründungsmitglieder.

SV Atzum, ein kleiner Ort am Rand von Wolfenbüttel. Die meisten Spieler kommen aber aus Wolfenbüttel. Der Ort selber stellt nur das ältere Semester, im Alter rund um Berger. Berger hatte damals eine Wohnung in diesem netten kleinen Ort. Hier machte er sich auch selbständig. Fängt in einer kleinen Scheune in diesem Ort als Werkstatt und Lager an. Später hatte er dann seinen Lagerplatz in Braunschweig und die neue Containerfabrikation im Nachbardorf, weil dort die entsprechende Halle leer stand. Die Mitgliedschaft im Fußballverein beinhaltete auch gleichzeitig die Mitgliedschaft in der Feuerwehr. Wer in diesem Ort im Fußballverein war, war auch in der Feuerwehr oder umgekehrt. Der Ort hatte 380 Einwohner, der Verein nahezu 300 Mitglieder. Wenn gespielt wurde war das halbe Dorf unterwegs. Mit Kind und Kegel zogen sie dann durch die Gegend. Am Anfang wurden sie belächelt, aber nach einiger Zeit waren sie ständiger Spitzenreiter, stiegen auf und waren nach einem Jahr und diversen Verstärkungen tonangebend. Ein weiterer Aufstieg war aber wegen der Verhältnisse nicht möglich. Sie hatten keinen eigenen Fußballplatz. Sie spielen ihre Heimspiele auf dem nahe gelegenen Platz der englischen Armee. Ulli und Ewald konnten wenigsten dies durchsetzen. Der Trainer Horst, ein alter Fußball-Recke vom SV Germania Wolfenbüttel sorgte dafür, dass sie im Winter auf dem SV-Platz in Wolfenbüttel trainieren durften. Der Wirt, bei dem er gerade sitzt ist einer der spielbestimmenden Figuren des Vereins, gemeinsam mit seinen Brüdern. Sie sind nette Kerle, aber heißblütig. So mancher Schiedsrichter hatte schon mit ihrer Faust Bekanntschaft gemacht. Die drei gehen sich auch ruckzuck gegenseitig an die Wäsche. Berger hat manches mal dazwischen gestanden. Alle sind ein Kopf größer als er.

Der Vater der Dub Jungs ist der treueste Anhänger des Vereins. Er verpasst kein Spiel und gibt seinen Jungs immer Feuer. Es ist nun etwas ruhiger im Lokal geworden. Richard der älteste und Gastwirt setzt sich zu Ulli und Marco. „ Es ist schade, dass du so wenig da bist. Der Verein ist prima gewachsen, wir haben gute Aussichten einen eigenen Platz zu bekommen". „ Der Verein macht uns so richtig viel Spaß, ist eine echte gewachsene Gemeinschaft``. „ Ich weis, Ihr habt viel auf die Beine gestellt, Tischtennis, Frauengymnastik". „Ulli, weißt du übrigens, dass die Tischtennis Leute aufgestiegen sind?". „ Nein, das ist mir neu, das ist ja wunderbar, da ist Bernd aber Stolz auf sich und seine Truppe". Marco steht derweilen am Fußball-Automat und machte mit Olaf ein Match. Mit Helmut der Lehrer, der mit 38 und 10 Studienjahren immer noch einer werden will. Sie sind Freunde und sind Mitarbeiter von Berger, in der Container Fabrik. Sie wurden Mitarbeiter weil Berger Olafs Erzählungen und Wundertaten glaubte, die dieser bei MAN auf Montage als Montageleiter vollbrachte. Bei dem ewigen Studenten war es Freundschaft und das Gefühl, helfen zu müssen und ihm einen richtigen guten Start zu geben. Das er Alkoholiker war, wusste Berger. Helmut gab Nachhilfeunterricht bei seiner Tochter Barbara. Er machte dies kostenlos aber eine Flasche Schnaps ist dabei immer leer geworden. Er machte seine Sache aber trotzdem gut und mit viel Geduld. Da er ein gutes Auftreten hat und gewand ist im Reden stellte Berger ihn ein, um die Kontakte bei seinen Kunden zu halten, weil er selbst so viel auf Reisen ist und dies deshalb nicht mehr konnte. Er wollte den heimischen kleinen Markt nicht verlieren. Es ließ sich sehr gut an, wenn Berger nach Hause kommt sieht er sich immer seine Berichte durch. Wo er war, bei welchem Kunden und welche Gespräche er mit den Kunden geführt hatte.

Es schien sich nach seinen Berichten auch einiges hier auf dem Markt zu tun. Bei einem seiner letzten Aufenthalte hier ging er all diesen Berichten nach. Auslösend war ein Anruf der Firma Lucks und Co., der Einkäufer ist am Apparat. Er war stinksauer. „ Was ist denn bei dir los Berger, seit Monaten bekommt man keinen mehr zu sehen, nur noch deine Sekretärinnen, die nur immer sagt der Chef ist im Ausland. Willst du hier deinen Laden zumachen?". Berger lacht, „ nein, im Gegenteil, ich bin am Vergrößern, habe einige Leute eingestellt. Auch einen Außendienstler. Ich habe gerade zwei Berichte durchgesehen er war diese Woche noch bei euch . Warte einen Moment, ich schaue nach, mit wem er gesprochen hat, hier ist es. Mit dir hat er gesprochen". Nun lacht der Einkäufer auf der anderen Seite. Berger blätterte weiter, „ich habe in den letzten vier Wochen drei Meetings mit dir hier stehen". „ Wie heißt den der gute Mann?" fragt der Einkäufer". „ Helmut Thum!". „ Den Namen habe ich noch nie gehört". „ Das gibt es doch nicht". sagt Berger, „ hat der Kerl diese Meetings alle erfunden?". „ Davon kannst du ausgehen", sagt der Einkäufer. „ Ich brauche dich, komme morgen zu mir, bring diesen Kerl mit und auch Unterlagen über Kernbohrgeräte. Wir brauchen zwei." „ Wie spät?" „ Gleich Morgens". „ OK, ich bin um acht Uhr bei dir``.„ Berger ist wie vor den Kopf geschlagen, da gibt er solch einem Mann so eine Chance, da wird er so verarscht und reingelegt, er ist stinksauer. Dann schnappte er sich die ganze Akte und ruft Stichproben mäßig noch bei vier anderen Freunden an. Das Ergebnis ist gleiche wie bei Lucks und Co. Es war nicht zu fassen. „Wo ist Thum Heute Morgen hingefahren?", fragt er die Sekretärin?. „ Er kommt gerade auf den Hof gefahren Chef. Pfeifend und lustig kommt Helmut zur Tür herein. „Guten Morgen die Damen, guten Morgen, Chef.

Schön, dass du wieder da bist, Ulli". „ Ulli reißt sich zusammen, er wollte sich nichts anmerken lassen. Er will ihn auf frischer Tat überführen und dann erschlagen. Nein, er würde diese Gegenüberstellung bei Lucks und Co herbeiführen. „ Wie läuft es, Helmut?". „Danke, gut. Ich will jetzt gerade nach Celle zur ITAG fahren, ich habe dort um 11 Uhr einen Termin mit Herrn Genannt". „ Was steht dort an?", fragt Berger neugierig, Wolfgang Genannt ist ein guter Freund und die ITAG ein guter Kunde. „ Er braucht einige Maschinen für Libyen, er will mit mir alle Details besprechen". „ Gut," sagte Berger, ich muss nur mal schnell in die Wohnung, warte, bis ich wieder zurück bin". „ OK, Ich rechne in dieser Zeit meine Spesen ab, Tankquittungen etc". Berger hat in der Wohnung eine separate Linie. Von dort ruft er die ITAG an. „ Der Herr Genant ist seit einer Woche in Abu Dhabi, wir rechnen nicht vor dem Donnerstag mit ihm. Donnerstag nächste Woche". „ Danke", sagt Berger und legt kochend auf. „ Was ist, mein Schatz ist etwas schlimmes passiert``. „ Ja, der Idiot Thum bescheißt uns nach Strich und Faden, er erfindet nur Geschichten und Berichte, keiner kennt ihn. Jetzt gerade sagte er mir mit einer Dreistigkeit sondergleichen, er will zur ITAG nach Celle fahren hat dort einen Termin mit Genannt. Habe gerade dort angerufen, er ist schon seit einer Woche nicht da und kommt erst in der nächsten Woche zurück". „ Das ist ja ein starkes Stück, du hilfst ihm, und er bescheißt dich so übel. Was willst du tun?". „ Ich Fahre ihm nach``. „ Berger beruhigte sich und geht wieder zurück ins Büro. Er klopfte Thum der gerade seine Spesengelder einsteckte, auf die Schulter``. „ Gut, wir sehen uns dann Morgen um 7 Uhr". „Morgens?" fragt Thum. „ Ja, Morgens, wir haben einen Termin in Braunschweig bei Lucks und Co. Wenn du um 6.30 Uhr hier bist, ist es noch gut, aber nicht später``.

„ Gut, ich bin pünktlich hier, ich fahre jetzt nach Celle``. „ Bergers Frau kommt ins Büro, sie sagte, ich fahre mit meinem Mann einkaufen, wenn was ist, wir sind gegen 15.00 Uhr zurück." Thum verabschiedet sich und verschwindet, zur Arbeit, zu seinem Termin. „ Schnell, sagte sie zu Ulli, „ wir müssen los``. „ Aber ich muss doch nun los`, ich will Ihm nachfahren``. Sie unterbricht ihn, „ ja, genau deswegen fahren wir Beide jetzt zusammen, ich will dabei sein". Ulli verstand und verschwindet mit ihr. Thum biegt gerade um die nächste Ecke und verschwindet aus dem Blickfeld. Sie beeilen sich und fahren ihm nach, bald haben sie ihn vor sich. Sie halten einen weiten Abstand. Thum biegt ab zum Südkauf, sie fahren gleichfalls auf den Parkplatz. Thum versorgte sich wahrscheinlich für den Tag. Er kommt mit zwei Zeitungen unterm Arm wieder heraus und einer vollen Tragetasche, vermutlich seiner Tagesverpflegung. bEr verlässt den Parkplatz und fährt dann zur Überraschung von Berger tatsächlich in Richtung Celle. Berger glaubte schon, dass er vielleicht doch einen Termin dort mit jemand anderem hat. Aber kurz hinter Wipshausen biegt er ab in den Wald. Vorn auf der Ecke steht wie üblich der blaue Audi der Dame, die alle Wünsche erfüllt, in freier Luft oder im Auto ja nach Lust und Bedarf. Davon gibt es rund um Celle sehr viel. Thum biegt nun in einen Waldweg ab und hält an. Berger steigt aus und tut so, als will er etwas Luft schnappen. Er geht an dem Audi vorbei und geht den Weg weiter hinunter, den Thum gefahren ist. Da steht der Opel Manta, die Türen offen. Ein frisches Brötchen in der Hand, ein Stück Wurst in der anderen Hand und eine Bierflasche zwischen die Beine geklemmt. Die Bildzeitung aufgeschlagen auf dem Armaturenbrett. Er scheint ganz mit sich und der Welt zufrieden zu sein. Berger geht wieder zurück, noch konnte es sich um eine normale Pause handeln. Als er am Audi vorbeikommt wird er angequatscht. „ Was ist, Kleiner, soll ich dir einen lutschen, oder wollen wir richtig einen machen?".

Berger öffnet die Beifahrertür und setzt sich zu Ihr". „ Was kostet eine Runde?", wollte er neugierig wissen. „ Wenn ich dir einen blase, 30,- Mark. Willst du einen wegstecken, 50.- Mark, mit französisch 100,- Mark". „ Berger nimmt 30 DM und steckt Ihr diese zwischen Ihre Brüste. Sie macht sich sofort an seinem Hosenstall zu schaffen. „ Halt, halt mein Schatz, ich will nur eine Auskunft von Dir``. „ So einer bist du``. „ Dort den Wagen da, kennst du den?``. „ Na klar, der Blödmann steht jeden Tag hier, kommt um 9.00 Uhr und fährt wieder um 14.00 Uhr. Der liest seine Zeitung, futtert und lässt sich ab und zu einen blasen``. Der sagt mir er beobachtet die Tierwelt, ab und zu steigt er aus und macht kleine Spaziergänge``. „ Betreibst Du dein Geschäft hier``. „ „Nur Blasen mache ich gleich hier. Alles andere drüben auf dem nächsten Weg. Aber seit Wochen kommt der Idiot mit dem roten Manta und versperrt meinen Platz". „ Seit Wochen, sagst du?". „ Ja, seit ca. 4 Wochen ist er jeden Tag hier, ich dachte erst das mich die Sitte oder ein Privatdetektiv überwacht. Aber das scheint mir einer von der faulsten Sorte von Vertretern zu sein." „Wie lange ist der immer hier?". „ Meistens kommt er fast mit mir gleichzeitig, so 9.30 und um drei, halb vier verschwindet er dann immer". Berger zieht nochmals 100.- DM aus seiner Geldbörse. Sie verdrehte die Augen, „ dafür kannst du haben, was du willst``. „ Berger lachte ..nein, das bekommst du für deine Auskunft, aber deine Bluse kannst du schon mal aufknöpfen, ich will wenigstens sehen was da drin ist. „Sie tut wie gewünscht und zwei hübsche Brüste schauen ihn an. „ Mann stell dich nicht so an". „ Nein Danke," sagt Berger``, „ Du bist ein netter Käfer, aber ich habe meine Prinzipien". „ Ja, ich weiß, mit Frauen wie mir schläfst du nicht, weil du Angst hast, stimmts?". „ Es stimmt beinahe, nicht ganz ich schlafe nicht mit Frauen wie euch, weil ich Verantwortungsgefühl habe gegenüber meiner Frau und meinen Kindern".

„ Was mache ich mit den 100,- Mark, dann fass doch wenigstens meine Titten an, ich habe sonst ein schlechtes Gewissen. Geld ohne Arbeit nehme ich nicht gerne an". „ Siehst du". sagt Berger, ich verachte euch Mädchen nicht. „ Ihr seit oft viel ehrlicher als andere Frauen, die ihre Männer nach Strich und Faden betrügen und sich dann auch noch für etwas Besonderes halten. Der da hinten im Auto ist mein Vertreter, der betrügt mich täglich und holt sich das Geld ohne Arbeit ab. Du willst die 100,- DM ohne Arbeit nicht annehmen. Ich danke dir für deine Hilfe, ich lade dich mal bei nächster Gelegenheit zu einem Kaffee ein". „ Würdest du das bezeugen was du hier gesehen hast über die Wochen``. „ Ja natürlich, solchen Menschen gehört das Handwerk gelegt``, Berger steigt aus und schlägt die Tür hinter sich zu. Seine Frau sitzt sauer und stocksteif im Auto. „ Was ist, mein Schatz", fragt er, war ich zu lange weg?". „ Wenn du es so nötig hast, dann musst du es ja nicht gerade tun, wenn ich dabei bin". Berger lacht, „ Ach so ist das Mädchen, ich habe mich zu ihr gesetzt, weil sie mir eine lange Geschichte über Thum erzählen konnte. Dieser Kerl schädigt nicht nur uns, sondern behindert auch ihr Geschäft. Seit Wochen steht er von 9.30 bis 15.00 Uhr hier. In ihrer Hauptgeschäftszeit, dann, wenn sie Stoßzeit hat". Es verschlägt seiner Frau die Sprache`. `„ Dafür habe ich ihm meinen neuen Manta abgetreten und fahre selber mit dem Polo. Was willst du machen?". „ Ich möchte hingehen und ihm kräftig auf die Schnauze hauen. Aber mir wird was Besseres einfallen. Morgen will ich ihn noch mal bei Lucks auflaufen lassen und dann bekommt er sein Fett". Berger macht noch einige Fotos, schreibt sich die Telefon Nummer der netten Dame auf, dreht und lenkte sein Fahrzeug in den nächsten Feldweg. „ Was ist," fragte sie, "willst du nicht nach Hause?". „ Noch nicht, ich habe mir Appetit geholt aber gegessen wird zu Hause". Sie versteht sofort und legt sich in seinen Arm als sie anhalten.

Berger weis das seine Frau es nicht gern im Auto macht, deshalb machte er es ganz vorsichtig und zügig, sie würden es zu Haus fortsetzen. Es war trotzdem für Beide schön und Mieke konnte feststellen das ihr Mann völlig unbenutzt aus dem anderen Auto gestiegen ist. Sie weis auch das ihr Mann zu solchen Mädchen nicht geht. Das er mal hier und dort einen Seitensprung macht weis sie auch. Auch wenn er oft glaubte sie würde es nicht ahnen. Die Welt hat mehr Augen als Berger die meisten Männer glauben. Sogar sein Abenteuer aus dem Irak war ihr zugetragen worden. Sie spürte jedoch nicht, wie tief dieses Abenteuer in ihren Mann eingedrungen ist, wie verletzlich es ihn gemacht hat. Die Sache mit Thum hätte er normal ganz anders gelöst, aber seine Liebe und das ständige Leben im Orient hat ihn schon stark verändert. Er hat Dinge bereits angenommen, die dort normal, aber in Deutschland nicht üblich sind. Dies auch im Umgang mit Mitmenschen und der Wahrheit. Am nächsten Tag fährt Berger mit Thum nach Braunschweig. Thum wird kreidebleich als sie auf den Hof von Lucks und Co. fahren. Berger bemerkte dies, lässt sich aber nichts anmerken. Sie gehen ins Gebäude und wurden schon vom Einkäufer abgeholt. Sie begrüßten sich. „ Ich brauche euch ja nicht mehr vorstellen, ihr kennt euch ja schon." „ Nein", sagte der Einkäufer, „ ich kenne den Herrn nicht, wer ist der Herr?". Berger tut erstaunt, „dass ist Herr Thum, ich habe doch in seinen Berichten gelesen, dass ihr schon mehrere Meetings zusammen hattet". „ Mit mir? Nein. Kommt herein". „ Thum war so rot angelaufen wie eine Tomate. Der Einkäufer führte sie in sein Büro. „Thum" fragt nun Berger, „ Antworte nun ehrlich, kennst du überhaupt jemand hier im Büro". „ Nein, ich kenne niemand außer der Dame am Schalter. Immer dann, wenn ich da draußen saß, hat mich der Mut verlassen, ich bin wieder gegangen". Berger konnte es nicht fassen,

„ Geh und warte draußen im Wagen, wir reden später darüber”. „Es ist nicht zu fassen”, sagte der Einkäufer, „ Es gibt Leute?, wie bist du an den gekommen, der ist doch Geschäftsschädigend”. „ ich habe schon einen Plan, was ich mit dem Kerl mache``. Sie gingen nun zum geschäftlichem über, aus dem ein Auftrag für den Irak heraus kam. „ So habe ich wenigstens die Spesen von diesem Arschloch wieder”, sagte Berger. „ Entschuldige den Ausdruck”. „ Das ist noch milde ausgedrückt, was hast du mit ihm vor?”. „ Ich werde ihn in die Produktion stecken, als Handlanger. Der tiefe Fall vor seinen Kollegen wird ihm am meisten schmerzen und alle seine Spesen und Kosten ziehe ich ihm nach und nach ab”. „ So ist es dann auch geschehen. Thum ist inzwischen zu Berger auf die Bank neben der Theke herüber gekommen. „ Vor zwei Stunden waren alle noch hier, sagt er”. „ Ich weis, wie läuft es mit dem neuen Betriebsleiter?”. „ Nicht besonders”, sagt Thum, der führt sich auf, als wäre er noch auf seinem Kasernenhof”. Auch Marco kommt mit Olaf vom Fußballflipper zurück. „ Ich habe gewonnen,” sagte er stolz. „ Ja,” sagt Olaf, er hat mit gezeigt wo es lang geht``. „ Da standen sie nun, zwei seiner Experten. Olaf hatte er bereits bei einer anderen Firma untergebracht, Sie waren Freunde geblieben, Freunde in Anführungsstrichen. Freunde, mit denen man mal ein Bier trinkt. Olaf hatte auch mehrere Stationen durchlaufen und sich als Mietarbeiter als völlig untauglich erwiesen. Ein netter feiner Kerl, aber unfähig zu arbeiten, Arbeiten ordentlich auszuführen. Bei seinem neuen Arbeitgeber hat er sich auch bereits gut eingeführt, er fährt bei einem Schrotthändler einen Lkw mit Ladekran. Vor einigen Wochen hatte er vergessen, den Kran nach dem Beladen festzustellen. Nachdem er drei Ampeln abgeräumt hatte, hat die Polizei ihn gestoppt. Ansonsten hätte er Wolfenbüttel ampelfrei gemacht.

„ Komm," sagte Marco, „ wir knobeln einen. „Richard schiebt
die Becher rüber. Marco, der erst fünf Jahre ist legt vor, er ist
hier genauso Stammgast wie Berger. Sie mochten alle sein loses
freches Mundwerk. So knobeln sie einige Runden dahin, bis das
Telefon sie nach Hause ruft. „ Die Mutter ist sauer, dass wir
schon wieder in der Kneipe sitzen. Kaum angekommen, und mit
dem Kind schon wieder in der Kneipe. „ Berger zahlt und geht,
„ ich komme Heute Abend wieder. „ Sie stiefeln Beide schön
gemütlich nach Hause, es sind vielleicht zweitausend Meter,
nicht mehr. Einen Fuß auf den Bürgersteig und einen Fuß auf
der Straße marschierten sie im Gleichschritt nach Hause. Die
beiden Hunde empfangen sie als erstes im Garten. Die
pechschwarze Schäferhündin Mona und der rotbraune Cocker-
Spaniel Wastel. Danach kommt der Rest der Familie der nun
komplett vorhanden ist. Sie sind alle froh, dass der Papa wieder
zurück ist. Am Abend gehen sie alle zusammen Essen und
machen danach einen Besuch auf dem Wolfenbüttler
Weihnachtsmarkt. Die vielen Stände und Buden, die Musik, das
Toben und Treiben der Kinder, der Geruch von Marzipan,
Tannen, Lebkuchen, Bratwurst und vielen anderen war einfach
schön. Die vielen Tannenbäume, dazwischen die Lampen schön
geschmückt. Im Hintergrund das schöne alte Schloss. Und
rundherum die schönen alten Fachwerkhäuser und der Park mit
der berühmten Herzog August Bibliothek. Die Kinder fahren
ausgiebig Karussell und behängen sich mit Lebkuchenherzen.
Berger seine Frau und Kinder treffen viele Freunde und
Bekannte, sie trinken zusammen Glühwein, der sie schon richtig
aufgeheizt hat. Das einzige, was fehlt ist der Schnee um die
winterliche Stimmung zu unterstreichen. Weihnachtsmusik
klingt aus allen Ecken. Die Geschäftigkeit, die am Tage hier
herrschte, hat einer schönen, gemütlichen Atmosphäre Platz
gemacht.

Alle Menschen hier sind rundum zufrieden. "Ich brauche noch unbedingt eine Bratwurst". „ Du spinnst", sagt Mieke, „wir sind doch gerade vom Essen gekommen". „ Ich bin hinten am Stand, wenn mich jemand suchen sollte." Ulli schiebt sich durch die fröhlichen Menschen und erkämpfte sich einen Platz am Bratwurststand, er bestellt sich gleich zwei. Normal isst er fünf oder sechs von der Sorte, aber er hat tatsächlich vorher sehr gut gegessen. Aber nur ein Schluck Alkohol erzeugte bei ihm wieder Appetit. Er streicht sich über seinen Bauch, der ist wieder ganz schön angewachsen. Wenn er drei Wochen zu Hause ist, würde er wieder vier bis fünf Kilo zunehmen. „ Was soll, s", denkt er sich. „ Seine Gedanken schweifen zu Marem, wie mochte es ihr gehen? Er schaute nach oben und betete kurz, „ bitte, lieber Gott, hilf Marem zu Hause, mach das es ihr so gut geht wie mir im Moment". „ Berger weiß, ohne die Hilfe seiner Familie und seiner Frau käme er darin um. Es war wiedersinnig, aber nur seine Frau kann ihm helfen. Manchmal mochte er ihr alles erzählen und sie fragen und mit ihr sprechen. Aber er wollte es ihr nicht antun, er konnte es nicht, er weis wie weh es ihr tun würde. Es reichte wenn Marem und er sich quälen. Für ihn ist Marem einfach ein ferner Teil seiner Familie. In mitten seiner Gedanken wird er angestoßen, Hans der Maschinenmeister von Lucks und Co. mit dem er im Irak den Kurdenüberfall erlebt hat steht mit seiner Frau und seinen Kindern vor Ihm. „Was machst du denn hier, machst du dein Abendgebet". „ Ja. Ich musste mal einen Schnack mit dem dort oben halten" und schaut hoch". „ Auch im Weihnachtsurlaub?". „Ja, die Familie will auch mal etwas von einem haben". „ Meine Frau will mich nicht mehr weg lassen, sprich du mit ihr wie ungefährlich es im Irak ist". Berger wendet sich an die Frau von Hans. „ Ich glaube", sagt er, „ am einfachsten ist es, wenn ich Ihnen sage das wir im Norden vom Irak in einem Monat weniger Tote haben als in Wolfenbüttel und Braunschweig im Straßenverkehr in der gleichen Zeit".

„ Ja, aber wenn sich der Krieg ausweitet, wenn er sich in den Norden verlagert". Bergers Frau ist inzwischen auch heran gekommen und begrüßte alle mit Hallo``. „ Der Krieg dort geht schon über fünf Jahre und die hauen sich immer noch um den selben Fleck. Da wird sich nichts mehr ausweiten, die Parteien sind jetzt schon kriegsmüde". „ Ist es wirklich so?". „ Aber natürlich", sagte Berger, „ Hans und ich sind doch nicht lebensmüde". Die Kinder von Hans ziehen ihren Vater in Richtung Karussell. „ Wir sehen uns später", ruft Hans noch, bevor er im Gedränge verschwindet. „ Na, hast du wieder kräftig zugeschlagen?" fragt Patrick und haut seinem Vater auf den Bauch. Barbara und Patrick hängen sich bei ihm ein und schubsen ihn weiter, sie wollen nun nach Hause. Marco will noch ein Schwert aus Plastik haben. Sie gehen nun durch die ganze Einkaufsstraße entlang nach Hause. Wolfenbüttel ist eine wunderschöne, alte Fachwerkstadt mit uralten Häusern, die wunderschön herausgeputzt sind. Der alte Stadtcharakter ist erhalten geblieben. Mit dem schönen alten Schloss und der Herzog August Bibliothek haben Sie einige Prachtstücke in Wolfenbüttel. Im Sommer sitzen sie sehr gern in den Straßencafes zum klönen und entspannen. Aber die vielen Gesetze und Ruheverordnungen sind dabei aus der Stadt Abends ab 21.00 Uhr eine tote Stadt zu machen. Die eigentliche Lebensqualität der Stadt geht damit verloren. Die Stadt fängt an Abends zu veröden und lässt damit viel Freiraum für lichtscheues Gesindel. Man geht Nachts besser nicht mehr durch die Stadt, sie ist einsamer und unsicherer geworden. Aber diese Entwicklung ist nicht nur in Wolfenbüttel so, in ganz Deutschland veröden und kriminalisieren sich die Stadt Zentren. Da wo eine alte Frau oder ein alter Mann über Lärm klagen wird die Gemeinschaft derjenigen eingeschränkt die Unterhaltung suchen und auch brauchen.

Gute Geschäfte werden ruiniert und Arbeitsplätze zerstört. Wichtige Teilzeitarbeitsplätze, wo Frauen oft ihren Zu verdienst für die Familie haben gehen verloren. Alles Leben organisierte sich mehr und mehr in den Kneipen, Vereinen und privaten Clubs. Deutschland ist auf dem besten Weg ein riesiger Privatclub zu werden. Die herrlichen Anlagen in den Städten sind zum Tode verurteilt. Warum? Berger, der immer wieder vom Leben und Treiben in Kairo beeindruckt ist, kann dies nicht fassen. Es ist ein störender Faktor für ihn. Man würgt mit Gesetzen und Verordnungen gnadenlos alles Leben in den Städten ab. Es ist unverständlich, warum sich all die Millionen Menschen von einigen Tausend anderen immer mehr in die Defensive drängen lassen, sich aus ihren Städten vertreiben lassen, sich von den Straßen die eigentlich ihnen gehören, jagen lassen. Das Business dermaßen einschränkt und kontrolliert werden kann. Die Deutschen Städte aus der Ferne betrachtet machen Heute schon den Eindruck von modernen Lego-Städten. Mit Ausgangs- und Arbeitssperren. Die Geschäftszeit Regelung, nach heutigem Ermessen ist ein Unding. Als sie eingeführt worden war diese vielleicht gut und passend. Es gab damals Vollbeschäftigung. Was ist das für eine Stadt, wenn man nicht einkaufen kann wann man will? Das ganze Tagesgedränge in der Stadt müsste entzerrt und in die Nacht hinein gezogen werden. Jeder muss nun rennen und laufen, um alles in diesen wenigen Stunden abzuwickeln. Alle Arbeitsplanung ist auf diese Zeit abgestellt. Es ist ein Unding dies sind alles Gründe warum Berger so gern unterwegs ist. Er konnte diesem Schablonenleben, dessen Maschen sich immer enger ziehen entfliehen. Jeder einzelne Bürger in Ägypten genießt mehr Freiheiten als irgend ein Bundesbürger. Er kann einkaufen wann er will, er kann seine eigenen Ideen verwirklichen. Wenn er etwas basteln und verkaufen will kann er dies tun, wo immer er mag und wann er will.

Was ist wenn man den Deutschen Ihre Freiheit wiedergäbe, Sie würden die Städte wiederbeleben. Die Arbeitslosen würden sich auf ein Minimum reduzieren. Eigeninitiative wäre angesagt. Dafür waren die Deutschen doch in der Welt so berühmt. Sieht man sich nur die Trödlermärkte an, wie sind diese in Gang gekommen. Aber auch wieder straff organisiert, mit tausend Verordnungen belegt. Lasst wieder Luft für die Menschen, die denken, fühlen, improvisieren und organisieren können. Mehr als nun durch die Schwarzarbeit kann dem Staat nicht durch die Lappen gehen. Die Krankenkosten würden sinken. Die Therapie ist Freiheit, Freiheit für die Arbeit, Entfaltung der Persönlichkeit. raus aus diesem Schubladendenken.

Lasst die Menschen wieder in ihre Städte. Entlastung der Polizei durch lebendige Städte, nicht tote Städte. Die Städte in Deutschland sind in der Nacht genauso, wenn nicht schlimmer wie die Grabstätten in Kairo, in denen ist mehr Leben. Tot und gefährlich!. Berger könnte es heraus schreien aber er weis, all die anderen bemerkten das was er fühlt, überhaupt nicht. Sie werden jeden Tag ein bisschen mehr eingeengt. Dies verschwindet, jenes verschwindet. Hier Verbote, dort Verbote. Bald Ruhe, Totenstille überall. Übrig bleibt am Ende ein riesiges, menschenreiches, gleichgeschaltetes Land, das nur noch im Trott der Industrie und Verwaltung lebt, dirigiert nach Belieben der dort oben regierenden. Er sieht es nun wieder, es ist gerade erst 21.00 Uhr, die Menschen möchten bleiben, die Karussell bleiben stehen, die Waren, die hätten noch verkauft werden können werden eingepackt. Alle müssen nach Hause gehen, nur weil einige wenige sich in der Ruhe gestört fühlen. Diese haben sich der Masse und deren Bedürfnissen unterzuordnen, und nicht, dass die wenigen Egozentriker die Masse beherrschten.

Mit Hilfe von miserablen Gesetzen, die dies zulassen. Sogar die Polizei zum Einschreiten zwingt, ohne eigentlichen, wirklichen Anlass. Die Polizei steht zwischen dem Gesetz, gegenüber dem sie verantwortlich ist. „ Wo bist du?" fragt Mike als sie Bergers ärgerliches Gesicht sieht. „Ärgerst du dich?". „ Ja," sagte Ulli. "Wenn ich das alles hier sehe so schön und alles nur für den Tag gemacht, ein Wahnsinn, eine wahnsinnige Verschwendung von Geld". „ Reg dich ab". sagte sie, „ wir hier merken das schon nicht mehr, wenn du jeden Tag in diesem Zirkus bist, fällt es dir am Ende nicht mehr auf". „ Genau das habe ich auch gerade gedacht, euch fällt es nicht mehr auf. Ihr genießt die Freiheit des Lebens im Urlaub, seit zufrieden damit, und kommt wieder zurück in diese Zwangsgesellschaft. In dieses Land das sich selbst solche Fesseln angelegt hat und sich daraus nicht mehr befreien kann. Weil die Bewohner mehr und mehr ihre Kreativität vergessen haben. Das wäre die Parole für eine Neue Partei oder auch für die alten Parteien. Zurück zur Natur, zur natürlichen Entwicklung, Freiheit für den einzelnen". „Berger hat es so laut gesagt, dass alle Umstehenden es hören können. „ Gut gemacht, Papa," und er machte noch das Horn einer Trompete nach. "Tötötötö. Papa, noch einmal." Ulli lacht, „jetzt ist Schluss, schau wie die alle schon schauen". „ Die wollen mehr hören, stell dich auf die Bank, in London können das alle Leute frei machen, die Frust haben". Als Berger sich anschickte, die Bank zu erklimmen und Patrick bereits das Horn erklingen lässt bremst Mieke die Beiden". „Jetzt ist Schluss mit dem Quatsch, kommt bloß wieder von der Bank runter oder ich renne weg". „ Siehst du, so ist das, da wollen wir Männer etwas für unser Land tun, da bremsen wieder die Frauen. Ich weiß was", Ich habe noch keine Lust nach Hause zu gehen, wir fahren mit dem Auto noch nach Braunschweig. Da ist bestimmt noch was los. Alle stimmen begeistert zu.

Aber sie werden enttäuscht, auch in der angrenzenden Großstadt werden die Leute nach Hause geschickt und die Bürgersteige hochgeklappt". Dann weis ich noch etwas, wir überraschen Tante Rita,". ,, Oh nein," kommt es wie aus einem Mund. Jetzt sind sie unterwegs und haben Erlebnishunger, aber was tun, die Städte liegen bereits in den letzten Zügen und es ist gerade einmal 21.00 Uhr. ,, Oh wären wir jetzt doch in Kairo, da fängt das Leben jetzt erst an. Noch eine halbe Stunde, dann kommt der Exitus in Braunschweig und in Wolfenbüttel. ,, Wir fahren zu Tante Rita und Onkel Erhard und Tobias und laden sie ein, mit uns noch irgendwohin zu gehen". ,, Ja, wir gehen zusammen, wohin?". Da ist wieder das Dilemma groß, wohin. Berger ist inzwischen schon wieder mit allen auf dem Rückweg nach Wolfenbüttel. Um seine Kinder über die toten Städte hinweg zu trösten verspricht er ihnen morgen am Sonntag, mit ihnen in den Harz zu fahren, um Schlitten zu fahren denn dort liegt schon etwas Schnee. Die Kinder toben vor Freude im Auto, Mieke ist mit der Lösung nicht ganz zufrieden. ,, Was ist", fragte er, ,, willst du nicht mit?". ,, Schon, aber den heutigen Abend hatte ich mir anders vorgestellt". ,, Wir auch, aber wo kannst du in Deutschland abends mit Kindern hingehen". ,, Wir könnten nach Halchter zum Griechen fahren". Die Kinder haben Angst, ihre Fahrt in den Harz zu verlieren, und lehnen ab". Ich weiß, was wir machen, mein Schatz, wir bringen die Kinder ins Bett und gehen noch zu Herbert und Giesela auf einige Bier und ich kann noch ein knuspriges Hähnchen essen". ,, Papa," sagte Marco, "denk an deinen Bauch, immer jammerst du, du willst abnehmen. Ich sehe dich aber immer nur essen". ,, Ich muss immer etwas Fett auf Vorrat haben, wenn ich wieder mal irgendwo Pech habe, kann ich zuzusetzen. Ich treffe für solche Fälle Vorsorge". ,, Wenn wir Morgen im Auto unterwegs sind, erzählst du uns dann wieder deine Erlebnisse?".

„ Na klar!", So ist er nun allen gerecht geworden. Mit Mieke geht er Heute Abend aus und am anderen Tag geht es ab in den Harz. Auf dem Weg dorthin erzählt Ulli seine Geschichten aus dem Irak und wie es in Kuwait war. Interessiert hören ihm alle zu". Ich werde meinen nächsten Auftrag im Oman haben". „ Im Oman, das ist ja noch weiter weg", sagen die Kinder". Eines Tages kommst du überhaupt nicht mehr wieder. Ich habe, ehrlich gesagt, Angst davor". „ Glaubt Ihr wirklich ich könnte euch allein lassen dich und meine Kinder?". Das konnte Berger ehrlich sagen, das würde er niemals freiwillig tun. Keiner und nichts könnte ihn dazu zwingen. "Du hast eine Selbständigkeit, die mir Angst macht", sagt Mieke. „ Es gibt nichts was du nicht kannst. Du nähst, du kochst, du wäscht, putzt. Reparierst alle Maschinen, du weißt so viel mehr als andere, sprichst verschiedene Sprachen und fürchtest dich vor nichts". Du brauchst niemanden und nichts, das ist es was mir Angst macht``. „ Glaubst du, ich habe nicht manchmal Angst, Angst euch zu verlieren, Angst vor anderen Dingen. Ich kann es verbergen, das ist alles in mir". „ Zeig mir einmal, dass du Angst hast, ich möchte einmal mit dir zusammen Angst haben". „ Ja, Mieke, ich will aber keine Angst mit dir zusammen haben, ich will mit dir glücklich sein". „ Ich sitze oft zu Hause und habe Angst um dich". Er zieht sie zu sich herüber und nimmt sie in den rechten Arm. Er beobachtete die ganze Zeit im Rückspiegel, dass die Kinder knabbern. „ Was essen die Kinder eigentlich, ich sehe schon die ganze Zeit, das sie knabbern. Plätzchen oder Schokolade". „ Mieke, richtete sich auf und schaute nach hinten. Als sie sieht was die Kinder da futterten, ruft sie laut „ I.git, ihr seit ja Ferkel. Das ist der Hundekuchen, dass sind die Plätzchen für die Hunde!". Die Tüte ist leer". So", „sagt Patrick trocken, die waren für die Hunde, die waren aber echt lecker". „ Das war der ganze Kommentar. „Die kannst du wieder kaufen", sagt auch Marco.

„ Demnächst musst du das Hundefutter einschließen". „ Berger erzählte er als junger Bursche auch schon einmal Hundefutter gegessen hat. „ Ich habe auch einmal Chappie gegessen. Ich bin einmal Nachts schön angeschwipst nach Hause gekommen. Im Kühlschrank steht eine angebrochene Dose Gulasch. Ich habe diese so kalt mit Brötchen gegessen. Es hatte mir gut geschmeckt. Am anderen Morgen wurde ich gefragt, ob ich den Hund schon gefüttert hätte. Ich fragte, „ warum, sollte er nichts haben heute?". Weil die Frage so komisch klang. „ Natürlich soll er was haben, nur weil die Dose Hundefutter leer im Kühlschrank steht". Und Oma zeigte mir die leere Dose. Es war die Dose, die ich mit so großem Appetit geleert habe". „, Ih, git der Papa isst Chappie" „So was musst du nicht erzählen, deine Geschichten gehen durch die ganze Stadt, bald weis ganz Wolfenbüttel das du Chappi gegessen hast. „ Weißt du, was unser Ulli gemacht hat? Chappie hat er gegessen!". Sie erreichen nun die Schneegebiete im Harz, ab Bad Harzburg liegt der erste Schnee. Die   Straßen sind schön frei. Der Schnee reicht gerade so zum Schlittenfahren. Wie die Wilden sausen sie den ganzen Tag bergab und rennen wieder Bergauf. Ulli schafft es als einziger vor einem Baum zu landen. Die Schadensfreude ist groß als er in den Schnee purzelt. Sie rodeln in allen Lagen herunter. Auf dem Bauch liegend, auf dem Vater der auf dem Bauch auf dem Schlitten liegt auf dem Rücken sitzend. Immer volle Pulle Berg ab. Es ist einfach schön und die frische Luft ist super angenehm. Durch das ständige auf und ab bemerkten sie die Kälte nicht. Um 16.00 Uhr unterbricht Mieke das Rodeln. „ Kinder, ich habe jetzt enormen Hunger, wir sind jetzt bereits 7 Stunden hier, wollen wir essen fahren?", Die Kinder und Ulli haben auch Hunger und sind auch geschafft vom ständigen auf und ab rennen. Sie packen die Schlitten in den Kofferraum und fahren los um ein Speiselokal zu finden. An unzähligen fahren sie vorbei alle sind überbesetzt.

Der Harz ist voll mit Skiläufern und anderen Wintersportlern. Sie fahren wieder zur anderen Richtung aus dem Harz hinaus. Osterode nur noch fünf Kilometer, steht auf dem Straßenschild, da können wir doch zur Oma fahren und dort essen. Das ist eine gute Idee, Patrick, die Oma wird sich freuen. Wir waren schon lange nicht mehr dort. Wir essen jetzt nur einige Kekse und fahren später mit der Oma zusammen nach Northeim zum Essen." Alle finden die Idee gut. An der Oker Talsperre halten sie kurz an und kaufen Cola, Kekse und Schokolade ein. „Die schmecken aber doch viel besser". sagt Marco, „als die Kekse von Heute Morgen. „ Sie schließen den Tag bei der Oma ab und fahren erst am Montag morgen ganz früh wieder nach Hause. Die Oma ist froh, mal wieder alle um sich gehabt zu haben. Die nächsten Tage sind mit viel Arbeit angefüllt. Dann ist endlich der heilige Abend gekommen. Der Tannenbaum wird geschmückt und alles festlich hergerichtet. Diesmal war es das erste Mal, dass die Kinder dabei helfen durften früher war es immer eine Überraschung für die Kinder gewesen. Jeder holte seine Geschenke hervor und legte sie, nachdem sie mit kleinen Zetteln versehen wurden unter den Baum. Es wurde ein wunderschöner Weihnachtsabend und drei ruhige, nette Feiertage. Ulli nimmt sich vor, sich in diesen Tagen nicht zu sehr zu überfressen. Berger wäre all die Tage lieber ruhig zu Hause geblieben, aber seine Geschwister und die Geschwister seiner Frau wollen ihn auch mal wieder sehen. Alle sind rundum glücklich. Nach dem Weihnachtsfest sind einige Tage Ruhe angesagt die Ulli mit seiner Familie genießt. Der Silvesterabend bringt wieder Unruhe ins Haus. Sie geben eine tolle Fete bei sich zu Hause, das Haus ist voll mit Besuch. Sie beschließen das alte Jahr in voller Zufriedenheit. Berger denkt einige Male an Marem und bei sich das es Marem niemals stören würde.

Wenn er Weinachten, Silvester und Neujahr hier bei seiner Familie ist. Der Islam hat diese Feste in einer anderen Jahreszeit, aber das mit Marem hat sich zum Glück geregelt. Er hatte mit Ihrem Bruder telefoniert, Marem ist dabei die Verlobungsvorbereitungen mit Ihrem neuen alten Freund zu regeln. Im Ramadan, sagte er dem Bruder könnte er wieder im Irak sein, er denkt nur rein über den technischen Ablauf seiner Fabrik nach. Die Würfel waren endgültig gefallen, Marem würde nur noch in seinem Herzen ab und zu sein, für immer verschlossen. Aber es machte ihm manchmal noch Magenschmerzen. Oft macht er kleine Stoßgebete für sie. Er hofft sehr, dass sie zufrieden ist und genauso gut im Schoße ihrer Familie aufgehoben ist wie Berger bei seiner Familie. Er hat wirklich eine prachtvolle Familie, sie verstehen sich alle ausgezeichnet miteinander. Außer mit Patrick mit der Schule gibt es einige Probleme. Sie sind eine rundum glückliche Familie. Ohne diese Familie hätte er nicht gewusst, wie er den Schmerz um seine kleine Marem überstanden hätte und seine Arbeit überhaupt schaffen konnte. Die Tage fliegen wieder dahin, sie fressen sich mit einem irrsinnigen Tempo in das neue Jahr. Er verschiebt zweimal seinen Flug, weil er noch nicht weg will.

Kapitel 7 Oman - Kuwait

Aber am 14 Januar ist es endgültig wieder so weit, nichts geht mehr. Erst in den Oman und dann nach Kuwait. Drei seiner Leute fliegen mit in den Oman. In Muskat genießt er gleich wieder diese Luft und dieses Flair, das ihn immer wieder in den Orient zieht. Die große Transportfirma, denen die Liebherranlage gehört, bringt sie in einer großen Wohnung unter.

Sie rechnen mit ca. 4 Monaten Demontage- und Verladezeit,
wenn die Krane so kamen, wie sie diese benötigten. Berger geht
mit seinen Leuten alles durch, wie der Abbau vonstatten gehen
soll. Berger kann und will nicht immer dabei sein. Sonst würde
er tatsächlich nicht mehr nach Hause kommen. Sie stellen sich
örtliche Helfer ein und sind zum Abbau bereit. Sie werden aber
noch gebremst, weil der Sheik aus Kuwait noch nicht die
gewünschte Anzahlung geleistet hat. Berger sendet ihm ein
Telex und informiert Ihn, das sie im Oman fertig für die
Demontage sind. Das aber noch die Anzahlung fehlt für die
Fabrik. Berger hat seinen Vorschuss für die Demontage schon
bekommen. Noch am gleichen Tag kommt die Antwort und ein
Anruf beim Verkäufer, dass der Sheik in zwei Tagen mit dem
Scheck selbst kommt. Berger soll auf jeden Fall so lange
bleiben, bis er auch dort ist und dann mit ihm zusammen nach
Kuwait fliegen. Am anderen Morgen beginnen sie mit der
Demontage. Zum Glück brauchten sie keine Rücksicht auf
irgend ein Kabel nehmen, alle werden in Absprache mit dem
Sheik in Kuwait erneuert. Er hat den Sheik davon überzeugt,
dass es viel besser ist die Anlage in Kuwait komplett neu zu
verkabeln. So sind die Fehler von defekten Kabeln von
vornherein ausgeschaltet. Als erstes bauen sie die Steuerung aus.
Berger will zumindest bei dieser Arbeit dabei sein. Das große
Schaltpult und die Steuerschränke werden in einem 30 Fuß-
Container sicher verstaut. In den nächsten Tagen wird die
Verwiegung ausgebaut und die Motore werden alle ausgebaut.
Der Sheik ist noch nicht angekommen. Der Verkäufer wird
unruhig. ,, Meine schöne Anlage``, jammerte er, ,, Ich habe
noch kein Geld und ihr zerlegt sie schon in tausend Stücke".
Berger beruhigte ihn immer wieder, auf so etwas versteht er
sich. Am siebten Tag dann kommt der Sheik an und bezahlt. Er
blieb noch zwei Tage im Oman und fliege dann mit Berger nach
Kuwait.

Die Einreise machte einige Probleme, weil man vergessen hat das Visum vorzubereiten. Am späten Abend dann kommt Berger ins Land. Die Beiden Brüder Jaser laden ihn am Abend im Hotel zum essen ein". Zu Hause haben wir keine Gelegenheit, alles zu besprechen". Erst gehen sie die Abwicklung mit der Betonanlage durch. Es ist keine Anlage mehr, es ist schon eine ausgewachsene Fabrik die Sie bekommen. Berger legt seinen Zeitplan vor, „ voraus gesetzt, dass alles gut läuft, kann das Werk in 5 Monaten hier liegen. Bis dahin müssen die Fundamente fertig sein und das Haus für die Steuerung, die Schächte für die Bänder und den Elevator fertig sein sowie Wasser und Strom ordnungsgemäß liegen". „ Das schaffen wir gut", sagt der Sheik, „ sie können das gleich morgen mit dem Bauleiter besprechen. Wie lange wird der Aufbau dauern?". „ Der Aufbau selbst drei Monate. Die Feinabstimmung einen Monat. Einen Monat sollten wir uns für Änderungen am System offen halten". „ Also fünf Monate". „ Ja, in fünf Monaten machen wir hier den ersten Beton mit ihrer Anlage. Ich meine von dem Tag an gerechnet an dem die Anlage hier ist". „Das ist sehr gut, Berger, dann können wir unsere eigene neue Baustelle gleich selbst beliefern". „ Nun zu den Maschinen im Irak, wir sind dazu bereit, diese Maschinen zu kaufen, machen aber zur Bedingung, dass wir die Maschinen frei Grenze Kuwait geliefert bekommen. Wir wollen das Kriegsrisiko nicht tragen. Das muss der Verkäufer tragen". „ Ich denke, das wird kein Problem sein wir werden die Maschinen frei Grenze bringen. Wie soll die Bezahlung laufen? Ich muss die Maschinen in DM in Deutschland bezahlen. Ich benötige von ihnen ein Irrevocable, Confirmd LC an meine Bank in Deutschland. „ Ich kann dann daraus ein Inlands-LC an Hochtief eröffnen". „ OK," sagt der Sheik, "geben sie mir ihre Bankverbindung und wir machen das Ding fertig". Berger schaute sich die Liste an, der gesamt Betrag beläuft sich auf 18.670.000.- DM.

Ganz schön denkt Berger. Er tut so, als wenn diese Größenordnung normal ist für seine Geschäfte. „ Ich fliege in drei Tagen von hier nach Baghdad". „ Nein", sagt der Sheik, wir haben geplant, dass sie wieder mit Chung fahren wir haben uns eine moderne Fertigbildkamera und genügend Filme besorgt. Unsere Partner am Staudamm Projekt in Indien wollen Bilder von den Maschinen haben. Fertigbilder bekommen wir aus dem Irak heraus". „ Gut," dann fahren wir wieder mit dem Auto. Dann werde ich uns gleich wieder auf der Baustelle und in Baghdad anmelden´´. Das können sie Morgen früh in ihrem neuen Büro machen". „ In meinem neuen Büro, ja wir haben Ihnen im alten Werk ein Büro und eine kleine Wohnung eingerichtet. So sind sie immer vor Ort und brauchen nicht ins Hotel. Für Ihre Monteure bereiten wir Wohncontainer vor``. Das Essen wird serviert, es sind wieder Berge, die da aufgefahren werden. Berger machte sich an die Arbeit und nach einer Stunde ist alles verputzt, die Kellner räumen nur noch eine leere Tafel ab mit ganz vielen Lamm Knochen. „Berger, wenn sie so arbeiten wie sie essen, werden wir nie Probleme miteinander bekommen". „ Sie können sich darauf verlassen, ich arbeite noch besser, als ich esse. Wenn ich das nicht machen würde hätte ich noch mehr Kilo als ständig meine 85-88". „ Wie groß sind sie?" fragte der Sheik. Berger ist sehr verwundert. „ Ich bin 1.70". „ Da haben sie gut 18 Kilo Übergewicht". „ Wie kommen sie darauf, für mich zählt als Übergewicht was ich für mein Gefühl und für mein Wohlsein als Belastung betrachte, ich denke ich könnte noch gut 10 Kilo zunehmen``. Berger ärgerte sich darüber, weil er ständig mit seinem Gewicht kämpft. Kaum hat er sich mal wieder an die 80 Kilo runtergehungert, da hat er Angst, an Untergewicht einzugehen und isst sich wieder auf 85 Kilo hoch.

Da machte einer der mindestens 220 Kilo hat, solche Sprüche nur, weil er sein Fett unter seinem weißen Leichentuch verstecken kann, die Kuwaitis sagen Kaftan dazu. Berger wartete auf die Antwort des Sheiks. Nach einiger Zeit mahnt er diesen mit der Antwort an. „ Ich möchte doch gern wissen, woraus sie schließen, dass ich 18 Kilo Übergewicht habe". Dieser nickte nur und will nicht damit heraus, weil er weis das er ein bisschen weit gegangen ist und selbst mindestens 118 Kg Übergewicht hat. Aber Berger hat vor weiter zu bohren er will dem Sheick eine verpassen. Er kennt die Antwort, aber er wollte sie aus dem Mund des Sheiks hören. „ Man sagt", erklärte der Sheik, das man davon ausgehen kann das alles, was über das Größenmaß von einem Meter hinausgeht, als Ideal Kilo Angabe für das Eigengewicht eines Menschen gilt". Berger verkneift es sich nun doch noch nach der Größe des Sheik, s zu fragen. Berger schaute an sich herunter und lächelt, „ Ah," sagt er, „jetzt verstehe ich bin, 70 Zentimeter über einem Meter, da wären 70 Kilo mein Idealgewicht". „ Genauso, mein Freund". „ Gilt diese Regel nur für Europär oder Deutsche?". „ Nein, diese Regel gilt für alle." Berger antwortete nun sehr schroff, nicht ausgewogen weil er verärgert ist nicht weil er zu dick ist. Aber das ihm dies jemand sagt der ausgesprochen fett ist und wahrscheinlich Angst hat sich im Spiegel anzuschauen, das ärgerte ihn doch sehr. „ Wenn das so ist, sagt Berger, dann hätten sie bereits vor zwanzig Jahren mit dem essen aufhören müssen. ..Berger beobachtete genau das Gesicht des Kuwaitis, der biegt sich vor lachen. Berger hat auch ein gutes Gefühl es so gesagt zu haben. Weis aber das dies gesagt zu haben gut war für sein Herz und Gefühl. Das so viel leiden musste in letzter Zeit, jetzt sollte es mal jubeln können. Es jubelte nicht aber er schien zufrieden zu sein mit der Reaktion.

Der Sheik springt auf, zieht seinen Bruder mit sich und verschwindet. Der Service-Mann, ein Ägypter, wie sich später herausstellte, klopfte Ulli auf die Schulter. „ Gut gemacht," sagte er, „diesen Denkzettel hat er schon lange notwendig gehabt. Was ich in den 10 Jahren die ich hier bin an diesem Tisch erlebt habe war teilweise schier unerträglich. Jaser hat die Leute gedemütigt und erniedrigt ohne etwas zu fühlen. Wie hoch sollte ihr Auftrag sein?". Berger sagte freimütig. „Alles im allem ca. 18 Millionen". „ Braucht er sie dazu?". „ Ja, ohne mich geht es nicht". „Dann kommt sein Bruder bald wieder, bleiben sie hier, ohne zu zeigen das sie ärgerlich sind". „ Ich habe keinen Ärger, ich bin höchst zufrieden". „ Sagen sie, sie sind sie Ägypter?". fragt er den Ober der schon längere Zeit neben Berger steht. „ Ja", sagt dieser, „ ich komme aus Kairo." „ Wo in Kairo?" fragte Berger. „ Maadi, ich komme aus Maadi", Shara Ahmed Sakie?". „ Nicht direkt, sie kennen Shara Ahmed Sakie?". „ Ja, sehr gut, ich habe Freunde in der Nähe der Shara Gomerya". „Ganz in der Nähe wohne ich auch``. „ Mustafa, so heißt der Ober will einiges von Maadi wissen, er war fünf Jahre schon nicht mehr dort gewesen. Berger erzählte ihm, was er weis, bis sein Steak anrollt. Es ist ein Riesensteak, ein besonders gutes mit einer köstlichen, scharfen Soße und wird mit Pommes serviert. Dazu Salat und Gemüse. Wie Mustafa vorausgesagt hat, kommt der Bruder des Sheiks, der Chef von Rad Trading, wieder zurück. Er setzte sich neben Berger, aber nun erst, nachdem er ihn gefragt hat ob es erlaubt ist. Berger nickte nur. „ Was ist mit ihrem Bruder, ist ihm schlecht geworden?, Wir hätten Heute nicht weggehen müssen, wenn er sich nicht so fühlt``. „ Wie sie sehen, habe ich alles abräumen lassen. Er hätte mir wenigstens sagen sollen das er krank ist".

Der Bruder schaute Berger groß an, er konnte nicht begreifen, dass der Deutsche, anstatt sich zu entschuldigen, so belanglose Dinge von sich gibt. „ Sie haben meinen Bruder tödlich beleidigt". Berger tut ganz erstaunt, was habe ich? Ihren Bruder beleidigt?, Wie das?. Was habe ich gesagt, das ihn beleidigen konnte?". Nun ist der andere ganz perplex. „ Sagen sie Berger, wir kennen uns wirklich lange, wir hatten noch nie Probleme, was ist in sie gefahren?". Bitte mein Freund, wenn ich das noch sagen darf, was habe ich falsch gemacht?". „ Sie haben ihm erklärte, nicht so deutlich, aber drastisch genug, dass er zu dick ist". „ Ah," sagte Berger, "jetzt verstehe ich. Als ich sagte, dann hätte er schon vor zwanzig Jahren mit dem Essen aufhören sollen". „ Genau, Berger, das war der springende Punkt". „ Aber was ist falsch daran?". „ Falsch daran ist, dass er ein Sheik ist". „ Ah, ein Sheik darf Leute anmachen und beleidigen aber darf selber nicht angemacht werden". „ Genau so ist es, mein Freund". „ Nun weiß ich Bescheid", ich Entschuldige mich vor allen Leuten hier bei deinem Bruder und alles ist vergessen". „ OK", sagt Berger", ich entschuldige mich. Habt ihr alle gehört? Ich entschuldige mich!". Der Ober kommt herbei und sagt „ Ich habe die Entschuldigung angenommen". und läuft lachend davon". „ War es so gut?", fragt Berger den Bruder des Sheiks``. „ Ich habe mich vor allen entschuldigt oder etwa nicht?". Der Bruder lacht´´, du bist ein Verrückter, Berger, aber ein guter du bist mein Freund. Ich gehe jetzt und hole meinen Bruder zurück, ich sage ihm das du dich bereits im Lokal ganz offiziell entschuldigt hast, dass es keiner Wiederholung mehr Bedarf, wenn er wieder zurück ist". „ Ja," sagt Berger, so ist es richtig, er muss das Gefühl haben, dass er sehr großzügig mit mir war" , genau so haben wir es auch vor 1000 Jahren gemacht. Berger, mein Bruder lebt noch in dieser Welt, wir haben es versäumt ihn da heraus zu holen, nun ist es zu spät".

„ Sei selber clever und spring über deinen Schatten". „ Ich bin schon bereit, ich werde ihn wie einen König empfangen, mich zu seinen Füßen legen und mich beleidigen lassen, wie er nur möchte``. Der Bruder des Sheiks verschwindet und kommt nach zehn Minuten mit dem Sheik zurück. Berger erweist Ihm seine königlicher Ehre, aber nichts mehr ernst nehmend. Er behandelte ihn ab jetzt wie einen Kranken. So konnte er selber ohne sich zu ärgern seine Anspielungen ertragen und seine Ehre bewahren. Wenn er es so haben wollte, sollte er es so bekommen. Das war Bergers Devise, jedem so, wie er es benötigt und möchte. Das Verhältnis zwischen ihnen das anfangs so gut schien, war für Berger völlig zerrüttet, er konnte aber damit leben. Es schien hier nicht anders zu gehen. Er hat sich in Kairo schon oft über das seltsame Verhalten von verschiedenen Kuwaitis gewundert. Sie glaubten scheinbar im Ernst sie wären die Königskinder dieser Welt. Aber natürlich sind nicht alle so wie diese Leute. Ihn wunderte es das sich der eigene Bruder ihm unterordnete, obwohl ganz offensichtlich ist das der ältere sehr weltfremd ist, nicht schlecht und nicht böse aber doch noch in einer anderen Welt lebte. Noch bevor sie abfahren hat Ulli die alte gute Beziehung wieder geschickt aufgebaut. Nur eben das er nun die Tücken kennt. Mit den Bauleuten geht Berger noch alle Bauzeichnungen durch, ist draußen beim Einmessen der Fundamente dabei damit am Ende auch alles passt für seine Fabrik. Der Sheik, der dies wohlwollend beobachtete hat Ulli seine Fehler verziehen. Aber er geht auch mit ihm vorsichtiger um. Berger telefoniert noch mit der Baustelle im Oman, bevor er nach Mosul fährt. Es wurde höchste Zeit, dass er dort hinkommt. Es ist nicht die Sehnsucht und die Lüste, die ihn zu ihr treiben, es ist nur noch die reine Angst um sie. Über zwei Monate hat er sie nicht gesehen, er wusste nichts von ihr.

Seine Seele, sein Herz, sind zum Zerreißen gespannt. Niemals hatte er geglaubt, dass man so lieben kann so jemanden außerhalb der Familie gern haben kann. Aber man spürte die Stärke der Liebe erst , wenn man sich trennen muss. Aber genauso ging es ihm, wenn er mit seiner Frau telefonierte und in der Stimme seiner Frau irgend etwas Unbekanntes ist, er fühlte es sofort und aus Furcht vor diese Dingen, um sich nicht in der Fremde zu belasten, telefonierte er oft einfach nicht. Sie glaubt sicherlich immer er ist ein harter, abgebrühter Brocken, der nur im Bett auftaut. Nein, er Ulli Berger hat ein ganz empfindliches Innenleben. Aber er zeigte es nicht er hat sich sagenhaft unter Kontrolle für andere unverständlich gut. Je dicker die schlimmen Ereignisse kommen desto ruhiger wird er. Bei kleinen dummen unwesentlichen Dingen kann er manchmal total ausrasten, wie diese Angelegenheit mit dem Sheik. Aber die Zeit des aus Rastens ist eigentlich auch fast überlebt. Am anderen Morgen fahren sie dann endlich ab. Der Sheik wollte wohl einiges gut machen. Er schickte sie mit seinem Fahrer und dem 500 SEL auf die Reise. Auf diese Weise hatte Berger noch die Gelegenheit, mit Chung alles zu besprechen und endlich zu schlafen. Chung und der Fahrer konnten sich abwechseln, auf diese Weise konnten sie durchfahren. Er arbeitete nichts auf, er besprach kaum etwas mit Chung, er schlief fast in einem Stück durch. Nur zu den nötigsten Mahlzeiten weckten sie ihn. Erst jetzt kommen die Wirkungen der Weihnachtswochen und der Silvestertage die langen Flüge durch. Wenn auch spät, der Körper holte sich sein Recht, irgendwann schlägt er zurück. Da Chung ausschließlich vorn sitzt kann Berger die ganze Rückbank ausnutzen. Als sie durch Mosul fahren, weckt Chung Berger auf. „ Willst du gleich zu ihr?".

Berger reibt sich die Augen und richtete sich auf. Er staunt darüber das sie bereits in Mosul sind. Bergers Brust wird so schwer als würden mehrere Zentner darauf liegen. Soll er gleich zu Ihr gehen oder nicht?. Es würde immer die Frage sein in Zukunft. „Was soll ich mich quälen". denkt er, „ich fahre hin". „Wenn es euch nichts ausmacht, kurz zu warten". „ Nein, überhaupt nicht," sagen die Beiden. Berger zeigt dem Fahrer den Weg, vor dem Anwesen stoppt er auf Bergers Geheiß. Lautes wiehern und Hufgetrappel sind aus dem Hof zu hören. „Amir," ruft Berger, „ Amir, hol Marem." Der Hengst läuft laut wiehernd im Kreis herum. „ Was ist den Amir?" ruft eine Stimme laut. Es ist Marem Stimme. Sie ist also noch immer nicht auf ihrem Arbeitsplatz. „ Ich bin hier, Marem, ich, Ulli!". . Warte," antwortet eine freudig erregte zitternde Stimme zurück. Wenig später öffnet sich das Tor einen Spalt. Amir drängelte sich dazwischen und schiebt Marem einfach zur Seite. Berger rennte auf ihn zu damit er nicht ausbüchst. Aber Amir will nicht raus er will nur zu Berger. So stehen sie alle drei eine Zeit im Tor und müssen sich erst entknoten. „ Gut, dass du da bist ich bin fast verrückt geworden, ich dachte du kommst nicht mehr". „ Marem, ich liebe dich und werde dich immer lieben. Du bist der geheimnisvolle Teil meines Lebens bist ein Teil meiner Familie". Sie berühren sich nicht mehr und sie küssen sich nicht mehr. Komm herein, „ du bist nicht allein". „ Ich habe Kunden aus Kuwait, wir sind im Augenblick angekommen, wir wollen dann gleich weiter ins Camp. Aber ich wollte zuerst wissen, wie es dir geht. „Marems Vater erscheint in der Tür, „ kommen sie rein, Berger, bitte". „ Nein danke Sir, ich komme in den nächsten Tagen, ich komme gerade aus Kuwait ich will nur guten Tag sagen". „ schnell einen Tee, und dann können sie wieder fahren". „ Ich habe Leute im Auto".

„ Bringen sie diese mit". „ Ich komme", sagt Berger, „aber nur einen Tee." Marem strahlt das Berger nun doch noch mit hinein geht. Es wurden doch zwei Tassen Tee, Berger setzte mit viel Mühe ab. „ In 4 Monaten ist Marems Hochzeit, werden sie dann hier sein?". „ Sicher," werde ich hier sein". Berger verabschiedete sich höflich und ist froh, dass es Marem gut geht. Er kann natürlich nicht in sie hineinschauen. Ihre Augen sind stumpf und trüb, sie blitzten nur in wenigen Momenten wie früher auf. Es ist gut, dass er sich gleich Gewissheit verschafft hat. Er verabschiedete sich höflich von allen und albert noch mit Amir herum der unbedingt mit ihm ausreiten will. Amir ist ihm ein richtiger Freund geworden. Sie fahren dann in das Camp, wo sie bereits erwartet werden. Vier Tage kam Berger nicht zu Marem, es gibt für ihn viel zu tun. Am vierten Tag Reist Chung ab, sie verabschiedeten sich und er versprach, sofort von Kuwait ein Telex zu senden und das LC erst als Muster hierher zu senden, damit sie den Text mit Berger abstimmen können. Berger hat sich seinerseits bei dem Verkauf abgesichert. Er hatte mit der Hochtief-Auslandsabteilung eindeutige Vorverträge, die alle dieses Equipment betreffen, abgeschlossen. Alle Visa, Einreisegenehmigungen etc für Bergers Kunden müssen von Hochtief erteilt werden. Auf diese Art war Hochtief bereits fester Partner in diesem Geschäft. Berger selbst ist aus diesen Gründen bereits mehr als 100 mal in den Büros in Essen gewesen um mit den führenden Leuten der Damm-Projekt-Abteilung alles zu besprechen. Die Baustellen-Kaufleute beschäftigte er bereits voll mit seinen Kunden. Mit den Kunden aus Saudi Arabien, Kuwait und Kanada hat er bereits feste Kaufzusagen in Höhe von 34 Millionen Dollar. Mehr als 90% der zur Zeit freien Maschinen.

Berger konnte sich schon auf die Schulter klopfen. Damit waren natürlich auch hohe Vorkosten verursacht worden. Reisen und Flüge um die halbe Welt. Nach Bergers Überschlag ca. 100.000,- US$ Vorkosten. Wenn aber am Ende 5.5 Millionen US$ herauskommen würden, ist es ein gutes Geschäft. Er war auf dem Weg nach Oben, sein jahrelanger, aufopfernder Kampf im Ausland fängt an Früchte zu tragen. Auf der internationalen Bühne im Gebrauchtmaschinenhandel hatte er sich schon lange einen guten Namen gemacht. Auch zu Hause in Deutschland. Die großen deutschen Bauunternehmungen boten ihm bereits automatisch das Equipment ihrer auslaufenden Baustellen in aller Welt an. Er war in China, Japan, Philipinen, Neuseeland, Australien, Thailand, Indien, Afgahnistan, Pakistan, Iran, Türkei, Rußland, Polen, Ungarn, Schweden, Norwegen, allen Europäischen Staaten, Kanada, Vereinigten Staaten, Südamerika und fast allen afrikanischen Ländern und allen Arabischen Ländern einschließlich Libanon und Israel gewesen. Er sagte sich immer, man kann mir alles nehmen aber meine Erfahrungen in aller Welt und meine Beziehungen in all diesen Länder kann mir niemand mehr nehmen. Sollte einmal durch Kriege oder irgendwelche Entscheidungen alles zusammenbrechen, er würde immer wieder da sein. Für Berger sind diese Aufträge noch keine Realität, dann, wenn er die LC's in der Hand hat würden sie Realität werden. Mit Ritchi Brother, deren Vertretern in Paris ist der Kauf und die Zahlung per Scheck bereits für den 25.05. festgelegt. Höhe des Schecks 22,5 Mio US$. Davon waren für Berger 1,5 Mio.US$, zu zahlen an seine Lichtensteiner Firma. Während seines letzten Besuches wurden die Vorverträge und Modalitäten für dieses Geschäft mit dem Pariser Büro gemeinsam in Essen dokumentiert. Hinzu kommen die laufenden Geschäfte in Kairo, die Asphaltanlage und die Betonfabrik in Oman und Kuwait. Berger hätte sich eigentlich zurücklehnen können und sich eine Pause gönnen müssen.

Aber er ist kein Mensch für Pausen. Seine Familie ist seine Pause seine Erholung. Er bringt seine Familie jedes Jahr zum Urlaub an die Ostsee, er kommt dann zum verlängerten Wochenende nach. In Holland oder Österreich, wo sie zusammen waren, muss er morgens erst immer seine Baustellen abklappern. Dann ist der Rest des Tages für ihn in Ordnung. Berger liegt oben in seinem Adlerhorst und denkt über sein Leben nach. Er hat sich mit 26 Jahren selbständig gemacht, jetzt ist er 43. Mit 50 wollte er seine Söhne so weit haben, dass sie ihn entlasteten und er sich seinen Büchern über seine Reisen und Erlebnisse widmen kann.

Berger glaubt das er jetzt bereits Material und Wissen für 50 Bücher hat. Als er an Marem denkt tauchen all seine kleinen kurzen Liebschaften vor ihm auf. Dabei waren eigentlich nur zwei von Bedeutung für ihn. Alles andere war leichtes Bettgeflüster. Vor allen ist Marem die herausragende und einzige, die er wirklich geheiratet hätte, aber nur, weil ihm dies wenn er Moslem geworden wäre möglich gewesen wäre, ohne seine Familie zu verlieren. Sie war auch bereit, diese zu akzeptieren. Berger dachte darüber nach ob er ein guter Ehemann ist oder ein schlechter, einer ist der seine Frau betrügt. Er sinnierte eine ganze Zeit darüber nach kommt zu keinem Ergebnis. Aber er ist stolz darauf und froh das er, außer das er Frauen sehr gern hat, keine abartigen Neigungen hat. Selbst Pornofilme, die seine Freunde zuhauf verzehrten sind ihm zu wieder. Er fühlte sich offen, frei und ohne Zwang. Er konnte auf Frauen zugehen und herausfinden was machbar ist und was nicht. All die Frauen mit denen er bisher zusammen gewesen ist schätzten ihn als Mensch.

Mit keiner ist er im Bösen auseinander gegangen, mit allen hat er noch freundschaftlichen Kontakte mit allen. Ob sie mit ihm als Liebhaber zufrieden waren, weis er nicht zu sagen. Aber er kennt sich, seine sexuelle Zufriedenheit hängt davon ab, ob seine Partnerin zufrieden ist. Fühlte er in seiner Sensibilität nur einen Missklang, versuchte er diesen zu ergründen und zu beseitigen. Frauen sind für ihn das, was für einen sensiblen Musiker seine Geige sein Instrument ist. Er wollte sie sauber, ohne irgendwelche Kratzer und Zwischentöne bespielen. War eine solche Einheit mit einer Frau nicht zu erzielen blieb sein Geigenstock im Kasten, ohne das es ihm das geringste Problem bereitete. Er erinnerte sich immer an die Worte eines alten Stammgastes in ihrer Dorfkneipe, in seinem Elternhaus in der Nähe der Holländischen Grenze in Uelsen. Er sagte dies in Plattdeutsch, Berger war damals 17 Jahre jung, das Abenteuer mit der Zigeunerin war bereits vergessen und ein neues nährte den Dorftratsch. „Mein Junge, du machst es richtig. Die Frauen sind das beste was wir auf unserer Welt haben, behandle sie gut und sei gut zu ihnen, sie werden es dir immer danken. Lass nicht eine aus die du bekommen kannst, aber sei nett zu ihnen. Wenn du erst so alt bist wie ich und noch so rüstig, dann schlägst du dir täglich vor den Kopf für jede Gelegenheit, die du ausgelassen hast. Aber tu es nur, wenn du sie wirklich magst."

"Das war Röslein," dachte Berger, er dachte oft an ihn. Röslein, lachte er danach, mit deiner letzten Story Ulli hast du dich in die Herzen aller alten Männer verewigt, du hast uns Teile unserer Jugenderinnerung wieder gegeben. Dieses Erlebnis ist Berger echt peinlich und er bedauerte es für das Mädchen, nicht für den Vater, diesen arroganten Dorfpfarrer.

Es war ganz einfach nichts schlimmes dabei, Röslein. Ich war den ganzen Abend mit dem Mädchen auf dem Kirmesplatz, später auf dem Mühlberg, dort haben wir die ersten Küsse getauscht und Händchen gehalten. Wir haben die Zeit darüber vergessen. Sie kam nicht mehr zu Hause rein. Der Vater, dieser Holzkopf hat seine Tochter wütend ausgesperrt. Ich konnte sie nicht zu mir mitnehmen. Was blieb uns übrig als in der Garage im Auto zu übernachten. Es war empfindlich kalt draußen. Wir haben uns gern gehabt, wir haben ein bisschen miteinander gespielt im Auto. Petting. Morgens um 6.30 sagte ich, wir müssen nun los, die Straßen sind leer wir versuchen es nun noch mal bei dir zu Hause. Ich stehe mit ihr da, schieb mit einem Schwung das Garagentor auf, und wir stehen im Freien. Auf dem Garagenhof ca. 20 Leute. Einschließlich ihres Vaters der dem Herzinfarkt nicht mehr fern war, als er uns sieht. Der Opa unseres Nachbarn hatte in der Nacht das Zeitliche gesegnet alle Verwandten waren gekommen. Und staunten uns Beide an. Ich schaltete sofort, ich tat nicht so, als wenn wir gehen wollten, sondern so, als wenn wir gerade gekommen wären. Ich drehte mich um, stieg ins Auto ein und bat sie, das gleiche zu tun. Nur hatte ich keinen Schlüssel. Ich nehme den Gang heraus und überbrückte mit dem Schraubenschlüssel, aber nur so, das der Motor nur Geräusche machte und nicht ansprang. Ich konnte nämlich nicht wegfahren, weil ich nicht das Lenkradschloss öffnen konnte. Renate machte sich in der Zeit im Auto zurecht. Sie schien sich auch gefangen zu haben. Was sollten wir tun das Auto springt nicht an. So verließen wir nach einigen Versuchen die Garage und entfernten uns. Der Vater hält mit hochrotem Kopf die Toten Andacht. Es sah so aus, als hätte er gern mit dem Toten getauscht. Das pikäre an der Situation ist genau einen Sonntag zuvor hatte er Ulli persönlich von der Kanzel aus angegriffen.

Die Mütter sollten ihre Töchter vom Sohn des Wirtes fernhalten, er wäre ein übler nur dem Rock and Roll ergebener junger Mann. Die ganze Gemeinde war empört darüber und beim Frühschoppen wurde der alte Pfarrer zerrissen. Nun sieben Tage später kommt dieser Besessene vor seinen und den Augen der Gemeinde gemeinsam mir seiner Tochter aus der Autogarage. Siehst du, sagte Röslein, Ungerechtigkeiten bestraft der liebe Gott sofort, besonders bei seinen Hirten. Die Predigten der nächsten 5 Wochen hielt sein Assistent. Ein Jahr zuvor hatte Berger ein Erlebnis ganz anderer Art mit einer jungen sehr selbstbewussten Frau gehabt. Diese leitete auf der Bauma in München den Messestand eins kleinen Baugeräteherstellers. Sie ist eine attraktive und wirklich sehr schöne Frau, eine Frau, von der jeder Mann träumt. Berger hatte einige Mal mit ihr zusammengesessen weil er einige Maschinen von diese Firma für Ägypten benötigte. Er kam Nachts gegen 1Uhr ins Hotel; wie immer stehen dort noch einige Gäste, hauptsächlich Vertreter aus der Baumaschinenbranche an dem kleinen Podest beim Portier und trinken noch ein letztes Bier. Der Portie bessert sich mit dem Privatverkauf sein Gehalt auf. Das Gesprächsthema ist diese besondere Frau. Einer der eingebildeten Schönlinge glaubt besondere Chancen zu haben. Es ist ein Lackaffe der Sonderklasse. Einer, dem man einfach so in die Visage schlagen möchte, er allein, und jedes Wort, was er von sich gibt, war Grund und Berechtigung genug dazu dies zu tun. Nun hat er die Glorreiche Idee weil er ja solche Chancen bei den Frauen hat, dass Türschloss seiner Freundin, wie es für ihn bereits feststand, mit einem Streichholz zu verstopfen. So dass sie doch gezwungen ist bei ihm mit ihm zu schlafen. All die anderen sind begeistert von der Idee, inklusive des Portiers, dem Berger am anderen Tag noch den Marsch blassen will. Jeder Einwand ist auch zu spät gekommen, es war schon passiert.

Die Tat war bereits vor die Bekanntgabe der Idee erfolgt. Berger ist auch gespannt, wie sich diese Frau aus der Affaire ziehen wird. Alles wartete gespannt bis sie auftaucht. Mit ihrem gewohnten Schwung stieß sie die Eingangstür auf, sagte nur knapp "Gute Nacht" und rauschte, wie immer, eiligen Schrittes an den Männern vorbei, so auch heute. Ohne auch nur eine Sekunde zu verharren. Sie ist eine der Frauen, das bemerkte Berger sofort, die sich hätte in Lumpen kleiden können, man hätte ihr die Schönheit angesehen. Sie hatte sicherlich von der ständigen Anmache der Männer die Schnauze voll. Sie kam schnell wieder die Treppe herunter und rief den Portier. Der eilte mit ihr nach oben. Alles grinste zufrieden. Sie kam wütend herunter, „wer war der hirnlose Vollidiot?", alle grinsten sie blöde an. Berger lehnte sich in seinem Stuhl zurück und beantwortet Ihr die Frage".

Der Vollidiot steht direkt vor ihnen, dieser Lackaffe glaubt, sie würden nun mit ihm schlafen". Dem Lackaffen fiel der Kinladen herunter er machte Anstalten sich auf Berger zu stürzen, dieser grinste ihn nur an. Die Dame, die nun nicht mehr wie eine Dame sprach, aber trotzdem eine war, weil sie recht hatte, so zu sprechen, gab noch einen drauf. „Ich habe schon immer gewußt das sie ein großes Arschloch sind und ihr Chef, der sie zum Verkaufsleiter gemacht hat, ist ebenso eines, wenn er nicht bemerkt, was sie für ein Nietenbomber sind. Die größte Fresse auf der Bauma, aber zu dumm um Bananen zu verkaufen, No Hirn." Der Lackaffe wurde grün und blau im Gesicht, Berger ist auf dem Sprung falls er die Dame die so recht hatte, ohrfeigen würde. Es sah ganz so aus. Berger lenkte ihn ab. Wir Händler sagen immer, dass er seinen Hut den er ständig auf dem Kopf hat braucht, damit es nicht in seinen Hals rein regnet, weil er kein Hirn hat".

Damit bringt Berger seine Mittäter zum lachen und entspannte die Lage. Inzwischen ist diesen auch bewußt geworden, wie sehr der Schönling angegeben hat. Sie schwenken in das Lager der Lady um. Der Zimmermann des Hotels der inzwischen am Werk gewesen ist, sagte das er in der Nacht nichts mehr machen könnte, er müßte das Schloß aufbohren und erneuern. Zimmer waren im Hotel und in ganz München keins mehr frei. „ Die Rechnung für mein Zimmer zahlt dieses Arschloch," sagte die Dame. „ Herr Berger, sie sind doch Herr Berger". „Ja, das bin ich". „ Kann ich unter diesen üblen Umständen bei ihnen schlafen?". „ Aber natürlich," sagte Berger. gemeinsam gehen sie nach oben. „ Wird es Probleme mit uns geben?", fragte sie. .. Wenn sie meinen, daß ich sie unerlaubt betatsche, nein, dann gibt es keine Probleme". „ Danke Herr Berger, ich heiße übrigens Renate". „Ich bin der Ulli." „Danke," sagte sie nur kurz, „ich bin tatsächlich hundemüde". „ Ich auch," sagte Berger. Sie duschen sich und schliefen beide splitternackt in einem Bett unter einer Decke. Sie war die vollkommenste Frau vom Aussehen her, die er bisher gesehen hat. Alles passte an ihr. Er schläft erst spät ein, weil er doch ein Problem bekommt. Morgens, als er wach wird ist sie schon nicht mehr da. Sie hat ihm aber einen netten Zettel hinterlassen mit einem großen Dank, und daß sie ihn gerne wiedersehen würde unter anderen Bedingungen. Leider wäre dies ihr letzter Bauma Tag und ihr Flug läßt sich nicht mehr verschieben. „ Danke, mein lieber Freund," stand darunter. Berger reckte sich in seinem Horst er hatte den halben Tag hier oben verbracht, aber all die Erinnerungen lenkten ihm von seinem jetzigem Problem ab.Er versuchte auch zwischendurch mit sich selbst ins Reine zu kommen. Es war nicht einfach bei seiner Lebensweise. Er überlegte oft.

Was hat ihn so unterschiedlich zu anderen gemacht, warum konnte er nicht wie andere morgens um 6 zur Arbeit gehen und um drei zurückkommen; Schlafen, Bier trinken, Bumsen, Hühner oder Karnickel füttern oder am Auto rumbasteln. Dies Tag ein und Tag aus. Schön geregelt und gleichmäßig. 30 Jahre, 40 Jahre mit dem Arsch auf dem gleichen Stuhl. Er ist sich sicher das er allein bisher mehr gesehen hat als alle anderen in seiner Heimatstadt zusammen. Berger steht auf und biegt seine Glieder gerade. Die Soldaten von der Super-Flakstellung winken ihm zu. Sie schienen speziell für ihn da zu sein, was anderes hatten sie auch nicht zu tun als ihn zu bewachen. Er ahnte noch nicht, daß sie ihm bald das leben retten sollten. Berger fährt nach unten, erst zu Otto dort läuft alles perfekt, dann fährt er zu Walter. Sie stimmten gemeinsam ab, was verkauft werden soll. Er machte ihm die Papiere und alle Unterlagen für das Büro in Essen fertig. Das Paket nach Kanada, Kuwait und Saudi, geht. Damit hast du fast unseren ganzen Bestand gekauft und verkauft. Danke für deine Hilfe, Ulli." „ Nein, mein Lieber, ich muß mich bedanken, du hast mir sehr geholfen und ich verspreche dir, du wirst nicht leer ausgehen, wenn dieser Deal klappt". „Was soll nicht klappen?" „Von meiner Seite her habe ich keine Bedenken, aber bei euch habe ich schon meine Bedenken. Aber ich habe alle deine Verträge hier und geleesen, sie sind einwandfrei und gut. Wenn du nun unsere Unterlagen anbringst, die LC's mitbringst, ist die Kiste zu. Aus, vorbei, was soll dir passieren?" "Ich habe schon Pferde kotzen sehen und das direkt vor der Apotheke. Solange ich nur auf eine Unterschrift eines anderen Menschen angewiesen bin, ist noch alles drin, das ist ein Millionenspiel, noch habe ich es leise gehalten und nicht an die Glocke gehangen. Wenn aber einer die Glocke läutet, kommen die Raubhaie, und ich sage dir, die haben Mittel und Wege, da kann ich nicht mehr mithalten, weil ich zu anständig bin und zu unbedeutend im Bassin der Geldhaie".

„ Du bist der beste Händler, den wir im Augenblick auf dem Weltmarkt haben; du bist Kaufmann, du bist Fachmann. Wir bewundern alle deine Kenntnisse von allen Maschinen. Unsere Ingenieure müssen dich um Rat fragen, was für ein besseres Zeugnis brauchst du?". „Ich brauche kein Zeugnisse, ich brauche Geld, Geld ist die Bühne, auf der die Musik gemacht wird. Jede Stimme, jede Unterschrift, ist käuflich, es kommt nur auf den Preis an. Ich stehe auf dieser Bühne und habe keinen Taktstock, noch folgt mir das Orchester nicht". „ Aber bald, wenn du dieses hier abgewickelt hast, wirst du auch den Taktstock haben. Wie geht es übrigens deiner Kleinen?". „ Sie wird darüber wegkommen müssen wie ich, es tut sehr weh. In ca. vier Monaten wird sie unwiderruflich verheiratet sein, ich möchte sie manchmal einfach entführen, aber ich würde damit nur ihr Leben zerstören". „ Wollen wir heute Abend mal nach Mosul fahren, ich kenne da eine kleine Bar, zwar dreckig aber eine tolle Wirtin?". „Wenn du mich erst bei Marem absetzt und eine Stunde später wieder abholen kannst, weil ich nicht weiß, wo das ist". „ Wir müssen heute noch die Zementtrailer für die Kuwaitis durchgehen, du musst mir den Zustandsbericht machen". „ Komm, dann gleich". Sie fahren raus auf den Abstellplatz, wo zwanzig Riesentrailer samt ihrer Mercedes Zugmaschinen abgestellt sind. Berger überprüfte jedes Fahrzeug sorgfältig und notierte sich alle Macken, Fehler und das Sonderzubehör. Die Bereifung und den Zustand der Bremsen wie auch der anderen Technik. Lässt die Motore laufen, kontrollierte das Oil, Filter etc. Die Fahrzeuge, das kann man mit ruhigem Gewissen sagen, sind in einem erstklassigem Zustand". „ Was ist eigentlich mit euren Ersatzteilen für diese Maschinen?". „ Morgen zeige ich dir unser Ersatzteillager, da werden dir die Augen überlaufen".

„ Für heute machen wir Schluss. Duschen und dann ab nach Mosul. Ursel ist nach Deutschland geflogen, ich bin wieder alleine". „Du sagst das in einer Art, als wenn du hier mit ihr verheiratet wärst". „Bin ich doch auch, sie geht nur zum Schlafen nach Hause und das nicht immer, der Kerl arbeitet sich dumm und dämlich. Kommt er aus seinem Loch, dann besäuft er sich und schläft. Der will unbedingt ein Haus bauen, wenn er das Geld zusammen hat, ist seine Familie weg und sein Geld auch wieder. Weil das von der Scheidung und dem Unterhalt aufgefressen wird. Manchmal möchte ich ihm schon sagen, was ihm bevor steht, aber der merkt nichts mehr". „ Zieh heute Abend nur nicht den besten Zwirn an, das ist kein feines Lokal, es ist mehr ein Klokal, aber du musst es gesehen haben, samt der Wirtin. „Walter setzte Berger bei Marem ab, „ich bin in einer Stunde wieder hier". „ Ich denke, dass es genug ist, ich werde der Familie sagen das wir auswärts Arbeit haben. „Er klopfte an das Tor, das Licht geht an, und Marem ruft laut „Min da". Wer ist da.,, Ulli ist hier." Sie kommt sofort angelaufen und öffnete das Tor. Er merkte, dass sie ihm am liebsten um den Hals gefallen wäre. „ Ich dachte schon, du wärst böse und kommst nicht mehr, ich habe mir solche Sorgen gemacht." „ Nein, ich muss erst meine Kunden versorgen und abends so spät wollte ich nicht stören". „ Meine Eltern haben schon nach dir gefragt und wollen wissen, warum du nicht mehr kommst. Tut es sehr weh, mein Teddybär?". „ Ja, mein Schatz, es tut sehr weh". „ Ja, ich weiß, mein Lieber. Komm herein". „ Ich höre Amir nicht". . Die Beiden sind für ein paar Tage auf dem Hof meines Schwagers, weil meine Brüder dort im Moment helfen". „ Ich hatte mich schon gewundert, dass ich sie nicht mehr auf der Baustelle sehe." "Sie haben sich Urlaub genommen". Die Eltern sind jetzt wo Marem ständig zu Hause ist öfter hier.

„Guten Tag, junger Mann". begrüßte ihn Marems Vater, der gerade 7 Jahre älter ist als Berger. Sie trinken Tee zusammen und plauderten über ganz allgemeine Dinge.

Draußen hupte auch schon wieder Walter. Sie sind enttäuscht darüber das Berger schon wieder geht. Er verspricht so oft wie möglich zu kommen. Aber sie haben noch außerhalb Maschinen zu besichtigen. „ Jetzt im Dunkeln?" hakt Marem sofort nach. „ Es geht nur abends, weil die Maschinen tagsüber im Einsatz sind". Das war eine der Eigenschaften von Berger, man konnte ihn nicht überrumpeln, er hat immer aus den Stehgreif eine Erklärung parat. Er verabschiedete sich und hauchte Marem einen Kuss zu. „Bevor ich es vergesse, unsere beiden Generale kommen übermorgen Abend, wir wollen alle ins Camp zum Essen kommen, kannst du das organisieren? Sie bringen ihre kompletten Familien mit. Es werden mit uns ca. 30 Personen". „Es ist gut". sagte Berger, „ ich arrangiere es". Das Tor klappte zu und Berger düste zufriedener und gut gelaunt mit Walter davon. „Du bist so gut gelaunt, hat sie dich ran gelassen?". „ Die Zeit ist für uns absolut vorbei, nicht das ich nicht möchte oder sie. Aber sollen wir noch einmal alles in Frage stellen? Nein, sie ist ihrem Maker versprochen, wir haben unsere Zeit gehabt und unsere Chance vertan und es ist besser so, auch wenn es zwickt. Nun ab in deinen berühmten Schweinestall, ich will auch mal wieder ein unanständiges Weib sehen". „ Wie lange bist du schon wieder von zu Hause weg?". „Schon wieder drei Wochen". „ Dann darfst du, meine Ursel ist auch schon wieder 14 Tage weg, ich darf auch". „ Es ist komisch", sagte er, „ wenn wir, die wir immer unterwegs sind, unsere Weiber aufzählen, mit denen wir gebumst haben regen die sich zu Hause immer auf. Die Idioten liegen aber jeden Tag auf der Ritze. Wir haben manchmal 6 Monate und länger weniger als nichts, da sagt kein Mensch was".

„ Wie Recht du doch hast, ich habe gerade heute mal durchgezählt, ich habe absichtlich welche ausgelassen, weil ich mich schon anfing zu schämen und ein schlechtes Gewissen bekam. Aber denen gegenüber die ständig zu Hause sind, immer auf ihrer Alten rumliegen, dann auch noch Freundinnen haben und auch noch zwischendurch in den Puff gehen, sind wir die waren Engel". „ Heute, Ulli, gehen wir in den Puff, aber erschrecke dich nicht, das einzige was in diesem Schuppen gut ist sind die Weiber und das Bier natürlich". Es war so wie Walter sagte, absolut schöne Weiber das verkommenste an Lokal, was Ulli bisher gesehen hat. Aus diesem Grund trinkt er auch nur Coca Cola aus der Flasche. Ihn macht keiner deshalb an, weil jeder sowieso glaubt das da noch ein kräftiger Schuss Weinbrand drin ist. Walter wühlte regelrecht in den Weibern rum, es war eine wahre Freude. Berger genießt das ganze Drumherum und die Anmache und schaut dem Treiben schmunzelnd aber unbeteiligt zu. Die nächsten Tage ist er noch vollbeschäftigt. Er organisierte die Party für Marems Familie und versuchte, jeden Tag mindestens 1 Stunde bei ihr zu sein. Nach dem er arbeitsmäßig alles abgewickelt hat die LC-Bestätigungen aus Kuwait und Saudi gekommen sind, fliegt er nach Hause, um dort alles auf die Reihe zu bringen. Tagelang war er bei Hochtief, um alles abzustimmen. Mit seiner Hausbank muss er die LC's prüfen und daraus LC's an Hochtief machen, Abstimmung mit dem Pariser Büro der Ritchi Brothers machen und sich um den Markt vor Ort kümmern. Dieser Markt war nahezu zusammengebrochen. Es gab keinen mehr, die Rezession im Baugewerbe war anhaltend und schlimm. Sein Personal Ärger in seiner Raumzellenfabrik reißt auch nicht ab. Er hat Aufträge über Aufträge herein gebracht, für Jahre im voraus, er muss an Erweiterung denken, findet aber kein Personal. Er suchte wieder nach einem Mann, der sich um die Erweiterung kümmern kann.

Er sieht mit diesem Betrieb, der so hervorragend anlief viele Probleme auf sich zukommen. Sie waren darin begründet das er auch trotz der Bauflaute keine guten Fachleute bekommt. Diese wahnsinnigen Staatsbetriebe wie VW und Salzgitter treiben einen bösen Lohn Wettbewerb, der die andere Wirtschaft an die Wand drückte. Anfangsstundenlöhne von 19.-27.- DM, der reinste Wahnsinn. Wo es im ganzen Umfeld nur 13,- DM gibt. So saugen sie alle guten Arbeitskräfte vom Markt. Aber der Tag würde bei der Salzgitter AG und Volkswagen kommen, wo sie gerne von ihrem hohen Gefüge herunter möchten, diese Arbeiter gern wieder loswerden müssen, weil sie an ihrer Unvernunft kaputt gehen würden. Aber Berger hat keine Zeit, darauf zu warten. Er muss sich mit den verbliebenen Resten herumschlagen. Er selbst muss oft Tag und Nacht in der Halle stehen. Seine Familie drohte schon mit Scheidung, wenn sich das nicht ändern würde. Er änderte es gründlich, zu gründlich. Das Telefon auf Bergers Schreibtisch brüllte regelrecht auf. Er ist an seinem Schreibtisch zu Hause eingedöst. Es war ein Anruf von der Baustelle im Irak. Drei viermal wurde verbunden, dann vernimmt Ulli die aufgeregte Stimme von Marem. Er weis sofort das etwas schlimmes geschehen ist. Niemals sonst würde Marem bei ihm zu Hause anrufen. Ihre Stimme ist ganz verzweifelt. "Ulli ich brauche dich, schnell, komm schnell, ich habe nur noch 16 Tage Zeit. Mein zukünftiger Mann kommt aus USA um mich zu heiraten. Schnell, ich brauche dich". Klick, ist das Telefongespräch schon wieder zu Ende. Ulli ist vor Schreck fast das Herz stehen geblieben. Marems Zustand ist für ihn erschreckend. Ullis Frau kommt herein und sieht Ulli sofort an, das etwas nicht in Ordnung ist. „Was ist los, Ulli?". „ Probleme auf der Baustelle in Mosul. Die haben gerade angerufen. Ich muss so schnell wie möglich wieder hin". „ Aber du bist doch gerade erst drei Tage hier, was ist los?".

„ Die Automatik ist total ausgefallen, die Techniker dort finden nicht den Fehler". „ Warum bist du so total fertig, ist die Angelegenheit so schlimm?". „ Ja, mein Liebling, es ist sehr schlimm, ich muss auf dem schnellsten Weg rüber". „ Wir haben überhaupt nichts mehr von dir," wetterte Mieke, seine Frau, los. „Kaum bist du hier, musst du schon wieder packen". „ Während sie vor sich hin schimpft ruft sie bereits die Lufthansa an, um den nächsten Flug zu reservieren. „OK," bestätigte sie zwischen Schimpfen mit ihrem Gatten und dem Telefongespräch mit der Lufthansa. „Morgen früh sieben Uhr ab Frankfurt. Hinterlegen sie das Ticket am Schalter, es wird spätestens um 6 Uhr abgeholt". „ Sie knallt den Hörer auf. „ Um vier kannst du mit dem Zug losfahren, der ist um 5.45 in Frankfurt Flughafen". „ Berger steht auf und nimmt seine Frau in den Arm. „Glaube mir, Liebling ich mag auch noch nicht wieder weg, aber die Situation erfordert es". „Ich weiß das ich einen Verrückten geheiratet habe, nun muss ich damit leben. Du fliegst in ein Land, in dem ein schlimmer Krieg herrscht. Du fliegst immer wieder und immer wieder. Irgend wann kommst du nicht mehr zurück, du verrückter Kerl". „Sie zieht Ulli zu sich heran und küsste ihn wild, er erwiderte dies gleichfalls. Erst zwei Stunden später verlässt seine Frau, vollkommen erledigt von den Liebesspielen das Büro. Ulli selbst ist auch vollkommen fertig, diese Aktion hat ihn aber von seinem Schmerz abgelenkt. Seinem Schmerz wegen Marem er hatte sich über beide Ohren in sie verliebt. Aber auch niemals seine Familie oder seine Frau dabei vergessen. Wichtig ist für ihn das Marem dies weis und tolerierte. Als Moslemin ist sie es gewohnt das der Mann zwei und mehr Frauen hat. Für Ullis Frau wäre es eine Katastrophe gewesen, von seinen Gefühlen für Marem zu wissen. Ulli sendet sofort ein Telefax an die Bauleitung.

„Bin Morgen in Bagdahd und komme übermorgen mit dem täglichen Firmenbus nach Mosul". „Bitte informiert auch das Firmen Hotel in Baghdad. PS. bitte auch den Labor-Ingenieur, es ist wichtig. Danach schließt Ulli sein Büro und hinterlässt noch einige Instruktionen für die Sekretärin. Seine Frau packte bereits wieder seinen kleinen Koffer. „ Wie lange wirst du bleiben?". „ Ich denke da es nicht länger als eine Woche dauern wird". „ Wenn du sagst eine Woche, weiß ich das es mindestens vierzehn Tage werden". „ Nein, diesmal bestimmt nicht, mein Liebling ich bin vielleicht wieder früher zurück". „Ich habe dir Sachen für 14 Tage eingepackt, kann ich dich dort unter der alten Nummer erreichen?". „Ja, da hat sich nichts geändert. Wir gehen heute Abend aus, mein Schatz ich kann nicht zu Hause sitzen. Wir essen erst mit den Kindern beim Griechen, dann gehen wir ins Tanzcafe". „Nein. Ulli. das geht nicht, du musst um fünf Uhr weg". „Wo ist das Problem, ich gehe direkt vom Tanzen zum Zug." „Nein, das nicht, ich will dich vom Bett aus verabschieden, nicht vom Zug. Du weißt, wie schlimm Abschiede für mich sind. Von zu Hause ist das einfacher, dann denke ich einfach, du bist abends wieder da. Der Abschied am Zug ist für lange Zeit". „ OK, wir gehen vom Tanzen erst wieder nach Hause. Ich denke das dort sowieso um drei Schluss ist. „Es wurde ein wunderschöner Abend, sie aßen erst mit den Kindern. Aber nicht beim Griechen, sondern beim Italiener. Der Grund war die Bedienung beim Griechen, diese fliertet immer unverschämt mit Ulli. Mieke will sich den Abend nicht von dieser Ziege, wie sie sagte, verderben lassen. Das letzte Mal hat sie diese beim Friseur getroffen. Sie hatte sich so über die Ziege geärgert, dass sie die Zeiteinstellung an der Trockenhaube für diese Tussi verdoppelt hat.

Am Abend war sie extra ins Restaurant gegangen und hat mit den Jungs dort gegessen. Sie sieht die Bedienung das erstemal mit einem Tuch auf dem Kopf bedienen. Ihre goldene Haarpracht ist nicht zu sehen. „Niemals zuvor hat Miecke das Essen so gut geschmeckt wie an diesem Abend". „Du machst ja dolle Sachen, wenn ich nicht da bin". Nach dem Essen bringen sie die Jungs nach Hause und sie fahren doch in die Tanzbar. Um drei Uhr Morgens verlassen sie dieses. Zu Hause haben sie noch die Gelegenheit, sich nochmals ausgiebig zu lieben. Um vier Uhr machte Ulli sich auf den Weg in den Irak. Seine Frau ist vorher erschöpft eingeschlafen. Er hatte ihr versprochen sie zu wecken, er gibt ihr aber nur einen vorsichtigen Kuss auf die Lippen und die Brüste und schleicht sich aus dem Haus. Niemals war eines seiner Liebesabenteuer zu einer Gefahr für seine Ehe geworden. Auch diesmal nicht, obwohl er sich fürchterlich in Marem verliebt hat. Um fünf Uhr Nachmittags ist Berger bereits im firmeneigenem Hotel in Baghdad angekommen. Man hat prompt vergessen, ihn anzumelden. So gab es keinen Platz mehr für ihn gibt. Aber sein Organisationstalent lässt einfach mehrere Leute zusammenrücken so das ein Zimmer für ihn frei wird. Ulli hat die Begabung einfacher Kumpel zu sein, aber er konnte auch den strengen Boss spielen. Abends schlenderte er durch die breiten, hell erleuchteten Straßen von Baghdad. Keine Spur ist hier zu bemerken das dieses Land im Kriegszustand mit dem Iran ist. Die Läden sind voll mit Waren und die Straßen voll mit Menschen, die einkaufen oder einfach wie er durch die Stadt schlendern. Eine absolut friedliche Stadt. Um drei Uhr morgens wird Berger durch einen fürchterlichen Schlag aus dem Schlaf gerissen. Die Lampe ist in sein Bett geknallt, die Splitter der Fensterscheibe sind wie ein Regen über sein Bett hinweggefegt. Der Schrank liegt quer über dem Bett und hinderte ihn daran, aus dem Bett zu springen.

Schreie und vielfacher Sirenenlärm dringen durch das offene Fenster nach innen, kommen aber auch aus dem Inneren des Hotels. Mit viel Mühe kriecht Berger unter dem Schrank hervor. Er hat nur einige Prellungen an den Beinen. Schmerzen hat er keine. Er springt regelrecht in seine Jeans und eilte auf den Flur. Schreiend stehen dort die Leute. Letztendlich stellte es sich heraus das es nur einige Leichtverletzte gibt und das Hotel auch nur leicht beschädigt ist. Nur die Druckwelle einer ca. 200 Meter entfernt erfolgten starken Explosion hat fast alle Fensterscheiben im Umkreis von 500 Metern bersten lassen. Eine Iranische Rakete war direkt in ein Wohnhaus eingeschlagen. Dort sind inzwischen mehr als zwanzig Rettungswagen und Feuerwehrwagen im Einsatz. Alles ist von Militär abgeriegelt. Zeit zum Nachdenken bleibt nicht, der Firmenbus hat bereits die Absperrung passiert und holte die Leute ab die nach Mosul müssen. Auf dieser langen Busreise holte Berger den entgangenen Schlaf nach. Dies ist eine Eigenart von ihm. Ob Bus oder Flugzeug, er kann darin schlafen wie ein Weltmeister. Diesmal ist es nicht ganz so. Die Sorgen um Marem lassen ihn nicht zur Ruhe kommen. Er malte sich aus was ihr alles passiert sein könnte. Das er genauso gefährdet ist kommt ihm überhaupt nicht in den Sinn. Es war auch nicht wichtig für ihn. Wenn sie nur 16 Tage Zeit hat ist es möglich das sogar die eigene Familie einen Test ihrer Jungfräulichkeit macht. Dann wäre es um Beide schon jetzt geschehen. Die Brüder und der Vater würden beide mit Sicherheit umbringen, erschlagen oder steinigen. Sollte der Ehemann herausfinden das sie Beide zusammen geschlafen haben, würde er dies tun müssen und Schimpf und Schande kommt über die Familien. Berger weis von vielen Gesprächen in Kairo, dass es kleine Operationen gibt um die Unschuld wieder herzustellen.

Eine Mitarbeiterin der deutschen Botschaft ist mit einem Mädchen aus Saudi befreundet, einer entfernten Prinzessin des dortigen Königs die diesen Akt der Schließung bereits das siebzehnte Mal hinter sich hatte. Dies war sicherlich auch nicht das letzte mal. Sie muss dies tun, weil sie niemals davor sicher war ob ihre Familie sie urplötzlich kontrollieren wird. Mit dieser Sucht nach der Unschuld im Morgenland ist es schon so eine Sache. Berger konnte sich aber auch daran erinnern das es noch vor 50 Jahren ähnliche Probleme in Deutschland gab. Man konnte es an vielen Beispielen sehen. Der Mann wollte beschissen werden. Für Berger selbst ist dies bisschen Unschuld nicht wesentlich. Das Gerede darum ist oft das wesentlichste. Man merkt es kaum, dies bisschen Unschuld. Berger denkt während er seinen Kopf auf der Kopfstütze schlafgerecht plaziert über das Wesen der arabischen Frau nach. Hatte die Beschneidung der Frau diese letztendlich so verändert?. Ihr ein ganz anderes Wesen beschert ist als es europäische und amerikanische Frauen haben?. Das Sie auch gegensätzlich zu asiatischen Frauen sind?. Der angenehmste Punkt daran ist, dass die arabische Frau als Moslemin es gewohnt ist oder so erzogen in ihrem Glauben ist, dass der Mann 4 Frauen haben kann. Dies prägte natürlich die innere Einstellung der Frau zur Ehe. Bereits verheiratet zu sein ist hier kein Problem und kein Hindernis. Es ist auch viel eher möglich mit einer verheirateten Frau ins Bett zu gehen, als mit einer unverheirateten. Wenn Berger unverheiratete Freundinnen hat, bekam er auf sein Drängen oft zur Antwort: „Ulli, bitte warte, bis ich verheiratet bin." Dies waren die umgekehrten Ergebnisse dieser verrückten Idee, unberührt in die Ehe gehen zu müssen. Auch die Mentalität der Männer diesbezüglich ist sehr seltsam. Hatten sie es tatsächlich geschafft mit ihrer Freundin zu schlafen, wurde diese oft danach verstoßen. Mit dem unsinnigen Argument sie könnte es genau so mit jedem anderen getan haben.

Viele Männer zermartern sich danach die Köpfe und ruinieren so das Leben des Mädchens das aus Liebe bereit war mehr zu geben, als sie eigentlich sollte und wollte. Berger hat speziell in seiner Zeit in Ägypten viele Frauen, hier besonders die Verheirateten beobachtet. Auch die Ehen seiner Freunde. Die Frau tritt hier in der Ehe gegenüber den Männern ganz anders auf als in den anderen, nicht islamischen, Ländern. Die Beschneidung lässt sie kühler sein. Das Verhältnis von der Frau zum Mann ist hier zum großen Teil vom Wohlverhalten des Mannes zur Frau bestimmt. Oft hatte er die Klagen von Freunden hören müssen, dass sie ohne Geschenke oft keine Chance haben, mit der eigenen Frau zu schlafen. Dies ist sicherlich nicht die Regel, aber in vielen Fällen ein Part des normalen Alltages in Arabien. In vielen Gesprächen in allen arabischen Ländern wollte er dem Kern der Beschneidung auf den Grund gehen. Diese Beschneidung ist nicht ein Part aus dem Koran. Es ist eine alte Überlieferung, älter als der Islam und wird in vielen Ländern auch unterschiedlich durchgeführt. Den totalen Schnitt so wie in Ägypten, hat er bisher in keinem anderen arabischen Land gesehen. Er hatte versucht, sich darüber genau zu informieren, es war nicht möglich, vernünftige Argumente für den Schnitt zu bekommen. Meistens wird er auf den Koran verwiesen, in diesem ist aber von einer totalen Beschneidung oder überhaupt einer Beschneidung kein Wort geschrieben. Um genaues herauszufinden, wäre eine Expertenbefragung erforderlich, gesetzlich ist dieser Schnitt verboten wird aber mit dem Hinweis auf den Koran immer noch durchgeführt. Berger hatte festgestellt das dieser, wenn auch gestohlene, Punkt der Gefühlsfreuden trotzdem leichte Empfindungen bei einer Berührung bei der Frau hervorruft.

Aber eine Befriedigung über diesen Punkt ist nicht möglich. Das gepflegte Vorspiel ist damit dezimiert. Es gibt genügend andere Zonen als Ersatz, aber sie haben bei weitem nicht den gleichen Effekt. Trotzdem ist es Berger oft gelungen, die Frauen zum vorzeitigen Höhepunkt zu bringen, ohne Geschlechtsverkehr ausgeübt zu haben. Man benötigt viel mehr Geduld als bei einer nicht beschnittenen Frau. Eine innere Zuneigung ist in diesem Fall wichtiger als bei einer unbeschnittenen. Ist diese Zuneigung nicht da, oder hat der Mann hat nicht genügend Einfühlungs-vermögen für die Frau, ist es schwer, diese zum Höhepunkt zu bringen. Dann kommt schnell der Punkt, wo der Sex lästig wird und vom Ehemann für diese Arbeit nicht Geld, aber andere Dinge verlangt werden. Der Punkt wo sich die Frau nach einem Liebhaber umsehen muss. Dies hatte Berger in den arabischen Ländern ungleich mehr als in anderen Ländern gesehen. Die gesamte Frau Mann Beziehung ist anders. Die Frau zu schlagen gehörte fast zur Pflichtübung. Reste aus der Zeit der Sklavenhaltung sind noch vorhanden. Gleichfalls wie das Schlagen der Kinder. Bei Berger dauerte es sehr lange, bis er dies akzeptieren kann. Hier ist aber auch ein Umdenken im Gange. Eine Nichteinmischung in diese Dinge fällt Berger noch immer sehr schwer. Keiner wäre ihm für eine Einmischung dankbar, dies hatte er schon bemerkt. Sofort wendete sich der geschlagene wie auch der Schläger gegen ihn. Für ihn zu Hause ist es undenkbar seine Kinder geschweige seine Frau zu schlagen, es geht viel besser ohne die Prügelei. Er selbst stammt noch aus einer Zeit, in der die Prügelei der Kinder und Frauen in Deutschland genauso Alltag waren wie jetzt in Ägypten in Arabien. Kein Tag in der Schule verging ohne eine ordentliche Abreibung. Er erinnerte sich genau an den speziellen Lehrer. „ Tod auf Socken". nannte er diesen.

Dieser war lang und sehr hager, besser ausgedrückt, Spindeldürr. Das auffallendste an ihm waren seine immer bunten Socken. Schon morgens vor Beginn der Stunden durfte Berger sich fünf Stockhiebe abholen. Der Erfolg, den sich „Tot auf Socken" davon versprochen hat schlug ins Gegenteil um. Berger wurde bockiger und plazierte seine täglichen Mätzchen schlauer und weniger durchschaubar. Aber meistens traf es Berger trotzdem, obwohl völlig unklar war wer den Stuhl angesägt oder die Tafel losgeschraubt hat. Die Tür ausgehebelt oder die Eingangsstufe ins Klassenzimmer gestohlen hatte. Der folgende Fehltritt des Lehrers hatte einen Tobsuchtanfall zur Folge. In seinem Wahn verhaute er die halbe Klasse. Berger ließ er aus diesen behielt er sich zur Sonderbehandlung in der Pause vor. Diese Sonderbehandlung wird vom Direktor der Schule nach ca. 30 Minuten unterbrochen. Für das Klassenzimmer zu spät. Es gibt keinen heilen Stuhl mehr und nur wenige der Holzbänke haben die rohe Behandlung überstanden. Die Klasse schwamm in Tinte und Wasser. Das waren die einzigen Mittel die Berger zur kriegsmäßigen Verteidigung dienten. Er sah darin mehr Sinn als sich mit einem der herumliegenden Stuhlbeine zu wehren. Er wandte die Klassen Guerrilla Taktik an, schütten und verschwinden. Kam der Feind zu nahe heran: Wiederholen. Bis der Feind mürbe ist. Mit dem Stuhlbein in der Hand wäre er schnell der Unterlegene gewesen. Aber so hatte es das lange Elend schwer, Berger zu greifen. Des Teatchers Rohrstock traf zu neunundneunzig Prozent nur die Schulmöbel. Die Berger bei seiner Flucht umstieß. Bei jedem Tintenbad wurde der Lehrer wütender. Als der Direktor die Show begleitet vom gesamten Lehrkörper unterbrach war Tod auf Socken von oben bis unten blau gestrichen. Berger hatte ein blaues Auge und eine kräftige Beule auf dem Kopf. Aber auch Tod auf Socken war nicht ohne Blessuren, der Sturz über einige Möbel hatten auch für ihn körperliche Folgen.

Er wollte sich wieder mit seinem Stuhlbein auf Ulli stürzen, da warf sich die ältere vollbusige Lehrerin dazwischen und die anderen Lehrer brachten ihn zur Vernunft. Tod auf Socken war völlig abgedreht und musste noch am gleichen Tag die Schule verlassen. Berger selbst lernte sehr früh an sich selbst das ständiges Schlagen alle Menschen dagegen abstumpfen lässt und das man mit Schlägen nur den Teufel hineinschlägt. Ein gutes oder belehrendes Wort ist tausendmal mehr wert als jeder Schlag. Aber auch dies musste in Deutschland erlernt und erkannt werden. Auch heute gibt es in Deutschland noch viele Anhänger der Prügelstrafe. Bergers Gedanken kehrten wieder zurück zu den Frauen. Marem erfüllte nun all den Platz in seinem Kopf, alles andere weicht. Was er verdrängen wollte, kommt nun mit doppelter Wucht auf ihn zu. Wie ein Hammer mitten in die Magengegend. Es würgte ihn mächtig er versuchte diesen Gedanken und ihr Bild mit neuerlichen Erinnerungen an den Tod auf Socken zu entkommen. Es ist nicht möglich, wie eine Eisenklammer sind sein Magen und sein Herz umschlossen. Nun ist es soweit die Trennung steht endgültig bevor jemand anderes sollte sie nun zur Frau haben. Kinder mit ihr haben und mit ihr glücklich sein. Berger drehten sich Herz und Magen um. Wie oft hatte er ihr gesagt das er Moslem werden und sie heiraten würde. Er wäre gern Moslem geworden, ohne jegliches Problem. Ihm sagt die Islamische Lehre mehr zu als der kitschige Katholizismus. Er war Katholik, aber keinesfalls ein praktizierender. Dies wäre kein Problem gewesen, nun hatten sie zu lange gewartet. Alles lief nun gegen sie. Tränen treten in seine Augen, wie sollte er ihr nun so schnell helfen? Wo den richtigen Arzt für die Operation finden?. Hier in Mosul kannte er sich nicht aus. Er konnte keinen Einheimischen danach fragen, wie sollte er seiner Kleinen helfen. Er verflucht den Tag, als sie sich das erstemal zu innig und zu heftig geliebt hat. Er machte sich nun selbst Vorwürfe. „ Wenn du sie geliebt hättest, hättest du nicht mit ihr geschlafen, nun hat sie Probleme, die sie sogar töten können".

„ Berger weinte leise vor sich hin. Es war das Schlimmste für ihn nicht helfen zu können. Er straffte sich, er muss ihr helfen. Es gibt keinen Weg, er würde ansonsten die Operation selbst wagen oder das verfluchte Ding mit UHU zukleben. Er hätte vor seinem Abflug einen Mediziner in Deutschland konsolidieren und um entsprechende Tips bitten sollen. Er konnte und wollte sie nicht so alleine lassen. Darum war er ja zurückgekommen, er wollte helfen weis aber nicht wie. Warum war er nicht Arzt geworden oder hatte sich in Deutschland damit befasst. Ein Buch über Medizin hätte er sich wenigstens besorgen müssen. Sein Herz brennte bei jedem Gedanken daran, dass sie einen anderen Heiraten würde. Aber er wusste es zuvor, sie hatte es ihm klar gesagt. „Was ist, wenn ich dich heirate?". „ Ja, ich liebe dich. Aber du verschwindest wieder, kommst uns nur besuchen, was soll das werden. Wenn deine Familie in Deutschland dahinter kommt, dann nicht mal mehr das. Glaube mir, ich nehme deinen Antrag ernst und möchte dich auch heiraten; vielleicht tue ich es auch noch, weiß der Teufel. Aber es wäre gegen jede Vernunft". So verstrich die Zeit, bis sie nun verheiraten wird. Das heißt erst verlobt, aber dem ersten Schritt folgt hier immer automatisch der zweite Schritt. Berger wusste das sie absolut recht hatte, ihn nicht zu heiraten, sie war wirklich besser mit einem Mann dran, der ständig bei ihr und den Kindern sein konnte. Ein Mann aus ihrem Land ist auch Vorteilhafter. Sie würden sicherlich einige Probleme bekommen. Obwohl Berger hier nichts von Ausländerhass spüren konnte. Eher das starke Gegenteil, aber wie schnell konnte dies umschlagen. Die Kinder hätten sicherlich Probleme, wenn sie halb europäisch aussahen. Berger schießen diese Dinge alle wie Pfeile durch das Herz, den Magen und durch den Kopf. Das mit der Liebe ist schon so eine Sache, sie ist schön und schmerzhaft.

Warum geriet er immer wieder in solche Situationen, immer wieder sagte er sich, nun ist Schluss. Aber hier hatte er sich wirklich das erste Mal tödlich verliebt. Tödlich im wahrsten Sinne des Wortes. Der Tod war nun ohne Übertreibung sehr nahe bei ihnen. Ein fürchterlicher Tod, gesteinigt oder abgestochen in einer Gasse gefunden zu werden. Aber Berger ist klar das er so schnell nicht aufgeben wird. Er raffte sich auf und krempelte seine inneren Ärmel hoch. Er straffte sich und schiebt alle negativen Gedanken zur Seite. Er würde es schaffen. Vielleicht ging er auch zu Ihren Eltern und würde offiziell um ihre Hand anhalten. Notfalls konnte er sich mit dem anderen Interessenten duellieren. Nein, so weit sollte es nicht kommen, er muss mit Marem sprechen und von ihr klar wissen, was sie will. Das sollte getan werden, nicht anderes will er tun als sie glücklich zu sehen. Notfalls würde er sich die erforderlichen Informationen per Fax aus Deutschland senden lassen. Es gab sicherlich einen Ausweg. Er versuchte, das Thema zu beenden. Es war aber nicht mehr notwendig, die zehnstündige Busfahrt hat ihr Ende gefunden. Der Bus stoppte zur Kontrolle vor dem großen Gefängnistor des Arbeitslagers in Mosul. Die Routineuntersuchung erging über sie. Unten am Hauptplatz stehen bereits die Leute, um die Ankommenden zu empfangen. Berger steigt als letzter aus, er rechnete mit keinem Empfangs Komiete. Überraschenderweise überfallen ihn gleich zwei Frauen mit einem Wortschwall, das er erst gar nicht weis was los ist. Marem und die Frau des Bauleiters zerren ihn in das nahe Auto. „Berger, Berger, habe ich es nicht gesagt?, mit euch Beiden gibt es Ärger, ich habe ein Auge dafür. Ihr schlaft die nächsten Tage bei mir dann könnt ihr euch in Ruhe aussprechen. Ich find es im übrigen toll das du sofort gekommen bist. Mein Mann ist für fünf Tage nach Deutschland geflogen.

Er hat gesagt das du nicht verrückt genug bist, um zurück
zukommen. Es gäbe bessere Tode als erschossen zu werden.
Aber ich hatte wieder recht. Ich sagte ihm das dies hier echte
Liebe ist, nicht ein Bumsverhältnis, Berger kommt. Nach
deinem Fax war ich um 100 DM reicher. Um die hatten wir
gewettet. „Marem kuschelte sich ganz dicht an Ulli an. Er
kraulte ihre Haare und küsste sie zärtlich auf den Kopf, der in
seinem Schoß legt. Marem sagt kein Wort, er fühlte, wie
glücklich sie ist. Auch er überließ das Reden der jungen Frau,
die sie nach Hause kutschierte. Sehr schön, wie sie das gedreht
hatte das Marem bei ihr schlafen durfte. So war Ulli mit ihr
zusammen. „Wann kommt dein Verlobter?" fragte Berger
vorsichtig. "In ca. vier Wochen, ich konnte den Termin
nochmals aufschieben. Ich habe ihm gesagt ich brauche diese
Zeit um mich vorzubereiten. Er hatte dafür Verständnis, er ist
kein schlechter Kerl er ist ein guter Kerl, ich kenne ihn schon
lange." „Ich weiß das er mich sehr liebt, schon oft hat er um
meine Hand angehalten, ich wusste es aber immer zu
verhindern. Nun wurde ich nicht mehr gefragt. Es hat mich
selbst sehr überrascht". Ulli, ich bin ganz verzweifelt, ich liebe
dich so sehr. Aber mein Verstand kämpft gegen mein Herz und
ist bisher Sieger geblieben." „Marem ich akzeptiere deine
Entscheidung, wie diese auch ausfallen sollte. Ich will dich
glücklich sehen, nur das zählt für mich. Natürlich habe ich Herz
und Magenschmerzen, wenn ich daran denke, dass du bald einen
anderen küssen musst. Ich verdränge dies, so gut ich kann. Ich
habe fürchterlichen Liebesschmerz, das kannst du mir glauben."
„Raus jetzt aus dem Auto, wir stehen bereits fünf Minuten vor
der Tür, wollt ihr im Auto übernachten?" Berger und Marem
wechselten eng aneinander gekuschelt den Autositz mit dem
Sofa im Bungalow, ohne sich von einander zu lösen.

Es wird ein langer Abend, es wird viel erzählt und hin und her überlegt, wo sie einen Doktor herbekommen. Ulli machte auch den Vorschlag, dies alleine zu machen. Irene, die Frau des Bauführers, lachte laut auf. Auch Marem stimmte in das Lachen ein. „Dann sieht sie nachher wie ein Kartoffelsack aus, ja Ulli, du hast Ideen." „Das war kein Scherz, ich meine es ernst".

Tausendmal habe ich Marem schon angeboten, sie zu heiraten, tausendmal hat sie nein gesagt. Also müssen wir eine Lösung für sie finden." „Für diese Nacht vergesst noch einmal alle Probleme und Sorgen." Irene kommt mit einer Flasche kühlen Moselweines an den Tisch. Ein 76 Müller Thurgau aus dem Anbaugebiet Dieblich /Kobern Gondorf. Aus dem neuen Wohnort von Ullis Familie. „Siehst du, dort bin ich zu Hause. Aber erst seit wenigen Wochen. So ein Zufall, dass du mir diesen Wein servierst". „ Das ist kein Zufall, das ist der Wein, den du meinem Mann nach Essen gebracht hast. Der ist nun hier. Es ist eigentlich dein Wein". Marem trinkt nur ein kleines Glas. Berger teilt sich den Rest mit Irene. Es ist ein sehr guter, süffiger Wein, nicht so toll gezuckert, wie es dummerweise oft gemacht wird. Mit dem Zucker wird der echte Geschmack des Weines verdorben. So kann man nicht die Rebe, den Boden schmecken auf dem die Trauben gewachsen sind. In diesem Fall wusste Berger sogar an welchem Hang. Nicht weil er die Erde vorher gekostet hat, sondern weil er weis welcher Hang diesem Winzer gehört. Es wurde ein langer, gemütlicher Abend. Auch Marem vergaß, die Probleme die in der Luft liegen. Sie ist ein Mordskerl, das muss man ihr lassen. Sie war eine große Hilfe. Die Nacht wurde eine zarte liebevolle Nacht ihre allerletzte Nacht. Berger und Marem sind eng aneinandergekuschelt und genießen das Gefühl, zusammen zu sein, ausgiebig.

Unterbrochen von leichtem Tränenfluss von Marem, der aber immer wieder schnell versiegte. Berger gab ihr alles, was nur an Zärtlichkeiten möglich ist. Sie waren in jeder Beziehung zusammengeschmolzen, sie sind nur noch eine Person. Am anderen Tag erhält Berger sein Visa für Mosul Ausgang. Er hatte in der Nacht eine blendende Idee gehabt. Wenn er einen Arzt für diese Arbeit finden konnte, dann durch die Mädchen, die in den Bars verkehren. Am Abend startete er alleine nach Mosul. Er erzählt Marem das ein Freund einen Doktor kennt, er wollte es bei diesem versuchen. In eine Bar hätte sie ihn nicht gelassen, schon gar nicht allein. Berger, sieht sich drei Bars an und entschließt sich in die vergammeltste zu gehen, weil er hier schon einmal war. Diese Bar sieht von innen noch schlechter aus als von außen, er bereute bereits das er diese ausgewählt hat. Aber nun ist er schon mal drinnen. Ein langer dreckiger Gang führte in den noch schmutzigeren Barraum. Was hinter der Bar steht machte all diesen Dreck ungesehen. Eine blendend aussehende Irakerin steht dort mit einem Ausschnitt, der die strammen Brüste nicht verbirgt sondern jedem Besucher zur Betrachtung frei liegen. Berger hatte sofort das Bedürfnis diese schönen Dinger in seine Hände zu nehmen. Ansonsten gibt es an ihr mehr als genug was sich lohnte in die Hände zu nehmen. „Ja, was haben wir den da für einen tollen Käfer, mitten im Irak, eine Edelnutte aus Paris, denkt Berger". Die Dame schluckte nur leicht und ist wegen der Bezeichnung nicht böse. Sie tut so als verstände sie nicht deutsch. „Good evening, Sir," sagte sie mit freundlichem Lachen zu Berger. Berger ist sich sicher das sie deutsch spricht, hier in Mosul gab es fast ausschließlich Deutsche. „What you like to drink?". „ Qatsch nicht dumm," sagte Berger," und gib mir ein Bier, aber erst einen Lappen, damit ich die dreckigste Theke der Welt abwischen kann". „

Bah, hatte ich doch Recht, du bist doch einer der vielen Deutschen". sagte sie in astreinem deutsch. „ Dann auch noch ein Sauberkeitsfanatiker. Du bist auch einer von denen der vor dem Bumsen unbedingt duschen muss". „ Wenn meine Partnerin so dreckig ist wie du, gehe ich zum Duschen aber gemeinsam". „Wie kommt es das ihr Deutschen reine Persilmenschen seid. Ohne Seife oder Waschpulver ist bei euch kein Leben möglich". ‚Bei den Worten wirft sie Berger einen Lappen zu, um die Theke zu reinigen. Im letzten Moment erst griff Berger zu. Er hat eine Damenunterhose in der Hand. Er betrachtete diese und ist sich nicht im klaren, ob dieses Höschen dreckiger als die Theke ist oder die Theke dreckiger ist. „Was ist das?" sagte er mit hochgezogener Nase verächtlich. „Das ist die Pimperbuchse von Nadja. Die zieht sie beim Bumsen immer aus, ich ziehe erst keine an. Gestern war sie so besoffen das die Männer ihr diese ausgezogen haben. Sie hat es nicht mehr gemerkt. „ Berger wirft das Ding auf die Theke. Die Hose war doch schmutziger als die Bar. Angeekelt geht er auf die Toilette, um sich die Hände zu waschen. Er gibt es schnell auf. knöcheltief steht die Pisse, verdünnt mit Wasser in der Toilette. Es stinkt bestialisch dort drinnen. Händewaschen ist nicht möglich ohne nasse Füße zu bekommen. Nun steht die Bierflasche die man ihm hinstellte mitten auf dem Schlüpfer, der für einen sehr dicken Arsch angefertigt worden ist. Beim heben der Flasche bleibt dieser Drecklappen prompt an der Flasche hängen. Ulli bückte sich tritt mit dem Fuß auf den Schlüpfer und entfernte ihn so von der Bierflasche. Er brauchte lange, um ihn dann vom Schuh los zu werden. Er wendet sich wieder der Schönheit zu. „Was ist, schönes Kind, was kostet die Runde?". „Fährst du Vollgas oder bist du normal? Vollgas kostet 150 Dollar, normal 100 Dollar". „Wie sind denn die Zimmer hier". Sie öffnete eine Tür unmittelbar in Bar Nähe.

Ein kleines Zimmerchen ist zu sehen, in diesem ist ein Feldbett aufgebaut. „Was, bumsen im Wandschrank für 100 Dollar?", Sie lacht, „ gerade deshalb ist es so teuer, wann hast du schon die Gelegenheit im Wandschrank eine schöne Dame zu bumsen. Nur hier und Heute. Gib die 100 Dollar und zeig der kleinen Fathma dein Prachtstück. Wir können es auch gleich hier an der Bar machen, es ist sowie so kein Gast da". Berger zieht 100 Dollar aus seiner Hosentasche er hat diese sie schon vorher dort für diesen Zweck zurecht gelegt. Im Nu hat Fathma ihr Kleid ausgezogen und steht splitternackt vor Berger. Auch nicht gerade die sauberste aber wunderschön das muss man ihr lassen. Schade, dass sie in diesem Schuppen gelandet ist. Berger reicht ihr die 100 Dollar. „ Nein, Fathma, ich will nicht bumsen, ich will nur eine Auskunft, ich benötige dringend deine Hilfe". „Bist du Polizist oder was und wer bist du?". „Ich suche einen Arzt, der eine kleine Operation vornimmt". „Davon haben wir viele, warum kommst du in diese vergammelte Bar um danach zu fragen". „Sie schlägt sich mit der Hand auf die Stirn. „Pflaume zunähen, hast du eine aufgemacht?, da kann ich dir weiterhelfen". Sie schreibt Ulli eine Adresse auf und eine Telefonnummer auf einen Zettel, den sie dann nur mit viel Mühe von der Bar gelöst bekommt. „Ich denke wir müssen doch mal putzen ich kriege den Zettel fast nicht mehr ab. Hier der Zettel, ruf direkt an ich weiß von anderen das es ca.1300 Dollar kostet. Es ist teuer aber es ist eine kleine saubere Klinik. Wenn die Tante wieder zu, ist kannst du die 100 Dollar hier absaufen, da bin ich Kumpel. „ Berger ist überglücklich auf anhieb eine Adresse bekommen zu haben. „Danke, Fathma, aber zieh dich an, ansonsten bekomme ich doch noch Lust dich zu vernaschen".

„ Man zu, Kleiner, immer drauf auf die Mutter, ich vertrage schon einen Hieb, auch wenn ich so zierlich aussehe. Ich habe das schon längst bemerkt einen Ständer hast du schon seit dem du reingekommen bist". Berger rückt alles zurecht. Das liebe Fathma ist nur mein Zollstock. Nein, bumsen jetzt ist für Berger nicht möglich, das wäre für ihn Verrat ein Fremd gehen gewesen. Seine Frau, geliebte Frau, und eine geöffnete Liebe verraten, nein, das wäre ihm niemals in den Sinn gekommen auch wenn es äußerlich den Anschein hat. Da ist er hart, genauso wie sein Geschlechtsteil im Augenblick. Er schaut Fathma an, „sei nicht böse, aber ich kann nicht über meinen Schatten springen". „Du liebst sie sehr?" fragte sie. „ Ja, über alles". „ Es ist gut das du ihr den Weg zurück frei machst, bestehe nicht darauf, sie für immer zu besitzen. Du siehst, was mit mir passiert ist. Ich habe einen Deutschen geheiratet. Nach einem Jahr ist er abgehauen und ich habe nie wieder etwas von ihm gehört". Berger versprach ihr, sich um sie zu kümmern, er will wieder kommen. „ Aber erst, wenn ich meine Probleme überwunden habe". Er klopfte auf seine überstramme Hose und sagt, „Leo, leg dich, wir gehen nach Hause, dort wird gegessen. Hier holen wir uns nur Appetit." Fathma lacht, „ das habe ich noch nicht gehört. Ich hoffe aber, dass ihr Beide eines Tages wieder kommt um auch einmal hier essen werdet". „Dann mach dein Rattenloch erst einmal richtig sauber". „Wie soll ich das alleine schaffen?". „ Wenn das klappt mit dem Dok, dann komme ich mit meiner Truppe und wir renovieren dir den Schuppen total. Wir haben die Hütte in einem Tag pickfein gemacht, das heißt, wenn wir das Visa bekommen und das Material". „Oh fein, aber die Farbe, hier gibt es keine zu kaufen". „Da mach dir keine Sorgen, die bringe ich aus dem Camp mit".

„Ich kann das nicht bezahlen, was denkst du, was ich hier verdiene?". „Du wirst hier verdienen wenn du hier die Hütte sauber hast, dann machen wir auch Reklame für dich im Camp". „ Wenn du das tust, kannst du mit Leo hier ständig frei essen". „Frei trinken reicht uns, was glaubst du, was meine Leute da verputzen. Richte dich auf einige Getränke ein. Besorge noch ein paar Mädchen und mach die Bude für drei Tage zu. Zwei Tage zum Arbeiten, einen Tag zum Ausruhen". .Sag mir Bescheid wann, ich organisiere alles". „OK, Kleine, du hast mir geholfen, nun werde ich dir helfen, danach brauche ich vielleicht wieder deine Hilfe". „Das kann ich mir vorstellen, wenn du sie erst einmal zugenäht hast ist der Ofen aus". sagte sie respektlos. Sie merkte sofort das sie Berger geärgert hatte und fragte ablenkend nach. „Hast du sie sehr geliebt?". „ Ja, ich liebe sie noch immer sehr, aber wir können nicht zusammen kommen. Ich habe es ihr mehrfach angeboten". „Sie hat abgelehnt, weil sie dich wirklich liebt, du würdest hier mit ihr nicht glücklich werden, die Zeit ist noch nicht reif dazu. Noch nicht reif das wir Europäer hier eine einheimische heiraten. Es gibt nur Probleme. In Baghdad ist es schon etwas leichter, aber sicherlich auch kein Honigschlecken." „ Ich sehe das ja alles ein, aber alles tut auch fürchterlich weh". Die Tür wurde aufgerissen und eine Horde Angetrunkener stürzte mit einigen Mädchen herein. „Ich verschwinde jetzt, Fathma, ich verspreche dir, dass wir deine Bude streichen, by, by." "By, by, und viel Glück beim Doktor". Berger ist schon draußen an dem Haufen angesoffener Deutscher vorbei. Er ist froh, dass er die Adresse hat. Eigentlich wollte er zurück ins Camp. Aber er suchte gleich die Adresse auf, er will Nägel mit Köpfen machen. Die Adresse ist eine ordentliche Rote Halbmond Station mit sauberen Krankenräumen. Berger schlendert durch diese, weil niemand anwesend ist. Laut ruft er nach Doktor Abdel Hamad.

Es dauert bis eine Frau auftaucht. „ Was ist," fragte sie ihn auf arabisch. „Ich möchte zu Dr. Abdel Hamad". „ Der kommt erst morgen wieder, was kann ich für sie tun?" fragte sie nun in englisch. „ Ich muss mit ihm persönlich sprechen". „ Wer hat sie her geschickt? Wir behandeln nur Iraker, ihr habt doch selbst ein Krankenhaus in eurem Lager. Besser Ausgerüstet als dieses hier". „ Fathma schickt mich". „Fathma eh, Fathma aus der verkommenen Bar?". „Ja, sie schickt mich". „Dann geht es um ein irakisches Mädchen. Immer das gleiche, dann müssen wir helfen. Könnt ihr die Mädchen nicht in Ruhe lassen?, wir helfen nur, um eine Tragödie zu vermeiden". Das dies nicht ganz so war, bestätigte bereits der nächste Satz. „ Einen Tag Aufenthalt im Hospital plus Operationskosten 1.500.- US$." Da war es heraus. „ Ok," sagt Berger, machen sie mir einen Termin". Die Ärztin blätterte in ihrem Buch hin und her, macht Notizen und blätterte weiter. Kommen sie in drei Tagen, nein besser, in vier Tagen, dann ist der neue Operationsraum frei. Aber das kostet 150.- Dollar mehr. Wenn sie gleich anbezahlen wollen, um den Termin abzusichern?". Berger zahlt 500 Dollar an, er bekommt sogar einen Termin für den nächsten Tag, damit Marem wieder vernünftig denken kann und keine Sorge haben muss das Ihre Eltern oder seine Eltern sie überraschend kontrollieren wollen. Damit ist die Ungewissheit für Marem vorbei. Er selbst ist auch froh das er alles so schnell geschafft hat, er hatte sich große Sorgen gemacht. Die sind verschwunden aber dadurch wieder neue aufgetaucht. Er grübelte über die Operation nach er konnte sich schwer vorstellen, was sie tun würden. Sie konnten doch nicht einfach alles zu nähen. Während der Fahrt zurück machte er sich die wildesten Gedanken um diese Operation. Bis er am Tor ist, ist er sich schon fast wieder sicher, dass er diese Operation nicht zulässt.

Er würde darauf bestehen sie zu heiraten, vielleicht wartete sie nur auf ein entscheidendes Wort. Als er aber ihre Freude sieht das nun alles geregelt ist weis er das die Entscheidung für Marem zugunsten der Operation gefallen ist. Er wollte nicht mehr daran rühren. Auch Irena ist froh das Berger dieses Problem so schnell gelöst hat. Irena die Berger ansieht wie schmerzvoll dies alles für ihn ist. Sie nimmt Ihn in den Arm. „ Ich kann es dir nachfühlen wie du dich fühlst. Aber es muss sein und ich sage dir, sage dir immer wieder vor, dass diese Entscheidung die richtige ist für euch Beide ist. Es gibt zur Zeit keine andere, oder wollt ihr Euch aufopfern für eure Liebe?. Ihr werdet euch sicherlich immer in guter Erinnerung behalten. Eure Liebe kann weiter dauern, wird weiter dauern. Aber ihr könnt nicht mehr zusammen sein. Euch bleiben nur noch wenige Tage, macht das beste daraus. Nach der Operation müsst ihr langsam Abstand voneinander gewinnen". „Hör auf," sagt Marem, „ich will keinen Abstand, er soll für immer hier bleiben, ich heirate nicht, ich heirate niemals. Ich will allein bleiben". Ulli nimmt Marem in den Arm. „ Lass uns jetzt an etwas anderes denken, noch sind wir zusammen, wir werden die Tage genießen. Sie tun dies auch mit voller Leidenschaft und Freude. Sie üben aber keinen Geschlechtsverkehr mehr aus, es sollte im letzten Augenblick nichts mehr passieren. Sie haben dies auch immer äußerst vorsichtig gemacht. Beide waren sie sich nicht sicher, ob sie nicht doch die Dummheit begehen würden, die Probleme mit einem Kind zu lösen. Beide sind in der Verfassung dies zu tun. Berger tröstete sie damit das er sie später oft besuchen und mit ihren Kindern spielen wird. Er will so nahe wie möglich bei ihr sein. Getrennt fahren sie am nächsten Morgen vom Camp zum Hospital. Kurz davor treffen sie sich und gehen gemeinsam in die vierte Etage, in der sich, wie Berger weis die Operationsräume befinden.

Die letzten Beiden Etagen müssen sie einen kleinen Fahrstuhl nehmen. Aus unerfindlichen Gründen war in der zweiten Etage die Treppe zu Ende. Oben wurden sie von einigen freundlichen Schwestern empfangen. Diese waren bereits informiert und sind sehr nett zu Marem und Berger. Berger und Marem sind in keiner guten Verfassung. In Berger dreht sich alles. Marem schien es auch nicht anders zu gehen. Ihr Zustand verschlimmerte sich als sie dem Doktor vorgestellt wird. Marem wird kreideweiß und kuschelte sich bei Ulli an. Jeder kann den Zustand der Beiden sehen und fühlen. Sie spürten alle, wie verliebt sie waren und wie sie sich vor dem, was nun passieren soll fürchten. Nicht fürchteten im herkömmlichen Sinn, es war wie das einbetonieren einer Liebe. Das Wegnehmen jeder Luft, das Einfrieren von unendlich tiefen Gefühlen. Der Doktor steht da und sieht aus wie Frankenstein, spricht aber vernünftig und ist sehr nett. Sie sind von seiner Erscheinung unangenehm berührt. Dick, regelrecht aufgedunsen und eine dicke, hässliche Narbe vom Hals bis zum Gesicht. Er betrachtete ungeniert die herrliche Figur von Marem und tastete diese mit seinen Augen ab. So, als würde er sie schon besitzen, so als wäre sie für ihn hierher gekommen. Berger sieht direkt das genüssliche Leuchten in seinen Augen. Auch Marem wird es Angst und Bange. Sie rückt hilfesuchend noch näher an Berger heran. Der Doktor schilderte den Hergang der Operation. „Es ist eine Vollnarkose erforderlich um diese Operation durchzuführen. Es wird ungefähr eine Stunde dauern. Bis Marem alles überstanden hat, bis Sie aus der Narkose wach ist wird es ca. 16.00 Uhr sein." „ Er wendet sich nun direkt an Ulli und sagte zu den Schwestern, „bringen sie Marem in Zimmer 7 und machen sie, sie für die Operation fertig". Marem zuckte wie unter einem Peitschenhieb zusammen. Auch Ulli zuckte zusammen, nein, mit diesem Doktor würde Marem keine Minute ohne seine Aufsicht sein.

Auch mit keinem anderen Doktor würde er sie eine Minute alleine lassen". „ Sie gehen jetzt, junger Mann, sagt der Doktor in schlechtem Englisch. „ Um 16.00 Uhr kommen sie wieder und holen Marem ab, dann ist alles vorbei und überstanden". „Nein Doktor, ich lasse mein Mädchen nicht eine Sekunde alleine. entweder ich bin ständig bei ihr oder die Operation findet hier und heute nicht statt". „ Der fette Doktor bläst sich noch mehr auf, er sieht nun aus wie ein Frosch. „ Das geht nicht, das geht nicht, hier ist ein Krankenhaus und sie haben meinen Anweisungen Folge zu leisten. Im Operationsraum haben sie schon gar nichts zu suchen. Kein Mensch darf sich im Operationsraum aufhalten. Auch bei ihnen können wir keine Ausnahme machen". Marem schaut Berger nun hilfesuchend mit ihren voller Angst schimmernden Augen an. Berger läuft ein Schauer über den Rücken, als er in diese weidwunden Augen schaute. Sein Herz krampft sich zusammen. Niemals würde er dieses Mädchen, das er so liebt, unbeaufsichtigt einem Arzt überlassen. Er hat schon zuviel darüber gehört, wie solche Mädchen von ihren Landsleuten behandelt werden. Mit solchen Mädchen meinte er Mädchen, die sich in einen Fremden, einen Nichtmoslem, verliebt und sich mit ihm eingelassen haben. Die vorgeschobene Freundlichkeit konnte Berger nicht täuschen. Marem ist zu schön und er war sich im klaren darüber, was vor der Operation passieren würde". „Komm Marem," sagte er, wir gehen, hier haben wir weiter nichts zu suchen. „ Marem atmete erlöst auf, auch sie will schnellstmöglich weg von diesem Ort. Erst im Fahrstuhl werden sie vom Doktor gestoppt. „ Nun warten sie doch, ich spreche mit dem Oberarzt, vielleicht haben wir eine Möglichkeit, etwas für Euch Beide zu tun. Was denken sie nur, was wir hier mit ihrer Marem machen, dies ist ein Krankenhaus, ein ordentliches. Sehen sie, all die Schwestern sind ständig bei ihrem Mädchen und passen auf sie auf".

Marem zuckte wieder zusammen, sie befürchtete, Berger würde nachgeben. „Es gibt keine andere Wahl, entweder ich bin dabei, oder es gibt keine Operation. „Berger weis auch wie viel Geld diese 1.500.- US$ für das Team sind. Der Doktor telefonierte nun mit jemanden und erklärte sich daraufhin damit einverstanden das Berger bei Marem bleiben kann. „ Aber, fügte er hinzu, wegen der Umstände müssen wir den Preis etwas anheben". „ Wie viel?" fragt Berger. Der Doktor kneift seine Lippen zusammen und schien zu rechnen, jedenfalls sollte es so aussehen. "Hm, Hm, sagen wir 150 Dollar". „Berger wollte nicht länger hin und her handeln. Obwohl er fühlte, dass der Doktor sich darauf eingestellt hat. Er zieht einhundert Doller aus der Hemdtasche und gibt sie dem Doktor. „Diese hundert Dollar sind für die Mehrkosten, die nicht vorhanden sind". Blitzschnell, mit einem Künstlergriff sind die hundert Dollar aus Bergers Hand verschwunden. Berger war noch niemals in seinem Leben in einem ähnlich aufgewühlten Zustand. Er liebte dieses nun wie verloren wirkende Mädchen in seinem Arm wie verrückt. Sie war etwas besonderes, er konnte sich nicht erklären was ihre ganze Beziehung ausmacht es ist etwas besonderes. Es ist so als müsste er auf den Operationstisch, nicht das Mädchen. Alle haben erkannt was sich zwischen diesen Beiden Herzen abspielt, sie fühlten die innere Tragödie, von der die Beiden erfasst sind. Aber wie viel mehr Stärke dazu gehörte, sich zu trennen als zusammenzubleiben. Die Schmerzen dieser Trennung sind gegen die Schmerzen der Operation ein viel - faches. Marem und Ulli leisteten nun den Anweisungen des Personals wie in Trance Folge. Marem wird fertig gemacht. Kreidebleich liegt sie nun vollkommen nackt unter dem weißen Lacken. Dieses ließ ihre ansonsten braune Hautfarbe fast schwarz erscheinen. Sie zieht Ulli zu sich herunter, „Ich liebe dich, mein Schatz, und werde dich immer lieben, auch nach dieser Operation wird sich in unserer Liebe nichts ändern".

Ulli küsste ihre Stirn, „ ja, mein Schatz, ich werde versuchen, immer in deiner Nähe zu sein, nicht nur Heute". Er küsste sie zärtlich auf die Stirn. Sie wird in den Operationssaal gefahren. Berger hält ständig ihre Hand und ließ auch nicht los, als sie die schmale Tür passieren müssen. Dies machte den Schwestern einige Probleme, sie sehen Berger vorwurfsvoll an, zeigten aber Verständnis für die Situation und bugsieren das Bett mühevoll durch die Tür. Sie müssen noch einige Zeit auf den zweiten Doktor warten. Berger legte seinen Kopf auf das Kissen in Marems Bett, so liegen sie still nebeneinander, bis der Doktor kommt. Wie Ströme pulsierten die Schläge ihrer Herzen durch beide Körper. Sie schlagen wie ein Herz. Auch wenn sie sich nun trennen müssen, sie wissen es ist nur ein Herz. „Sie müssen sich nun in den Nebenraum begeben, sagt der neu hinzu gekommene Doktor. „Von dort können sie alles beobachten". „ Sie ziehen Berger einen Kittel an und gaben ihm einen Mundschutz. Berger gibt Marem einen letzten Kuss auf die Stirn. Ihr wird bereits die Narkosemaske auf die Nase gedrückt. Ein widerlicher Geruch breitete sich im Zimmer aus. Nun nehmen die Dinge ihren Lauf, Berger setzte sich auf den ihm zugewiesenen Platz und konnte durch ein Fenster alle Vorgänge beobachten. Seine Geliebte liegt dort wie Schlachtvieh auf der Bank. Berger befindet sich in einem schlimmen Zustand. Er machte sich nun sogar Vorwürfe darüber das er niemals einer Geburt seiner Kinder beigewohnt hat, dass war etwas natürliches. Aber er wusste auch nie, wann es geschehen würde. Immer wenn das Krankenhaus anrief, war das Kind bereits da. Er dachte an seine Frau und seine Kinder. Er liebte seine Familie über alles, er sieht diese Sache mit Marem nicht als Betrug an seiner Familie an. Marem akzeptierte seine Familie und würde diese auch niemals zerstören wollen.

Es war etwas zwischen ihm und Marem, was sich nicht so einfach beschreiben lässt. Wie oft hatte er sich darüber Gedanken gemacht, es war unerklärlich. Oft glaubte er, Gott habe ihn mit diesem Mädchen zusammen gebracht, um ihn näher an den Islam heranzubringen. Er fühlte ständig, wie ihn dieser Glaube mehr und mehr in seinen Bann zieht. Bereits in seiner Kindheit hatte er sich für den Islam interessiert, so dass seine Schwestern bereits lästerten, „ irgendwann bist du mal Moslem. „ Nun ist er fast 35 Jahre älter und auf dem bestem Weg dorthin. Je mehr er sich mit dem Islam beschäftigte, um so mehr wurde ihm klar, wie nahe diese Glauben vor der Geburt Christe und vor Mohammed zusammen waren. Sie hatten die gleichen Propheten und Vorfahren. Erst nach der Geburt trennten sich die Wege wesentlich. Für die Christen ist Jesus der Sohn Gottes, für den Islam ist er der Prophet, den Gott gesandt hatte. Einer von vielen Propheten. Der Islam hatte der Meinung Bergers nach schwerwiegende Fehler in der Vergangenheit gemacht. Er hat es versäumt, sich selbst darzustellen. Sich weltweit als offener Glauben zu präsentieren. Die Anpassung an die neue Welt ist ihm nicht gelungen. Man hat es erst gar nicht versucht. Nun rutschte der Islam durch die Umschichtung der Völker auch mehr und mehr in die pro christlichen nördlichen Staaten. Hier sind die Vorurteile gegen den Islam viel zu groß. Der Islam wird automatisch eng verbunden mit Widerstand und Terror. I.a. tolla Khomenie und seine Helfer hatten dem Islam nicht gedient, ihm höchst geschadet. Er und seine Helfer sind achtenswerte Kämpfer, sie hatten aber letztendlich nicht begriffen, dass sie eigentlich gegen den Islam, den sie verteidigen wollen kämpfen. Sie haben gegen feste Regeln im Koran verstoßen. Berger betete nun das Vaterunser das genau so gut für den Islam passte. Denn sie verehrten den gleichen Gott sie haben einen gemeinsamen Gott.

Nur das Christentum hatte sich Gottes Sohn und die Jungfrau Maria dazu geholt. Gerade dies sind die Punkte, die Berger den Katholizismus schwer machen. Er kann es nicht glauben, was dort in der Bibel steht So konnte er bereits von Kindheit her niemals das Glaubensbekenntnis aufsagen. Er kann nicht bekennen, was er nicht glauben kann. Nach dem Vaterunser betete er in arabisch, soweit er dies bereits kann. So weit Marem ihm dies beigebracht hat. „ Allah oh Akbar, allah oh akbar aschhadu ann la ilala ella allah, u ash hadu anna Mohamdu rasula allah. Hei allah assalah ‚hei allah asfallah. Kad kannat al salah. Allah u Akbar,Allah u Akbar". „Gott ist der Größte, Gott ist der mächtigste. ich bezeuge, dass es nur einen Gott gibt und das Mohamed Gottes Prophet ist. Eilt zum Gebet, eilt zu Gottes Gerechtigkeit. Das Gebet findet statt. Gott ist der mächtigste". Danach folgt das eigentliche Gebet, das von jedem Gläubigen in der Welt gebetet werden kann. Von jedem der glaubt das es nur einen Gott gibt. Wie er diesen auch nennen mag. Berger ließ nochmals das Vaterunser folgen und schaute dabei unentwegt den schwitzenden Ärzten zu. Zwei Schwestern sind ständig zur Seite und kümmerten sich liebevoll um Marem. Das ganze Team ist angesteckt von der innigen Beziehung und Verbindung der Beiden. Sein Auftreten und ihre fühlbare Liebe zueinander hat alle Einwände, die sicherlich vorher bestanden hatten, hinweggefegt. Sie hatten sich mit ihrer Liebe in die Herzen des Ärzteteams gekämpft. Zweimal kommt der Arzt zu Ulli um ihm zu trösten und zu sagen, dass alles in Ordnung ist. Nach fast einer Stunde strammer Arbeit klatschte der Doktor in die Hände. „Fertig, Callas, bringt sie ins Zimmer". Er kommt zu Ulli und nimmt ihn in den Arm. „Es ist alles wieder gut. Sie braucht nur noch zwei bis drei Stunden, um wieder aus der Narkose zu erwachen. Sie ist eine Blume, mein Lieber, sie ist etwas besonderes. Ihr Beide, ich spüre es, seit etwas besonderes. Allah möge euch beschützen.

Ich habe gesehen das du gebetet hast. Bist du Moslem?". „ Mit dem Herzen schon lange, auf dem Papier noch nicht". „ Das Papier ist nicht so wichtig, das Herz ist wichtig". „Ja, ich denke auch, dass dies wichtiger ist". Berger begleitete Marem die wie tot in ihrem Bett liegt ins Zimmer. Die Schwestern bleiben die 10 Minuten bei ihr, bis Berger bezahlt hat. Auch die Schwestern bekommen 300 USD von Berger. So schnell wie möglich ist er wieder bei ihr. Die Schwestern entfernten sich glücklich und lassen die Beiden allein. Marem liegt dort aufgebahrt wie ein Engel des Todes in ihrem Bett. Ihr Atem ist so flach, dass man glauben konnte, sie lebt nicht mehr. Berger lässt seine Hand auf Ihrem Herz um immer das leise Schlagen des Herzens zu spüren. Die Hand liegt auf der nackten Haut und starke Ströme von dieser Berührung her wallen durch seinen Körper, so als wäre er an einen Stromerzeuger angeschlossen. Es sind niedrig frequenzströme des Herzens, sie pulsieren bis in seine Zehenspitzen. Sie verursachen bei ihm Herzflattern und bringen all die negativen Dinge, die nun folgen würden, zum Vorschein. Keine Eifersucht auf den Anderen, Wut auf sich und auch auf Marem, weil sie so feige sind und nicht zu ihrer Liebe stehen. Er wird in seinem Inneren sogar gehässig und hoffte, dass die Fäden, mit denen Marem zugenäht worden ist so stabil wie Stricke sind und niemals zerreißen werden. Die Tränen treten in die Augen und all seine Wut und den Frust weint er heraus, bis er leer geweint ist. Die Schwestern die zweimal herein schauten, streicheln beruhigend über seinen Kopf. Marem fängt an sich zu rühren, kommt wieder zu sich aber immer wieder kippte sie um in einen festen Schlaf ab. Sie wimmerte hin und wieder nach Wasser, durfte aber keines bekommen. Ulli hat sich ein Tuch und eine Wasserschale besorgt und benetzte damit immer wieder ihre Lippen.

Sie nimmt dankbar die Feuchtigkeit an. Immer wieder versuchen die Schwestern, sie aus der Narkose zu holen. Es ist nach drei Stunden immer noch schwer. Marem taumelt hin und her. Der Doktor kommt und deckt Marem komplett auf. Sie liegt nun splitternackt dort. „Eine Blume," sagte er nur, „ich verstehe dich und deine Gefühle. „ Er schaut Marem in den Mund und kontrollierte ihre Zähne. „ Alles bestens in Ordnung. Er öffnete unten die Scheide, die nun vollkommen nackt ist. Frisch rasiert. Der herrliche schwarze Haarschopf ist total entfernt. Er öffnete die Scheide mit den Fingern und zeigte Berger seine Arbeit. „Sieh, hier sie ist nun wieder wie eine Zwölfjährige. In spätestens einer Woche ist von der Operation nichts mehr zu sehen. Wenn die Familie sie in den nächsten Tagen kontrolliert wird sie nichts mehr davon bemerken. Eben nur das sie rasier ist, da muss sie sich eine Erklärung einfallen lassen". „ Was ist mit den Fäden". „ Gute Frage, aber keine Sorge die zerfallen von alleine. Wann wollt ihr heiraten?". Berger durchzuckte es wie ein Schlag auf den Kopf. „Ihr wollt doch heiraten?", fragte der Arzt zurück, als er Bergers Reaktion bemerkte. „ Ja, wir wollen in vier Wochen heiraten, aber bis dahin gibt es noch einige Hindernisse". „ Das glaube ich," sagte der Doktor, solltet ihr irgendwelche Probleme haben, kommt zu mir. Aber auch für Kinder bin ich zuständig". sagt er lachend, und verschwindet durch die Tür. Ulli sitzt dort wartet auf das aufwachen von Marem und träumt dahin von alten Zeiten. Was Ulli nun dringend benötigte ist seine Familie sein zu Hause. Er kann aber nicht flüchten und sich in dem Schoß seiner Familie vergraben. Es hätte ihm alles erleichtert. Er kann aber den kommenden Ereignissen nicht entfliehen. Der Zukünftige von Marem kommt schneller als geplant, alles überschlägt sich. Berger ist jede Nacht dem Herztod näher als dem Leben. Vielleicht hätte er alles in Alkohol ertränken sollen, aber er kann nicht saufen, es geht nicht.

Sein Herz lässt keinen Alkoholkonsum mehr zu. Es war nicht sein Zugehörigkeitsgefühl zum Islam, es war ihm einfach nicht möglich, zu trinken wenn er Probleme hat. Über eine Flasche Bier kommt er nicht hinaus. Früher spuckte er nicht ins Bier. Oft gab es darüber Streit mit seiner Frau. Durch Fußball und Feuerwehr gab es immer wieder Gründe, um ordentlich zuzulangen. Dies tat er aber immer nur zu solchen Anlässen, niemals sonst trank er ein Bier oder Alkohol allein. Nur in Gesellschaft tat er dies. Seine Frau pöbelte ihn deshalb oft an. „ Mit mir trinkst du zu Hause nie ein Glas, du säufst nur mit deinen Freunden". Berger ist auch nicht ein Frauenheld oder besonders hinter Frauen her. Er liebte seine Frau und seine Familie. Es war überhaupt das erstemal, dass ihm eine andere Frau so den Kopf verdreht hatte wie Marem. Es war ihm immer unverständlich, wie viele seiner Freunde und Geschäftspartner mit allen x-beliebigen Frauen in die Kiste steigen konnten. Darunter Frauen, bei deren Anblick sich bei Berger schon der Magen umdrehte. Er konnte mit diesen Frauen sprechen und Kumpel sein, aber niemals mit ihnen schlafen. Das wäre für sein Inneres und gegenüber seiner Familie nicht zu verantworten. Wobei hier sicherlich Fremdgehen gleichfalls eine sündige Handlung ist, aber eher verzeihbar und verständlich. Berger muss Zuneigung zu einer Frau empfinden wenn er mit ihr ins Bett gehen wollte. Er machte sich nie etwas aus Pornographie und hat bis heute noch keinen einzigen Pornofilm gesehen und auch kein Bedürfnis dies zu tun. Er schlief nur mit einer Frau wenn diese dies auch wollte und er spürte, dass diese ihn wollte. Er gehört nicht zu der Sorte Männer für die Bumsen und Erobern alles ist, die sexbesessen sind. „ Mutter wie alt? 90? macht nix, bücken", die nach diesem Motto verfahren. Seine schlimmsten Erlebnisse hat er diesbezüglich in Ägypten mit Freunden.

Es gab dort spezielle Bars für schwarze Nutten, aber Nutten, die schon lange ihre besten Jahre hinter sich hatten. Die ausgelaugt, total versoffen und unsauber sind, sie stanken regelrecht, es war eine Mischung von Schweiß, Alkohol, Schmutz, Zigaretten, Fisch, für viele schien dies anziehend sein. Ein Freund, der aus einem Nachbarort in Deutschland kommt, prägte einen Satz, den er nie vergessen sollte. „Ach Ulli, hier bin ich wie zu Hause". „ Er reibt sich die Hände, das gibt eine tolle Nacht. Die und diese dort werden wir mitnehmen". „ Was, die hässlichen und dreckigen Hühner?". „ Ulli, du hast deinen Geschmack verloren, schöne und saubere Mädchen, die aber alle durchweg unanständig sind, haben wir genug in Deutschland. Hier ist die Elite des Pornos die wissen, wo es lang geht. Die legen dir eine Nummer nach der anderen hin, da bist du nach einer Nacht wirklich für Tage erledigt. Nicht unsere zuckersüßen Püppchen die nichts drauf haben. Nein, hier ist der Sex zu Hause. Er ist den Frauen angeboren, die haben es nicht nötig, dir Sex Gejammer vorzugaukeln. Schwarz wie mein Armaturenbrett muss sie sein, dreckig muss sie sein, schwitzen und stinken, dann ist alles richtig, dann sprüht der Sex". Berger schluckt und lacht, so unterschiedlich sind die Geschmäcker. Vielleicht war es falsch, immer nur nach den schönen Püppchen zu schielen, wo sich oft herausstellte, dass nur die Maske schön ist. Vielleicht war seine Philosophie die bessere, auf jeden Fall konnte er mit solchen Frauen nicht in solch eine Lage wie er mit Marem gekommen ist. Berger will Heute nicht an Marem denken, mit Gewalt holte er sich die alten Erinnerungen aus Kairo zurück. An diesem Abend ist auch ein Kunde aus Österreich bei ihm. Er vertrat den selben Standpunkt wie Berger, dass es keine brauchbare Frau unter diesen vielen Hühnern für sie gibt. Sie hüpften wie wild nach der Discomusik.

Die dicken Weiber sehen schon lustig aus wenn sie mit ihren knappen Kleidern umherspringen. Die dicken Brüste springen teilweise aus den Blusen und die Röcke rutschten über die dicken nackten Ärsche. Ich habe schon lange nicht mehr gebumst, wollen wir uns nicht doch was auskucken für die Nacht?" "Wenn du willst, lass uns schauen, nötig hätte ich es auch mal wieder." Sie schauten sich zwei der ordentlichsten Mädchen aus für die Nacht. Eine ist dabei, die Berger bereits des öfteren Angebote gemacht hat, aber Berger hatte immer dankend abgelehnt. „ Ich gehe hin und sage ihnen das wir sie Heute Nacht mitnehmen, aber sie sollen uns bis dahin nicht den Abend verderben und uns alleine lassen. Ihre Getränke übernehmen wir bis dahin". Die Mädchen sind erstaunt und erfreut, als Berger ihnen dies mitteilt. Berger geht zurück zu Hans, „ alles klar, die gehören Heute uns". „ Lass sie doch hierher kommen". „Nein, ich habe noch keinen Bock auf die, komm las uns ein Verschönerungswässerchen trinken vielleicht hat der Kollege ja Recht". Das war Werners Weisheit. Die des Armaturenbrettfanatikers ordentlich saufen dann merkst du nur noch das schöne, mit jedem Glas werden die schöner. Wenn du richtig stramm bist, denkst du, du hast die schwarze Liz Tailor im Bett oder Marilyn Monroe". „ Auf jeden Fall sind diese Mädchen hier echter und besser. Vorher jage ich sie einfach noch eine halbe Stunde unter die heiße Dusche". Hans hatte schon eine Flasche Wodka bestellt, sie starten den Test. Nach jedem Glas schauen sie, ob die Mädchen schon schöner wurden. Es tat sich absolut nichts, auch als die Flasche leer war hat sich an dem Aussehen der umher hüpfenden Mädchen nichts geändert. Werner gibt ihnen den Rat noch eine zweite Flasche zu nehmen. Mit einer kommt er alleine auch nicht aus. „ Wir sollen doch noch was in unser Sexleben investieren und die Mädchen nicht so verkrampft anschauen.

Ihr stiert die Beiden an wie man einen Teller mit Essen anstiert das man nicht essen mag. Man muss sich selbst Appetit auf das Essen machen, nur dann klappt es. Macht euch Appetit auf die Beiden, und dann ran an die Mütter".

Aber auch die zweite Flasche veränderte nicht die wesentliche Einstellung, der Schleier der Schönheit legte sich mit dem Wodka nicht über die Augäpfel. Sie wurden eher klar gespült, so das Beide innerlich schon davon Abstand nahmen, die beiden Mädchen überhaupt mit zu nehmen. Berger und Hans zahlen ihre Zeche und die der Mädchen. Es ergibt sich das die Mädchen gemeinsam auf die Toilette gehen, das war das Signal für Uli und Hans, zu verschwinden. Draußen regnete es in Strömen es war selten das es in Kairo Regen gibt. Das sind in Kairo höchstens 3 Tage im Jahr. Wenn, dann aber gleich richtig. Pitschnass kommen sie zum Auto und verschwinden sofort. Während der Autofahrt schien bei Hans die plötzlich die versprochene Wirkung des Wodkas einzutreten. "Scheiß, jetzt haben wir uns die ganze Nacht um die Ohren geschlagen und nichts zum Bumsen, das ist auch Scheiße. Die Mädchen sind Scheiße, aber nichts zum Bumsen zu haben ist noch größere Scheiße. Ulli, dreh um, wir holen die zwei doch". „ Dein Wille ist mir Befehl, mein Lieber". Bei Ulli hat der Wodka noch keine seelische Veränderung bewirkt, aber der Kunde ist König, am Ende hat der sogar zwei Mädchen im Bett. Aber Ulli hat nicht die Liebe mit einkalkuliert, die sollte Beiden die Nacht verderben. Eines der Mädchen war schon lange hinter Ulli her und wähnte sich nun am Ende ihres Leidensweges. Ulli hatte dies nie bemerkt. Er war für diese Mädchen etwas Besonderes geworden, weil er niemals eine von ihnen mitgenommen hat aber immer zu ihnen sehr freundlich und nett ist.

Nun glaubt sie, die Entscheidung wäre zu ihren Gunsten gefallen. Ulli parkte wieder vor dem Restaurant, die Mädchen waren nicht mehr da. Nun war Hans sichtlich traurig. „Scheiße, was machen wir jetzt?". „Ich gehe jede Wette mit dir ein, das die Mädchen vor meiner Villa stehen und auf uns warten". „Wissen die, wo du wohnst?". „ Ich denke nicht, aber sie werden es herausbekommen, Maadi ist ein Dorf". So war es auch, die Mädchen stehen vor dem Gartentor, vom Regen völlig durchnässt. Der Elektroheizer trocknete wenig später die Klamotten. Zum Einheizen haben sie noch drei Flaschen Wein mitgebracht, die Ulli natürlich bei seinem nächsten Besuch des Restaurants noch bezahlen muss. Sie hatten die einfach für Ulli anschreiben lassen. Es hat sich bis in diese Kreise herumgesprochen das Ulli keinen Alkohol zu Hause hat. Das Problem war später die Aufteilung der Mädchen, sie wollen dies den Mädchen überlassen. Während unten gezecht wird verschwindet Ulli klamm heimlich in sein Bett, den er muss am Morgen früh raus auf eine Baustelle in Ismaelia. In der Nacht kam es dann zum Eklat, als die Falsche Dame Ullis Verschwinden zuerst bemerkte und sich in sein Zimmer und Bett schleicht. Sie schaffte es mit ihren weiblichen Sinnen, Ullis aus dem Schlaf zu holen und seine Lust auf sie zu schüren. Mitten im Verkehr erscheint dann die andere und will diese von Ulli reißen. Es gibt eine Menge Ohrfeigen für die Angreiferin und eine Siegerin, die Angegriffene. Hans zieht mit der weinenden Verliererin ab. Ulli und die Siegerin vollendeten den Akt sie schlafen danach ein. Aus dem anderen Zimmer hören sie lange weinen und Erzählungen. Zwischen Hans und ihr spielte sich nichts ab, dieser durfte lediglich an ihren Titten spielen. Sobald er tiefer kommt schluchzt sie fürchterlich los. Hans erzählte Ulli die ganze Story am nächsten Abend. Ulli ist um 6.00 Uhr leise aufgestanden und verschwunden.

Er hofft, dass die Weiber am Abend verschwunden sind wenn er wieder kommt. Er wusste auch das Hans kein Geld geholt hatte, er war neugierig, wie sich dieser aus der Affäre ziehen wird. Ulli hat seiner Tante 100 LE auf das Kopfkissen gelegt. Das ist ausreichend für Beide Samenräuberinnen Berger ist sich aber sicher das diese der anderen davon nichts abgeben wird. Sondern behaupten wird das sie auch nichts bekommen hat und von Hans auch ihren Lohn verlangen wird. Ulli muss bei diesen Gedanken im Auto lachen, es würde für Hans kein angenehmer Tag werden. Zumal auch noch Hoda um 8.00 Uhr kommt, die Putzfrau die sorgsam aus eigenen Interessen am reinen Lebenswandel von Ulli interessiert ist. Sie würde ihm sicherlich auch einiges erzählen wollen. Das war aber wegen ihres schlechten englisch schwer möglich. All dies rollte nun auf Hans zu. Ulli lacht tief in sich hinein. Am Abend ist Hans froh als Ulli eintrudelte, er erzählte ihm mit Überschwang seine Probleme und konnte sich ausmahlen, wie Ulli lachend in seinem Auto gesessen hat, wissend was alles auf Hans zukommen wird. Erst um drei Uhr am Nachmittag sind die Weiber alle verschwunden, Nach dem Hoda damit gedroht hat alle zu verprügeln, wenn sie nicht sofort verschwinden. Erst um vier Uhr verschwand Hoda selbst. Sie drohte auch Hans Schläge an, wenn er nochmals solche Weiber mit hier her bringt. Wenn Mr. Ulli da gewesen wäre, wäre das nicht passiert. Er sollte es ihm lieber nicht erzählen, sie würde auch nichts sagen. Zum Übersetzen diente der Putzfrau die Nachbarin. Die kam dann wieder zu Hans zurück, nachdem Hoda weg war. So kam er doch noch zu meinem Sexvergnügen mit der Nachbarin. Ich sage dir Ulli, die hat Titten größer als unsere Berge in Österreich". „ Komm Hans, ich habe fürchterlich Kohldampf, ich habe noch nichts gegessen.

Wir gehen zum Koreaner". „ Das ist eine hervorragende Idee."
Bei diesem Gedanken wird Ulli wach, immer dann wenn es um
das trinken oder Essen geht hören seine Träume auf.

Marem räkelt sich vorsichtig in Ihrem Bett, sie scheint auch
wach zu werden. Berger benetzt wieder vorsichtig Ihre Lippen
mit Wasser. Die Krankenschwestern kommen und kümmern
sich um Marem. Es dauert noch fast eine halbe Stunde bis
Marem angezogen ist und ordentlich vor Ihm steht. „ Sie lächelt
Ulli glücklich an, siehst du mein Schatz alles ist jetzt wieder in
Ordnung. Berger fährt mit Marem ins Camp, dort ruht sie noch
ca. 2 Stunden bei Berger und fährt dann mit der Ärztin zu sich
nach Hause. Die Ärztin begleitet Marem um den Eltern zu
erklären das Marem einen Schwächeanfall hatte und einige Tage
absolute Ruhe benötigt. Es besteht aber keinerlei Grund zur
Sorge, es liegt wohl an der bevorstehenden Verlobungsfeier und
der Hochzeit". Es tut sich so einiges bei Marems Familie, der
angehende Schwiegersohn kommt doch viel früher als geplant.
Marem erholt sich schneller als erwartet und die Vorbereitungen
laufen mit Hochdruck. Der Hochzeitstag wir vorverlegt, es sind
nur noch wenige Wochen. Berger ist ebenfalls voll beschäftigt,
die Lieferungen nach Kuwait werden abgewickelt. Die riesigen
Kipper werden vorbereitet für den Transport. Berger muss
zwischen durch auch noch nach Kairo dort gibt es ebenfalls
Probleme mit einer großen Betonanlage die er geliefert hat.

Berger ist wieder zurück im Irak, er weis das die Hochzeit von
Marem bevorsteht er will in Ihrer Nähe sein. Er ist eingeladen,
hat aber gesagt das er nicht im Lande ist. Es ist ihre, Marems
Hochzeitsnacht. Es hat sich alles in den letzten Tagen
überschlagen.

Es wäre besser gewesen er hätte durchgeschlafen. Beim ersten Gedanken daran fing sofort sein Magen an zu rebellieren, er schob es auf das Essen. Dabei hatte er heute noch nichts gegessen, so etwas bemerkte er schon gar nicht mehr. Es ist schon schlimm. Er steht auf um sich abzulenken und schaute aus dem Fenster, es ist Vollmond. Er konnte nicht in der Bude bleiben. Er schaute auf seine Uhr. Es ist erst 1.00 Uhr. Er holte sich den Autoschlüssel und fährt auf seinen Lieblingsplatz zum Restaurant hoch. Dort setzte er sich draußen auf die vorbereitete Terrasse mit Blick über die Berge hinweg ins Kurden Land. Er denkt an seine Freunde um sich abzulenken. Sie hätten sicherlich gern seine Probleme gegen die ihrigen eingetauscht. Sie müssen jeden Tag um das nackte Überleben kämpfen. Der Gedanke an seine kurdischen Freunde erleichterte ihm seine eigenen Schmerzen. Er lehnte sich an den gemauerten Sockel der Stützwand und genießt den starken Wind der hier oben auf dem Berg ständig weht. Er kann von hier über einige Kilometer den Lauf des Tigris verfolgen, der dann in den Bergen verschwindet. Es würde hier ein riesiger künstlicher See entstehen. Es gibt Wissenschaftler, die glauben das dieser riesige See das Weltklima wesentlich beeinflussen kann. Während Berger alle möglichen Gedanken durch den Kopf schießen füllen sich seine Augen mit Tränen er wünscht sich wirklich, zu Hause zu sein. Bis zum frühen Morgen hat er hier oben im frischen Wind ausgehalten. Die letzten Gäste verlassen das Restaurant gegen 4 Uhr morgens. Der nächste Tag ist ein Freitag, der freie Tag. Berger hat sich für diesen Tag vorgenommen in Ruhe die Elektronik der Automatik zu checken. Aber damit soll es nichts werden. Die Sorge um Marem lässt ihn nicht zur Ruhe kommen. Jede konzentrierte Arbeit ist unmöglich. Alles drehte sich an diesem Tag unausweichlich um Marem.

Er konnte sich drehen und wenden wie er will. Rastlos treibt es ihn den ganzen Tag und die nächsten Tage umher. Erst am 3 Tag wird er innerlich ruhiger er fühlt da ist etwas gutes passiert. Sonst wären die Brüder schon lange zu ihm gekommen. Vielleicht auch um ihn zu töten das war nicht auszuschließen. Das waren aber nicht seine Sorgen, die galten ausschließlich dem Befinden von Marem. Er steht oft zu oft auf der Höhe des Staudammes mit den Gedanken, sich einfach hinunterzustürzen. Aber seine Familie ist wie ein Sprungtuch und hält ihn oft erst in letzter Sekunde von dieser idiotischen Tat ab. Aber sein Herz ist leer und ausgebrannt, die Schmerzen unerträglich. Ihm fehlt der Umgang mit Menschen, er ist allein, aber immer wieder in mitten vieler Menschen ebenfalls allein. Wer soll seinen Schmerz verstehen, wer kann begreifen das er lieber tot als lebendig wäre. Niemand, der nicht einmal selbst vor dieser Situation gestanden hat. Was hätte er zu sagen wenn ein Freund ihm solche Sorgen vortragen würde. Nichts weil er ihn nicht verstanden hätte, weil er das Ausmaß seines Schmerzes nicht begriffen hätte. Marem war in einen Abgrund der Gefühle gestürzt, für sie ist es um vieles schwerer als für Ulli, er konnte dies nicht ahnen. Für ihn war sie im Schoße ihrer Familie besser dran. Es ging ihr tatsächlich um vieles schlechter. Sie muss ihre Liebe um das Leben Ullis zu schützen verbergen. Mit keinem Wort durfte sie ihn mehr erwähnen. Die Hochzeitsfeier und die Hochzeitsnacht wurden zu Vorstationen der Hölle für sie. Lächeln, immer wieder Lächeln, wo ihr nur zum Weinen zumute ist. Sie hatte sich überschätzt. Es war zuviel für ein kleines Mädchen. Sie hatte zuvor geglaubt, es wäre gut das alles so schnell auf sie zukam, nun hat sie alles überrollt, es gab kein Entrinnen mehr. Jedes Geständnis jetzt würde den sicheren Tot ihres Geliebten bedeuten, fürchterliche Folgen in der Familie mit sich ziehen, beide Familien würden verfeindet und zerstört werden.

Die Mutter ihres Mannes tat alles dazu, um die Wut ihres Sohnes gegen den Fremden zu schüren. Unwissend warum, die Angst überträgt sich auf ihn. Er fühlte längst das Marem nicht ihm gehört, dass er zwar mit ihr verheiratet ist, aber sie Angst vor jeder sexuellen Berührung hat und hysterisch auf diese reagierte. All dies macht ihn verrückt, so das er sich dazu entschloss, den vermeintlichen Verursacher Ulli für immer zu beseitigen. Schon wegen seines eigenen Friedens. Damit glaubte er alle Probleme zwischen ihm und Marem lösen zu können. Dies ist Problemlösung auf orientalische Art. Dies mit Liebe und Geduld zu tun kommt ihm überhaupt nicht in den Sinn. Um sein Vorhaben in die Tat umzusetzen zu können nimmt er einen Job auf der Baustelle an, den ihm die Brüder von Marem vermittelt haben. Ulli und auch die Brüder von Marem ahnten nicht was Ihr Schwager aufgehetzt von seiner Mutter vorhat. Er ist seelisch sehr angeschlagen er kämpfte täglich mit sich selbst, sollte er mit Marem über Ulli sprechen. Berger ist ebenfalls völlig durcheinander, hat nur noch wenige Tage Zeit bis zum Abflug nach Deutschland. Wartete sie vielleicht auf ihn oder würde er ihr nur Probleme bringen wenn er ungefragt auftaucht?. Nur eine einzige kurze Nachricht würde ihn entlasten und ihm helfen. Er konnte nicht und wollte auch nicht nach Hause, bevor er wusste das um Marem herum alles in Ordnung ist. Er bewunderte immer wieder ihre Stärke dies durchzustehen. Sie waren vorab quasi verheiratet gewesen, sie hatten einen Vertrag mit beiden Unterschriften, mit Passport-Nummer und Id-Card-Nummer gemacht, um im Zweifelsfalle geschützt zu sein. Es gibt immer noch Gesetze die Einheimischen Frauen verbieten, mit Fremden zu schlafen. Die Polizei durfte bei Verdacht sogar Hotelzimmer und Häuser aufbrechen. Hier wäre der Vertrag hilfreich gewesen, aber dieser Vertrag hat auch seine Wirkung auf Beide Seelen gehabt.

Miteinander zu reden ist gut und hilft , schlimmer ist sich nicht zu sehen, nichts zu wissen vom anderen. Der Schmerz um den anderen brennt tiefe Wunden in das Herz. Sie schnüren den Atem ab und töten alles normale Denken. Die Nächte werden zur Hölle, dazu das schlechte Gewissen wegen der Familie zu Hause. Wie würde es seine Frau aufnehmen, wenn sie von seiner Liebe erführe? Sie würde es nicht verstehen und begreifen. Wie ihr Mann eine zweite Frau lieben kann. Berger ist sich sicher, dass er für seine Frau die gleichen Schmerzen verspüren würde, wenn hier Probleme auftauchen sollten. Er liebte sie gleichfalls über alles. Dazu ist sie noch die Mutter der drei Kinder die sie gemeinsam haben. Er ist sicherlich nicht der Märtyrer Typ, aber für Dinge, die er zu verantworten hat steht er bis zur letzten Konsequenz ein. Speziell dann, wenn es sich um persönliche Dinge handelt. Die Sache mit Marem hat er zu verantworten und er hat sie im Sinne von Marem zu lösen. Nur weis er nicht wie, weis nicht was los ist, was denkt sie, was fühlte sie, was tut sie. Nach zu Hause von Marem hat er seit Ihr Mann da ist keinen Kontakt mehr. Eine riesige Wand des Mistrauens steht zwischen ihrem Mann und Berger. Die Mutter sieht die Schwierigkeiten die Marem und Ihr Sohn haben, schiebt diese Schwierigkeiten auf Ulli Berger. Hetzt Ihren Sohn ständig gegen Ihn auf obwohl sich dieser Fernhält von Marem und der ganzen Familie. Aber sie hat nie daran geglaubt das nichts zwischen Marem und Berger gewesen ist.

Kapitel 7
Mordbuben im Camp

Berger hat sich entschlossen sich nicht mehr durchhängen zu lassen, sondern wieder aktiv zu werden. Er zieht den Mantel der Eifersucht aus, den Mantel der Angst und Sorgen um Marem aus und hängte diese an den Haken. Sollte er für immer voller Angst um sie sein?.Sie würde ihn zu finden wissen, wenn sie ihn benötigt. Er muss wieder er selbst werden. Es stehen vier Feiertage an, an denen nicht gearbeitet werden darf. Er organisierte alles, um nun die kleine Bar zu renovieren. Der Kaufmann der zufällig nach Mosul fährt informierte Fathma vom Anrücken der Renovierungskolonne. Zwei Tage schuften sie wie die Wilden, dann ist die Arbeit getan. Die Bar sieht nun aus wie eine Bar nicht mehr wie ein Schweinestall. Berger brachte sogar alle defekten Abflussleitungen in der Toilette in Ordnung. Fathma kaufte neue moderne Urinale, niemand brauchte mehr durch den Urin zu waten oder darin zu stehen. Die nächsten zwei Tage wird die Bar eingeweiht, nach der Einweihung ist fast wieder eine Renovierung fällig. Die halbe Baustelle ist gekommen. Fathma machte das Geschäft ihres Lebens. Die Besenkammer hatte Ulli zum Bumskabinett ausgebaut. Eine große Matratze bedeckte den ganzen Boden. Nun konnten vier bis fünf Paare gleichzeitig bumsen. Die Tür wurde so geschickt eingepasst, dass sie bei einer Kontrolle nicht zu entdecken ist. Mit einer Klingel konnte gewarnt werden und alle konnten in Seelenruhe durch das Fenster in den gesicherten Hof verschwinden. Ein perfekter, geheimer Puff. Der doch nicht geheim ist weil ihn jeder kennt. Er wurde auch von oben toleriert nie gab es Kontrollen. Berger bleibt die ganzen Tage in Mosul, er schläft bei Fathma. Bis um vier, fünf morgens läuft die Bar, danach gehen sie zwei Häuser weiter zum schlafen. Fathma besitzt dort ein kleines, altes Haus. Das genauso reparaturbedürftig ist wie die Bar vorher. Berger schläft unten im Empfang.

In jedem Haus gab es in Arabien das Männerzimmer, dort, wo sich alle Männer zum Gespräch und zum Essen treffen. Sie kommen so niemals mit den anderen Familienmitgliedern in Berührung. Fathma ist immer reichlich angetrunken und versuchte Berger jedes mal mit in ihr Bett zu bringen, obwohl sie jeden Abend mit ihren Mädchen genug von den anderen bekommen haben muss. Berger zählte das sie manchmal 12 bis drei zehnmal in der Abstellkammer verschwunden ist. Er ist sich nicht sicher, ob er richtig gezählt hatte oder einige versäumt hat. Sie braucht Geld und sie nutzte die Gunst der Stunde, sie machte mehr Geld in diesen vier Tagen als in dem ganzen Jahr zuvor. Ihre Mädchen sind gleichfalls sehr fleißig. Sie sind nun alle adrett und sauber. Berger hat zuvor eine lange überzeugende Rede zu den Mädchen gehalten und bei der Ausstaffierung geholfen. Er kam sich in dieser Zeit vor wie die Puffmutter vom Dienst. Er durfte anfassen und tun was er wollte, die Mädchen akzeptierten alles mit einem Lachen. In diesen Tagen vergaß er all seine Probleme. Nur morgens, wenn er mit Fathma in die Villa Rabisch geht veränderte er sich wieder zum Leidwesen von Fathma. Villa Rabisch deswegen, weil die Villa eine totale Mülldeponie ist. Beim Reinkommen rollte er sich gleich in die auf der Erde befindlichen Kissen und Decken und schläft umgehend. Während Fathmas Zimmer oben ist. Am dritten Morgen machte er es genauso obwohl ihm auch danach zumute ist einmal mit der wilden Schönheit zu schlafen. Sie kniete sich nieder wie immer und gibt ihm einen Gute Nacht Kuss. ,, Schlaf, du dummer verliebter Kerl, ich gehe nach oben.,, Sie entfernte sich und Berger hat Heute auf Grund seiner inneren Erregung Probleme einzuschlafen. Er ist gerade doch noch mit steifem Glied eingeschlafen, als sich Fathma, die nicht schlafen kann über ihn schiebt und ihn mit zärtlichen Küssen aus seinem Traum holte.

Mit wenigen Griffen hat sie Berger entkleidet und hat seinen ganzen Körper unter ihre Kontrolle gebracht, so, als hätte sie tausend Hände. Berger mochte nicht die Augen öffnen, aber die herrlichen Brüste, die nun über seinem Gesicht schwingen, will er sehen und in seine Hand nehmen. Er stoppt die schlingernde Bewegung und liebkoste die Brustspitzen mit seinem Mund, bis sie mit ihrem Vorhof dastehen wie zwei Soldaten. Fathma führte mit viel Gefühl sein Glied ein, sie ist immer noch rasiert, wie alle verheirateten islamischen Frauen. Es wurde ein wilder Morgen der Exzesse, Beide toben ihre bisher unterdrückten Liebesgefühle aus. Berger seine Sehnsüchte nach Marem und sie ihre Sehnsüchte nach ihrem Mann der verschwunden ist. Beide wissen voneinander das sie eigentlich mit ihrem vermissten Partner schlafen, nicht miteinander. Sie halten sich auch diesbezüglich nicht zurück. Berger spricht mit ihr als wäre sie Marem, und sie tut so als schliefe sie mit ihrem Mann. Nach Stunden harter Arbeit schlafen sie erschöpft ein. Erst am Abend werden sie wieder wach. Sie liegen noch immer fest ineinander verkrallt. Sie haben Angst sich wieder loszulassen. Sie wollen nicht der Wahrheit ins Auge sehen. Sie wollen ihren Werner und er seine Marem. Lange liegen sie so, bis Fathma das erste Wort spricht. „Danke," sagt sie, „ es hat mir so gefehlt, danke, Ulli". „ Mir auch, Fathma, es war einmalig glaube mir". „ Ja, ich weiß, wir haben eigentlich nicht zusammen geschlafen, du hast mit Marem geschlafen und ich mit Werner. Lass uns aus unser Traumwelt zurückkehren, du wirst nie wieder mit Marem schlafen und ich nie wieder mit Werner, das ist Fakt. Wir haben sie verloren, für immer. Komm herunter zu mir, mein Lieber". Sie zieht Ulli sanft zu sich herunter, „ nun will ich mit dir schlafen und ich will, dass du mit mir und nicht mit Marem schläfst". Sie hat mit einer ihr angeborenen Fähigkeit schon längst wieder die Sexorgane von Ulli in Gang gebracht.

Nun wendete Ulli den Spieß und verwöhnte Fathma nach allen Regeln der Kunst mit Sexspielen bis zum mehrfachen Orgasmus von Fathma führen. Sie lässt alles über sich ergehen und dankte ihm mit liebevoller Zärtlichkeit für das gegebene. Zwei Opfer der Liebe haben zusammengefunden, um sich von den Qualen zu befreien, und tatsächlich, es hat Beiden sehr geholfen. Sie waren nach diesem Tag freier und verändert, die vielen schmerzenden Gedanken waren eingeengt, begrenzt, betäubt worden. So wie andere ihre Schmerzen mit Alkohol betäubten, taten sie es mit Sex. Fathma schenkte ihm jeden Millimeter ihres Körpers, und er genießt jeden Millimeter. Noch zwei Tage bleibt er bei ihr, dann muss er wieder zurück ins Camp. Er verspricht öfter zu kommen. Im Camp gibt es einige Aufregung: Bergers Container wurde aufgebrochen und ist total verwüstet worden. Teile seiner Kleidung zerfetzt, sein Radio zerstört. An der Tür hängt ein Zettel. In schlechtem englisch steht darauf, „ take car your German porck, i need to kill you". Die Camp Polizei und die Bauleitung sind in heller Aufregung. „Was ist los, Berger". wetterte der Bauleiter los, „was ist passiert, was hast du in den vier Tagen angestellt?". „ Nichts, außer das wir alle vier Tage bei Fathma waren." „Ich weiß, ihr habt ihren Laden in Schuss gebracht und gebumst und gesoffen. Da kann nicht der Grund liegen, dass halbe Camp war da, die Mädchen haben alle vernascht, alle arbeiten wieder mit glänzenden Augen. Wenn es an Fathmas Laden liegen würde, müsste das ganze Camp verwüstet sein". „ Ich habe keine Vorstellung davon wer Berger das angetan haben könnte. Meine eigenen Leute sicher nicht und im Camp habe ich bisher auch keine Probleme gehabt". „Ich weiß, wir sind auch bereits alle Möglichkeiten durchgegangen, wir sind der Meinung das du so schnell wie möglich nach Hause musst. Wir haben für dich bereits morgen die Maschine gebucht." "Seit ihr verrückt, wegen diesem derben Spaß soll ich nach Hause?

Ich gehe nicht, bevor meine neue Anlage läuft. Ich denke, dass dies für die Baustelle genauso wichtig ist". Der Bauleiter ist wegen dieser Entscheidung sichtlich froh, zeigte es aber nicht. „ Gut, Berger, wir müssen deine Entscheidung akzeptieren, hier ist das Ticket, wenn du es nicht benutzt gib es mir Morgen zurück, dann sehen wir weiter. Ich schicke dir zwei Mann zum Aufräumen und neue Klamotten aus dem Store. „ Zwei Stunden später ist alles vergessen und Berger liegt auf seinem Bett. Er hat sein Bett umgestellt, so dass es hinter der Tür ist und vom Fenster nicht mehr einzusehen ist. Es war einer seiner weisen und lebensrettender Entschlüsse. Berger macht sich Gedanken über diese unsinnige Tat, wer soll ein Interesse daran haben, ihn zu ermorden. Er muss mit Marem sprechen, vielleicht war dort etwas nicht in Ordnung. Er wollte erst die Brüder treffen, sie würden morgen wieder arbeiten. Sie waren sicherlich bereits Heute gekommen. Bei dem Gedanken wird es ihm etwas flau im Magen. Sie sind sicherlich Heute gekommen, sollten sie ihn schon besucht haben? Gleich morgen früh will er Klarheit. Marem taucht vor ihm wieder auf, in voller Größe, mit vollem Schmerz. Mit viel Mühe schläft er ein. In der nacht hört er ein oder zwei scheppernde Geräusche, irgend etwas scheint in seinem Wohnraum umgefallen zu sein. Er schaut zwar, kann aber nichts sehen und schläft fest weiter. Es dauerte lange bis er wach wird. Das klopfen an seine Tür von seinem Container Nachbarn klopften an seine Tür. Sie sind froh als er öffnete. „ Gott sei Dank, du bist in Ordnung, wir haben Schläge an deinen Rolladen gehört in der Nacht. Wir dachten, die sind wieder gekommen." Ulli knipst das Licht an, die Fensterscheibe ist tatsächlich zerbrochen, drei Löcher sind in dem Alu Rolladen. Einschüsse. Sie folgten der Richtung, die Projektile sind dort eingeschlagen, wo vorher das Bett gestanden hat. Sie konnten es alle nicht fassen.

Hätte Berger nicht das Bett weggerückt er wäre tot oder zumindest schwerverletzt. Die Angelegenheit ist ernster als alle geglaubt hat. „Was hast du nur ausgefressen das man sich soviel Mühe macht dich umzulegen. Den ganzen Krieg über war es ruhig hier, nun entfesselst du deinen Privatkrieg hier. Sind das Folgen deiner Ausflüge in die Türkey, nach Kirkuk oder Basrah, hast du dort etwas angestellt, bist irgend jemand auf die Füße getreten? Das sieht nach Kurdentaktik aus. Du warst doch in Kirkuk und in der Türkey mit Kurden zusammen, in deren Gewalt. Es muss von dort herkommen. Denen ist es ein leichtes, Männer einzuschleusen, die diese Arbeit verrichten". Berger lässt sie in dem Glauben das es Kurden sein könnten. Er war sich sicher, dies kommt aus Richtung Marem, das waren Todesgrüße eines verrückten Mannes. Berger verbringt den Rest der Nacht auf der Baustelle, dort fühlte er sich am sichersten. Aber gegen Gewehrschüsse aus dem Hinterhalt ist niemand sicher. Am Morgen fährt er sofort zu den Brüdern von Marem. Er ist auf alles gefasst, auf offene Feindschaft, auf eine Schlägerei, auf einen Mordanschlag. Die Brüder sind erstaunt und Ahnungslos als sie hören was passiert ist, sie sind freundlich wie immer. Das muss nicht unbedingt etwas zu sagen haben, Berger hat zu oft erlebt, wie gut Araber Hass und Wut hinter einer freundlichen Maske verbergen können. Er pflegte immer zu sagen, „Wenn ein Araber zu freundlich ist, sei auf der Hut, dann führt er meist etwas im Schilde". Aber die Brüder von Marem benahmen sich ganz unauffällig. Sie beschwerten sich nur darüber das er die Einladung zur Hochzeit nicht angenommen hat. Das die Familie darüber enttäuscht war. Das sie aber wussten das er wegen der Familie von Marems Bräutigam nicht gekommen ist. Sie bedauerten die Abneigung gegen ihn, konnten aber nichts tun.

„ Die Schwiegermutter von Marem schürt dieses Mistrauen noch immer, obwohl du seit Wochen nicht mehr bei uns warst". „ Wie geht es Marem". fragte er so belanglos wie möglich.„ Die üblichen Probleme, wenn man heiratet, sie müssen sich nun zusammenfinden. Sie sehen Beide nicht glücklich aus, aber es wird schon werden. Es ist immer so, es sind selten Liebesheiraten in unserem Land. Wir haben Marem oft gewarnt, suche dir deinen Mann rechtzeitig, sie hat immer Zeit gehabt". Berger erzählt den Brüdern was in den letzten Tagen passiert, sie hören aufmerksam zu und können es kaum glauben. „Wer macht solche verrückte Sachen nur jemand der nicht klar im Kopf ist. Seit wann geht das so?". „ Nicht lange, seit vorgestern". die Beiden machen ein betretenes Gesicht, als Berger sagt seit Vorgestern". „ Was ist, habt ihr einen Verdacht?". „ Nein, aber wir haben seit Vorgestern eine Menge neuer Leute. Wir werden uns jeden einzelnen vornehmen". Berger merkt das sie schon einen festen Verdacht haben. Er will direkt nach dem Namen von Marems Gatten fragen, tut es dann aber doch nicht. Er muss es auf anderem Wege herausbekommen. Fathma muss ihm den Namen besorgen. Nach einigem Geplänkel lässt er zwei nachdenkliche Brüder zurück. Er fühlte das sie eine Ahnung haben, aber das Sie sich auch nicht sicher sind. Berger wird mehr und mehr klar das dahinter die Familie von Marems Ehemann steckt. Vier Stunden später hat er von Fathma den kompletten Namen des Ehemannes. Sofort checkte er mit dem Personalchef die Neueinstellungen. Er ist dabei mit zwei Brüdern. „ Was nun?, wie werden wir die wieder los?, wie sollen wir den Rausschmiss begründen?". „Kein Problem," sagte der Personalchef, die haben sieben Tage Probezeit, das sind noch vier Tage, dann schmeißen wir sie raus". „Dann ist es vielleicht schon zu spät, bis dahin bin ich schon platt mit einigen Löchern verziert".

„Du hast Familie zu Hause, verschwinde, und die Geschichte ist vorbei". „So einfach ist das nicht." "Doch, es ist so einfach du bist nur zu stur und zu unvernünftig, um zu gehen. Die Anlage hat nur noch kleine Fehler, die können unsere Leute beheben. Wo ist das Problem?". „Die Liebe ist das Problem ich fühle es, die idiotische Liebe, man sollte Liebe verbieten, sie verursacht nur Probleme. Das Leben ist ohne viel einfacher und besser. Nun weiß ich wenigsten, von wo die Gefahr droht, hast du ein Bild von dem jungen Mann?". Hartmut schiebt ihm den Einstellungsbogen rüber, „hier hast du das Bild deines Totengräbers. Wir sollten die Sache der Polizei übergeben". „Wenn wir das tun gibt es mehrere Tote dann reicht mein bisschen Leben nicht mehr aus. Dann kommt die Wahrheit ans Licht". „ Du hast Recht, aber was machen?". „ Ich weiß es nicht, ich werde erst einmal in die Baustelle fahren mir einen ruhigen Platz suchen und nachdenken. In meinem Container ist es mir zu bleihaltig. Ich möchte nicht an Bleivergiftung sterben, noch nicht. „ Hartmut kramte in seinem Schrank umher und reichte Berger eine Pistole. „Du darfst diese im Baustellenbereich mit dir führen. Wenn du das Camp verlässt gib sie bitte am Tor ab. Wir haben die Erlaubnis dafür schon für dich vorbereitet". Berger nimmt die Waffe in die Hand, „sehr gut, passt zu mir". Er reichte die Waffe wieder zurück, „lieber nicht, ich bin ohne Waffe 46 geworden, ich will ohne 100 werden. Wer so ein Ding mit sich rumschleppt ist immer gefährdet". „Du hast recht, ich vertrete die gleiche Meinung, ich persönlich gehe sogar soweit zu sagen, dass die Hälfte oder mehr der deutschen Polizei, genau wie in England, keine Schusswaffe haben dürfen". „ Am besten man würde den Armeen weltweit die Schusswaffen abnehmen, dann hätten wir auch keine Kriege mehr".

„ Die Zeit der Messerstechereien wie im Mittelalter ist vorbei". „ Komm, Berger, bevor du in die Einsamkeit verschwindest, gehen wir noch ein schönes Steak essen und ein Bier trinken, es könnte dein letztes sein". „ Das ist eine gute Idee, ich habe ganz vergessen, zu essen". Es wurden mehrere Steaks und mehrere Glas Bier bis Berger sich in die Berge absetzt. Hier oben hat er seine Ruhe, kann ohne den Lärm der Klimaanlage schlafen. Vor allen Dingen kann er aus guter Deckung heraus alles übersehen und über die Rückseite des Berges schnell verschwinden. Er glaubte aber nicht das es schon wieder einen neuen Versuch geben wird ihn umzulegen. Irgendwann muss diese irrwitzige Wut ja mal verschwunden sein. Berger nimmt einige Decken und sein Frühstück mit. Dies Frühstück besteht aus einem Berg Kartoffelsalat und drei Steaks und zwei Dosen Bier. Als Reserve nimmt er sich noch vier Sandwich mit. Er kann wenn er Probleme hat essen viel essen, dann hat er ständig Kohldampf. Oben auf dem Berg richtete er es sich gemütlich ein. Die Sicht ist einmalig und belohnte ihn immer wieder für seine abenteuerlichen und gefährlichen Fahrten. Der Suzuki bringt ihn zuverlässig ans Ziel. Tatsächlich hatte Berger bis zum anderen Mittag die Steaks und den Kartoffelsalat aufgegessen. Die Sandwichs reserviert er für das Abendbrot und Frühstück. Auf dem nächsten Hügel ist die Abwehrkanone der Iraker stationiert, mit der sollen die feindlichen Flugzeuge die zum Glück niemals gekommen sind abgeschossen werden. Es ist gut das sie nicht gekommen sind, Berger hatte bereits zweimal mit ansehen müssen, wie diese Kanonen beim Ballonschiessen versagt haben. Wie sollen sie dann Flugzeuge treffen?. Wenn Kohmaini diese Schwäche kennen würde hätte er sicherlich alles was fliegen kann hierher geschickt. Aber der scheint auch keine Flugzeuge zu haben.

Berger hat bisher lediglich einmal ca. zwanzig Stück sehen
können, und das unten in Basrah, immer in der Nähe der
Grenze, so als hätten sie Angst über die Grenze hinweg zu
fliegen. Schnell einige Kilometer rüber Bombenklappen auf, das
mit geschlossenen Augen und dann wieder zurück mit lautem
Hurrahgeschrei, das dann direkt über Radio Teheran gesendet
wird. Dem Geschrei nach mussten Basrah und Baghdad längst
in Schutt und Asche liegen. Kaum einige Häuser sind
umgefallen, diese sicherlich nur vor Schreck, wenn die
Flugzeuge mit Überschnall flüchteten. Die Iraker wiederum
haben Flugzeuge, aber keine Piloten. Da müssen die Ägypter
aushelfen, die müssen die Angriffe fliegen. Beide Parteien
machten das Grenzgebiet zu einem Schlachtfeld, dort richten sie
auf die idiotischste Weise ihre Soldaten hin. Ohne Landgewinn,
ohne tiefen Sinn. 1000 Meter vor, 1000 Meter zurück. Dies
machen sie über viele Jahre erfolgreich, am Ende haben sie es
auf mehr als 700 000 Tote gebracht. Fast alles junge Leute, die
im Glauben für eine gute Sache ihr Leben gegeben haben.
Berger mochte nicht weiter darüber nachdenken, nun war er an
der Reihe sein Leben zu schützen. Nun ist seine Liebe
lebensbedrohend geworden. Wie unsinnig das Leben sein
konnte, vor wenigen Wochen war er noch dazu bereit,
zumindest für Minutenbruchteile, seinem Leben ein Ende zu
setzen. Nun sollte er beseitigt werden, da war es auch nicht
richtig. Er konnte sterben ohne selbst einen Finger zu rühren.
Sogar die Lebensversicherung würde bezahlen. Nein, fiel es ihm
ein, sie zahlte im Todesfall einer Kugel nicht. Er befindet sich
freiwillig in einem Kriegsgebiet. Die Kugel war dann laut
Versicherung sicherlich ein kriegsbedingtes Geschoss das sich
von der Front her verirrt hat und zufällig in ihm eingeschlagen
ist.

Die Soldaten mit ihrer Kanone winken zu ihm herunter, sie kennen ihn schon. Berger winkte zurück. „ Passt auf mich auf". ruft er hinauf,. Sie riefen etwas zurück, aber er konnte es nicht verstehen. Berger lehnt sich zurück und schaut in die Sterne und denkt über seine Zeit mit Marem nach. Diese Zeit war schön ist wunderschön gewesen und er ist sich sicher, dass er diese dummen Anschläge auf sein Leben überstehen wird. Was war nur los, fragte er sich immer wieder. Ist über den Doktor oder die Schwestern etwas heraus gekommen? Die Brüder wissen von nichts. Will der Ehemann Marem schützen und nur ihn umbringen? Berger findet keine Antwort für sein Verhalten. Sollte es noch jemanden geben der Interesse daran hat ihn umzulegen?. Es ergibt alles keinen Sinn. Er ist aber dazu bereit sein Leben zu verteidigen, dies ist nur ohne Waffe nicht möglich. Mit Waffe stellte er sich auf die gleiche Stufe mit dem Killer. Aber es ist Notwehr es ist für den Mann von Marem vielleicht auch eine Art von Notwehr. Letztendlich war er schon der betrogene. Marem kann ihm noch nicht geben, was er sich wünschte. Eigentlich das wichtigste ihre Liebe. Im kühlen Wind der Nacht schläft Berger bald ein, ein Ruf von oben aus dem Lager der Soldaten lässt ihn zusammen zucken und sofort reagiert Berger. Er drückte sich flach auf den Boden seiner kleinen Mulde, eine Kugel zischt heulend über seinen Rücken hinweg, er fühlte den Lufthauch. Die Kugel schlägt im Felsen ein und saust mit einem lauten jaulen davon. Die nächste und übernächste Kugel zischte über ihn hinweg. Berger hat Angst, dass ihn ein Querschläger trifft. Er versuchte durch die Felsplatten hindurch Sichtkontakt zu dem Schützen zu bekommen. Er sieht das Leuchten des Mündungsfeuers, dieser Schuss liegt etwas tiefer und wird von dem Felsüberhang abgefangen.

Berger liegt außerhalb des Schusswinkels des Schützen, er kann nur ahnen wohin er schießt. Im gesamten Lager gehen die Sirenen an, die Soldaten haben diese ausgelöst. Sie nehmen den Schützen nun von oben unter Feuer zielen aber nicht direkt auf diesen da sie nicht wissen was los ist. Berger ist sich sicher das sie den Schützen nur unten in Deckung halten wollen. Sie wissen nicht was sich dort abspielte. Gerade, als sein Gegenüber wieder abtauchen muss springt Berger aus seiner Deckung nach hinten, rollte sich ein Stück bergab und ist nun für den Schützen unerreichbar. Er hätte sich nun absetzen können sein Wagen ist für ihn erreichbar und der Schütze festgenagelt in seinem Loch. Da kommt wieder das ewige verrückte in ihm durch, das ihm schon soviel Unangenehmes beschert hat. Er haut nicht ab sondern umrundete die Bergkuppe und schleicht sich vorsichtig in die Nähe des Loches in dem der Schütze hockt. Von oben von den Soldaten wird er aufmerksam beobachtet. Mit wenigen guten Schüssen halten sie von oben den Schützen in seinem Loch, in seiner Deckung fest. Zu Bergers Glück können sie mit ihren Knarren besser umgehen als mit den Kanonen. Als Berger ganz nahe heran gekrochen ist gibt er ein Zeichen zu den Soldaten, die Ballerei zu stoppen. Berger springt sofort in das Loch, im festen Vertrauen daran das die Soldaten ihn verstanden haben. Sie haben ihn verstanden und für den Schützen kommt alles so überraschend das er Ulli nur ungläubig ansieht. Berger entreißt ihm das Gewehr bevor er an eine Gegenwehr denken kann. In hohem Bogen fliegt das Gewehr aus dem Loch. Ahmed hat den ersten Schock überwunden und hat im nu sein Messer zur Hand und geht seinerseits auf Ulli los. Dieser taucht geschickt ab und drehte ihm mit einem Judogriff den Arm um. Mit einem lauten Schmerzensschrei lässt er das Messer zu Boden fallen. Ulli muss loslassen und nachsetzen, es kommt nun zum offenen Faustkampf, in dem Beide einstecken müssen.

Bis Berger ihn so günstig erwischte das Ahmed KO geht. Berger hievt ihn auf den Grabenrand. Die Soldaten von oben pfeifen vor Begeisterung, so eine Abwechslung haben sie in ihrem Soldatenleben noch nicht gehabt. Es war wie im Kino. Ahmed kommt wieder zu sich und will sich erneut auf Ulli stürzen, der hat aber vorgesorgt und seine Hände an dessen Gürtel angebunden. „Ahmed, ich denke, es ist genug". sagte Ulli in arabisch". „ Wir Beide haben Probleme genug wollen wir uns unnötig mehr Probleme machen?, sag mir, was los ist, mein arabisch ist schlecht aber ich hoffe, dass wir uns verständigen können". „ In Ahmed scheint eine Welt zusammen zubrechen. Das Bild des bösen menschenfressenden Deutschen zerbröckelte mit jedem Wort. Ein Bild, das er sich in seiner Wut selbst aufgebaut hat. Ein Feindbild das es nicht gibt, er sieht keinen Feind. Berger spürt das er sprechen muss. „ Ahmed, ich habe Marem wahnsinnig gern, aber niemals würde ich sie dir wegnehmen, niemals würde sie mit mir gehen. Sie ist deine Frau. Du hast eine der besten Frauen des Iraks, sei stolz auf ihre Stärke. Sei stolz auf sie, sie wird dir eine gute Frau sein. Gib ihr Zeit, alles war zu plötzlich und zu schnell für sie. Gib ihr Zeit, wenn du sie liebst. Ich sage dir, ich würde sie sofort nehmen, aber sie will mich nicht sie will nur dich, die Entscheidung ist für klar für dich gefallen. Ich bin ehrlich fast an blutendem Herzen gestorben, als du gekommen bist und sie mir weggenommen hast. „ Ahmed weint auf einmal vor sich hin, „meine Mutter, sie hat mich verrückt gemacht, sie hat mir immer wieder eingeredet, „Sie liebt den Deutschen, sie liebt den Deutschen. Er wird sie dir wegnehmen, er wird sie holen kommen. Ich war wie von Sinnen, ich habe es ihr geglaubt". „ Ahmed, wie soll ich sie gegen ihren Willen holen, sie hat dich geheiratet, weil sie dich will.

Sie wollte mich nicht, warum sollte ich sie holen und warum?". Von unten kommen die ersten Fahrzeuge herauf. „Was sagen wir denen was los war?". „Ich weiß nicht, jetzt werde ich auch noch eingesperrt". „ Komm, wir klettern hinunter das Gewehr ist weit genug weg. Du hast mir bei gestanden gegen den anderen, du warst bei mir und wir wurden gemeinsam angegriffen. Der andere ist mit dem Gewehr über den Berg entwischt". „ Das stimmt doch nicht". „ Das spielt doch jetzt keine Rolle wenn du erst aus dem Camp raus bist, ist alles vorbei. Die Polizei wird sich nicht groß darum scheren, weil es keine Anzeige geben wird und keiner beschädigt wurde". „ Du wirst keine Anzeige gegen mich erstatten?". „ Nein, ich werde keine Anzeige erstatten, warum sollte ich, es ist nichts passiert". Ahmed fällt Berger um den Hals. „Danke, ich werde es dir nie vergessen. „ Es dauerte fast fünf Stunden, bis Ahmed als freier Mann das Camp verlassen kann. Alle wissen und spüren, dass diese Geschichte nicht wahr ist die Ihnen von Berger aufgetischt wird aber es ist alles gut ausgegangen. Sie spüren aber auch das alles in Ordnung ist und rüttelten nicht an der wackligen Story. Selbst der Polizei Offizier aus Mosul schüttelt 3 Tage später nur mit dem Kopf. „ Berger, Berger, was du mit meinen Landsleuten hier machst. Denke nur an Kirkuk, an Basrah, an die Kurden, und nun hier, ich denke das wir ohne dich viel ruhiger Leben. Schau hier, jetzt habe ich 5 Aussagen zu dem Vorfall auf dem Tisch, keine einzige Aussage passt mit deiner zusammen. Ein großer Mist alles für den Papierkorb. Ich denke, es ist besser, wenn du wieder nach Deutschland gehst. Du bringst mehr Unruhe in unser Land als der I,A tolla mit seiner Armee. Aber wir mögen dich alle hier, denke nicht zuviel an Marem, ich weiß um deine Schmerzen. Ich weiß alles, mein Lieber, all die Märchenerzählungen hier auf diesem Papier könnt ihr euch an den Hut stecken.

Du und deine deutschen Freunde hinterm Zaun. Aber wir halten auch zusammen und würden keinen der Unseren verkommen lassen, und du hast einem der Unseren aus einer großen Patsche geholfen. Dafür danken wir dir alle. Marem ist im übrigen eine weitläufige Verwandte von mir, wir schätzen sie alle sehr. Sie ist eine wirklich gute. Aber Fremder, wir hätten auch dich in unserer Familie akzeptiert. Aber ihr habt Beide die richtige Entscheidung getroffen, unser Land ist noch nicht reif für solche Experimente. Marem hätte mit dir gehen müssen, aber sie ist Irakerin mit Leib und Seele, sie wäre in deiner Heimat nicht glücklich geworden. Er nimmt die Papiere von seinem Schreibtisch und reißt diese genüsslich in Tausend Fetzen. „ All die Attacken von Ahmed hat es nun nicht gegeben". „ Ich bringe dir im Namen der Familie die Einladung zu Marems Geburtstagfeier, die wir extra für euch Beide stattfinden lassen, damit ihr nach all den Strapazen eine würdige Trennung habt. Dir verordne ich jetzt einen Bar Besuch bei Fathma, und ich möchte nicht das du vor morgen Mittag ins Camp zurück gehst. Ich werde am späten Abend mit Ahmed kommen. Tu mir den Gefallen und nehme ihm den letzten Zweifel, das du Marem vergessen hast, flierte ausgiebig mit Fathma. Marem ist auch über diese Vorführung informiert, du brauchst wegen ihr keine Bedenken zu haben". „ Meine Güte, seit ihr Araber anstrengend, wenn es um Frauen geht, alles muss kompliziert und umständlich und voll Theater sein". „Wir sind so, mein Lieber, wer will es ändern, wir wollen so bleiben, das ganze Leben ist ein Theater, da spielen wir einfach etwas mit". Dieser Logik kann sich Berger nicht entziehen. „OK, ich gehe sofort in die Bar". „Ach Berger, übrigens, dein Trick mit der versteckten Tür ist gut, aber nicht gut genug für uns. Aber du hast das sehr schön gemacht".

Meine Leute gehen nun auch öfter dort ein Bier trinken, angeblich als Kontrollgang. Berger informierte die Bauleitung telefonisch darüber das er erst am anderen Abend zurück kommen wird oder am übernächsten Morgen. Der Bauleitung ist es Recht. „ Wir brauchen dich erst in drei Tagen, dann kommt die Geschäftsführung aus Essen die wollen auch mit dir sprechen". „Wenn was passieren sollte mit der Anlage ihr findet mich unter folgender Rufnummer". „ Ja, Berger jeder im Camp weiß wo du bist, bei Fathma". „ Dann ist es ja gut, wenn ihr das alle wisst, dann brauchst du ja auch nicht die Rufnummer". „Nein, die Nummer von Fathma hängt groß in meinem Office". „ Da kann man es doch mal wieder sehen, die Kaufleute haben die heißen Nummern sogar offen im Büro hängen". „Ja, aber nur um die versauten Leute von der Technik zu finden, besonders die elektrischen mit dem kurzen in der Hose". „Bei der Stuhlhockerei der Kaufleute den ganzen Tag ist das Ding in der Hose abends immer eingeschlafen und wird nur zum pinkeln wach. Dies auch nur dann wenn ihr genügend Bier getrunken habt". „Berger, kannst du dich noch an unsere letzte Party erinnern, als wir alle zum Schluss in voller Montur im Schwimmbecken standen und gesungen haben, das war eine Party, das kriegt ihr ohne uns Kaufleute doch nie hin. Da fehlt euch Power und Ausdauer, das Zusammengehörigkeitsgefühl". „Siehst du Hartmut, das ist das, was ich meine, wir von der Technik haben ein anderes Zusammengehörigkeitsgefühl. Wir waren in der Zeit als ihr im Wasser standet und gegrölt habt, mit euren Frauen zusammen. Ihr seit auch nach der Stunde Wässerung nicht in Fahrt gekommen. Außer Gesang war nichts los mit Euch". „ Du blödes Arschloch". hört Berger nur noch als Hartmut auflegte. Berger bekommt das erste Mal direkt mit das alle Telefongespräche abgehört werden.

Obwohl Hartmut aufgelegt hat kann er von der anderen Seite ein lautes kichern hören. Er sagte nun seinerseits Arschlöcher und legt auf. Berger geht nun zu Fathma, erst spät am Abend taucht der Polizei Offizier mit Ahmed auf. Berger hat eine Überraschung für ihn. Dies ging so schnell, weil eine Kolonne von Bauarbeitern aus dem Camp da gewesen ist und sich die Hucke vollgesoffen hat. Für einige Biere waren sie schnell dazu bereit, einige Umbauarbeiten vorzunehmen. Die Begrüßung der nun angekommenen ist herzlich, Fathma steht erst gar nicht von Ullis Schoß auf, sie ist von Berger instruiert besonders lieb zu ihm zu sein. Sie begrüßte die Ankommenden mit Küsschen. Beide Männer können nur begeistert von diesem Teufelsweib sein. Sie stehen lange zusammen und trinken einige Biere. Ahmed lädt Berger nochmals ein zur Feier und bedankte sich bei Ulli für seine Hilfe. Es war Ulli etwas peinlich und er blockt das Gespräch schnell ab. „Sag mal, Offizier, was war das neulich wegen der Tür, du hast doch was gesagt von einem Trick mit der Tür. Ich habe das nicht ganz verstanden". „Da habe ich mich tatsächlich in all dem Ärger noch nicht vorgestellt .Ich heiße Mostafa Ibrahim, sagt Mostafa zu Fathma. „Mostafa steht auf und geht zur vermeintlichen Tür. Er sucht, dreht und macht, es gibt keine Tür. Seit Heute Nachmittag nicht mehr. Berger hat sie von der Kolonne flugs zumauern lassen. Er wollte es schon damals so machen, hatte aber keine Steine, keinen Speis und keinen Maurer. Heute ist rein zufällig eine komplette Kolonne mit all diesen schönen Sachen da. Mostafa sucht verzweifelt, „ Ich weiß, hier ist eine Tür", aber er findet keine. Er sagt kein Wort als er zurück kommt, er hat nur einen roten Kopf und den Ergeiz die Tür zu finden. Diesen Ehrgeiz hat Berger in seine Rechnung mit eingeplant. Bald ist Mostafa für längere Zeit verschwunden.

Berger weis genau wohin, durch die Mädchen und mit den Mädchen hat er die Tür gefunden und findet nun nicht mehr heraus aus dem Geheimzimmer. Ahmed unterhält sich lange mit Fathma und diese wird nicht müde ihm zu erklären wie sehr sie Uli liebt. Dieser befürchtete am Ende noch, Fathma würde dies nach den endlosen Beteuerungen selber glauben. Nach fast zwei Stunden taucht Mostafa wieder auf, glücklich und zufrieden mit einem erleichtertem grinsen und seinem freundlichstem lächelnd im Gesicht. „Ulli, du denkst, du kannst einen alten Hasen reinlegen, nein mich nicht. Ich habe die Tür gefunden, ich habe natürlich eines der Mädchen benutzt". „Du hast eines der Mädchen benutzt, wen?" Er ruft bereitwillig Hebba heran, „stimmt's, Hebba, wir waren drinnen?". Obwohl sie neben ihm stehen ruft er Proforma Ahmed und Fathma herbei. Schaut, was der Herr Polizeipräsident selbst aussagt, er war mit Hebba in den Gemächern, wo böse Sachen gemacht werden". „ So," sagte Fathma ganz gespielt vorwurfsvoll, sie hatte Bergers Spielchen verstanden". Der Herr Polizist war in den Gemächern der Lüstlinge". Erst jetzt kapierte Mostafa. „Ja, und wo die hohe Polizei hindarf, darf doch sicher jedermann hin?". fügte Ulli hinzu. „ Da bleibt mir doch die Luft weg," tut Mostafa verärgert," aber ich sage nur ein deutsches Wort zu dir, Ulli, „Arschloch"., „ Das reicht". sagte Ulli lachend. Er gibt noch eine Runde Bier aus. Mostafa braucht noch einige Whisky dazu um seinen Ärger wie er sagt runter zu spülen. Er schaut nach oben, sorry mein lieber mein Deutscher Freund erwartet das von mir. Der eine reicht nicht es muss noch ein zweiter und dritter her. „Siehst du, Ulli, auch das ist uns eigentlich verboten aber auch wir Polizisten sind nur Menschen unter den Menschen und wollen auch mal was verbotenes tun". „ Mostafa und Ahmed verlassen sie am frühen Morgen zufrieden.

„ Du kannst mit Menschen umgehen, du machst das mit einer Leichtigkeit, mit jedem bist du sofort gut Freund. Weißt du, das bewundere ich so oft an dir. Auch meine Mädchen die sagen, seit du da bist, haben sie überhaupt nicht das Gefühl etwas Schlechtes zu tun. Die ganze Atmosphäre ist so sauber geworden. Wenn du mal nicht da bist, fragt jeder und jede nach dir." „Das hört sich ja an, als wenn ich ständig hier wäre. Dabei war ich im ganzen nicht mehr als 5 Tage hier". „ Du bleibst doch heute Nacht ?". „ Ja, ich bleibe. Ich muss bleiben, ich bleibe Heute Morgen und übermorgen. „ Fathma fliegt ihm um den Hals, „herrlich, Heute saufen wir einen. Wir schmeißen jetzt alle raus und besaufen uns dann so richtig, ich brauche es. Mit dir ganz alleine dann brauche ich mich für all mein dummes Zeug, was ich zu sagen habe nicht zu schämen. Ich will auch dummes Zeug tun, damit du gleich Bescheid weißt. Wenn du flüchten willst tue es jetzt, später ist jeder Fluchtversuch tödlich. „ Im Nu hatte sie alle Gäste und Mädchen nach draußen befördert. Sie verschwindet im neuen Puff und kommt erst nach einiger Zeit wieder heraus. Sie ist so nackt wie Gott sie geschaffen hat. Sie kommt zu Berger und kleidete ihn ebenfalls aus. Mit Wonne und Genuss entkleidete sie ihn. Sie hat für diesen Vorgang die passende Musik aufgelegt. Immer wieder küsste sie Ullis Brust. „ Was trinken wir?". „Wodka," sagte Ulli, "danach habe ich keine Probleme und ich weiß von früher, bei einem Wodka-Rausch werde ich niemals satt vom Sex. Wenn du Sex willst, lass uns Wodka trinken. Sie gießt als erstes Wodka über Ullis Glied und saugt den Wodka wieder ab. „ Lass uns jetzt trinken". Sie trinken und spielen und trinken bis in den Morgen, es ist bereits hell, als sie dazu übergehen den Geschlechtsverkehr auszuführen. „Ulli, ich habe dich gewarnt, ich bin Heute verrückt, bitte, bums mich von hinten, bitte komm schnell, bumse mich, bumse mich".

Ulli bumst sie, wie sie es haben will, von allen Seiten, in allen Lagen. Alles nur Erdenkliche stellten sie an, bis Fathma, vom Alkohol und Bumsen geschafft einschläft. Sie ist total geschafft und schläft bis weit in den Morgen hinein, ohne das Berger sie wach bekommt. Er liegt da auf der großen Matratze ohne dass es ihm einmal gekommen ist. Er hat gebumst, gerackert und getan was Fathma wollte, ohne dabei etwas empfunden zu haben. Wie ein Arbeiter, der seine Arbeit verrichtet, wie am Fließband. Er fühlt sich schaal und hohl, das erste Mal das er sich für etwas schämte, das er getan hat. Er schämte sich nicht für das was er die Nacht durch getrieben hat. Aber dies was er machte stand eigentlich nur seinen Beiden geliebten Frauen zu. Nun gibt es nur die eine, eine ist für immer davon gegangen. Fathma gehört nicht zu diesem Kreis, sie hat nicht Anspruch auf solche Zuwendungen aber Berger musste sich austoben. Berger schaut Fathma an wie unschuldig sie nun dort liegt, vom Alkohol und Sex total erschöpft. Bergers Glied ist immer noch steif es will nicht mehr abschwellen. Fathma hat Ihren Frust mit Ihrem Ex Freund vermutlich so endgültig überwunden. Berger trinkt noch eine halbe Flasche Wodka, bis auch er mehr besinnungslos vom Wodka als müde einschläft. Es war das erstemal das er nach langer Zeit dem Alkohol zusprach. Als sie Beide gemeinsam am späten Vormittag wach werden wissen sie nicht mehr, was sie so getan oder auch nicht getan haben. Berger konnte sich nur noch bis daran zurück erinnern, als Mostafa mit Ahmed nach Hause gegangen sind. Sie schauen sich nur unwissend an, kriechen aufeinander zu und schlafen gemeinsam wieder für einige Stunden ein. Ich weis nichts mehr Ulli nur das es schön war. Komm wir machen alles noch einmal, ich muss wissen wie es war. Es geht noch einmal los fast 3 Stunden arbeiten die Beiden. Danach hat Ulli fürchterlichen Muskelkater in den Beinen, Fathma im gesamten Unterkörper bis in den Po hinein.

Ihre Unterkiefer scheinen ausgerenkt zu sein. Sie hat auch im Kieferbereich einen enormen Muskelkater. Sie konnten sich anhand der Beschwerden nur vorstellen, was sie alles getrieben haben. Sie können sich im Moment nicht zurückerinnern aber es kommt so stückweise durch. Sie wollen auch nicht alles wissen. Fathma steht als erste auf sie bereitet ein Bombenfrühstück, es war eigentlich nicht nur Frühstück, sondern alle Hauptmahlzeiten zusammen, die sie gestern ausgelassen haben, und das Mittagessen von Heute. Berger hat immer nach Alkohol Genuss einen Riesenhunger auch Heute ist es so, obwohl er eigentlich eine Alkoholvergiftung haben müsste. Aber seine Probleme halten sich in Grenzen. Er vertilgt zwei Steaks, Spagettis, und ein halbes Hähnchen. Danach ist er wieder einigermaßen normal, aber wieder sehr müde. Auch Fathma wird nach dem Essen wieder schläfrig. Sie bringen das Geschirr gemeinsam ins Haus und verkriechen sich in Fathmas Bett. Erst am späten Nachmittag werden sie wieder munter. Fathma macht leise verführerische Musik an und bearbeitete den Body von Ulli. „Bleib nur liegen," sagte sie, ich will dich nur verwöhnen. Ich habe für einige Tage genug. „Sie spielte mit Ullis Körper wie mit einer Puppe, er lässt dies angenehm über sich ergehen. Ich habe es auch gern wenn dein Glied so klein ist. Ich habe selten gesehen das sich ein Glied soweit zurückbilden kann". Der weise Riese passt dann in eine Streichholzschachtel. Sie scheint Spaß daran zu haben, es schrumpfen und sich wieder vergrößern zu sehen. Ulli rührte sich kaum er genießt die Spielerei. Er hatte noch nicht erlebt das eine Frau sich so intensiv mit einem Männerkörper beschäftigt wie Fathma dies tut. Hingebungsvoll befummelte sie ihn über Stunden. Ulli will zwischendurch bei ihr spielen, sie schiebt seine Hand beiseite. „ Nein, Heute bist nur du an der Reihe".

Berger schläft, wacht und taumelte von einem Wohlbehagen in das andere. Fathma scheint dies ebenfalls sehr zu genießen. Genauso, wie sie in der Nacht harten Sex verlangte, genauso konnte sie sich nun auf leichte Zärtlichkeiten konzentrieren. Sie konnte auch wunderbar geben. Am Abend geht sie alleine in die Bar. Sie kontrollierte nur und kommt ständig wieder herüber, um nach Berger zu sehen. „ Du bist eine schöne, intelligente und sexuell ausgeprägte Frau, warum ist dein Mann niemals wieder gekommen?". „ Ich denke, dass ich ihn mit meine Liebessucht die ständige Sucht nach Liebe erdrückt habe, kaputtgemacht hat. Aber wenn du immer wie ich mit Männern ins Bett musst, die du nicht magst und dann auch noch so tun musst als ob du sie magst brauchst du den Ausgleich. Brauchst du den Mann, den du liebst, der dich liebt. Der für dich da ist, für den ich da bin. Den ich verwöhnen kann, bei dem ich spüre das er es mag wenn ich bei ihm bin. Ich liebe die Zärtlichkeit, er konnte das Gefummel nicht ertragen, wie er sagte. „Lass mich in Ruhe mit deinem ständigen Gefummel". „Das ist das, was ich immer sage, wir Menschen sind alle vom Gefühl her unterschiedlich, das ist im Islam nicht anders als im Christentum. Ich bin der Meinung dass sich jeder, der heiraten will, gründlich prüfen sollte bevor er diesen Schritt tut. Siehst du, ich mag dies Gefummel, ich genieße es, ich liebe es auch selber zu fummeln, zu geben. Andere wollen nur schnell einen wegstecken und schnell aus und vorbei. Hose hoch, Callas, Ende. Für mich hat der Sex, gleichfalls wie für dich eine tiefere, eine innere Bedeutung. Für viele ist er nur Pflicht, lästig, eine Nebensache. Für uns Beide ist er ein wichtiger Faktor. Ist unser Sexualleben in Ordnung ist alles in Ordnung. Der Sex ist eine Art Droge für uns, nicht, dass ich danach süchtig bin, ich habe keine Probleme, monatelang ohne zu sein. Aber speziell in Problemzeiten widme ich mehr Zeit dem Sex als in normalen Zeiten.

Jetzt ist wieder das beste Beispiel, ich bin wieder dabei, meine Probleme mit Sex zu lösen." „ Du löst sie nicht mit Sex, mein Lieber, du vergisst nur, du verdrängst." „Was tut eine Tablette mehr, sie verdrängt auch nur den Schmerz, beseitigt aber auch nicht die Ursache. Was macht der Alkohol, er verdrängt und hinterher hast du die doppelten Probleme und Beides ist noch Gesundheit schädlich. Sex als Medizin eingesetzt ist noch Gesundheit fördernd. Letzte Nacht zum Beispiel haben wir ganz nebenbei Hochleistungssport betrieben. Plus der Herz- und Kreislaufaktivitäten". „ Dann sollten wir ein Sanatorium mit Sex Hilfen aufmachen". „ Ich bin sicher das wir viele Krankheiten heilen könnten, wir hätten nur das Problem, keiner will mehr aus dem Krankenhaus entlassen werden". „ Jeder könnte sagen, „ich gehe jetzt mal auf die Krankenstation, nicht in den Puff und Mädchen wie ich wären angesehene Krankenschwestern". Während sie versuchte, mit dem Finger in Ullis Po einzudringen, führte sie die Unterhaltung ruhig und gelassen weiter. „ Warte sagte sie plötzlich, ich brauche etwas Creme". So als wäre es das normalste der Welt holt sie Creme und führt ihre Bohrversuche fort. Ulli, der von den vielen Spielen und vom Alkohol noch betäubt ist, ist es egal, was sie tut, er genießt jede Berührung. „ Ist es dir unangenehm wenn ich in deinem Po bohre?". „ Nuss, nuss, vielleicht werde ich hinterher schwul". „ Du sollst nur fühlen, wie es ist, wenn ich einen Drin habe. Ich habe es gern im Po. Nicht immer, aber manchmal brauche ich das. Das kann ich aber nur mit jemanden machen, den ich wirklich mag. Werner hat es nie mit mir gemacht, obwohl ich ihn oft darum gebeten habe. Er hat immer nur gesagt, solche Schweinereien macht er nicht. Wie denkst du darüber?. „ Ist es eine Schweinerei?". „Für mich ist das was der Partner wünscht, niemals eine Schweinerei, wenn es sich in solch einem Rahmen bewegt.

Es gibt natürlich Dinge, die tatsächlich Schweinerei sind. Solange sich aber alles auf die eigenen Körper bezieht, ist alles denkbar, was zwei zusammen machen können und machen wollen. Es sind keine Dauerzustände, sondern oft Wünsche in einer bestimmten Extase zustände die selten vorhanden sind. Da meine ich, sollte man schon auf den Partner eingehen und ihm seinen geheimen Wunsch erfüllen". „Oft erträumt man sich aus besonderen Stellungen und Handlungen Wunderdinge, dann bemerkt man auf einmal dass es nicht so schön ist wie man es sich vorgestellt hat. Man hat es aber probiert". „ Hast du schon Gruppensex gemacht?", fragt Fathma, Ihr in Europa und Amerika macht doch so etwas laufend". „Gruppensex, du meinst, wenn alles kreuz und quer vögelt. Nein, das habe ich noch nicht gemacht. Ich habe zwar schon mit anderen Ehepaaren nach der Sauna gemeinsam in einem Zimmer gebumst, aber jeder mit seiner Frau. Weißt du, ich bin in Sex dingen ein Genießer, all die wilden und verrückten Sachen, Porno etc, interessieren mich überhaupt nicht. Ich brauche eine Frau, die ich mag, und Zeit mehr nicht. Oft träume ich davon mit zwei Frauen zu schlafen. Die ist einer meiner geheimen Wünsche". „ Aber ich würde auch zwei Männer für meine Frau akzeptieren Ihr alles zu geben wenn Sie es wünscht. Nur darauf kommt es an, es muss dem anderen Partner gefallen". „ Das kannst du doch haben, ich rufe eines der Mädchen rüber". „ Nein, ich möchte dies mit meiner Ehefrau tun". „ Ulli, könntest du mich noch mal so richtig bumsen. Von hinten. „ Ja, ich kann". Er fällt danach fast wie tot um, die Alkoholnachwirkungen setzten ein, gepaart mit der riesigen Anstrengung, die er vollbracht hat plus dem normalen Erschöpfungszustand bei jedem Abgang dieses Ausmaßes. Es wurden drei Tage Sex ohne Schmerzen, ohne Gedanken an die Liebe nur Wahnsinn. Am vierten Tag ist Marems Geburtstag Party.

Berger überlegte, ob er überhaupt hingehen soll wieder neue Wunden aufreißen soll. Er glaubt seine Wunde wären verheilt, die Nächte und Tage mit Fathma haben ihn Marem vorläufig vergessen lassen. Spätestens in seinem Wohncontainer hat ihn aber die Wirklichkeit wieder eingeholt. Die Schmerzen um seine Geliebte kommen mit doppelter Wucht wieder auf ihn zu als er allein im Container ist. Er nimmt sich vor nie wieder zu Fathma zu gehen, nie wieder die Droge Sex einzusetzen. Er fühlte sich nun beschissener als zuvor. Nun hat er seine Liebe auch noch verraten, hat nicht nur seine Frau, sondern auch seine frische Liebe betrogen. Was für ein Scheißkerl, nach der Geliebten jammern, nach der Frau jammern, und zwischendurch eine andere wie ein Weltmeister bumsen. Was war er doch für ein Miststück was für ein Scheißkerl. Er nimmt sich vor nie mehr zu Fathma zu gehen. Dieses Kapitel schließt er nun endgültig ab. Es war natürlich nicht zu schwer, dies zu tun. Es blieben ihm nur noch wenige Tage. Noch vier davon, einer der Abschiedsabend bei Marem, dieser Abend ist Heute. Er duschte sich über eine Stunde so, als könnte er alle seine Sexspiele mit Fathma abduschen. Danach sprühte er sich über und über mit Parfüm ein. Duschte sich wieder weil er findet er würde nun wie ein Misthaufen riechen. Für Marem hat er eine Riesentorte gekauft diese ist bereits in ihrem Haus angeliefert worden. Er will nichts Bleibendes schenken, die Torte soll wie ihre Liebe genossen und vergessen werden. Aber ohne die Bauch und Herzschmerzen ihrer Liebe. Dazu lässt er einen prächtigen Blumenstrauß mit dreiundzwanzig herrlichen Rosen anfertigen. Auch diese sind vergänglich, es wurde ein herrlicher Abend. Marem blühte zusehends auf und lachte und scherzt mit Ahmed wie niemals zuvor. Sie war sichtlich froh und erleichtert, Ulli gesund und munter wiederzusehen. Auch er gibt sich alle Mühe, um so locker und leicht wie nur möglich zu sein.

Aber ihm ging es auch so wie Marem, er wird mit ihr Lockerheit auch leichter. Der Abschied später ist ein endgültiger Abschied ihres Zusammenseins. Ihre Liebe besteht aber im Inneren fort, ohne Gram und ohne Schmerzen. Sie würden sich wieder sehen können, ohne Probleme miteinander zu haben. Ihre Liebe ist in einem Herzenskämmerchen verschlossen. Ahmed hat sich kurz verabschiedet und will die Beiden alleine lassen. Er wollte das sie sich die letzten Worte allein sagen können. „ Bleib hier, Ahmed," sagt Ulli, „was wir uns zu sagen haben, kannst du als Ehemann und mein Freund hören. Es gibt keine Geheimnisse zwischen mir und Marem und es soll keine zwischen uns dreien geben". „ Berger kennt die Arabische Seele zu gut. Die Araber sind großzügige Menschen und Ahmed hat ihnen dieses Angebot sicher aus vollem Herzen spontan gemacht. Hätten sie dieses angenommen währen mit Sicherheit wieder neue Probleme für Marem entstanden. Es war letztendlich ein Abschied unter Freunden. Berger sitzt die ganze Nacht und den ganzen folgenden Tag in seinem Adlerhorst, wie er zu seinem Versteck in den Bergen sagt. Er sieht sich die Einschläge der Kugeln an und winkt zu den pfeifenden Soldaten hoch. Der Zug des Lebens rollte weiter, weiter mit den Passagieren, die er liebt oder nicht liebt. Wie oft war es so, der Zug fährt und er Berger scheint immer derjenige zu sein der am Bahnsteig steht und etwas verloren hat. Weil er immer in einer Welt ist in der er vielleicht wirklich nichts verloren hat. Aber nur so können Sie von einander lernen und miteinander lernen. So ist es eben, wenn man seinen sicheren Bahnhof verlässt und auf fremden Stationen und Gleisen herum irrt. Jemandem, der niemals sein sicheres Nest verlässt bleibt so etwas erspart. Bergers Herz ist nicht tot alle Gefühle der Welt brechen über ihn herein.

Es ist gut, dies in dieser sagenhaft schönen Umgebung
bewältigen zu können. Aber nur ein beschädigtes Herz lässt sich
wieder beleben. Er Berger Bedarf nur immer wieder den
Widerbelebungsrhythmus seiner Familie, seiner Frau, seiner
Kinder. Im Grunde hat auch er nicht verloren, sondern an
Erfahrung dazu gewonnen. Er hat hier erst einmal alles erledigt
und muss wieder einmal Kraft für sein Leben zu Hause
sammeln. Es wird einmal ein etwas längerer Aufenthalt als
sonst. Seine Firmen und seine Familie können einmal richtig
durcharbeiten, fast 8 Monate ist Berger zu Hause.